Fondement

selon les principes

de la doctrine de la science

J. G. Fichte

Fondement du droit naturel selon les principes de la doctrine de la science

(1796-1797)

Présentation, traduction et notes par
ALAIN RENAUT

QUADRIGE / PUF

ISBN 2 13 049642 3
ISSN 0291-0489

Dépôt légal — 1re édition : 1984
1re édition « Quadrige » : 1998, décembre

Épiméthée
108, boulevard Saint-Germain, 75006 Paris

Présentation

Le *Fondement du droit naturel selon les principes de la Doctrine de la Science, Première Partie,* parut en mars 1796 chez l'éditeur Christian Ernst Gabler (Iéna et Leipzig). La *Deuxième Partie, ou Droit naturel appliqué* fut publiée par le même éditeur pour la foire de la Saint-Michel 1797, autrement dit : en septembre. Dans son *Introduction,* Fichte impute à des problèmes d'impression cette dissociation des deux parties[1]. Le lecteur a, aujourd'hui, une sérieuse raison de ne point regretter ce que Fichte considérait comme fâcheux : à la fin de l'année 1796 ou au tout début de l'année 1797 parut en effet la *Doctrine du Droit* de Kant[2], et si l'on peut aisément se convaincre que ce dernier, bien que ne citant pas le *Droit naturel,* en lut la Première Partie pendant la rédaction de son propre ouvrage et en subit quelque influence[3], on doit en tout cas à ces problèmes d'imprimerie de pouvoir juger, dans la Deuxième Partie du *Droit naturel,* de la réception fichtéenne de la théorie kantienne du droit[4]. En mettant un terme à une période étonnante où de façon effrénée ceux que l'on est convenu d'appeler les « juristes kantiens » avaient « importuné le monde »[5] d'une invraisemblable quantité de théories du droit

1. Cf. *infra,* p. 27.
2. Sur la difficile datation de la publication de la *Rechtslehre,* cf. l'« Introduction » d'A. Philonenko à sa traduction, Vrin, 1971, p. 27.
3. Cf. A. Philonenko, *ibid.,* p. 37, n° 35. Cf. aussi S. Goyard-Fabre, *Kant et le problème du droit,* Vrin, 1975, p. 59 sqq.
4. Cf. *infra,* p. 291 sqq.; cf. aussi les Notes du Traducteur (ou N.d.T.) 53, 54 et 55 (en fin de volume).
5. L'expression est de Forberg qui, dans une lettre célèbre du 18 mars 1795 (cf. X. Léon, *Fichte et son temps,* I, p. 473), dénombre déjà douze théories du droit naturel produites par les kantiens.

naturel[1], Kant et le plus grand de ses disciples, Fichte, trouvaient ainsi, sur le terrain du droit, la possibilité d'un dialogue dont on pourra toujours regretter que, sur le plan de la philosophie théorique, il ait, du fait de Kant, tourné tragiquement court[2].

C'est donc dans ce contexte d'une effervescence « juridique » dont les raisons ont bien évidemment quelque chose à voir avec la réception de la Révolution française par l'*intelligentsia* allemande[3], que Fichte conçut, sans doute en 1794, le projet de construire une doctrine systématique du droit. On sait qu'il avait dû, pour être nommé à Iéna, s'engager à ne pas publier la fin des *Contributions destinées à rectifier l'opinion du public sur la Révolution française,* lesquelles, en 1793, lui avaient valu une réputation de « jacobin »[4]. Mais on sait aussi[5] que l'ouvrage de 1793 se caractérisait par des difficultés, voire par des apories que, sauf à exclure méthodiquement, désormais, toute interrogation juridique et politique, Fichte ne pouvait guère laisser en l'état. Aussi n'est-il pas étonnant que, dès sa nomination à Iéna et le début de ses cours (mai 1794), fussent inscrites à son programme des leçons sur le droit naturel et le droit public : ainsi, la troisième section de l'écrit programmatique *Sur le concept de la Doctrine de la Science* propose une « division hypothétique de la Doctrine de la Science »[6] entre une « partie théorique », fondatrice, et une « partie pratique », de loin la plus importante », qui devrait comprendre, outre « une nouvelle théorie entièrement déterminée de l'agréable, du beau et du sublime, de la légalité de la nature en sa liberté, de la doctrine de Dieu, de ce que l'on nomme le bon sens ou sens naturel de la vérité », « un *droit naturel* et une *éthique* dont les principes ne soient pas seulement formels, mais

1. Leur présence à l'esprit de Fichte est très perceptible dans le *Droit naturel :* cf. *infra,* p. 26, 27, 291.

2. Si tant est qu'il y ait quelque tragique en philosophie, ce fut en effet une *tragédie* pour le destin ultérieur de la *Doctrine de la Science* que Kant ait cru devoir condamner la *Doctrine de la Science* sur son seul titre, sans l'avoir lue (cf. A. Philonenko, *La liberté humaine dans la philosophie de Fichte,* Vrin, 1966, p. 105-107) : pendant plus de cent cinquante ans, la relation entre Fichte et le criticisme devait en être obscurcie.

3. Sur cette question, cf. M. Boucher, *La Révolution de 1789 vue par les écrivains allemands, ses contemporains,* Didier, 1954.

4. Cf. X. Léon, *Fichte et son temps,* I, p. 204 sqq.

5. Cf. sur ce point le remarquable commentaire d'A. Philonenko, *Théorie et Praxis dans la pensée morale et politique de Kant et de Fichte en 1793,* Vrin, 1968.

6. *GA,* I, 2, p. 150-152 ; cf. notre traduction, en collaboration avec L. Ferry, *in* Fichte, *Essais philosophiques choisis,* Vrin, 1984. Sur les particularités de l'écrit programmatique, cf. A. Philonenko, *La liberté humaine,* p. 101 sqq.

matériels »[1] ; de même, dans la deuxième de ses *Conférences sur la destination du savant* (1794), Fichte explique à ses auditeurs qu'il est deux questions à résoudre pour que, notamment, « une doctrine fondamentale du droit naturel puisse être possible » : « qu'est-ce qui autorise l'homme à appeler une partie déterminée du monde des corps *son* corps ? », et : « comment l'homme en vient-il à admettre et à reconnaître des êtres raisonnables de son espèce en dehors de lui ? »[2] — questions qui donneront lieu, respectivement dans le deuxième et dans la première section du *Droit naturel*, à la déduction du corps et à la déduction de l'intersubjectivité. Un cours sur le droit naturel fut même annoncé pour le semestre d'été 1795[3], mais les difficultés créées par l'affaire des Ordres d'étudiants, que Fichte voulait dissoudre, imposèrent une retraite à Osmannstädt et le cours n'eut pas lieu[4]. Cet été d'éloignement fut consacré cependant au droit naturel et c'est alors, sans doute, que le travail de rédaction fut entrepris : « J'ai employé cet été, écrit-il à Reinhold le 29 août, à des recherches sur le droit naturel », et le 15 novembre il écrit à l'éditeur J. F. Cotta : « J'ai consacré l'été à des recherches sur le droit naturel et le droit public qui lui est associé, et j'ai fait des découvertes qui confèrent à cette science un tout nouveau point de vue. Je fais un cours là-dessus cet hiver et une esquisse de cette science doit en outre être imprimée dans le cours de ce semestre »[5]. Malgré de nouvelles difficultés avec ses adversaires (et parfois collègues)[6] de l'Université, l'enseignement annoncé eut lieu, et c'est durant ce semestre d'hiver que Fichte donna son manuscrit à l'imprimeur Gabler, qui, comme on l'a déjà signalé, ne put en publier que la Première Partie en mars 1796. Fichte devait encore faire plusieurs cours, à Iéna, sur le droit naturel, pendant le semestre d'été 1796, le semestre d'été 1797, et enfin pendant le semestre d'hiver 1798-1799. Ainsi, comme le note R. Lauth, la doctrine du droit avait été « la première discipline philosophique spéciale développée par Fichte », après la mise en place, par les *Principes de la Doctrine de la Science*,

1. *GA*, I, 2, p. 151.
2. *Conférences sur la destination du savant*, trad. par J.-L. Vieillard-Baron, Vrin, 1969, p. 44-45.
3. Cf. *GA*, I, 3, p. 294, d'où proviennent les informations ici fournies.
4. *Ibid.*, p. 294. Sur cette affaire, cf. X. Léon, *op. cit.*, I, p. 316 sqq.
5. *GA*, I, 3, p. 294. Fichte précise à Cotta qu'il ne lui donnera pas son manuscrit, mais plutôt à Gabler, parce que ce dernier éditeur travaillait à Iéna et qu'il serait ainsi plus facile de suivre l'impression.
6. *GA*, I, 3, p. 294-295. Sur les rapports difficiles avec Schmid, cf. les allusions de Fichte, *infra*, p. 17, et N.d.T. 1.

de 1794, de « la structure fondamentale formelle du savoir »[1]. Que le contenu matériel de la Doctrine de la Science ait reçu comme *premier* développement une doctrine du droit, c'est là un fait qui, sans nul doute, ne s'explique pas uniquement par ce contexte d' « effervescence juridique » que nous évoquions ci-dessus : la portée proprement spéculative du *Droit naturel* est en effet telle, aux yeux de Fichte lui-même, qu'en écrivant à Reinhold, le 4 juillet 1797, que ce dernier devrait « accorder moins de valeur et de temps » aux *Principes* de 1794, exposé très imparfait dont son auteur même sentait qu'il lui faudrait le retravailler sans cesse[2], il reconnaissait en revanche que son *Droit naturel* était « sans nul doute meilleur » et qu'en le rédigeant il avait appris à voir maintenant plus clairement *la Doctrine de la Science elle-même*[3]. Il sort très largement du cadre de cette présentation d'expliciter en quoi le *Droit naturel*, formellement déduit des *Principes de la Doctrine de la Science* (cf. le titre complet de l'ouvrage : *Fondement du droit naturel d'après les principes de la Doctrine de la Science*), occupe en fait dans l'économie générale du système de la première philosophie de Fichte[4] une position beaucoup plus complexe — ne serait-ce que dans la mesure où la déduction de l'intersubjectivité et du concept de droit (la déduction de la relation juridique comme condition de possibilité de l'intersubjectivité) y constituent véritablement (et explicitement) la pleine résolution de ce qui était déjà présenté en 1794 comme le seul problème de la philosophie spéculative, savoir : le problème de la représentation[5]. Cette portée proprement philosophique du *Droit naturel* explique en tout cas, selon

1. R. Lauth, Le problème de l'interpersonnalité chez Fichte, in *Archives de Philosophie,* juillet-décembre 1962 (numéro consacré à Fichte, pour le deuxième centenaire de sa naissance), p. 334 (sur les *Principes* de 1794 comme « structure fondamentale formelle du savoir », cf. p. 326).

2. Cf. la lettre à Reinhold du 21 mars 1797, *GA,* III, 3, p. 58.

3. Lettre du 4 juillet 1797, *GA,* III, 3, p. 69.

4. Cf. sur ce point, outre l'article cité de R. Lauth, les indications d'A. Philonenko, *La liberté humaine,* p. 69, et son admirable « Introduction » à sa trad. de la *Critique de la faculté de juger,* p. 15-16 (la philosophie du droit comme clef de voûte du système fichtéen, à l'instar de la philosophie de la finalité chez Kant). Nous ajouterons simplement que ce parallèle entre *Critique de la faculté de juger* et *Droit naturel,* quant à la fonction des deux ouvrages dans l'économie générale des philosophies de Kant et de Fichte, est si juste que c'est aussi *quant au contenu* que les deux ouvrages peuvent être rapprochés : car la question de la finalité n'est pas seulement centrale dans la troisième *Critique,* elle intervient aussi dans le *Droit naturel,* au cours du décisif chapitre II, et à bien des égards Fichte reprend, dans ces pages capitales, les acquis des § 64 sqq. de la *Critique de la faculté de juger.*

5. Cf. *infra,* p. 39.

nous, que Fichte, satisfait ici de la forme de son exposé, ne l'ait jamais retouché — au point que la *Doctrine du Droit* de 1812 *(Rechtslehre)* n'en sera à bien des égards qu'un commentaire, citant des chapitres entiers du *Droit naturel* de 1796-1797[1].

Cette satisfaction de Fichte, contrastant avec son attitude à l'égard des exposés successifs de la *Doctrine de la Science,* permet de comprendre la vivacité de ses réactions face à la réception pour le moins partagée de l'ouvrage par le public. Bien des témoignages[2] manifestent que les étudiants, déjà, qui entendirent les premières leçons sur le droit naturel n'avaient souvent, comme le déclarait Herbart, « aucune envie de vivre dans cet Etat » que leur décrivait Fichte et où, à leurs yeux, une « contrainte de fer » serait imposée à toutes les relations qui constituent l'existence. Plus sérieusement, si l'on consulte les récensions du *Droit naturel,* on constate beaucoup d'incompréhension : le recenseur de l'*Oberdeutschen allgemeinen Literaturzeitung* (9-11 novembre 1796) dit ne pas vraiment comprendre comment s'accomplit la déduction de la relation juridique à partir des principes de la Doctrine de la Science, estime que la question de l'application du droit est certes traitée avec une profondeur jamais atteinte, mais fait des objections à la critique fichtéenne de la séparation des pouvoirs — étant donné que dans ces conditions tout le système repose sur cet éphorat que l'on place au-dessus des détenteurs du pouvoir politique et à l'égard duquel l'auteur du compte rendu s'avoue « sceptique »[3] ; dans les *Annalen der Philosophie und des philosophischen Geistes,* le recenseur, qui semble être le kantien Beck, conteste que Fichte fasse toujours preuve de l' « unique point de vue vrai », celui de l' « idéalisme critique », par exemple quand il se donne comme sujet juridique un « être intelligent » *(verständiges Wesen)* dépourvu de dispositions morales, ce qui n'apparaît pas « pensable » *(denkbar) :* le point visé est donc central, puisqu'il s'agit de la dissociation du droit et de la morale, le recenseur estimant impossible de développer le concept de droit autrement qu'à partir de la loi morale et de ses exigences[4] ; bien que très favorable, K. L. Reinhold, dans l'*Allgemeine Literatur-Zeitung* d'Iéna (novembre 1798) adresse lui aussi des objections au système de l'éphorat, qui lui paraît supposer un peuple tel que jamais il ne s'en trouva nulle part d'aussi

1. Cf. *SW,* x, p. 493-652 (Il s'agit d'un cours, dispensé de Pâques à la Saint-Michel 1812).
2. Cf. *GA,* I, 3, p. 305.
3. *Ibid.*, p. 306.
4. *Ibid.*, p. 307.

« éclairé »[1] ; enfin, l'une des analyses les plus sévères est celle que publient les *Nachrichten von gelehrten Sachen* d'Erfurt (décembre 1798), le recenseur, J. H. Tieftrunk, estimant dépourvues de toute preuve la déduction de l'intersubjectivité, la fondation de la relation juridique et les conséquences qu'en tire Fichte : là encore, le compte rendu entend rétablir la dérivation du droit à partir de la morale, accuse Fichte d'ouvrir la voie au despotisme en refusant la séparation des pouvoirs exécutif et législatif, et condamne l'éphorat comme un système absurde — pour conclure : « Si l'auteur avait davantage utilisé la lumière apportée par Kant dans les principes métaphysiques de la doctrine du droit et de la doctrine de la vertu, son *Fondement du droit naturel* en aurait été lui aussi grandement modifié et amélioré »[2]. La plupart des critiques ainsi accumulées étaient esquissées, en fait, dès décembre 1796 dans le fameux compte rendu des *Göttingische Anzeigen in gelehrten Sachen* qui, feignant de considérer comme possible, après tout, une déduction du droit ne s'appuyant pas sur l'idée de devoir, affirmait cependant qu'une déduction à partir de la loi morale serait plus solide et surtout conduirait à moins d'absurdités : le recenseur de ces *Annonces scientifiques de Göttingen* allait en effet plus loin que ses confrères en s'attaquant à la démarche même du *Droit naturel*, savoir la volonté de déduire *a priori* les conditions de possibilité de la conscience de soi — volonté estimée « absurde », puisque comment pourrait-on « déduire du Moi, qui ne peut sortir de lui-même (...), l'existence d'êtres extérieurs au Moi, d'une pluralité d'hommes cœxistants », l'existence du monde, celle de la matière, de l'air, etc. ? Et Fichte payait alors le tribut de ses réponses malencontreuses à Schmid[3] : « C'est au nom de pareils axiomes qu'il prétend anéantir (qu'on se rappelle son différend avec Schmid) les collègues qui pensent autrement que lui, comme si chacun ne savait pas que cette existence de la communauté humaine est l'objet d'une constatation tout empirique et sans aucun rapport avec le point de vue transcendantal »[4].

On peut être surpris, aujourd'hui, par cette réception difficile d'un écrit que W. von Humboldt devait pourtant saluer comme « une grande œuvre »[5]. Ces attaques présentent toutefois l'avantage, pour nous, de souligner les quatre points essentiels qui, à des titres divers et sans préjuger d'autres centres

1. *GA*, I, 3, p. 308.
2. *Ibid.*, p. 310.
3. Cf. sur ce point la première des N.d.T.
4. Cf. X. Léon, *Fichte et son temps*, I, p. 506 sqq.
5. Lettre à Goethe du 10 octobre 1800 : « Son *Droit naturel* est réellement une grande œuvre. »

d'intérêt (ou d'autres problèmes) décelables dans le *Droit naturel*, continuent de requérir l'attention du lecteur : 1) *la distinction du droit et de la morale* (ou : l'effort pour constituer la science du droit comme une discipline autonome) ; 2) *la déduction de l'intersubjectivité* (ou : le problème de savoir comment déterminer s'il y a d'autres êtres raisonnables, c'est-à-dire libres, hors de moi, et surtout à quoi les reconnaître comme tels) ; 3) *le refus de la séparation des pouvoirs exécutif et législatif* (ou, plus généralement : le caractère despotique ou non du système juridico-politique décrit dans le Droit naturel)[1] ; 4) *la nécessité et la cohérence du dispositif de l'éphorat* (ou, ce qui revient au même : le caractère aporétique ou non de la constitution décrite par Fichte). Peut-être eût-il fallu, pour répondre aux attaques, que celui que l'un de ses étudiants nommait « le Bonaparte de la philosophie »[2] acceptât de revenir sur ces quatre points. Mais la mauvaise foi de certaines critiques, notamment émanant des kantiens, que Fichte devait désigner comme de « pitoyables bavards »[3], et — il faut le reconnaître — le tempérament orgueilleux et raide de celui qui s'avouait lui-même peu apte « à la patience et à la douceur »[4] firent que la seule véritable réponse publique de l'auteur du *Droit naturel* prit une forme exclusivement polémique : en février 1797, dans le *Philosophisches Journal* de Niethammer, Fichte publia un article intitulé Annales du ton philosophique (Annalen des philosophischen Ton), où, sous prétexte de considérations générales sur le ton utilisé par le siècle finissant dans ses productions philosophiques, il répondait au compte rendu des *Annonces scientifiques de Göttingen*, pris comme exemple de « ton lamentable ». Dès l'abord, le ton de la réponse elle-même était donné, et l'on connaît la page célèbre où Fichte raille à son tour ceux qui l'ont raillé : « Dans la théorie du droit, vous avez déduit *a priori* la nécessité d'admettre encore l'existence d'autres êtres raisonnables semblables à vous. Songez-y donc, ha ! ha ! ha !, et quand Fichte disait : ici j'ai déduit *a priori* l'air et la lumière, on répondait : l'air et la lumière *a priori !* Songez-y donc ! ha ! ha ! ha ! ha ! Mais riez donc avec nous, ha ! ha ! ha ! ha ! l'air et la lumière *a priori ! tarte à la*

1. On ne peut que songer, sur ce point, aux critiques fameuses de Hegel dans l'*Ecrit sur la différence entre les systèmes philosophiques de Fichte et de Schelling* et dans l'article *Sur le droit naturel.*

2. Il s'agit de Johann Georg Rist (*GA*, I, 3, p. 305).

3. Sur l'injustice des kantiens, cf. la préface de I. H. Fichte au *Naturrecht* de son père : *SW*, III, p. V sqq.

4. Cf. l'autocritique intitulée *Regeln der Selbstprüfung für das Jahr 1791, GA*, II, 1, p. 379.

crème, ha ! ha ! ha ! l'air et la lumière *a priori ! tarte à la crème,* ha ! ha ! ha ! et ainsi de suite à l'infini. » La critique ainsi résumée, Fichte se bornait à répliquer : « Mes chers compatriotes, riez, raillez tout votre saoul ; quand vous aurez retrouvé votre bon sens, je vous dirai deux mots (...). Vous vous êtes appelés des philosophes kantiens, et vous n'avez pas même appris le sens des premiers de tous les concepts de cette philosophie, le sens des expressions *a priori* et *a posteriori.* Et, puisque vous ne savez rien de ce que vous devriez savoir, permettez à celui qui le sait de vous le dire, et ne vous mettez pas pour cela de si méchante humeur. Rien du dehors n'entre dans l'esprit humain. L'homme est une intelligence ; il est *pour soi,* en vertu de son essence (son être est un savoir). Mais les lois de cette essence sont telles qu'il ne peut être pour soi sans qu'il existe en outre pour lui un système déterminé d'autre chose que lui. Ce système, c'est le système de l'expérience totale, qui est nécessairement, dès que *lui,* il est ; la poursuite de l'expérience n'est rien d'autre que la poursuite de l'analyse de ce système fondé par son essence »[1]. Sur le fond, la mise au point, on l'avouera volontiers, était plutôt laconique ; peut-être eût-il été préférable de rappeler que la déduction du monde, du corps ou d'autrui avait été explicitement définie dès le chapitre II comme « déduction transcendantale »[2]. Quant au ton, c'est uniquement lui que les recenseurs signalèrent, pour le déclarer « effrayant » ou « inadmissible »[3]. La réputation de Fichte était désormais bien établie. Celle de l'œuvre devait très largement en souffrir. Puissent ces rappels contribuer à ce qu'aujourd'hui elle brille de son véritable éclat.

La traduction qu'on va lire suit le texte de la *Gesamtausgabe,* I, 3 (Première Partie) et 4 (Deuxième Partie), publiée par l'Académie de Bavière (Friedrich Frommann Verlag, 1966, 1970), sous la direction de R. Lauth. Tous les chercheurs qui se sont aventurés en terre fichtéenne savent ce qu'ils doivent à cette admirable entreprise. On a fait figurer dans le texte de la présente traduction en début de ligne (entre parenthèses et en italiques) la tomaison et la pagination de la *GA.* On a également insérer dans le corps de la traduction et entre crochets la pagination de l'édition des *Fichtes Werke* publiée en 1845-1846

1. Cf. X. Léon, *op. cit.,* p. 508-509, dont nous reproduisons, en la corrigeant sur quelques points, la traduction.
2. Cf. *infra,* p. 87.
3. Cf. *GA,* I, 4, p. 290.

par I. H. Fichte (*SW*, III), dont une reproduction photomécanique a été publiée en 1971 (Walter de Gruyter, Berlin) ; incomparablement moins savante, aux corrections parfois douteuses, cette édition reste en effet, bien souvent, celle dont l'accès sera le plus facile au lecteur désireux de consulter le texte allemand.

On a distingué trois types de notes, appelées de trois manières distinctes : 1) les *notes de Fichte*, appelées par un astérisque, sont traduites en bas de page ; 2) les *notes indiquant des variantes*, appelées alphabétiquement, figurent également en bas de page : on a signalé toutes les variantes entre *SW* et *GA*, dès lors qu'elles étaient susceptibles d'introduire en français une différence de sens, fût-elle minime ; 3) les *notes du traducteur*, appelées numériquement (et numérotées en continuité), sont reportées en fin de volume : on s'est borné, dans la plupart des cas, à des explications de traduction et à des indications sur les textes cités par Fichte ; on a tenté de clarifier les principales allusions rencontrées dans le cours du texte ; à de très rares exceptions près, on a évité les notes de contenu : une annotation ne saurait constituer un commentaire, et le traducteur réservera pour un ouvrage d'ensemble sur la philosophie fichtéenne du droit ce qu'il a estimé ne pouvoir esquisser ici sans offusquer prétentieusement le texte lui-même[1]. Enfin, on a proposé un glossaire réunissant les termes du vocabulaire fichtéen, notamment les termes juridiques, que le lecteur rencontrera le plus souvent, afin qu'il puisse prendre connaissance des termes allemands qu'ils s'efforcent de rendre.

Signaler ici notre très respectueuse reconnaissance envers A. Philonenko, *magister* des études fichtéennes en France, est vraiment le moins que nous puissions faire. Dire qu'il a *aidé* à l'accomplissement de notre travail ne serait pas le mot juste : le véritable maître n'aide pas, mais c'est par l'activité objective du maître que celui qui apprend est déterminé à l'activité. Là se situe la vraie générosité. Telle est, en tout cas, notre gratitude.

Nous ne pouvons aussi que saluer, à des titres divers, où le respect se mêle parfois à l'amitié, ceux qui, par leur travail au sein de la « communauté fichtéenne » ou par l'intérêt manifesté pour le nôtre, ont contribué à briser le cercle de solitude où s'enferme le traducteur d'une grande œuvre : B. Bourgeois, P. Naulin, J. Rivelaygue, le P. Tilliette, J.-L. Vieillard-Baron, H. Wismann, qui nous ont ainsi, sans parfois le savoir, sou-

1. Pour une telle esquisse, sur le point précis de l'autonomie du droit, cf. notre article Droit et histoire chez Fichte, in *Archives de Philosophie du droit*, 1984.

vent accompagnés ; L. Ferry, avec qui, au sein du *Collège de Philosophie et* au *Centre Kant-Fichte* de l'ENS, nous avons partagé et partageons les joies et les souffrances des premiers affrontements aux textes de Fichte ; J.-L. Marion, enfin, qui a su offrir au *Droit naturel* de Fichte l'hospitalité qu'il méritait.

A. RENAUT.

FONDEMENT DU DROIT NATUREL SELON LES PRINCIPES DE LA DOCTRINE DE LA SCIENCE

PREMIÈRE PARTIE

INTRODUCTION

I – *Comment une science philosophique réelle*
(3, 313) *se distingue d'une simple philosophie de formules*

1. Le caractère de la rationalité consiste en ce que l'être agissant et l'être agi sont un et même ; et par cette description la raison comme telle est circonscrite de façon exhaustive. — L'usage a déposé ce concept sublime, pour ceux qui sont capables de le concevoir, c'est-à-dire pour ceux qui sont capables de produire l'abstraction de *leur propre moi,* dans le mot : *Moi* ; c'est pourquoi l'on a caractérisé la raison en général par l'égoïté. Ce qui existe *pour* un être raisonnable, existe *en* lui ; mais il n'y a rien en lui qui ne procède d'un agir qu'il exerce sur lui-même : ce qu'il intuitionne, il l'intuitionne en lui-même, mais il n'y a en lui rien à intuitionner que son agir ; et le Moi lui-même n'est rien d'autre qu'un agir sur soi-même*. [III, 2] S'engager sur ce point dans des discussions,

* Je ne dirais même pas : un *être agissant,* pour ne pas susciter la représentation d'un substrat dans lequel la force se trouverait enveloppée. — On a, entre autres, argumenté contre la Doctrine de la Science comme si elle posait au fondement de la philosophie un Moi conçu comme substrat existant sans que le Moi y soit pour rien (un Moi conçu comme chose en soi) (1). Pourtant comment cela fut-il possible, alors que la déduction de tout substrat à partir du mode d'action nécessaire du Moi est quelque chose qui la caractérise en propre et qui lui tient particulièrement à cœur ? [III, 2] En fait, je peux parfaitement dire comment ce fut possible et inévitable. Ces gens ne peuvent jamais rien commencer sans un substrat, parce qu'il leur est impossible de s'élever du point de vue de

(3, 314) c'est peine perdue. Avoir compris cela est la condition exclusive de tout philosopher, et, avant qu'on y soit parvenu, on n'est pas encore mûr pour la philosophie. Aussi bien tous les vrais philosophes ont-ils de tout temps philosophé de ce point de vue, mais seulement sans le savoir clairement.

2. Cet agir interne de l'être raisonnable survient soit *nécessairement*, soit *avec liberté*.

3. L'être raisonnable *est,* uniquement en tant qu'il se *pose comme étant,* c'est-à-dire en tant qu'il est conscient de lui-même. Tout *être*, aussi bien celui du Moi que celui du Non-Moi, est une modification déterminée de la conscience ; et sans une conscience il n'y a pas d'être. Qui prétend le contraire admet un substrat du Moi, qui doit être un Moi sans l'être, et il se contredit lui-même. Ne sont donc des actions nécessaires, résultant du concept de l'être raisonnable, que celles qui conditionnent la possibilité de la conscience de soi ; mais celles-ci sont toutes nécessaires et se produisent de façon certaine, aussi certainement qu'il y a un être raisonnable. — L'être raisonnable se pose nécessairement lui-même ; il fait donc nécessairement tout ce qui appartient à son acte d'auto-position, et il se situe dans le champ de l'action exprimée par cette position.

[III, 3] 4. En agissant, l'être raisonnable ne prend pas conscience de son agir ; car il est *lui-même*, en fait, *son agir* et rien d'autre ; or ce dont il prend conscience doit se situer hors de ce qui prend conscience, donc

l'expérience commune à celui de la philosophie. Ils gratifièrent donc la Doctrine de la Science du substrat qu'ils apportaient eux-mêmes en le tirant de leur propre fonds, et ainsi c'est pour leur propre incapacité qu'ils la critiquèrent, non pas comme s'ils avaient perçu ce qu'il y a d'erroné dans la chose même, mais parce que Kant refuse un tel substrat du Moi (2). Ils ont leur substrat ailleurs — dans la vieille chose en soi, hors du Moi. Ils en trouvent une justification dans la lettre de la pensée de Kant, lorsqu'il parle d'un divers pour l'expérience possible. Ce qu'est ce divers chez Kant, et d'où il procède, ils ne l'ont jamais compris. Quand ces gens cesseront-ils donc de se prononcer sur des choses auxquelles leur nature leur refuse l'accès ?

hors de l'agir ; ce doit être un *objet*, c'est-à-dire le contraire de l'agir. Le Moi ne prend conscience que de ce qui surgit pour lui dans cet agir et par cet agir *(purement et simplement par lui)* ; et c'est là l'objet de la conscience, ou : la chose. Il n'y a pas d'autre chose pour un être raisonnable, et, puisqu'on ne peut parler d'un être et d'une chose qu'en relation à un être raisonnable, il n'y en a pas d'autre en général. Qui parle d'une autre chose ne se comprend pas lui-même.

5. Cela qui surgit dans un agir *nécessaire**, mais par quoi le Moi, *(3, 315)* pour la raison indiquée, ne prend pas conscience de son agir, apparaît lui-même comme nécessaire, c'est-à-dire que le Moi, lors de la présentation de cet être, se sent contraint. Par suite on dit que l'objet a de la *réalité*. Le critère de toute réalité est le sentiment de devoir présenter quelque chose *comme* cela s'est présenté. Nous avons vu le fondement de cette nécessité : c'est ainsi qu'il faut agir, si l'être raisonnable doit en général exister comme tel. D'où résulte que notre conviction qu'une chose est réelle s'exprime ainsi : aussi vrai que je vis, aussi vrai que je suis, ceci ou cela existe.

6. Si l'objet a son fondement uniquement dans l'agir du Moi, et n'est déterminé complètement que par celui-ci, alors, s'il doit y avoir une diversité parmi les objets, cette diversité [III, 4] peut procéder uniquement de diverses manières d'agir du Moi. Chaque objet a été déterminé par le Moi comme il l'est pour lui parce que le Moi a agi précisément comme il a agi ; mais le fait qu'il ait agi ainsi, était nécessaire, car c'est justement une telle action qui appartenait aux conditions de la conscience de soi. — Quand on réfléchit sur l'objet et qu'on en distingue la manière d'agir par laquelle il advient, puisque,

* On a interprété la proposition de la Doctrine de la Science : ce qui existe, existe par un agir du Moi (en particulier par une imagination productrice), comme s'il était question d'un agir *libre* ; et cela encore une fois parce que l'on n'était pas capable de s'élever au concept de l'activité en général, développé là même, et pourtant de façon suffisante. Dès lors il était facile de décrier ce système comme constituant la plus monstrueuse exaltation de l'esprit (3). C'était là trop peu dire. La confusion de ce qui existe par un libre agir avec ce qui existe par un agir nécessaire, et inversement, est proprement insensée. Mais qui donc a construit un tel système ?

pour la raison indiquée plus haut, l'objet apparaît exister non pas par cet agir, mais comme s'il n'y avait là aucune intervention du Moi (libre), cet agir prend l'allure d'un simple acte de *concevoir*, d'appréhender et de comprendre un donné. On nomme par conséquent à juste titre cette manière d'agir, quand elle intervient dans l'abstraction décrite, un *concept**.

7. Ce n'est que par une certaine manière déterminée d'agir qu'advient un certain objet déterminé ; mais si c'est avec nécessité que l'on agit de cette manière déterminée, cet objet advient aussi de façon certaine. Le concept et son objet ne sont donc jamais séparés, ni ne peuvent l'être. L'objet n'est pas sans le concept, car il est par le concept ; le concept n'est pas sans l'objet, car il est ce par quoi l'objet advient nécessairement. Tous deux sont une seule et même chose, considérée de points de vue différents. Si l'on considère l'action du Moi comme telle, selon sa forme, c'est un concept ; si l'on considère le contenu de l'action, la dimension matérielle, *ce qui* advient, en faisant abstraction du *fait* que cela advient, c'est un objet. — A entendre *(3, 316)* quelques kantiens parler des concepts *a priori*, on devrait croire que ceux-ci sont dans l'esprit humain avant l' [III, 5] expérience, en quelque sorte comme des cases vides, et qu'ils attendent que cette dernière introduise en eux quelque chose. Quel genre de chose peut bien être un concept pour ces gens, et comment peuvent-ils bien en être venus à accepter comme vraie la doctrine kantienne *ainsi* comprise ?

8. On ne peut, comme nous l'avons dit, *avant ce qui surgit à partir d'un agir*, percevoir l'*agir* lui-même et la manière déterminée d'agir. Pour l'homme ordinaire et du point de vue de la conscience commune, il n'y a que des objets, et pas de concepts ; le concept disparaît dans

* Un lecteur qui, dans la joie d'avoir trouvé enfin un mot qu'il connaît, se hâtera de plaquer sur lui tout ce qu'il s'est représenté jusque-là par le mot de *concept*, sera bientôt tout à fait perdu et ne comprendra plus rien — et cela par sa propre faute. Ce mot ne doit signifier ici ni plus ni moins que ce que l'on a décrit, que le lecteur l'ait jusque-là entendu ainsi ou non. Je ne me réclame pas d'un concept déjà disponible en lui, mais je veux d'abord développer et déterminer dans son esprit un tel concept.

l'objet et coïncide avec lui. Le génie philosophique, c'est-à-dire le talent de trouver dans et pendant l'agir lui-même non seulement ce qui surgit en lui, mais aussi l'agir comme tel, de réunir en une appréhension ces directions tout à fait opposées, et ainsi de prendre son propre esprit sur le fait, fut le premier à découvrir dans l'objet le concept ; et le champ de la conscience reçut un nouveau domaine.

9. Ces hommes d'esprit philosophique firent connaître leurs découvertes. — Rien n'est plus facile que de produire *avec liberté,* et là où n'existe aucune nécessité de pensée, n'importe quelle détermination possible dans son esprit, de le faire agir arbitrairement de n'importe quelle manière qu'un autre nous indique ; mais rien n'est plus difficile que de le faire agir selon l'agir *effectif,* c'est-à-dire, d'après ce que l'on a vu plus haut, nécessaire, ou, s'il est en situation de devoir agir de cette façon déterminée, de l'observer en tant qu'agissant. La première démarche donne des concepts sans objet, une pensée vide ; c'est seulement sur le second mode que le philosophe devient spectateur d'une pensée réelle de son esprit*.

[III, 6] La première démarche est une imitation arbitraire des manières d'agir originaires de la raison, apprises d'autrui, après que la nécessité qui seule leur confère signification et réalité eut disparu ; la seconde seule est une véritable observation de la raison dans sa

* Le philosophe des formules pense ceci et cela, s'observe lui-même en cette pensée, et dès lors érige en vérité la série entière de ce qu'il a pu penser, *pour cette raison qu*'il a pu le penser. L'objet de son observation, c'est lui-même, tel qu'il procède *librement,* soit sans aucune direction, au petit bonheur, soit d'après un but qui lui a été donné de l'extérieur. Le vrai philosophe doit observer la raison dans sa démarche *originaire et nécessaire,* par laquelle son Moi et tout ce qui est pour celui-ci existent. Mais, dans la mesure où il ne retrouve plus dans la conscience empirique ce Moi originairement agissant, il le pose comme son point de départ par le seul acte de l'arbitre (4) qui lui est permis (et qui est précisément la libre décision de vouloir philosopher), et il le laisse ensuite poursuivre sous ses yeux son activité selon ses lois propres, bien connues du philosophe. L'objet de son observation est par conséquent la raison en général, procédant de façon nécessaire selon ses lois internes, sans aucun but extérieur. Le premier observe une individualité, la sienne propre, dans sa pensée dépourvue de loi ; le second, la raison en général, dans son agir nécessaire.

démarche propre. De la première démarche procède une *philosophie de formules, vide,* qui croit avoir fait assez si elle a démontré que l'on peut se représenter n'importe quoi sans se soucier de l'objet (des conditions qui rendent nécessaire cette pensée). Une philosophie *réelle* pose ensemble concept et objet, et ne traite jamais de l'un isolément, sans traiter de l'autre. Faire admettre une telle philosophie et écarter toute activité philosophique purement formelle, c'était le but des écrits kantiens. Je ne peux dire si ce but a jusqu'à maintenant été remarqué, ne serait-ce que par un seul écrivain philosophique. En revanche, ce que je peux dire, c'est que l'incompréhension de ce système s'est manifestée de deux manières : d'une part chez de prétendus kantiens, en tant qu'ils tinrent ce système lui aussi pour une philosophie de formules, pour la philosophie d'autrefois simplement inversée, et philosophèrent de façon aussi vide qu'on avait jamais philosophé, mais simplement d'un point de vue opposé ; d'autre part chez des sceptiques pénétrants qui voyaient très bien ce en quoi la philosophie souffrait proprement d'un manque, mais ne remarquèrent pas qu'à ce manque il avait été paré pour *(3, 318)* l'essentiel par Kant. La pensée purement formelle a, en philosophie, en mathématique*, dans [III, 7] la théorie de la nature, dans toutes les sciences pures, provoqué des dommages indescriptibles.

* En mathématique, cela se manifeste particulièrement à travers le mauvais usage de l'algèbre que pratiquent des esprits purement formels. Ainsi n'a-t-on pas — pour citer un exemple frappant — encore vraiment vu que la [III, 7] quadrature du cercle est impossible et contradictoire dans son concept. — Le recenseur de mon écrit *Sur le concept de la Doctrine de la Science* (ou plutôt de quelques-unes de ses notes), dans les « Annales de *(3, 318)* Halle », me demande si la quadrature du cercle est bien impossible parce que *droit* et *courbe* n'ont rien de commun (5). Il croit avoir posé une question très habile, regarde autour de lui, rit, et m'abandonne à ma honte. Je le regarde et ris de la question. C'est là, il est vrai, tout de bon ce que je pense. *Ansam philosophiae non habes,* dit-il par charité ; et je lui réponds : la grandeur de votre sagesse vous a fait perdre le sens commun. — Ce n'est pas précisément le savoir, en effet, cher Monsieur, qui me fait défaut sur ce point, mais la compréhension. J'ai certes bien perçu, lorsque j'étais encore sur les bancs de la classe de seconde, que la circonférence doit être égale à un polygone d'un nombre infini de côtés, et que l'on doit obtenir la superficie du cercle si on a celle du polygone ; mais je n'ai jamais pu concevoir la possibilité de cette mesure, et j'espère que Dieu, jusqu'à ma fin, ne me la fera pas concevoir. Car qu'est-ce que le concept d'un infini ? Peut-être bien celui d'*un problème,* le problème de poursuivre à l'infini la division des côtés d'un polygone, donc le problème d'une *activité infinie de détermination ?* Mais

(3, 319) II – *Ce dont doit s'acquitter en particulier le Droit naturel, en tant que science philosophique réelle*

1. Il y a un certain concept déterminé qui est originairement contenu par la raison et dans la raison — cela ne peut [III, 8], en conséquence de ce que l'on a vu plus haut, signifier rien d'autre que ceci : par l'être raisonnable, aussi certainement qu'il est tel, il est agi nécessairement d'une certaine manière déterminée. De cette action déterminée, le philosophe doit montrer qu'elle est une condition de la conscience de soi — ce qui constitue la déduction de ce concept. Il doit décrire l'action elle-même quant à sa forme et à la manière d'agir présente en elle, aussi bien que ce qui, dans cet agir, surgit pour la réflexion. Il fournit par là en même temps la preuve de la nécessité du concept, détermine ce concept lui-même et montre son application. Aucun de ces éléments ne peut être séparé des autres, — bien plus : les éléments traités isolément sont traités de façon erronée, et on philosophe alors d'une manière purement formelle. Le concept de droit doit être un concept originaire de la raison pure ; il requiert par conséquent qu'on le traite sur le mode qui a été indiqué.

qu'est-ce donc qu'une mesure pour laquelle vous voulez utiliser ici l'infini (*a*) ? N'est-ce pas quelque chose de *déterminé* ? Si vous poursuivez à l'infini la division, comme vous devez le faire en vertu du problème, vous ne parvenez pas à mesurer. Mais si vous arrivez à mesurer, vous devez auparavant avoir cessé de diviser ; et votre polygone est donc un polygone fini, et non pas, comme vous le prétendez, infini. Mais parce que vous appréhendez la manière d'agir qui consiste à décrire un infini, c'est-à-dire le concept vide de l'infini, et que vous pouvez le désigner par A, vous ne vous souciez pas plus avant de savoir si réellement vous avez agi et pouvez agir de cette manière, et vous vous attaquez gaillardement à la tâche avec votre A. Ainsi procédez-vous dans bien d'autres cas encore. Le sens commun admire, rempli de crainte respecteuse, vos exploits et se sent humblement coupable de ne pas vous comprendre ; mais si quelqu'un de moins humble laisse le moins du monde transpirer son opinion, vous ne pouvez expliquer son incapacité à l'égard d'une chose qui pour vous est d'une clarté si peu commune, et où vous n'avez pas la moindre peine, qu'en disant que le pauvre homme ne doit pas avoir appris les rudiments des sciences.

(*a*) *SW :* le polygone infini.

2. Quant à ce concept, il se trouve qu'il devient nécessaire du fait que l'être raisonnable ne peut se poser comme tel, avec conscience de soi, sans se poser comme *individu,* comme un, au sein d'une pluralité d'êtres raisonnables qu'il admet en dehors de lui dès lors qu'il s'admet lui-même.

Comment la manière d'agir, dans cet acte de position, constitue le concept de droit, cela se peut même présenter de façon sensible. Je me pose comme raisonnable, c'est-à-dire comme libre. Il y a en moi, lors de cette opération, la représentation de la liberté. Je pose, dans la même activité indivise, en même temps d'autres êtres libres. Je trace donc par mon imagination une sphère pour la liberté que plusieurs êtres se partagent. Je ne m'attribue pas à moi-même toute la liberté que j'ai posée, parce que je dois nécessairement poser aussi d'autres êtres libres et leur attribuer une part de cette liberté. Je m'auto-limite dans mon appropriation de la liberté, du fait que je laisse aussi subsister de la liberté pour d'autres. Le concept de droit est donc le concept de la relation nécessaire d'êtres libres les uns avec les autres.

3. Dans le concept de la liberté n'est d'abord comprise que la faculté de former par absolue spontanéité des concepts de notre causalité possible ; et [III, 9] c'est seulement cette simple faculté que des êtres raisonnables s'attribuent nécessairement les uns aux autres. Mais autre chose encore appartient au fait qu'un individu raisonnable, autrement *(3, 320)* dit une personne, se trouve lui-même libre, savoir qu'au concept de sa causalité corresponde dans l'expérience l'objet qui par là a été pensé ; que donc, de la pensée de son acte, quelque chose résulte dans le monde hors de lui.

Si dès lors les actions des êtres raisonnables devaient produire leurs effets dans le même monde, par conséquent s'influencer les unes les autres, et pouvoir se perturber et s'entraver réciproquement, comme au reste cela se produit, la liberté, au second sens, ne serait possible, pour des personnes coexistant dans ce jeu d'influences réciproques, qu'à la condition que toutes enferment leur causalité dans certaines limites et pour ainsi dire se répartissent le monde comme sphère de leur liberté. Mais puisqu'elles sont posées comme libres, une telle limite ne pourrait se trouver hors de la liberté, comme ce par quoi celle-ci serait supprimée, mais nullement limitée *en tant que liberté ;* il faudrait au contraire que tous s'imposent cette limite par la liberté elle-même, c'est-à-dire se soient donné pour loi de ne pas perturber la liberté de ceux avec lesquels ils se tiennent en relation d'action réciproque.

4. Et ainsi nous aurions donc l'*objet tout entier* du concept de droit ; savoir : *une communauté entre des êtres libres comme tels.* Il est nécessaire que chaque être libre en admette d'autres de son espèce en dehors de lui ; mais il n'est pas nécessaire que tous, *en tant qu'êtres libres,* subsistent les uns à côté des autres ; l'idée d'une telle communauté et sa réalisation sont donc quelque chose d'arbitraire. Mais *à supposer que* cette idée doive être conçue, comment, par quel concept, par quelle manière déterminée d'agir est-elle conçue ? Il se trouve que, dans l'idée, chaque membre de la société laisse, par liberté intérieure, limiter sa propre liberté extérieure, de telle façon que tous les autres, à côté de lui, puissent aussi être extérieurement libres. Or c'est là le concept de droit. Si, parce que l'idée et le problème d'une telle communauté sont arbitraires, ce concept [III, 10] est pensé comme un concept pratique, il est simplement technico-pratique ; autrement dit, si l'on demandait selon quels principes une communauté d'êtres libres comme tels pourrait être instituée, dans l'éventualité où l'on voudrait instituer une telle communauté, il faudrait répondre : selon le concept de droit. Mais *qu*'une telle communauté doive être instituée, ce n'est nullement dit pour autant.

5. On s'est dispensé, dans toute cette présentation du concept de droit, de réfuter de façon détaillée ceux qui cherchent à déduire la doctrine du droit de la loi morale ; car, si jamais la déduction correcte simplement existe, dès ce moment tout esprit sans préjugé l'admet de lui-même, sans que l'inexactitude des autres lui ait été davantage démontrée ; en revanche, pour ceux qui ont des préjugés et qui combattent pour leur propre cause, tout ce que l'on peut dire pour les réfuter est peine perdue.

La règle du droit : Limite ta liberté par le concept de la liberté de toutes les autres personnes avec lesquelles tu entres en rapport, obtient certes de la loi de l'absolu accord avec soi-même (la loi morale) une nouvelle sanction pour la conscience ; et par suite cette dernière est *(3, 321)* traitée philosophiquement dans un chapitre de la morale, mais nullement la doctrine philosophique du droit, qui, en tout état de cause, doit être une science propre et autonome. On pourrait dire que bien des hommes savants qui ont construit des systèmes du droit naturel ont traité sans le savoir ce chapitre de la morale, s'ils n'avaient oublié d'indiquer pourquoi donc l'obéissance à cette loi, qu'ils devaient pourtant toujours avoir présente à l'esprit — par quelque formule qu'ils l'eussent exprimée —, conditionne l'accord de l'être raisonnable avec soi-même ; de même, au fait, qu'en général — je le remarque en passant — les professeurs de morale n'ont pas songé que la loi morale est purement formelle, par conséquent vide, et que son contenu doit non pas lui être subrepticement conféré à partir d'ailleurs, mais être fondamentalement déduit. Ce qu'il en est dans le cas qui nous concerne, on peut l'indiquer en passant. Je dois nécessairement me penser en société [III, 11] avec les hommes auxquels la nature m'a réuni ; mais je ne le peux pas sans penser ma liberté comme limitée par la leur ; or c'est d'après cette pensée nécessaire que je dois aussi agir, faute de quoi mon *(3, 322)* action est en contradiction avec ma pensée* et, par voie de conséquence, je suis en contradiction avec moi-même : je suis en conscience obligé par mon savoir, tel qu'il doit être, de limiter ma liberté. Mais de cette obligation morale il n'est pas question dans la doctrine du droit ; chacun n'est obligé que par la décision arbitraire de vivre en société avec d'autres, et si quelqu'un ne veut aucunement limiter son arbitre, la seule chose qu'on puisse lui opposer, sur le terrain

* Je lis quelque part que la proposition : les diverses actions de la volonté libre doivent s'accorder entre elles, est le principe de l'éthique (6). C'est là une très malheureuse application du postulat — établi par moi dans les *Conférences sur la destination du savant* — de l'absolu accord de l'être raisonnable avec lui-même. Par suite on est autorisé à ne songer qu'à devenir un scélérat très conséquent, à la façon dont le Dr *Erhard* peint le diable dans son Apologie du diable (*Journal philosophique* de Niethammer, année 1795) ; les actions de la volonté libre, dans ce cas, s'accordent parfaitement entre elles, car toutes ensemble elles contredisent à la conviction de ce qui doit être, et on a satisfait à une telle éthique (7).

du droit naturel, c'est que dans ces conditions il devrait s'éloigner de toute société humaine.

6. Dans le présent écrit, le concept du droit a été déduit, en même temps que son objet, comme condition de la conscience de soi ; il est déduit, déterminé, et son application est garantie, comme cela doit être exigé d'une science réelle. C'est là ce qui s'accomplit dans la première et la deuxième section de ce travail. Sa détermination plus poussée et l'indication de la façon dont il faudrait le réaliser dans le monde sensible se trouvent dans la doctrine du droit public, que servent à préparer les analyses du droit originaire et du droit de contrainte. Les trois chapitres nécessaires pour la complète détermination du droit public et indiqués dans le livre, sur le contrat social, la législation civile et la constitution, sont [III, 12] déjà rédigés et ont été exposés à mes auditeurs* ; et ils paraîtront en même temps que le droit des gens, le droit cosmopolitique et le droit familial, à la prochaine foire, sous le titre de *Droit naturel appliqué.*

(3, 323) III – *Sur le rapport entre la présente théorie du droit et celle de Kant*

En dehors de quelques excellentes indications de M. le Dr *Erhard* dans plusieurs de ses écrits les plus récents (8) et de M. *Maimon* dans un article sur le droit naturel, paru dans le *Journal philosophique* du Pr Niethammer (9), l'auteur de cet écrit n'avait trouvé aucune trace qu'un quelconque philosophe se fût défié de la façon habituelle de traiter le droit naturel, lorsque, après avoir complètement achevé la fondation de sa théorie du droit à partir des principes de la Doctrine de

* L'impression en était présentement impossible ; aussi furent-ils laissés de côté, et je conservais par là la possibilité de leur adjoindre les autres parties de la Doctrine générale du droit. — Il n'en résulte qu'un inconvénient pour ce livre : car je suis légitimé par l'expérience que j'ai faite jusqu'ici à considérer que tous les critiques ne reçoivent pas, en même temps que mes principes, la capacité d'en poursuivre plus avant l'application. Je prie donc tout homme qui n'a pas la conscience sûre, attestée déjà par l'expérience, de posséder cette capacité, de ne pas, de préférence, se précipiter pour poursuivre cette application, mais d'attendre mon écrit.

la Science, il fut très agréablement surpris par l'écrit extrêmement important de *Kant : Pour la paix perpétuelle** (10).

Une comparaison entre les principes kantiens concernant le droit, *(3, 324)* pour autant que ceux-ci se dégagent de l'écrit indiqué, et [III, 13] et le système ici exposé, pourrait éventuellement ne pas être désagréable à plus d'un lecteur.

Savoir si Kant déduit la loi juridique, selon la manière habituelle, de la loi morale, ou s'il en admet une autre déduction, cela ne se laisse pas clairement décider à partir de l'écrit qui a été cité. Pourtant, à l'aide de la remarque sur le concept d'une loi permissive (p. 15) (12), il devient du moins extrêmement vraisemblable que sa déduction est en accord avec celle qui est proposée ici.

Un droit est manifestement quelque chose dont on peut se servir ou non ; il résulte par conséquent d'une loi simplement permissive ; et une loi est telle quand elle se borne seulement à une certaine sphère, ce dont la faculté de juger conclut qu'hors de la sphère de cette loi on est libre à son égard et que, s'il n'y a pas d'autre loi sur cet objet, on est purement et absolument renvoyé à son arbitre. La permission n'est pas expressément dans la loi, elle est seulement conclue par l'interprétation de celle-ci, à partir de sa limitation. La limitation d'une loi se révèle dans le fait qu'elle est conditionnée. On ne voit aucunement comment une loi permissive pourrait être dérivée de la loi morale, qui commande inconditionnellement et qui, comme telle, s'étend à tout.

Avec les affirmations de Kant** que l'état de paix, autrement dit l'état conforme au droit, n'est pas parmi les hommes un état de nature,

* Que doit-on penser de la perspicacité d'une partie du public quand on voit situer cet écrit dans la même classe que les idées de l'abbé de Saint-Pierre ou de Rousseau (11) sur le même objet ? Eux disaient seulement que la mise en œuvre de cette idée serait souhaitable, sur la base de quoi sans doute tout lecteur bien-pensant leur fait grâce de la preuve que cette mise en œuvre ne serait pas impossible — si les hommes étaient différents de ce que pour le moment ils sont encore. *Kant* montre que cette idée est une tâche *nécessaire* de la raison, et que sa présentation est une fin de la nature, fin que celle-ci atteindra tôt ou tard, puisqu'elle y travaille de façon incessante et qu'elle a déjà effectivement atteint une grande part de ce qui y conduit : c'est là, sans nul doute, une vision très différente du même objet.

** Cf. p. 18-19 (13).

mais qu'il lui faut être *institué ;* que l'on a le droit de *contraindre* même celui qui ne nous a pas encore attaqué à nous procurer, par sa *(3, 325)* soumission à la puissance de l'autorité, la sécurité requise — notre théorie s'accorde parfaitement, et ces propositions y sont démontrées exactement comme chez Kant.

De la même manière cette théorie est en accord avec la fondation kantienne des propositions selon lesquelles l'association politique ne peut être édifiée que sur la base d'un contrat originaire, mais qu'il est pourtant nécessaire de conclure ; [III, 14] selon lesquelles en outre le peuple ne doit pas exercer lui-même le pouvoir exécutif, mais doit le déléguer, la démocratie au sens propre du terme étant donc une constitution totalement contraire au droit (14).

Mais sur le fait que, pour garantir le droit dans l'Etat,il soit suffisant *(3, 326)* de séparer le pouvoir législatif et le pouvoir exécutif, comme Kant semble l'admettre — seulement *semble,* car manifestement ce n'était pas son intention dans cet écrit d'épuiser la question —, j'ai été conduit à d'autres idées. Je récapitule ici, brièvement, les points essentiels, disséminés dans le traité, qui importent pour cette recherche.

Que chacun, parmi des hommes qui doivent vivre ensemble, doive nécessairement limiter sa liberté pour qu'à côté d'elle la liberté des autres puisse aussi subsister, c'est là ce qui est contenu dans la loi juridique. Mais que cette personne déterminée doive limiter sa liberté précisément par la liberté de cette deuxième, de cette troisième, de cette quatrième personne déterminée, là-dessus la loi juridique ne dit rien. Que je doive m'accompagner précisément de ces hommes déterminés, cela procède de ce que c'est précisément avec eux que je vis en société ; mais je vis en société précisément avec eux du fait de ma libre décision, et nullement en vertu d'une obligation. Si l'on applique cela au contrat social : il appartient originairement au libre arbitre de chacun de vouloir ou non vivre dans cet Etat déterminé, bien que, pourvu seulement qu'il veuille vivre parmi des hommes, il n'appartienne pas à son arbitre de vouloir en général entrer dans un Etat quelconque, ou rester son propre juge ; mais dès qu'il exprime la volonté d'entrer dans un Etat déterminé, et dès qu'il y est accepté, il est, par cette simple déclaration réciproque, soumis sans autres conditions à toutes les limitations que la loi juridique exige pour ce rassemblement d'hommes ; dès qu'il prononce ces quelques mots : je veux vivre dans cet Etat, il en a accepté toutes les lois. La loi de l'Etat devient sa loi, quant à la *forme* du fait qu'il y consent ; mais, quant à la *matière,* l'élément déterminant n'est nullement son consentement : c'est la loi juridique et la situation de cet Etat.

[III, 15] En outre, la loi : limite ta liberté par la liberté de tous, est purement formelle, et dans cette mesure elle n'est susceptible d'aucune *(3, 327)* application ; car jusqu'où doit donc aller pour chacun la sphère à l'intérieur de laquelle personne n'est autorisé à le déranger, mais au-delà de laquelle, de son côté, il ne peut pas non plus aller sans être considéré comme un perturbateur de la liberté des autres ? Sur ce point, les parties en présence doivent s'arranger à l'amiable. Si l'on applique cela à l'Etat : chacun doit, lors de son entrée dans l'Etat, s'accorder avec lui sur la définition d'un certain espace pour ses actions libres (une propriété, des droits civiques, etc.) ; or qu'est-ce donc qui le limite précisément à cette sphère ? Manifestement, sa propre décision libre ; car sans celle-ci il aurait, sur tout ce qui reste pour les autres, exactement autant de droits qu'eux. Mais qu'est-ce donc qui détermine l'étendue de ce qui peut être attribué à chaque individu pour son propre ? C'est manifestement la volonté générale (15), selon la règle : Ces hommes, en nombre déterminé, doivent coexister librement dans cette sphère déterminée, pour la liberté en général ; il revient donc pour un individu telle quantité.

Dans ces limites il faut dès lors maintenir les citoyens par contrainte, et la menace qui pèse sur eux d'une certaine peine s'ils outrepassent ces limites doit détourner leur volonté de les transgresser. Il est clair qu'il faut que cette peine, qui est déterminée par la loi pénale, soit connue d'eux, si elle doit agir sur leur volonté ; qu'en outre ils s'y sont soumis, à leur entrée dans l'Etat, pour le cas où ils transgresseraient la loi.

Mais qui doit donc *proclamer* la volonté générale, au reste parfaitement déterminée par *la nature de la chose,* à propos des droits des individus aussi bien que de la punition infligée à celui qui outrepasse les siens ? Qui doit donc *expliciter* et *interpréter* cette disposition nécessaire de la nature et de la loi juridique ? Personne n'en serait plus incapable que la multitude ; et par la réunion des voix individuelles on ne saurait obtenir dans toute sa pureté le résultat de la véritable volonté générale. [III, 16] Cette tâche ne peut incomber qu'à qui constamment a sous les yeux la totalité et tous ses besoins, et qui a la responsabilité du règne ininterrompu du droit le plus rigoureux ; donc à nul autre qu'à celui qui administre le pouvoir exécutif. Il donne la matière de la loi, qu'il reçoit lui-même de la raison et de la situation de l'Etat ; mais la forme de la loi, sa force d'obligation, elle ne les acquiert pour l'individu que par l'intermédiaire du consentement qu'il donne, non pas précisément à cette loi déterminée, mais à son association avec cet Etat. C'est pour ces raisons et en ce sens qu'il a été soutenu dans notre théorie que le pouvoir législatif, dans la législation civile, et le pouvoir exécutif ne devaient nullement être séparés, mais qu'ils devaient bien plutôt rester *(3, 328)* nécessairement réunis. La législation civile est elle-même une ramification de la pratique du pouvoir, dans la mesure où seul le droit en général doit être mis en pratique. L'administrateur du pouvoir exécutif est l'interprète naturel de la volonté générale au sujet de la relation entre les individus dans l'Etat : non pas exactement de cette volonté qu'ils ont effectivement, mais de celle qu'il leur faut avoir s'ils veulent cœxister, — et cela quand bien même il se trouverait qu'en fait pas un seul n'ait cette volonté, comme on doit bien parfois l'admettre.

D'une tout autre sorte est la loi concernant la manière dont la loi doit être mise en pratique, autrement dit la *constitution*. A elle, tout citoyen doit donner sa voix, et elle ne peut être établie qu'à une absolue unanimité ; en effet elle est la garantie que chacun se fait donner par tous pour assurer l'ensemble de ses droits dans la société. L'élément essentiel de toute constitution est l'éphorat, que l'on propose dans cette théorie. Celui-ci suffit-il pour garantir les droits de tous, sans la séparation du pouvoir législatif et du pouvoir exécutif en général, que d'autres proposent (en fait, *jusqu'à quel point Kant* approuve cette opinion, qui, *pour une part*, est tout à fait juste, cela ne ressort pas de son écrit) et qui me semble impraticable ? Je laisse cette question à l'appréciation de connaisseurs impartiaux.

PREMIÈRE SECTION

Déduction du concept du droit

(3, 339) § 1 – Théorème premier

Un être raisonnable fini ne peut pas se poser lui-même sans s'attribuer une libre causalité

— *Démonstration*

I – [iii, 17] *Si un être raisonnable doit se poser comme tel, il lui faut s'attribuer une activité dont le fondement ultime réside absolument en lui-même* (ce sont là deux propositions réciproques : l'une dit la même chose que l'autre).

Une activité en général revenant sur elle-même (égoïté, subjectivité) *est la caractéristique de l'être raisonnable.* La position de soi-même (la réflexion sur soi-même) est un acte de cette activité. Soit A cette réflexion. *C'est par l'acte d'une telle activité que l'être raisonnable se pose.* Toute réflexion porte sur quelque chose, B, comme étant son objet. Quelle sorte de chose doit donc être l'objet de la réflexion requise A ? L'être raisonnable doit s'y poser lui-même, se prendre lui-même pour objet. Mais sa caractéristique est l'activité revenant sur soi. Le substrat ultime et le dernier, B, de sa réflexion sur soi-même est donc nécessairement aussi une *activité revenant sur elle-même, se déterminant elle-même.* Autrement, il ne se pose pas comme être raisonnable, et il ne se pose pas du tout, ce qui entre en contradiction avec l'hypothèse.

L'être raisonnable ici mis en place est un être *fini. Mais un être raisonnable fini est un être qui ne peut réfléchir sur rien d'autre qu'un être limité.* Les deux concepts sont des concepts réciproques, et l'un signifie la même chose que l'autre. Par conséquent il faudrait que l'activité B qui revient sur elle-même soit une activité limitée, c'est-à-dire qu'il y ait hors d'elle encore un C, et qu'il soit posé par l'instance réfléchissante, un C qui ne serait pas cette activité, mais lui serait opposé.

II – [III, 18] *Son activité dans l'intuition du monde, l'être raisonna-*
(3, 330) ble ne peut pas la poser comme telle.

En effet celle-ci, selon son concept, ne doit pas revenir sur l'intuitionnant ; elle doit avoir pour objet non pas ce dernier, mais bien plutôt quelque chose qui doit être situé en dehors de lui et lui être opposé — un monde.

(Après coup, l'*agir* qui survient ainsi, l'acte d'intuitionner, peut bien sûr être attribué à l'être raisonnable par lui-même, et être élevé à la conscience ; l'être raisonnable peut se poser comme intuitionnant. Assurément, du point de vue d'une philosophie transcendantale, on aperçoit même que l'acte d'intuitionner n'est lui-même rien de plus qu'un Moi revenant sur soi, et que le monde n'est rien de plus que le Moi intuitionné dans ses limites originaires. Mais, cela dit, le Moi doit déjà exister pour lui-même, pour pouvoir s'attribuer quelque chose ; ce qui est simplement en jeu ici, c'est la question de savoir comment il peut exister originairement pour lui-même, et cela ne doit pas être expliqué à partir de l'intuition du monde ; au contraire celle-ci n'est, bien plutôt, rendue possible que par ce que nous recherchons.)

III – *Mais celui-ci* (*a*) *peut opposer une activité comme celle que nous cherchons au monde, qui serait ce qui la limite, et, pour pouvoir l'opposer, il peut produire cette activité ; et si une telle activité est l'unique condition de la possibilité de la conscience de soi, et si de son côté la conscience de soi doit appartenir nécessairement à l'être raisonna-*

(*a*) *SW* : l'être raisonnable.

ble en vertu de son concept, alors ce qui est requis doit effectivement s'opérer.

a) L'activité de l'être raisonnable dans l'intuition du monde, laquelle activité doit être connue de nous qui philosophons, mais non pas encore de l'être raisonnable sur lequel nous philosophons, si nous nous sommes avancés spéculativement jusqu'à l'établissement d'un droit naturel — cette activité, sinon dans sa forme, c'est-à-dire dans le fait quelle a lieu en général, du moins dans son contenu, c'est-à-dire dans le fait que, dès qu'elle s'accomplit dans un cas déterminé, elle procède précisément de telle manière, est *contrainte* et *assujettie.* Il nous faut nous représenter les objets tels qu'à notre avis ils sont sans notre [III, 19] intervention, il faut que notre acte de représenter se règle sur leur être. Une activité opposée à cette activité devrait donc nécessairement, quant à son contenu, être *libre ; :* il faudrait que l'on puisse agir de telle ou telle façon, ou même encore de telle autre.

En outre, l'activité libre doit être limitée par l'activité qui intervient dans l'intuition du monde, c'est-à-dire que l'activité qui intervient dans l'intuition du monde est elle-même cette activité libre sur le mode de *(3, 331)* l'assujettissement ; et inversement l'activité libre est celle qui est employée dans l'intuition du monde quand l'assujettissement est supprimé : les objets ne sont des objets que par le fait que et dans la mesure où ils ne doivent pas exister par l'activité libre du Moi, et que celle-ci doit être retenue et limitée s'ils doivent exister. Mais l'activité libre vise à supprimer les objets, dans la mesure où ils l'assujettissent. Elle est par conséquent une *causalité* exercée sur les objets, et l'intuition est une causalité supprimée, volontairement abandonnée par l'être raisonnable lui-même.

C'est là l'activité B qu'il faut poser, en relation avec l'intuition du monde et le monde lui-même. Mais elle doit nécessairement être un retour de l'être raisonnable sur lui-même et, dans la mesure où elle se dirige vers les objets, elle ne l'est pas. Par conséquent, référée à l'être raisonnable lui-même, il lui fallait être une libre auto-détermination à la causalité. Dans la mesure où elle se dirige vers l'objet, elle est déterminée quant à son contenu. Cela, originairement et selon son essence, elle ne doit pas l'être ; elle est par conséquent déterminée par elle-même, elle est déterminée et déterminante en même temps, elle est par conséquent très proprement une activité revenant sur elle-même.

De façon systématique, ce que l'on vient de dire doit être présenté ainsi. L'activité à mettre en évidence doit être *opposée* à l'acte d'intuitionner et, en tant que telle, elle est absolument libre, puisque celui-ci est assujetti ; elle se dirige vers l'être raisonnable, ou — ce dont on a vu que c'est *équivalent* — l'activité revient sur elle-même (car l'être raisonnable et son activité sont une seule et même chose), puisque l'activité intuitionnante se dirige vers quelque chose d'extérieur à l'être raisonnable ; et dans cette mesure elle est l'acte de former le concept d'une causalité hors de nous, dont nous avons le projet, autrement dit : d'une *fin*. En même temps, on doit la rapporter [III, 20] à l'acte d'intuitionner, c'est-à-dire la poser comme identique à lui ; par suite elle est une causalité portant sur les objets, mais une causalité qui — et c'est là un point qu'il ne faut pas laisser échapper — résulte immédiatement du concept et, si on la considère simplement d'un autre point de vue, lui est identique.

b) C'est par la médiation d'une telle activité que devient possible la conscience de soi exigée. Elle est quelque chose qui a son fondement ultime dans l'être raisonnable lui-même et qui doit être posé comme tel (*a*) par la médiation de son opposition possible avec quelque chose qui n'a pas son fondement en lui-même. Le Moi (l'être raisonnable lui-même, comme tel) serait dès lors un Moi limité, déterminé, et par conséquent que l'on doit comprendre par la réflexion ; autrement dit, le Moi pratique serait le Moi pour la réflexion, le Moi posé par lui-même et qui doit être posé par soi dans la réflexion, et à ce Moi comme sujet logique on pourrait attribuer quelque chose dans un prédicat possible, comme ici l'intuition du monde.

c) C'est *uniquement* par la médiation d'une telle activité que la *(3, 332)* conscience de soi devient possible. Car, dans ce qui a été posé, il n'y a rien de plus que les caractéristiques désignées plus haut comme conditions de la conscience de soi ; à savoir qu'elle est une activité revenant sur soi, autrement dit une activité telle qu'elle a comme

(*a*) *SW :* uniquement.

fondement ultime l'être raisonnable lui-même, que cette activité est finie et limitée, et qu'elle est posée comme limitée, c'est-à-dire par opposition et en relation avec l'instance limitante, que comme telle elle ne survient que du fait qu'en général on réfléchit sur elle.

Par conséquent une telle activité et l'acte de la poser sont nécessairement admis dès qu'est admise la conscience de soi, et les deux concepts sont identiques.

— *Corollaires*

1. On affirme que le Moi pratique est le Moi de la conscience de soi originaire ; qu'un être raisonnable ne se perçoit immédiatement que dans le vouloir, et ne se percevrait pas, ni par suite ne percevrait non plus le monde, par conséquent ne serait même pas non plus une intelligence, s'il n'était un être pratique. Le vouloir est le [III, 21] caractère propre et essentiel de la raison ; l'acte de représenter se tient certes, selon le point de vue du philosophe, avec lui dans une relation d'action réciproque, mais cet acte est posé cependant comme l'élément contingent. La faculté pratique est la racine la plus intime du Moi, c'est elle qui a la charge de toutes les autres facultés, à elle que toutes les autres sont rattachées.

Toutes les autres tentatives pour déduire le Moi dans la conscience de soi sont des échecs parce qu'elles doivent toujours présupposer ce qu'elles veulent déduire ; et c'est ici que se manifeste pourquoi elles devaient échouer. — Comment donc pouvait-on admettre que par la liaison d'une pluralité de représentations dont nulle ne contiendrait le Moi, à la seule condition que cette pluralité soit synthétisée, un Moi surgisse ? C'est seulement une fois que le Moi existe, que quelque chose *(3, 333)* peut être lié en lui ; il lui faut donc exister avant toute liaison — bien entendu, comme toujours ici : exister *pour le Moi**.

* Le Moi *qui* doit réfléchir (de même aussi celui *qui* doit se déterminer à l'agir, celui *qui* doit intuitionner le monde, et ainsi de suite) *précède* — bien entendu : pour le Moi réfléchissant dans l'activité philosophique, lequel pourtant est bien aussi un Moi et est *(3, 333)* assujetti aux lois de son essence —, il précède *d'après ces lois seulement,* et c'est de lui que parle le premier principe de la *Doctrine de la Science.*

Pour ce Moi réfléchissant, un autre Moi doit donc être objet, c'est-à-dire que ce Moi

2. Vouloir et représenter se tiennent donc en une continuelle et nécessaire relation d'action réciproque, et l'un des deux n'est pas possible sans qu'en même temps l'autre existe. Que chaque vouloir soit conditionné par un acte de représentation, on l'accordera sans peine et on l'a accordé depuis longtemps : je dois nécessairement me représenter ce que je veux. A l'inverse, cette affirmation que tout acte de représentation est conditionné par un vouloir pourrait bien rencontrer des difficultés. Mais un acte de représentation ne peut intervenir sans un représentant et ne peut être posé avec conscience sans que le représentant soit posé. Or celui-ci est, non pas [III, 22] *accidentaliter,* dans la mesure où il est maintenant en train de se représenter quelque chose, mais *substantialiter,* dans la mesure où il est en général et est quelque chose, ou bien un être effectivement voulant, ou bien un être posé et caractérisé par son aptitude à vouloir. La simple intelligence ne constitue pas un être raisonnable, car elle n'est pas possible à elle seule ; la simple faculté pratique n'en constitue pas davantage un, car elle non plus n'est pas possible à elle seule — mais c'est uniquement les deux réunis qui l'accomplissent et en font un tout.

3. C'est par cette action réciproque entre intuitionner et vouloir que deviennent d'abord possibles le Moi lui-même et tout ce qui est pour le Moi (pour la raison), c'est-à-dire tout ce qui existe en général.

En premier lieu le Moi lui-même. On pourrait dire apparemment qu'une action réciproque entre l'intuitionner et le vouloir du Moi doit précéder la possibilité du Moi lui-même ; que dans le Moi il doit y avoir quelque chose qui se trouve en relation d'action réciproque avant que le Moi lui-même existe ; et cela serait contradictoire. Mais c'est justement ici que réside l'illusion qui doit être écartée. L'intuitionner et le vouloir ne précèdent ni ne succèdent au Moi, mais ils sont eux-mêmes le Moi ; l'un et l'autre ne s'accomplissent que dans la mesure où le Moi se pose lui-même, ils ne s'accomplissent que dans cet acte de poser et par cet

doit pour lui-même être objet. Comment est-ce possible ? C'est de cela qu'on traite ici. — Que des lecteurs attentifs me pardonnent cette note. Elle n'est pas pour eux, mais pour les étourdis et les distraits qui en avaient besoin ici ; et ceux-ci sont priés d'y suppléer partout où ils en auront de nouveau besoin.

acte de poser leur accomplissement ; et il est vide de sens de penser à un accomplissement en dehors de cet acte de poser et qui soit indépendant de lui ; inversement, le Moi se pose dans la mesure où tous deux s'accomplissent et dans la mesure où il pose que tous deux s'accomplis-*(3, 334)* sent, et il est tout aussi vide de sens de penser à une autre position du Moi. Il est pour le moins non philosophique de croire que le Moi serait encore autre chose qu'*à la fois son acte et son produit.* Dès que nous entendons parler du Moi comme d'un Moi actif, nous ne manquons pas de nous imaginer aussitôt un substrat dans lequel l'activité, à titre de simple faculté, aurait son siège. Ce n'est pas là le Moi, mais c'est un produit de notre propre imagination, produit que nous esquissons à l'occasion de l'exigence de penser le Moi. Le Moi n'est pas quelque chose *qui a une faculté,* il n'est pas en général une faculté, mais il est *agissant ;* il est ce qu'il fait de façon agissante, et s'il n'agit pas, il n'est rien.

[III, 23] On a demandé : comment l'instance qui se représente parvient-elle à la conviction qu'en dehors de sa représentation il existe un objet de la représentation, et que celui-ci est, dans ses propriétés, tel qu'il est représenté (16) ? Si l'on avait simplement considéré comme il faut ce que cette question voulait dire, on serait déjà, à partir de cet examen, parvenu aux concepts corrects. — Le Moi lui-même, par son agir, constitue l'objet ; la forme de son agir est elle-même l'objet, et l'on ne doit penser à aucun autre objet. Ce dont la manière d'agir devient nécessairement un objet, est un Moi, et le Moi lui-même n'est rien de plus que ce dont une simple manière d'agir devient un objet. S'il agit avec toute sa faculté — il faut bien s'exprimer ainsi pour pouvoir simplement s'exprimer —, il est pour lui-même objet ; s'il n'agit qu'avec une partie de celle-ci, il a pour objet quelque chose qui doit être hors de lui.

Se saisir soi-même dans cette identité de l'agir et de l'être-agi, non pas dans l'agir, ni dans l'ête-agi, mais dans l'*identité* des deux, et pour ainsi dire se prendre sur le fait, cela équivaut à concevoir le pur Moi et à se rendre maître du point de vue de toute philosophie transcendantale. Ce talent semble vraiment être totalement refusé à bien des gens. Qui ne peut considérer les deux termes qu'isolément et de façon abstraite, et, même s'il se donne la peine de comprendre l'idée indiquée, ne saisit jamais, comme cela se trouve, que soit l'instance agissante, soit l'objet de l'activité, obtient de l'un et de l'autre, dans leur abstraction, des résultats tout à fait contradictoires, qui ne peuvent être réunis qu'en apparence, parce q'ils ne l'étaient pas dès le point de départ.

(3, 335) § 2 – CONSÉQUENCE

Par l'acte de poser sa faculté de causalité libre,
l'être raisonnable pose
et détermine un monde sensible en dehors de lui

I – Il le *pose*. Seul ce qui est absolument spontané, autrement dit : pratique, est posé comme subjectif, comme appartenant au Moi, et [III, 24] c'est par la limitation de cette dimension que le Moi lui-même est limité. Ce qui se situe en dehors de cette sphère, précisément parce qu'il se situe en dehors d'elle, est posé comme n'étant ni produit par l'activité du Moi, ni non plus à produire par elle ; il est donc exclu hors de la sphère du Moi, et celui-ci est exclu de sa sphère ; il s'engendre un système des objets, c'est-à-dire un monde, qui *existe indépendamment du Moi,* à savoir du *Moi pratique,* qui ici équivaut au Moi en général, et indépendamment duquel le Moi, encore une fois le Moi pratique qui détermine ses fins, *existe pareillement* — monde et Moi qui par conséquent existent à l'extérieur l'un de l'autre et ont chacun leur existence particulière.

— *Corollaires*

1. Le philosophe transcendantal doit admettre que tout ce qui est, ne peut être que *pour* un Moi, et que ce qui doit être pour un Moi, ne peut être que *par* le Moi. La pensée commune confère au contraire aux deux termes une existence indépendante et soutient que le monde continuerait d'exister même si elle n'existait pas. Cette pensée commune n'a pas à prendre en considération l'affirmation du philosophe transcendantal, et elle ne le peut pas, car elle se tient à un point de vue inférieur ; mais le philosophe transcendantal doit bien évidemment

prêter attention à la pensée commune, et son affirmation est indéterminée et, pour cette raison, en partie inexacte, tant qu'il na pas montré comment précisément ce n'est qu'à partir de son affirmation que *la pensée commune s'ensuit nécessairement et comment ce n'est qu'à partir de ce qu'il présuppose qu'elle se peut expliquer.* La philosophie doit déduire notre conviction en l'existence d'un monde hors de nous.

Or cela est accompli ici à partir de la possibilité de la conscience de soi, et cette conviction est démontrée comme condition de cette conscience de soi. Parce que le Moi ne peut se poser dans la conscience de soi que de façon pratique, mais qu'il ne peut en général rien poser qui ne soit fini, et que par conséquent il lui faut poser en même temps une limite de son activité pratique, il pose donc nécessairement un *(3, 336)* monde hors de lui. Ainsi procède originairement tout être raisonnable, et ainsi procède aussi, sans nul doute, le philosophe.

[III, 25] Quoique ce dernier comprenne ensuite que l'être raisonnable doit préalablement poser son activité pratique réprimée pour pouvoir poser et déterminer l'objet, que par conséquent l'objet lui-même n'est nullement donné de façon immédiate, mais seulement produit originairement en conséquence d'autre chose, cela ne perturbe pas la pensée commune, qui ne peut être consciente de ces opérations qui viennent d'être postulées, puisqu'elles conditionnent la possibilité de toute conscience et donc restent en dehors du cercle de la conscience — pensée commune qui n'accomplit pas les spéculations qui guident la conviction du philosophe ; cela ne perturbe même pas le philosophe dès qu'il en vient à se situer au point de vue de la pensée commune.

On pourrait demander : quelle réalité doit donc être attribuée à ces actions qui se situent hors du cercle de toute conscience et ne sont pas posées dans la conscience, s'il ne revient de réalité qu'à ce qui est posé nécessairement par le Moi ? — Naturellement aucune, si ce n'est en tant que cela est posé, par conséquent uniquement une réalité pour l'entendement philosophant. Si l'on voulait réunir systématiquement, en les enracinant dans un fondement ultime, les opérations de l'esprit humain, il faudrait considérer les unes et les autres comme des opérations de cet esprit ; tout être raisonnable qui entreprendrait cette recherche, serait mis devant cette nécessité : c'est cela et rien de plus qu'affirme le philosophe. Ces faits-actions (17) originaires ont la même réalité que la causalité exercée par les choses du monde sensible les unes sur les autres, et que leur continuelle action réciproque. Pour ces peuples primitifs dont nous avons encore les monuments et qui synthétisaient peu leurs expériences, mais laissaient subsister les perceptions singulières à l'état de dispersion dans leur conscience, il n'y avait pas de causalité de cette sorte, du moins se prolongeant en une longue chaîne, ni d'action réciproque. Ils dotaient de vie presque tous les objets du monde sensible, et ils en faisaient des causes premières libres, semblables à eux-mêmes. Un tel enchaînement universel n'avait pas pour eux de réalité ; en fait, à leurs yeux, *cela n'existait absolument pas.* Mais pour qui établit des liens entre ses expériences et leur confère une unité — et [III, 26] c'est là une tâche qui fait partie du parcours de la raison humaine progressant par synthèses et qui devait être tôt ou tard assumée et accomplie — il faut nécessairement établir de tels liens de cette manière, et pour lui l'enchaînement de la totalité ainsi produit a de la réalité. Dès que, cette entreprise une fois achevée, l'esprit humain revient sur lui-même, comme il l'a fait chez l'un de ses plus sublimes *(3, 337)* représentants, Kant, pour la première fois avec claire conscience et complètement, et qu'il trouve que tout ce qu'il croit percevoir hors de lui, il ne l'a pourtant produit qu'à partir de lui-même, alors se dégage pour la raison humaine, qui continue à progresser sans cesse par synthèses, la tâche de réunir pareillement toutes ces opérations de l'esprit en un fondement ultime, et cette démarche a, pour la même raison, la même réalité que la démarche précédente. Cette ultime tâche qui incombe à la faculté de synthèse, et après l'achèvement de laquelle l'humanité revient à nouveau à l'analyse, qui reçoit désormais une tout autre signification, devait aussi, tôt ou tard, être accomplie ; et il serait simplement à souhaiter que ceux que leurs capacités ne destinent pas à participer à cette entreprise, ne prêtent nullement attention à la réalité qui doit en sortir, comme du reste il en a toujours été, mais ne prétendent pas la rabaisser au rang de la sorte particulière de réalité (*a*) qui leur est familière. — Qu'un Moi pur et ses opérations qui

(*a*) *SW :* la rabaisser à la sorte particulière de réalité (correction marginale de Fichte).

précèdent toute conscience n'aient pas de réalité parce qu'elles ne surviennent pas dans la conscience commune, — cela a autant de sens que ce que dirait un sauvage inculte en tenant ce propos : votre causalité et votre action réciproque n'ont pas de réalité, car on ne peut pas les manger.

2. A partir de la déduction de notre conviction en l'existence d'un monde sensible en dehors de nous, se dégage en même temps jusqu'où va cette conviction et au sein de quelle disposition de l'esprit elle trouve place : car ce qui est fondé ne va jamais plus loin que ce qui le fonde, et dès que l'on connaît le fondement d'une manière de penser déterminée [III, 27], on en connaît aussi l'extension. Cette conviction a la même extension que la distinction et l'opposition de notre faculté pratique et de notre faculté théorique, la même extension que notre représentation de l'action des choses sur nous et de notre réaction sur elles — parce que c'est seulement ainsi que notre faculté pratique est posée comme limitée. De là vient que même les philosophes ont de tout temps mené leurs démonstrations de la réalité d'un monde hors de nous en partant de l'action de ce monde sur nous ; une démonstration qui à vrai dire présuppose ce qu'elle doit démontrer, mais qui épouse la manière de la pensée commune — car c'est là la preuve que celle-ci se donne à elle-même.

Mais comment fait le philosophe spéculatif pour éloigner pendant quelque temps cette conviction, afin de pouvoir mener son enquête au-delà d'elle ? A l'évidence, de la façon suivante : il ne procède pas à cette distinction qui en est la condition. Si nous considérons uniquement l'activité de représentation et si nous ne voulons expliquer qu'elle, un doute surgira nécessairement à propos de l'existence des choses hors de nous. L'idéaliste transcendantal rassemble l'activité théorique et l'activité pratique en les comprenant comme activité en général, et par là en vient nécessairement — puisque dès lors il n'y a pas de passivité dans le Moi, sur quelque mode que ce soit — au résultat que tout le système des objets doit être produit pour le Moi par le Moi lui-même. Mais, précisément parce qu'il a rassemblé les deux activités, il peut au *(3, 338)* moment opportun aussi les séparer, et montrer le point de vue auquel la pensée commune doit nécessairement se placer. L'idéaliste dogmatique exclut totalement l'activité pratique de ses recherches, considère uniquement l'activité théorique, et veut la fonder par elle-même : il est alors naturel qu'il doive en faire une activité inconditionnée. — Pour l'un comme pour l'autre, cette spéculation n'est possible qu'aussi longtemps qu'ils demeurent dans la retraite de la pensée, mais dès que leur activité pratique est mise en mouvement, ils oublient sur le champ leurs convictions spéculatives, et retournent à la vision humaine commune des choses, parce que c'est une nécessité. Il n'y a eu aucun idéaliste qui ait étendu ses doutes ou sa prétendue certitude [III, 28] jusqu'à son action, et il ne peut y en avoir ; car dans ce cas il ne pourrait aucunement agir, mais par suite il ne pourrait même pas vivre.

II – Par cet acte de poser une activité libre, le monde sensible est en même temps *déterminé*, c'est-à-dire qu'il est posé avec certaines caractéristiques inaltérables et universelles.

D'abord, c'est en se servant d'une liberté absolue que l'on forge le concept de la causalité de l'être raisonnable ; l'objet, dans le monde sensible, en tant que son contraire, est donc stabilisé, fixé, immuablement défini. Le Moi est déterminable à l'infini, l'objet, parce qu'il est *tel* objet, est déterminé une fois pour toutes. Le Moi est ce qu'il est dans l'*agir*, l'objet dans l'*être*. Le Moi est sans cesse en devenir, il n'y a absolument rien en lui qui dure : l'objet est pour toujours tel qu'il est, il est ce qu'il était et ce qu'il sera. Dans le Moi réside la raison dernière de son agir ; dans l'objet, celle de son être : car il n'a rien de plus que l'être.

Ensuite, le concept de la causalité que l'on pourrait forger à partir d'une liberté absolue et qui, dans les mêmes conditions, pourrait être infiniment divers, concerne une activité dirigée vers l'objet. Par conséquent l'objet doit pouvoir être transformé à l'infini, en conséquence d'un concept changeant à l'infini, il faut pouvoir en faire tout ce qu'on peut vouloir en faire. Il a de la stabilité, et il pourrait donc sans doute *résister* par son inertie à l'action ; mais il n'est capable par lui-même d'aucune transformation (il ne peut *inaugurer* aucune action causale) ; il ne peut par conséquent *agir* contre l'action causale qui s'exerce sur lui.

Enfin, l'être raisonnable ne peut se poser comme agissant causalement sans se poser en même temps comme représentant, il ne peut se poser comme agissant causalement sur un objet déterminé sans une représentation continue de cet objet déterminé ; il ne peut poser aucune action causale déterminée comme accomplie sans poser l'objet sur lequel elle a porté. C'est dire que, dans la mesure où l'objet est posé comme annulant la causalité, mais où pourtant la causalité doit subsister à côté de l'objet, il surgit ici [III, 29] un conflit qui ne peut être résolu *(3, 339)* que par un flottement de l'imagination entre les deux termes, d'où surgit un *temps* (18)*. La causalité exercée sur l'objet se produit par conséquent de façon successive dans le temps. Si donc on agit causalement sur un seul et même objet, et si dès lors la causalité est considérée, dans chaque moment présent, comme conditionnée par le précédent et, médiatement, par la causalité qui est intervenue dans tous les moments précédents, l'état de l'objet à chaque moment est également considéré comme conditionné par son état dans tous les moments précédents, à partir de la première connaissance de l'objet ; et ainsi l'objet reste le même, quoiqu'il ne cesse de connaître des transformations ; plus précisément, le substrat produit par l'imagination pour relier en lui le divers, le support des accidents qui s'excluent sans cesse, ce que l'on nomme la simple matière, reste le même. De là vient que nous ne pouvons nous poser que comme modifiant la forme des choses, mais nullement la matière ; que nous sommes conscients, sans doute, de pouvoir modifier *(3, 340)* à l'infini les figures des choses, mais de ne pas pouvoir les produire ou les anéantir ; que pour nous la matière ne peut ni être augmentée, ni être diminuée, et que c'est de ce point de vue de la conscience commune, mais nullement de celui de la philosophie transcendantale, qu'une matière nous est originairement donnée**.

* On peut sur ce point lire le *Dialogue sur l'idéalisme et le réalisme* de Jacobi, où il est montré de façon éclairante que les représentations du temps qui, en soi, contredisent le concept pur de la causalité, ne lui sont transférées qu'à partir de la représentation de notre propre causalité sur les choses (19).

** Une philosophie qui part des faits de conscience, de ce que l'on *trouve* quand on considère le Moi uniquement comme le terme sur lequel il y a action, ne peut aller au-delà de cette limite, où une matière est donnée, et elle procède donc de façon pleinement conséquente si elle énonce cette proposition.

§ 3 – Théorème 2

L'être raisonnable fini ne peut pas s'attribuer à lui-même une causalité libre dans le monde sensible sans l'attribuer aussi à d'autres, par conséquent sans admettre aussi d'autres êtres raisonnables finis hors de lui

— *Démonstration*

I –

a) [III, 30] L'être raisonnable ne peut, d'après la démonstration produite au § 1, poser un objet (percevoir et concevoir) sans en même temps, dans la même synthèse indivise, s'attribuer une causalité.

b) Mais il ne peut s'attribuer une causalité sans avoir posé un objet sur lequel cette causalité doit porter. La position de l'objet comme un objet déterminé par soi-même et, dans cette mesure, entravant la liberté de l'être raisonnable, s'effectue nécessairement dans un moment antérieur, par référence auquel seulement le moment où le concept de la causalité est saisi devient le moment présent.

c) Toute conception est conditionnée par une position de la causalité de l'être raisonnable ; et toute causalité est conditionnée par une conception antérieure de celui-ci. Donc tout moment possible de la conscience est conditionné par un moment antérieur de celle-ci, et la conscience est déjà présupposée comme réelle quand on explique sa possibilité. Elle ne peut s'expliquer que par un cercle, elle ne peut donc pas s'expliquer du tout, et elle apparaît comme impossible.

Le problème était de montrer comment la conscience de soi est *(3, 341)* possible. A cela, nous avons répondu : la conscience de soi est possible si l'être raisonnable, dans un seul et même moment indivis, peut s'attribuer une causalité, et opposer quelque chose à cette causalité. Posons que cela se produit dans le moment Z.

[III, 31] Maintenant, on demande en outre à quelle condition ce qui vient d'être exigé est possible ; et là il est donc clair tout de suite que la causalité qu'il faut poser ne peut être posée qu'en relation avec quelque objet déterminé A sur lequel elle s'exerce. Il ne faut pas dire que l'on pourrait bien poser une causalité *en général*, une causalité simplement *possible* ; car ce serait une pensée indéterminée, et peut-être que l'on a tout de même fait assez de tort comme cela à la philosophie à force d'argumenter à partir d'hypothèses générales. On ne pose une causalité simplement possible, autrement dit une causalité en général, qu'en faisant abstraction d'une causalité déterminée, autrement dit de toute causalité *réelle* ; mais, avant qu'il puisse y avoir abstraction de quelque chose, il faut qu'il y ait position, et ici, comme toujours, un concept déterminé, celui d'une chose *réelle* déterminée, précède le concept indéterminé de la chose *en général*, et celui-ci est conditionné par celui-là. — On dira tout aussi peu que la causalité pourrait être posée comme s'exerçant, dans le moment Z lui-même, sur l'objet B que l'on doit poser, car B n'est posé comme un objet que dans la mesure où aucune causalité ne s'exerce sur lui.

Par conséquent il faut expliquer le moment Z à partir d'un autre moment dans lequel l'objet A aurait été posé et conçu. Mais A ne peut lui-même être conçu qu'à la condition sous laquelle B pouvait être conçu, c'est-à-dire que le moment où il est conçu n'est lui-même possible que sous la condition d'un moment antérieur, et ainsi de suite à l'infini. Nous ne trouvons aucun point possible auquel nous pourrions rattacher le fil de la conscience de soi, par lequel seulement toute conscience devient possible — et notre problème n'est par conséquent pas résolu.

Il importe, dans l'intérêt de la science tout entière que l'on doit ici établir, de se forger une vision claire du raisonnement qui vient d'être conduit.

II – La raison qui rend impossible d'expliquer la conscience de soi sans toujours la présupposer comme déjà existante, consistait en ceci que, pour pouvoir poser sa causalité, le sujet de la conscience de soi devait déjà avoir posé un [III, 32] objet, simplement comme tel ; et par conséquent, du moment auquel nous voulions rattacher le fil de la conscience de soi, nous étions toujours repoussés vers un moment *(3, 342)* antérieur auquel il devait déjà être rattaché. Il faut supprimer cette raison. Mais elle ne doit être supprimée que de telle façon que l'on admette que la *causalité du sujet* est synthétiquement réunie avec l'*objet* dans un seul et même moment ; que la causalité du sujet est elle-même l'objet perçu et conçu, que l'objet n'est pas autre chose que cette activité du sujet, et donc que les deux termes font un. Ce n'est que par une telle synthèse que nous ne serions pas repoussés plus loin vers une synthèse antérieure ; elle seule contiendrait en elle tout ce qui conditionne la conscience de soi et fournirait un point auquel le fil de celle-ci se laisserait rattacher. C'est seulement à cette condition que la conscience de soi est possible. Autant il est certain, donc, que la conscience de soi doit exister, autant il est certain qu'il nous faut admettre ce qui vient d'être établi. La stricte démonstration synthétique est par conséquent achevée ; car ce qu'on a décrit se voit confirmé comme condition absolue de la conscience de soi.

Il ne reste que la question de savoir ce que peut bien signifier la synthèse mise en place, ce qui s'y peut comprendre, et comment ce qui est requis en elle sera possible. Nous n'avons donc plus désormais qu'à analyser ce qui a été démontré.

III – La synthèse entreprise nous place, semble-t-il, en échange de la pure inconcevabilité qu'elle voulait supprimer, dans une parfaite contradiction.

Ce que la synthèse met en place doit être un objet ; mais le caractère de l'objet, c'est qu'à l'occasion de son appréhension, l'activité libre du sujet est posée comme empêchée. Cet objet doit cependant être une causalité du sujet ; mais le caractère d'une telle causalité, c'est que l'activité du sujet est absolument libre et se détermine elle-même. Ici les deux éléments doivent être conciliés ; les deux caractères doivent être maintenus et on ne doit en laisser perdre aucun. Comment cela peut-il bien être possible ?

Les deux caractères sont parfaitement conciliés, si nous nous représentons [III, 33] *une détermination du sujet à l'auto-détermination,* un appel à se décider à agir causalement.

Dans la mesure où ce qui est requis est un objet, il faut qu'il soit donné dans la sensation, et plus précisément dans la sensation *externe* — et non dans l'interne, car toute sensation interne naît uniquement de la reproduction d'une sensation externe, la première présuppose donc la seconde, et, dans cette hypothèse, la conscience de soi, dont la possibilité doit être expliquée, serait donc encore une fois présupposée comme existante. — Mais l'objet n'est pas conçu autrement, et ne peut être conçu autrement, que comme un simple appel à agir adressé au sujet. Par conséquent, dans l'exacte mesure où le sujet conçoit cet objet, il a le concept de sa propre liberté, c'est-à-dire de sa spontanéité, et cela comme d'une liberté donnée de l'extérieur. Il reçoit le concept de sa *(3, 343)* causalité libre, non pas comme quelque chose qui *est* dans le moment présent, car ce serait une véritable contradiction, mais comme quelque chose qui *doit être* dans l'avenir.

(La question était : comment le sujet peut-il se trouver lui-même comme un objet ? Pour *se* trouver, il ne pouvait se trouver que comme spontanéité ; autrement, il ne *se* trouve pas, et, dans la mesure où il ne trouve en général rien sans *être* et où il n'est pas sans se trouver, il ne trouve en général absolument rien. Pour se trouver comme *objet* (de sa réflexion), il ne pouvait pas se trouver comme se *déterminant* à la spontanéité (ce qu'il pourrait en être en soi n'est pas en question ici, du point de vue de la philosophie transcendantale, il s'agit seulement de la façon dont les choses se présentent nécessairement au sujet sur lequel la recherche doit porter), mais comme déterminé à celle-ci par un choc extérieur qui doit cependant lui laisser son entière liberté de se déterminer lui-même : car sinon le premier point est perdu, et le sujet ne se trouve pas comme Moi.)

J'anticipe, pour rendre le dernier point plus clair, sur quelque chose qui sera repris dans ce qui suit. Le sujet ne peut se trouver contraint, ne serait-ce même qu'à agir effectivement en général ; car alors il ne serait pas libre, et il ne serait pas non plus un Moi. [III, 34] Il peut, s'il devait se décider à agir, encore moins se trouver contraint d'agir de telle ou telle manière déterminée : car alors, encore une fois, il ne serait pas libre, et il ne serait pas non plus un Moi. Comment et en quel sens est-il donc déterminé à agir causalement, pour se trouver comme un objet ? Cela n'est possible que dans la mesure où il se trouve dans la posture de quelque chose qui ici pourrait agir, qui est appelé à agir, mais qui peut tout aussi bien s'en dispenser.

IV – L'être raisonnable doit réaliser sa causalité libre ; cette exigence qui lui est imposée réside dans le concept, et, pour autant qu'il saisit le concept qu'il se propose, il réalise cette exigence :

— *Ou bien en agissant effectivement.* Ce n'est que l'activité en général qui est exigée ; mais dans le concept est expressément contenu que, dans la sphère des actions possibles, le sujet doit en choisir une seule, par une libre auto-détermination. Il ne peut agir que d'*une seule* façon ; sa faculté de sentir, qui est ici une faculté de sentir son action causale, il ne peut la déterminer que d'*une seule* façon. Dans l'exacte mesure où il agit, il choisit par une auto-détermination absolue cette unique façon, et il est en tant que tel absolument libre : il est un être raisonnable et il se pose aussi comme tel.

— *Ou bien en n'agissant pas.* Même dans ce cas il est libre ; car il doit, conformément à ce que nous avons supposé, avoir saisi le concept de sa causalité comme de quelque chose d'exigé et qui lui est inspiré. Or en procédant à l'encontre de cette inspiration et en s'abstenant d'agir, c'est également avec liberté qu'il choisit entre agir et ne pas agir.

Le concept mis en place est celui d'une *libre causalité réciproque, (3, 344)* dans sa plus extrême précision : le concept n'est donc rien d'autre que cela. Je peux ajouter par la pensée, à une quelconque action libre, une réaction libre, en tant que *contingente ;* mais ce n'est pas là le concept exigé dans toute sa précision. S'il doit être déterminé avec précision, il faut que l'*action* ne se laisse aucunement penser abstraction faite de la *réaction.* Il faut que ce soit tel que les deux termes constituent les *parties intégrantes* de ce qui arrive comme un tout. [III, 35] Ainsi quelque chose est donc postulé comme condition nécessaire de la conscience de soi d'un être raisonnable. Il faut que les choses se produisent ainsi, en vertu de notre démonstration.

C'est seulement à quelque chose de tel qu'il est possible de rattacher le fil de la conscience, lequel ensuite pourrait bien sûr, sans difficultés, se prolonger aussi vers les autres objets.

C'est par notre présentation que l'on rattache ce fil. Le sujet peut et doit, sous cette condition, se poser comme être librement agissant, en vertu de la présente démonstration. S'il se pose comme tel, il peut et doit poser un monde sensible, et s'opposer lui-même à ce monde. — Et dès lors toutes les opérations de l'esprit humain se déploient sans difficulté selon ses lois, une fois que le problème fondamental a été résolu.

V – Notre analyse de la synthèse que l'on a mise en place était jusqu'ici purement *explicative :* nous n'avions qu'à rendre explicite ce que nous avions pensé dans le simple concept de cette synthèse. L'analyse se poursuit maintenant toujours plus avant, mais elle devient désormais *déductive,* c'est-à-dire que le sujet doit peut-être, à la suite de l'influence dont on a posé qu'elle s'exerçait sur lui, poser encore maintes autres choses : comment cela s'effectue-t-il, autrement dit : que pose-t-il, selon les lois de son essence, en conséquence de sa première position ?

L'influence que l'on a décrite était condition nécessaire de toute conscience de soi ; elle advient aussi certainement que la conscience de soi advient, et elle est par conséquent un fait nécessaire. Si, d'après les lois nécessaires de l'être raisonnable, il faut, en même temps qu'eux, poser maintes autres choses encore, la position de celles-ci est tout autant un fait nécessaire que la première.

Dans la mesure où l'influence que l'on a décrite est quelque chose que l'on *sent,* elle est une limitation du Moi et le sujet doit l'avoir posée comme telle ; or il n'y a pas de limitation sans un élément qui limite. Le sujet doit donc, tout en posant cette limitation, en même temps avoir posé *hors de lui* quelque chose comme la raison de détermination ; tel est le premier point, que l'on comprend sans difficulté aucune.

Toutefois, cette influence est quelque chose de *déterminé,* et par sa position comme quelque chose de déterminé, c'est [III, 36] non seulement un fondement en général que l'on pose, mais un fondement *déterminé* de celle-ci. Quel genre de fondement faut-il que ce soit, *(3, 345)* quelles caractéristiques doivent lui être attribuées s'il doit être fondement de cette influence déterminée ? C'est une question qui nous occupera pendant un peu plus longtemps.

On a conçu l'influence comme un appel adressé au sujet pour qu'il agisse selon une causalité libre, et — c'est là ce dont tout dépend — il n'était absolument pas possible de la concevoir autrement : on ne la concevait aucunement si on ne la concevait pas *ainsi.*

L'appel est la matière de l'action causale, et une causalité libre de l'être raisonnable, à quoi il invite, est son but final. Cet être raisonnable ne doit nullement par l'appel être déterminé, être soumis à une nécessité d'agir, comme, dans le concept de causalité, l'effet l'est par la cause ; au contraire il doit seulement, à la suite de cet appel, se déterminer lui-même à agir. Mais s'il le doit, il lui faut d'abord comprendre l'appel et le concevoir, et l'on escompte ainsi qu'il en a une connaissance préalable. La cause de l'appel posée en dehors du sujet doit donc au moins supposer la possibilité que ce dernier puisse comprendre et concevoir ; autrement, son appel n'a absolument aucune fin. La finalité de cet appel est conditionnée par l'entendement et par la liberté de l'être auquel il s'adresse. Cette cause doit par conséquent nécessairement avoir le concept de raison et de liberté ; donc elle doit elle-même être un être capable de concepts, une intelligence, et, puisque, selon ce qui a été démontré, ce n'est pas possible sans liberté, être aussi un être libre, donc en général un être raisonnable et être posée comme telle.

A cette argumentation mise en place ici comme une argumentation nécessaire, fondée originairement dans l'essence de la raison et qui s'effectue en toute certitude sans nulle intervention délibérée de notre part, nous ajoutons encore quelques mots à titre de clarification.

On a légitimement soulevé la question suivante : quels effets ne sont explicables que par une cause raisonnable ? La [III, 37] réponse : ceux que nécessairement leur concept doit précéder, est vraie, mais insuffisante — car il reste toujours à répondre à la question plus élevée, un peu plus difficile : que sont donc des effets tels que l'on doive juger qu'ils n'étaient possibles que d'après un concept forgé antérieurement ? Tout effet, une fois qu'il existe, peut fort bien être conçu, et le divers présent en lui s'assemble simplement sous l'unité du concept d'autant plus correctement et d'autant plus heureusement que l'observateur lui-même a plus d'intelligence. Or c'est là une unité que l'observateur lui-même a introduite dans le divers grâce à ce que *Kant* nomme la faculté de juger réfléchissante, et qu'il faut nécessairement introduire si pour *(3, 346)* l'observateur il doit en général exister *un* effet. Mais qui donc lui garantit pour autant qu'à la façon dont maintenant il ordonne le divers *réel* sous le concept, de même avant l'action causale les *concepts* du multiple qu'il perçoit ont été ordonnés par un entendement sous le concept de l'unité qu'il se représente ? Et qu'est-ce qui pourrait l'autoriser à une telle conclusion ? Il faut donc qu'une raison justificatrice plus élevée puisse être invoquée, ou alors conclure à une cause raisonnable est absolument sans fondement, et — soit dit en passant — il serait même, d'après la loi contraignante de la raison, physiquement impossible d'utiliser de façon illégitime une telle conclusion si elle n'était produite légitimement dans une quelconque sphère de la connaissance, vu que sinon elle ne serait aucunement présente en l'être raisonnable.

Il n'y a pas de doute : une cause raisonnable, pour autant qu'elle est telle, se forge le concept du produit qui doit être réalisé par son activité et d'après lequel elle se dirige en son action, et qu'en quelque sorte elle ne cesse de prendre en vue. Ce concept s'appelle le concept de fin.

Or un être raisonnable ne peut toutefois saisir aucun concept de sa causalité *sans qu'il ait une connaissance de l'objet de cette causalité.* Car il ne peut se déterminer à une activité — bien entendu, avec la conscience de cette auto-détermination, car c'est seulement par là que cela devient une libre [III, 38] activité — à moins d'avoir posé cette activité comme empêchée ; mais ce qu'il pose, quand il pose une activité déterminée comme empêchée, c'est un objet hors de lui. C'est pourquoi — soit dit en passant —, même si l'on voulait accorder à la nature intelligence et liberté, on ne pourrait pourtant lui attribuer la faculté de saisir le concept d'une fin (et c'est précisément pourquoi, à l'inverse, intelligence et liberté devraient lui être refusées), parce qu'il n'y a hors d'elle rien sur quoi elle pourrait agir. Tout ce sur quoi peut s'exercer une action causale, est soi-même nature.

Un critère sûr de l'action causale d'un être raisonnable serait donc que l'action causale ne se pourrait penser comme possible que sous la condition d'une connaissance de son objet. Or il n'y a rien qui se puisse penser comme possible, non pas par une simple force naturelle, mais uniquement par une connaissance, si ce n'est la connaissance elle-même. Si par conséquent l'objet et aussi, ici, la fin d'une action causale pouvaient être seulement de produire une connaissance, alors nécessairement il y aurait lieu d'admettre une cause raisonnable de l'action causale.

Simplement, il faudrait qu'il soit nécessaire d'admettre que c'est une connaissance qui est projetée, c'est-à-dire qu'il faudrait ne se représenter absolument aucune autre fin de l'agir, et qu'il faudrait que l'action *(3, 347)* elle-même ne se puisse absolument pas concevoir, et qu'effectivement elle ne soit absolument pas conçue, sauf à être conçue comme ayant le projet d'une connaissance. — C'est ainsi qu'on dit : la nature nous donne tel ou tel enseignement ; mais on ne veut nullement dire par là que l'événement naturel n'a pas encore de tout autres fins, mais que, si jamais on le veut, et si l'on dirige sa libre réflexion vers cette fin, on peut, entre autres, en tirer aussi un enseignement.

Le cas que nous avons décrit se présente ici. La cause de l'influence qui s'exerce sur nous n'a absolument aucune fin, si elle n'a pas d'abord celle de nous placer devant le devoir de la connaître comme telle ; il faut par conséquent qu'un être raisonnable soit admis comme constituant cette cause.

On a maintenant démontré ce qui devait être démontré. L'être raisonnable [III, 39] ne peut se poser comme tel, à moins que s'adresse à lui un appel à l'action libre, en vertu de I-IV. Mais si un tel appel à l'agir lui est adressé, il faut nécessairement qu'il pose un être raisonnable hors de lui comme la cause de cet appel, donc qu'il pose en général un être raisonnable hors de lui, en vertu de V.

— *Corollaires*

1) L'homme (ainsi que tous les êtres finis en général) ne devient homme que parmi les hommes ; et puisqu'il ne peut être rien d'autre qu'un homme, et qu'il n'existerait aucunement s'il n'était tel, — *si en général il doit y avoir des hommes, il faut qu'ils soient plusieurs.* Ce n'est pas là une opinion arbitrairement admise, étayée sur l'expérience que l'on a eue jusqu'à présent, ou sur d'autres bases de vraisemblance, mais c'est une vérité qui est à établir rigoureusement à partir du concept de l'homme. Dès que l'on détermine complètement ce concept, on est conduit, à partir de la pensée d'un individu, à en admettre un deuxième, afin de pouvoir expliquer le premier. Le concept de l'homme n'est donc nullement concept d'un individu, car c'est là quelque chose d'impensable, mais c'est celui d'un genre (20).

L'appel à la libre spontanéité est ce que l'on nomme éducation. Tous les individus doivent nécessairement être éduqués à être des hommes, faute de quoi ils ne deviendraient pas hommes (21). Sur ce point une question s'impose à chacun : s'il devait être nécessaire d'admettre une origine de l'espèce humaine tout entière, et donc un premier couple d'êtres humains — et à un certain point de la réflexion, c'est assurément nécessaire —, qui donc éduqua le premier couple d'êtres humains ? Eduqués, il fallait qu'ils le fussent ; car la démonstration qui a été *(3, 348)* conduite est universelle. Un homme n'a pas pu les éduquer, puisqu'ils devaient être les premiers hommes. Il est donc nécessaire qu'un autre être raisonnable les ait éduqués, qui n'était pas un homme — bien entendu, jusqu'à ce qu'ils fussent capables de s'éduquer eux-mêmes réciproquement. Un esprit les prit en charge, comme [III, 40] le représente un antique et vénérable document qui en général contient la sagesse la plus profonde et la plus sublime, et qui met en avant des résultats auxquels, en tout cas, toute philosophie finit par revenir (22).

2) C'est uniquement la libre action réciproque à l'aide de concepts et selon des concepts, uniquement le fait de dispenser et celui de recevoir des connaissances, qui forment le caractère propre de l'humanité, par lequel seulement chaque personne se confirme indiscutablement dans son humanité.

S'il y a un homme, il y a nécessairement aussi un monde, et précisément un monde tel qu'est le nôtre, qui contient en lui des objets dépourvus de raison et des êtres raisonnables. (Ce n'est pas ici le lieu d'aller encore plus avant et de démontrer la nécessité de tous les objets dans la nature et leur nécessaire classification, laquelle cependant se peut démontrer aussi bien que la nécessité d'un monde en général*.) La question portant sur le fondement de la réalité des objets est donc

* Celui qui ne peut comprendre cela, que simplement il soit patient, et qu'en attendant il ne déduise de son incompréhension rien de plus que ce qui effectivement s'y trouve, à savoir qu'il ne peut le comprendre.

résolue. La réalité du monde — bien entendu : pour nous, c'est-à-dire pour toute raison finie — est condition de la conscience de soi ; car nous ne pouvons nous poser nous-mêmes sans poser quelque chose hors de nous à quoi nous devons attribuer la même réalité que nous nous assignons à nous-mêmes. Poser des questions sur une réalité qui doit subsister après que l'on a fait abstraction de toute raison, est contradictoire, car le questionneur a pourtant bien lui-même une raison, c'est poussé par une motivation rationnelle qu'il interroge, et il veut une réponse rationnelle ; il n'a donc pas fait abstraction de la raison. Nous ne pouvons pas sortir du cercle de notre raison ; de la chose elle-même, on se tourmente : la philosophie, elle, se donne simplement pour objectif que nous ayons connaissance de ce fait et que nous n'allions pas nous donner l'illusion d'être sortis de ce cercle, alors que, bien entendu, nous y sommes toujours emprisonnés.

(3, 349)

§ 4 – Théorème 3

L'être raisonnable fini ne peut admettre d'autres êtres raisonnables finis hors de soi, sans se poser comme se tenant avec eux dans une relation déterminée, que l'on nomme la relation juridique.

— *Démonstration*

I – [III, 41] *Le sujet doit nécessairement se différencier par opposition de l'être raisonnable qu'en conséquence de la démonstration précédente il a admis hors de lui.* Le sujet s'est maintenant posé comme un être tel qu'il contienne en soi-même le fondement dernier de quelque chose qui est *en lui* (c'était là la condition de l'égoïté, de la rationalité en général) ; mais il a posé également un être hors de lui comme le fondement ultime de ce qui survient en lui.

Il doit pouvoir se distinguer de cet être : selon notre supposition, cela n'est possible qu'à la condition qu'il puisse en ce donné distinguer dans quelle mesure le fondement s'en trouve *en lui* et dans quelle mesure il se trouve *hors de lui.* Le fondement de la causalité du sujet réside en même temps dans l'être *hors de lui* et *en lui-même,* quant à la forme, autrement dit : en tant qu'il y a acte en général. Si l'être hors de lui n'avait pas agi causalement et n'avait pas ainsi appelé le sujet à l'action causale, celui-ci n'aurait pas non plus, de lui-même, agi. Son action comme telle est conditionnée par l'action de l'être hors de lui. Elle est aussi conditionnée quant à la matière : au sujet est indiquée la sphère de son action en général.

Mais à l'intérieur de cette sphère qui lui est indiquée, le sujet a choisi ; il s'est donné à lui-même, absolument, la détermination la plus proche qui délimite son action ; c'est la détermination ultime de sa causalité qui, seule, trouve *uniquement et entièrement en lui* son fondement. Dans cette seule mesure il peut se poser comme être absolument libre, comme fondement exclusif [III, 42] de quelque chose, se séparer tout à fait de l'être libre hors de lui et ne s'attribuer qu'à lui-même sa causalité.

A l'intérieur du cercle qui va du point extrême du produit X de l'être hors de lui au point extrême de son propre produit Y, il a choisi parmi les possibilités qui s'y trouvent : à partir de ces possibilités et par le fait de les concevoir comme des possibilités que, toutes, il aurait pu choisir, il se constitue sa liberté et son autonomie.

Dans la sphère qu'on a décrite ci-dessus, il fallait qu'il y eût choix, *(3, 350)* pour que le produit Y fût possible, comme élément singulier, à partir de la sphère des actions causales qu'elle offrait.

Mais dans cette sphère seul le sujet peut avoir choisi, et *non pas l'autre ;* car, selon l'hypothèse, il l'a laissée indéterminée.

Ce qui exclusivement choisissait dans cette sphère, c'est *son* Moi, c'est l'individu, l'être raisonnable déterminé par opposition à un autre être raisonnable ; et il est caractérisé par une extériorisation déterminée, lui appartenant exclusivement, de la liberté.

II – *Dans cette différenciation par opposition, sont déterminés et conditionnés réciproquement par le sujet le concept de lui-même comme étant un être libre et celui de l'être raisonnable hors de lui comme étant également un être libre.*

Il ne peut y avoir opposition si, dans le même moment indivis de la réflexion, les opposés ne sont pas aussi posés sur le même plan, rapportés l'un à l'autre, comparés l'un avec l'autre ; c'est là une proposition théorique formelle qui a été strictement démontrée en son lieu, mais qui, il faut l'espérer, saute aux yeux, même sans démonstration, pour le bon sens. Nous l'appliquons ici.

Le sujet se détermine comme individu, et comme individu libre, à travers la sphère dans laquelle il a choisi une des actions qui y sont offertes comme possibles ; et il pose un autre individu hors de lui, opposé à lui, déterminé par une autre sphère dans laquelle celui-ci a [III, 43] choisi. Il pose donc en même temps deux sphères et c'est seulement par ce moyen que l'opposition requise est possible.

L'être hors de lui est posé comme libre, donc comme un être tel qu'il aurait pu outrepasser la sphère par laquelle il est présentement déterminé, et cela de telle manière que le sujet ne conserverait plus la possibilité d'un agir libre. Par liberté, il ne l'a pas outrepassée ; il a donc limité par lui-même sa liberté — *materialiter*, c'est-à-dire qu'il a limité la sphère des actions dont sa liberté formelle a la possibilité ; et cela est posé nécessairement par le sujet, dans l'acte d'opposer, comme tout ce que nous allons encore établir, sans, par souci de brièveté, réitérer ce rappel.

En outre, l'être qui est en dehors du sujet a, selon l'hypothèse, appelé par son action ce dernier à agir librement ; il a donc limité sa liberté par un concept de la fin dans lequel la liberté du sujet était — ne *(3, 351)* serait-ce que problématiquement — supposée ; il a donc limité sa liberté par le concept de la liberté (formelle) du sujet.

C'est avant tout par cette auto-limitation de l'autre être qu'est dès lors conditionnée la connaissance que le sujet a de lui comme étant lui-même un être raisonnable et libre. Car c'est uniquement à la suite de l'appel survenu à agir librement, donc à la suite de l'auto-limitation qui est advenue, que le sujet a, comme il a été indiqué, posé un être hors de lui. Mais son auto-limitation était conditionnée par la connaissance, au moins problématique, qu'il avait du sujet comme d'un être potentiellement libre. Par conséquent le concept que le sujet a de l'être hors de lui comme d'un être libre, est conditionné par le même concept que cet être a de lui et par une action déterminée par ce concept.

Inversement, l'accomplissement de la connaissance catégorique que l'être existant hors du sujet a de celui-ci comme d'un être libre, est conditionné par la connaissance qu'a le sujet et par l'action qu'il effectue conformément à celle-ci. S'il ne reconnaissait pas qu'il y a un être libre hors de lui, quelque chose ne se produirait pas qui [III, 44] selon les lois de la raison aurait dû nécessairement se produire, et le sujet ne serait pas raisonnable. Ou bien, si cette connaissance se produisait en lui, mais sans qu'il limite en conséquence sa liberté, pour laisser aussi à l'autre la possibilité d'agir librement, ce dernier ne pourrait parvenir à la conclusion qu'il s'agit d'un être raisonnable, parce que la conclusion n'est nécessaire que si l'auto-limitation s'est effectuée.

La relation d'êtres libres les uns avec les autres est donc nécessairement déterminée et est posée comme déterminée de la façon suivante : la connaissance d'un des individus par l'autre est conditionnée par le fait que l'autre le traite comme un être libre (c'est-à-dire limite sa liberté par le concept de la liberté du premier). Mais cette façon de le traiter est conditionnée par la manière d'agir du premier à l'égard de l'autre ; celle-ci par la manière d'agir et par la connaissance de l'autre, et ainsi de suite à l'infini. La relation d'êtres libres les uns avec les autres est par conséquent une relation d'action réciproque par l'intelligence et la liberté. Aucun ne peut reconnaître l'autre s'ils ne se reconnaissent pas tous deux réciproquement ; et aucun ne peut traiter l'autre comme un être libre si tous deux ne se traitent pas ainsi réciproquement.

Le concept mis en place est extrêmement important pour notre projet, car c'est sur lui que repose toute notre théorie du droit. Nous essayons par conséquent de le rendre plus clair et plus accessible par le syllogisme suivant.

I – *Je ne peux donner à un être raisonnable déterminé l'idée de me reconnaître pour un être raisonnable que dans la mesure où je le traite moi-même comme tel.*

1) Le conditionné, dans la proposition énoncée, est :

a) Non pas que celui-ci, en soi et abstraction faite de moi et de ma conscience, me reconnaisse, que ce soit devant sa propre conscience (ce qui est du ressort de la morale) ou devant d'autres (ce qui relève de l'Etat), *mais* que selon *ma* conscience *et* selon *sa* conscience, synthétiquement réunies en une seule (selon une conscience qui nous serait commune), il me reconnaisse pour tel, en sorte que je puisse, pour autant qu'il veut être considéré [III, 45] comme un être raisonnable, le forcer à convenir qu'il a eu connaissance que moi-même j'en suis un aussi.

b) Non pas que je puisse prouver en général que j'ai été reconnu par des êtres raisonnables en général comme étant leur semblable, *mais* que c'est cet individu déterminé C qui m'a reconnu comme tel.

2) La *condition* est :

a) Non pas que je saisisse seulement le concept de C comme celui d'un être raisonnable, *mais* que j'*agisse* effectivement dans le monde sensible. Le concept ne reste, au plus intime de ma conscience, accessible que *pour moi*, et non pour celui qui est hors de moi. C'est seulement l'expérience qui donne quelque chose à l'individu C, et celle-ci, je ne la provoque que par l'action. Ce que je pense, l'autre ne peut pas le savoir.

b) Non pas que simplement je n'agisse pas à l'encontre du concept que j'ai saisi, *mais* que j'agisse d'une façon qui lui soit effectivement conforme, que j'entre effectivement avec C dans une relation d'action réciproque. Faute de quoi nous demeurons séparés et ne sommes véritablement rien l'un pour l'autre.

3) *Fondement de la relation.*

a) Sans une influence sur lui, je ne peux pas savoir ou lui montrer qu'il a, ne serait-ce que de façon générale, une représentation de moi, de ma simple existence. Etant posé même que j'apparais comme objet du monde sensible, et que j'appartiens à la sphère des expériences possibles pour lui, il reste pourtant toujours la question de savoir s'il a réfléchi sur moi ; et à cette question c'est lui seul qui peut pour lui-même donner une réponse.

b) Sans agir sur lui selon le concept que j'ai de lui comme être raisonnable, je ne peux pas lui montrer qu'il aurait dû nécessairement me considérer comme un être raisonnable, pour autant qu'il a lui-même une raison. Car toute manifestation de force peut provenir d'une puissance naturelle agissant selon des lois mécaniques ; seule la modération de la force par des concepts est un critère infaillible et exclusif de la raison et de la liberté.

II – *Mais il faut que j'inspire à tous les êtres raisonnables hors de moi (3, 353) l'idée, dans tous les cas possibles, de me reconnaître pour un être raisonnable.*

[III, 46] La nécessité de cette exigence universelle et constante doit être mise en évidence comme condition de possibilité de la conscience de soi. Mais il n'y a pas de conscience de soi sans conscience de l'individualité, comme cela a été démontré. Il resterait maintenant à démontrer simplement qu'il n'y a pas de conscience possible de l'individualité sans cette exigence, que cette dernière résulte nécessairement de la première ; ainsi serait démontré ce qui doit être démontré.

A)

1) Je me pose, en opposition avec C, comme un individu uniquement en tant que je m'attribue de façon exclusive, pour mon libre choix, une sphère que je lui dénie, selon le concept de l'individualité en général.

2) Je me pose comme être raisonnable et libre, en opposition avec C, uniquement en tant que je lui attribue aussi raison et liberté ; par conséquent, en tant que j'accepte que lui aussi, dans une sphère différente de la mienne, il ait également choisi avec liberté.

3) Mais je n'admet tout cela que par suite du fait que, conformément à mon propre engagement, il a dans son choix, dans la sphère de sa liberté, pris en considération mon libre choix, qu'il a intentionnellement et à dessein laissé une sphère ouverte pour moi, — cela en vertu de la démonstration précédente. (C'est uniquement en conséquence du fait que je l'ai posé comme quelqu'un qui me traite en tant qu'être raisonnable, que je le pose en général comme être raisonnable. C'est de moi et de ma façon de le traiter que mon jugement sur lui procède tout entier, comme il ne pouvait en être autrement dans un système qui a le Moi pour principe. C'est à partir de cette manifestation *déterminée* de sa raison et à partir d'elle seulement que je conclus d'abord à sa rationalité en général.)

4) Mais l'individu C ne peut pas avoir agi sur moi de la manière décrite sans m'avoir, au moins problématiquement, reconnu ; et je ne

peux pas le poser comme agissant de cette manière, sans poser cela (savoir, qu'il me reconnaît, au moins problématiquement).

5) Tout ce qui est problématique devient catégorique quand la condition s'y ajoute. De toute façon, c'est là, pour une part, un énoncé catégorique, en tant que c'est une proposition [III, 47] — remarque qui est importante, même si elle est souvent négligée ; la liaison entre deux propositions est affirmée de manière catégorique : si la condition est donnée, le conditionné doit nécessairement être admis. La condition était que je reconnaisse l'autre comme être raisonnable (d'une façon valant pour *lui* et pour *moi*), c'est-à-dire que je le *traite* comme tel — *car seule l'action est une telle reconnaissance valant universellement.* Tel est dès lors ce que nécessairement *il me faut* faire, pour autant que *(3, 354)* comme individu raisonnable je m'oppose à lui — bien entendu, dans la mesure où je procède rationnellement, c'est-à-dire en relation de conséquence avec mes connaissances.

Ainsi, pour autant que je le reconnais, c'est-à-dire que je le traite en ce sens, il est *lié,* ou *obligé,* par sa manifestation tout d'abord problématique, et contraint par cohérence théorique à me reconnaître *catégoriquement,* et assurément *d'une façon valant universellement,* c'est-à-dire à me traiter comme un être libre.

Il se produit ici une réunion d'opposés en une unité. Dans la présente hypothèse, le point de réunion réside en *moi,* dans *ma conscience ;* et la réunion est conditionnée par le fait que je suis capable de conscience. — Lui, pour sa part, il remplit la condition sous laquelle je le reconnais ; et il me la prescrit de mon côté. Du mien, j'ajoute la condition — je le reconnais effectivement et je l'oblige ainsi, par suite de la condition qu'il a lui-même mise en place, à me reconnaître catégoriquement : je m'oblige, en conséquence de sa reconnaissance, à le traiter également ainsi.

— *Corollaire*

Le concept de l'individualité est, selon ce que l'on a montré, un *concept réciproque,* c'est-à-dire un concept qui ne peut être pensé qu'en relation avec une autre pensée, et qui est conditionné par elle, et en fait, *formellement,* par la *même* pensée. En tout être raisonnable, il n'est possible qu'en tant qu'il est posé comme n'atteignant sa *complétude* que par un autre. Il n'est par conséquent jamais *mien*, mais, de mon propre aveu et de l'aveu de l'autre, *mien et sien* [III, 48], *sien et mien :* un concept commun, où deux consciences sont réunies en une seule.

Par chacun de mes concepts est déterminé dans ma conscience le suivant. Par le concept qui a été donné, est déterminée une *communauté*, et les conséquences ultérieures ne dépendent pas seulement de moi, mais aussi de celui qui par là est entré en communauté avec moi. Or le concept est nécessaire, et cette nécessité nous contraint tous deux à nous en tenir à lui et à ses conséquences nécessaires : nous sommes tous deux, par notre existence, *liés* l'un à l'autre, et *obligés* l'un envers l'autre. Il doit y avoir une loi qui nous soit commune et qu'il nous faille nécessairement reconnaître en commun, d'après laquelle nous nous en tenons mutuellement à ces conséquences ; et cette loi doit procéder de ce même caractère d'après lequel nous sommes entrés précisément dans cette communauté : or c'est le caractère de la rationalité ; et la loi *(3, 355)* rationnelle qui concerne la conséquence s'appelle accord avec soi-même, ou *cohérence*, et est scientifiquement exposée dans la *Logique* générale.

Toute l'union des concepts que l'on a décrite n'était possible que dans et par des actions. La cohérence continue ne l'est par conséquent aussi que dans des actions : elle ne peut être exigée et elle n'est exigée que pour des actions. Les actions valent ici à la place des concepts, et des concepts en soi, sans actions, il n'est pas question, parce qu'il ne peut en être question.

B)

Je dois me réclamer de l'effectuation de cette reconnaissance dans chaque relation où je viens à me trouver avec l'individu C, et le juger d'après celle-ci.

1) Il est supposé que je viens à me trouver avec *lui*, le seul et même C, dans plusieurs relations, points de rencontre, occasions d'agir réciproquement l'un sur l'autre. Il faut par conséquent que je puisse rapporter *à lui* les actions données, et les relier à celles qui ont déjà été jugées comme les siennes.

2) Mais, tel qu'il est posé, il est posé à la fois comme un être sensible et déterminé, et comme un être raisonnable : les deux [III, 49] caractéristiques sont en lui synthétiquement réunies : la première, par suite des prédicats sensibles de son influence sur moi ; la seconde uniquement à la suite du fait qu'il m'a reconnu. C'est seulement dans la réunion des deux prédicats qu'il est posé en général par moi, qu'il est devenu *pour moi* l'objet de connaissance. Je ne peux donc *lui* rapporter une action qu'exclusivement dans la mesure où elle s'accorde d'une part avec les prédicats sensibles de l'action précédente, d'autre part au fait qu'il m'a reconnu, et dans la mesure où elle est *déterminée* par les deux.

3) A supposer qu'il agisse de façon telle que son action soit certes déterminée par les prédicats sensibles de l'action précédente — et c'est déjà nécessaire en vertu du mécanisme physique de la nature —, mais non pas par le fait qu'il m'a reconnu comme être libre, c'est-à-dire qu'il me dérobe par son action la liberté qui me revient et me traite alors comme un objet : je suis toujours contraint d'attribuer l'action *à lui*, au même être sensible C (c'est par exemple le même langage, la même démarche, etc.). Or le concept de cet être sensible C, du fait de la reconnaissance, et peut-être en raison d'une suite d'actions qui par là sont déterminées, est uni dans ma conscience avec le concept de la rationalité, et ce que j'ai réuni une fois, je ne peux le séparer. Mais ces concepts sont posés comme nécessairement et essentiellement unis ; j'ai posé sensibilité et raison, dans leur réunion, comme constituant l'être de C. Maintenant, dans l'action X, il me faut nécessairement les séparer ; et je ne peux donc continuer à lui attribuer la rationalité que *(3, 356)* comme *contingente*. Ma façon de le traiter comme un être raisonnable devient dès lors elle-même contingente et conditionnée, et elle n'intervient que dans le cas où lui-même me traite de cette manière. Je peux donc, avec une cohérence parfaite, qui est ici mon unique loi, le traiter, *dans le cas dont il s'agissait*, comme un simple être sensible, jusqu'à ce que les deux caractéristiques, *sensibilité et rationalité*, soient à nouveau réunies dans le concept de son action.

La position que je ferai mienne, dans le cas en question, sera la suivante : son action X contredit sa propre supposition, à savoir que je suis un être raisonnable ; il a procédé [III, 50] de façon inconséquente.

Pour ma part, au contraire, face à X, j'ai respecté la règle ; et, du fait de son inconséquence, je respecte aussi la règle si je le traite comme un simple être sensible. Je me place donc à un point de vue plus élevé, entre nous deux, je sors de mon individualité, je me réclame d'une *loi* qui vaut pour nous deux et je l'applique au cas présent. Je me pose donc comme *juge*, c'est-à-dire comme son supérieur. De là la supériorité que s'attribue tout homme qui estime avoir le droit pour lui, à l'égard de celui contre lequel il possède ce droit. — Mais, dans la mesure où je me réclame contre lui de cette loi commune, je l'invite à juger en même temps que moi ; et j'exige que, dans ce cas, il lui faille trouver conséquente et approuver mon attitude à son égard, cela sous la pression des lois de la pensée. La communauté de la conscience se prolonge toujours. Je le juge selon un concept que, selon mon exigence, il doit lui-même posséder. (De là l'élément *positif* qui réside dans le concept du droit, par quoi nous croyons imposer à l'autre une obligation de ne pas s'opposer à notre façon de le traiter, mais au contraire de la qualifier de bonne. Cette instance qui oblige n'est aucunement la loi morale, mais c'est la loi de la pensée ; et ce qui apparaît ici, c'est que le syllogisme a une validité pratique (23).)

C)

Ce qui vaut entre moi et C, vaut entre moi et tout individu raisonnable avec lequel j'entre en relation d'action réciproque.

1) C'est seulement de cette manière et sous les mêmes conditions que tout autre être raisonnable peut m'être donné, comme C m'a été donné ; car c'est seulement sous ces conditions que la position d'un être raisonnable hors de moi est possible.

2) Le nouvel individu D est un autre que C dans la mesure où son action libre, selon ses prédicats sensibles (car, quant aux conséquences du fait que nécessairement il m'a reconnu, toutes les actions de tous les êtres libres sont nécessairement équivalentes), ne doit pas être rapportée [III, 51] aux prédicats sensibles des actions d'autres individus posés par moi.

La condition, pour connaître l'identité de l'être agissant, était la *(3, 357)* possibilité de relier les traits caractéristiques de ses actions présentes à ceux du passé. Là où cette possibilité n'est pas ménagée, je ne peux rapporter l'action à aucun des êtres raisonnables que je connais ; dès lors, cependant, dans la mesure où je dois pourtant bien poser un être raisonnable, j'en pose un nouveau.

(Peut-être n'est-il pas superflu de rassembler à partir d'un unique point de vue la subtilité de la démonstration ainsi produite, telle qu'elle se disperse dans la multiplicité de ses articulations. La proposition à démontrer était : pour autant que je me pose comme individu, j'exige de tous les êtres raisonnables connus de moi que, dans tous les cas d'action réciproque, ils me reconnaissent moi-même pour un être raisonnable. Par conséquent, dans une certaine position de moi-même, doit se trouver contenu un postulat que je demande aux autres d'accepter, un postulat assurément qui s'étend à tous les cas où son application est possible, et il doit pouvoir s'y laisser découvrir par une simple analyse.)

Je me pose comme individu en opposition avec un autre individu déterminé, en tant que *je* m'attribue, *à moi,* une sphère pour ma liberté, d'où j'exclus l'autre, et en tant que j'attribue *à l'autre* une sphère d'où je m'exclus — cela, bien entendu, exclusivement dans la pensée d'un fait, et par suite de ce fait. Je me suis donc posé comme *libre ;* à côté de lui, et sans dommage quant à la possibilité de sa liberté. Par cet acte de poser ma liberté, je me suis *déterminé ;* c'est l'être-libre qui constitue mon caractère essentiel. Mais que signifie « être libre » ? Manifestement, pouvoir mettre en œuvre les concepts que l'on a forgés de ses actions. Mais la mise en œuvre est toujours ce qui *succède* au concept, et la perception du produit qu'a formé la causalité est toujours *à venir* par rapport à la formation de son concept. La liberté est donc toujours posée dans l'avenir ; et si elle doit constituer la caractéristique d'un être, c'est pour *tout* l'avenir de l'individu ; elle est posée dans [III, 52] l'avenir, en tant que *l'individu lui-même* y est posé.

Or ma liberté n'est possible que dans la mesure où l'autre reste à l'intérieur de sa sphère ; donc, de même que j'exige cette liberté pour tout avenir, j'exige aussi la limitation de l'autre, et, puisqu'il doit être libre, sa limitation par lui-même pour tout l'avenir ; et tout cela de façon immédiate, dès lors que je me pose comme individu.

Cette exigence que je lui adresse est contenue dans l'acte de me poser moi-même comme individu.

Mais il ne peut se limiter que parce qu'il possède un concept de moi-*(3, 358)* même comme étant un être libre. Pourtant j'exige cette limitation de façon absolue ; j'exige donc de lui de la *cohérence,* c'est-à-dire qu'à l'avenir tous ses concepts soient déterminés par un certain concept antérieur, en l'occurrence la connaissance qu'il a de moi comme étant un être raisonnable.

Mais il ne peut me reconnaître comme un être raisonnable qu'à la condition que je le traite lui-même comme tel, en conséquence de ce concept que j'ai de lui. Je m'impose donc la même cohérence, et son action est conditionnée par la mienne. Nous nous trouvons en relation d'action réciproque, en une relation conséquente de notre pensée et de notre action avec elles-mêmes et, de façon réciproque, l'une avec l'autre.

III – La conclusion est déjà acquise. *Il me faut reconnaître dans tous les cas l'être libre hors de moi comme tel, c'est-à-dire limiter ma liberté par le concept de la possibilité de sa liberté.*

La relation entre êtres raisonnables que l'on a déduite, à savoir que chacun limite sa liberté par le concept de la possibilité de la liberté de l'autre, à la condition que celui-ci limite également la sienne par celle de l'autre, se nomme la *relation juridique ;* et la formule qui vient d'être énoncée est la *proposition du droit.*

Cette relation est déduite du concept de l'individu. Est donc démontré ce qui était à démontrer.

En outre le concept de l'individu a été démontré auparavant comme condition de la conscience de soi ; donc le [III, 53] concept du droit est lui-même condition de la conscience de soi. En, conséquence, ce concept est dûment déduit *a priori,* c'est-à-dire à partir de la pure forme de la raison, à partir du Moi.

— *Corollaires*

1) Par suite de la déduction qui vient d'être effectuée, on affirme donc que le concept du droit se trouve dans l'essence de la raison, et qu'aucun être raisonnable fini n'est possible dans lequel ce concept ne

serait pas présent, — nullement par suite de l'expérience, de l'instruction, de règlements arbitraires établis entre les hommes, etc., mais par suite de sa nature raisonnable. Que la *manifestation* de ce concept soit conditionnée par l'apparition d'une occasion de l'appliquer, et qu'il ne se trouve pas pour autant originairement dans l'âme comme une forme vide, dans l'attente que l'expérience vienne introduire en lui quelque contenu, comme quelques philosophes semblent le penser des concepts *a priori,* c'est évident. Mais que l'occasion de son application doive nécessairement se présenter parce qu'aucun homme ne peut vivre isolé, cela a également été démontré.

Il est donc prouvé qu'un certain concept, c'est-à-dire une certaine *(3, 359)* modification de la pensée, une certaine manière de juger les choses, sont nécessaires à l'être raisonnable comme tel. Appelons provisoirement ce concept X. Cet X doit nécessairement être à l'œuvre là où, simplement, des hommes vivent ensemble, et se manifester, trouver une dénomination dans leur langue, cela de lui-même et sans aucune intervention du philosophe, qui se borne à le déduire péniblement. Maintenant, quant à la question de savoir si cet X est justement ce que la langue en usage nomme le *droit,* c'est une question sur laquelle c'est au sens commun de décider, mais — remarquons-le bien — au sens commun laissé à lui-même, et non pas à celui qui est étourdi et désorienté par les explications et les interprétations arbitraires des philosophes. Provisoirement, nous déclarons, en utilisant le plein droit qui nous appartient, que le concept déduit X, dont la réalité a été démontrée précisément par la déduction, doit signifier pour nous, dans cette recherche, *le concept de droit,* et nul autre possible : [III, 54] cela sous notre propre responsabilité, que toutes les questions que le sens commun peut soulever à propos du droit soient ou non susceptibles de trouver une réponse à partir de lui.

2) Le concept que l'on a déduit n'a rien à faire avec la loi morale, il est déduit sans elle, et, puisqu'il n'y a qu'une seule déduction possible du même concept, c'est là déjà une preuve factuelle qu'on n'a pas à le déduire de la loi morale (24). Aussi toutes les tentatives de parvenir à une telle déduction ont-elles entièrement échoué. Le concept du *devoir,*

qui procède de cette loi, est directement opposé, dans la plupart de ses caractères, à celui du droit. La loi morale commande catégoriquement le devoir : la loi juridique ne fait que permettre, mais ne commande jamais que l'on exerce son droit. Et même, la loi morale interdit très souvent l'exercice d'un droit qui pourtant dès lors, de l'aveu de tout le monde, ne cesse pas pour cela d'être un droit. « Il en avait certes le droit, juge-t-on alors, mais il n'aurait pas dû en user ici. » Par suite, la loi morale, qui est un seul et même principe, n'est-elle pas en désaccord avec elle-même, pour donner en même temps et dans le même cas le même droit qu'en même temps et dans le même cas elle supprime ? Je ne connais nul faux-fuyant qui ait opposé à cette objection quelque chose de plausible.

Quant à savoir si la loi morale peut donner au concept de droit une nouvelle sanction, c'est une question qui ne relève nullement du droit naturel, mais d'une morale réelle, et c'est là qu'elle sera résolue en son temps (25). Dans le domaine du droit naturel, la bonne volonté n'a rien à faire. Le droit doit se laisser obtenir par la contrainte, même si aucun homme n'avait une bonne volonté ; et c'est là ce que vise précisément la science du droit, à former un tel ordre des choses. La puissance physique, et elle seule, lui donne une sanction dans ce domaine.

Ainsi point n'est besoin de dispositions ingénieuses pour séparer *(3, 360)* droit naturel et morale, dispositions qui de toute façon manquent toujours leur but : car si on ne s'est préoccupé que de morale — et, à proprement parler, pas même de morale, mais seulement de métaphysique des mœurs —, on ne disposera [III, 55] en tout cas jamais de rien d'autre, même après la plus ingénieuse des séparations, que de la morale. Les deux sciences sont déjà originairement scindées, sans intervention de notre part au moyen de la raison, et elles sont complètement opposées.

3) Le concept de droit est le concept d'une relation entre des êtres raisonnables. Il n'existe par conséquent qu'à la condition que de tels êtres soient pensés en relation les uns avec les autres. Il est vain de parler d'un droit sur la nature, sur un sol et une terre, sur des animaux, etc., pris simplement en tant que tels, et en ne considérant que la relation entre eux et les hommes. Sur eux, la raison exerce seulement de

la force, et nullement un droit, car dans cette relation la question du droit ne se pose aucunement. Il en va autrement si l'on se fait éventuellement un cas de conscience de jouir de ceci ou de cela ; mais c'est là une question qui ne se pose que devant le tribunal de la morale, et elle ne peut être soulevée que dans la mesure où nous nous avisons que par cette jouissance il pourrait être porté atteinte non pas aux choses, mais à notre propre état d'âme : ce n'est pas avec les choses, mais avec nous-mêmes que nous entamons une délibération et que nous nous acheminons vers un jugement. C'est seulement si, en même temps que moi, un autre se rapporte à la même chose, que se pose la question du *droit sur la chose* — manière de parler abrégée à la place de celle que, proprement, l'on devrait utiliser, en parlant d'un *droit sur l'autre,* droit de l'exclure de l'usage de cette chose.

4) C'est seulement par des actions, exprimant leur liberté, qui interviennent dans le monde sensible, que des êtres raisonnables entrent en relation d'action réciproque : le concept du droit se rapporte donc uniquement à ce qui s'exprime dans le monde sensible ; ce qui n'a aucune causalité dans ce monde, mais demeure à l'intérieur de l'esprit, relève d'un autre tribunal, celui de la morale. Il est donc vain de parler d'un droit à la liberté de pensée, à la liberté de conscience, etc. Pour ces actions intérieures, il y a une faculté, et des devoirs qui les concernent, mais non point des droits.

5) C'est seulement dans la mesure où des êtres raisonnables peuvent se trouver réellement en relation les uns avec les autres, et peuvent agir en sorte que l'action de l'un ait des conséquences pour l'autre, qu'entre eux la question du droit est possible, ainsi qu'il ressort de la déduction qui a été effectuée [III, 56], laquelle suppose toujours une action réciproque réelle. Entre ceux qui ne se connaissent pas, ou dont les sphères d'action sont complètement séparées l'une de l'autre, il n'y a pas de relation juridique. On méconnaît entièrement le concept de droit quand on parle par exemple des droits que détiendraient sur les vivants ceux qui sont morts depuis longtemps. On peut bien avoir, à l'égard de leur souvenir, des devoirs de conscience, mais nullement des obligations juridiques perpétuelles.

DEUXIÈME SECTION

Déduction de l'applicabilité du concept de droit

(3, 361) § 5 – THÉORÈME 4

L'être raisonnable ne peut se poser comme individu agissant causalement sans s'attribuer un corps matériel et sans, par là même, déterminer celui-ci

— *Démonstration*

[III, 56] D'après la démonstration accomplie plus haut, l'être raisonnable se pose comme individu raisonnable — expression à la place de laquelle nous nous servirons désormais de celle de *personne* — dans la mesure où *il s'attribue de façon exclusive une sphère pour sa liberté. Elle* est cette personne qui choisit à titre exclusif dans cette sphère, et non pas une autre personne possible qui choisirait dans une autre sphère ; ainsi nulle autre n'est *elle-même,* c'est-à-dire que nulle autre ne peut choisir dans cette sphère qui est assignée à elle seule. C'est là ce qui définit son caractère individuel : par cette détermination, elle est *celui* qu'elle est, celui-ci ou celui-là, qui se nomme ainsi ou autrement.

[III, 57] Nous n'avons plus désormais qu'à analyser l'action indiquée ; qu'à voir ce qui se produit véritablement quand elle se produit.

I – Le sujet s'attribue cette sphère, se détermine par elle. Par conséquent il se l'oppose (lui-même est sujet logique dans la proposition qu'il est possible de construire, et que l'on peut se représenter (26) ; mais la sphère en question est le prédicat ; or sujet et prédicat sont toujours opposés). Qu'est-ce donc ici, d'abord, que le sujet ? Manifestement l'instance qui agit purement et simplement en soi-même et sur soi-même, l'instance qui se détermine soi-même à penser un objet ou à vouloir une fin, l'instance spirituelle, la simple égoïté. Lui est donc *opposée* une sphère délimitée, mais qui lui appartient de façon exclusive, qui est celle de ses actions libres possibles. (En tant qu'il se l'attribue, il se limite, et, de Moi absolument formel, il devient un Moi matériel déterminé, autrement dit une personne. Qu'on veuille bien en tout cas ne pas confondre désormais ces deux concepts, très différents, dont le rapprochement, ici, montre assez le contraste.)

Elle lui est opposée — cela signifie : elle est exclue de lui, posée en *(3, 362)* dehors de lui, séparée de lui, et elle en est entièrement distinguée. Représenté de façon plus précise, cela veut dire tout d'abord : la sphère est posée comme ne procédant pas, quant à son *existence*, de l'activité revenant sur elle-même, et celle-ci comme ne procédant pas de la sphère quant à son *existence ;* toutes deux sont réciproquement indépendantes, et c'est de façon contingente qu'elles sont l'une pour l'autre. Mais ce qui se rapporte au Moi sur ce mode, appartient, selon ce que l'on a vu plus haut, au *monde*. La sphère dont il est question est par conséquent posée tout d'abord comme une *partie du monde*.

II – Cette sphère est posée par une activité originaire et nécessaire du Moi, c'est-à-dire qu'elle est *intuitionnée*, et c'est ainsi qu'elle devient quelque chose de réel. — Dans la mesure où certains résultats de la *Doctrine de la Science* ne peuvent décemment être présupposés, j'expose brièvement ceux qui sont nécessaires ici. — On n'a pas le plus léger pressentiment de ce dont il s'agit dans la philosophie transcendantale, et tout particulièrement chez Kant, lorsque l'on croit que, dans l'acte d'intuitionner, il y a, en dehors de l'intuitionnant et de l'intuition, encore une chose, comme une matière [III, 58] sur laquelle porte l'intuition, à la façon dont la pensée commune se représente habituellement l'acte corporel de la vision. C'est de l'acte d'intuitionner lui-même, et exclusivement de lui, que procède l'intuitionné : le Moi revient sur lui-même, et cette activité donne en même temps l'intuition et l'intuitionné ; la raison (le Moi) n'est nullement, dans l'intuition, passive, mais au contraire elle est absolument active, elle y est *imagination productrice.* Par l'acte d'intuitionner, quelque chose est projeté, à la façon dont, si l'on veut une comparaison, le peintre projette, à partir de son regard, la figure achevée sur la toile, la *prend en vue,* pour ainsi dire, avant que la main, plus lente, puisse en reproduire les contours. C'est de la même manière qu'est posée ici la sphère en question.

En outre, le Moi qui s'intuitionne lui-même comme actif intuitionne son activité comme un *acte consistant à tracer une ligne.* C'est là le schème originaire de l'activité en général, comme le découvrira quiconque veut éveiller en lui cette intuition suprême. Cette ligne originaire est l'*extension pure,* la dimension commune du temps et de l'espace, dont ces derniers procèdent simplement par différenciation et détermination supplémentaires. Elle ne suppose pas l'espace, mais au contraire c'est l'espace qui la suppose ; et les lignes inscrites dans l'espace, c'est-à-dire les limites de ce qui s'étend en lui, sont quelque chose de tout à fait différent. C'est sur ce mode que s'opère selon des lignes la production de la sphère dont il est question ici, et elle devient de cette manière quelque chose d'*étendu.*

III – Cette sphère est quelque chose de *déterminé ;* donc l'acte de sa production a quelque part ses limites, et le produit est saisi dans *(3, 363)* l'entendement, la faculté de fixer, comme un tout achevé, et c'est en cela seulement qu'il est proprement *posé* (fixé et arrêté).

La personne est déterminée par ce produit ; elle n'est la même que pour autant que ce produit reste le même, et cesse de l'être si celui-ci cesse d'être le même. Or, selon ce que nous avons vu, il faut que la personne, dans la mesure où elle se pose comme libre, se pose aussi comme persistant dans son être. Elle pose par conséquent aussi ce produit comme persistant dans son être, comme en repos, posé de façon stable, et immuable, comme un tout achevé d'un seul coup. Mais une extension en repos et déterminée une fois pour toutes, est [III, 59] une *extension dans l'espace.* Cette sphère est par conséquent *posée* nécessairement comme un corps limité, étendu dans l'espace et remplissant son espace, et dans l'analyse dont seule la conscience nous est possible (puisque la synthèse maintenant dépeinte, ou production, n'est supposée que pour la possibilité de l'analyse et, à travers elle, pour celle de la conscience), c'est nécessairement comme telle qu'elle est *trouvée.*

IV – Le corps matériel ainsi déduit est posé comme *ce qui englobe toutes les actions libres possibles de la personne ;* et rien de plus. C'est en cela seulement que consiste son essence.

La personne est libre — cela signifie, d'après ce que l'on a vu, qu'elle devient, par l'acte pur et simple d'esquisser un concept de la fin, sans plus, cause d'un objet correspondant précisément à ce concept ; elle devient cause purement et simplement par son vouloir comme tel : car esquisser un concept de la fin, cela signifie vouloir. Mais le corps que l'on a décrit doit contenir ses actions libres ; c'est donc en lui qu'elle devrait être cause sur le mode qui vient d'être décrit. C'est immédiatement par sa volonté, sans recourir à nul autre moyen, qu'elle devrait en lui produire ce qui a été voulu ; dès lors qu'elle voudrait quelque chose, cela devrait advenir en lui.

En outre, comme le corps que nous avons décrit n'est rien de plus que la sphère des actions libres, son concept épuise le concept de ces dernières, le concept de ces dernières épuise le sien. La personne ne peut être cause absolument libre, c'est-à-dire exerçant immédiatement par la volonté une action causale, si ce n'est en lui ; si un vouloir déterminé est donné, il s'en peut conclure avec certitude qu'un changement déterminé et lui correspondant se produit dans le corps. Inversement, aucune détermination ne peut survenir en lui, si ce n'est à la suite d'une activité causale de la personne ; et à partir d'un changement donné en lui, on peut conclure avec tout autant de certitude qu'un concept déterminé de la personne lui correspond. — Cette dernière proposition n'obtiendra qu'ultérieurement la déterminité qui lui appartient et sa pleine signification.

V – Comment et de quelle façon, dans un corps matériel, des *(3, 363)* concepts doivent-ils donc être exprimés par un changement de ce corps [III, 60] ? La matière est, selon son essence, impérissable ; ni elle ne peut être anéantie, ni une matière nouvelle ne peut être produite. Ce n'est donc pas dans cette direction que pourrait intervenir le concept du changement subi par le corps que l'on a posé. En outre le corps que l'on a posé doit persister de façon ininterrompue dans son être ; par conséquent les mêmes parties de la matière doivent rester ensemble et constituer le corps avec persistance ; et pourtant il doit aussi être changé par chaque volonté que la personne conçoit. Or comment peut-il persister dans son être de façon ininterrompue, et pourtant, sans cesse, comme il faut s'y attendre, être changé ?

Il est matière. La matière est divisible à l'infini. Il demeurerait, c'est-à-dire que les parties matérielles présentes en lui demeureraient, et pourtant il serait changé, si les parties changeaient la relation qu'elles entretiennent, la position qu'elles occupent les unes par rapport aux autres. La relation qu'entretiennent entre eux les éléments du divers, on la nomme la *forme*. En conséquence les parties, *en tant qu'elles constituent la forme*, doivent demeurer ; mais la forme elle-même doit être changée. (*En tant qu'elles constituent la forme*, dis-je : certaines pourraient donc sans cesse se détacher sans que, à la seule condition d'être, dans le même moment indivis, remplacées par d'autres, elles portent atteinte à la durée qui est requise pour le corps que l'on a décrit.) En conséquence, c'est immédiatement par le concept que survient un *mouvement des parties*, et ainsi un changement de la forme.

VI – Dans le corps que l'on a décrit, les concepts de la personne qui ont une capacité causale trouvent une expression à travers le changement dans la position des *parties* les unes par rapport aux autres. Ces concepts, c'est-à-dire le vouloir de la personne, peuvent être infiniment différents ; et le corps, qui contient la sphère de sa liberté, n'a pas le pouvoir de constituer une entrave à cette liberté. Chaque partie devrait donc pouvoir modifier sa position par rapport à toutes les autres, c'est-à-dire qu'elle devrait pouvoir se mouvoir, alors que toutes les autres restent en repos ; à chacune devrait être dévolu, à l'infini, un mouvement qui lui soit *propre.* — Le corps devrait être structuré de façon telle qu'à chaque fois il dépende de la liberté de se représenter la partie plus grande ou plus petite, davantage assemblée avec d'autres ou plus simple ; et de nouveau de se représenter chaque multiplicité de parties comme un tout, par conséquent de se la représenter elle-même comme une seule partie dans sa relation [III, 61] avec le tout plus vaste ; et tout ce que, de ce point de vue, on s'est représenté comme une unité, de le diviser à nouveau. La détermination de ce qui à chaque fois doit être une partie, devrait dépendre purement et exclusivement du concept. En outre, du fait que quelque chose serait conçu comme une partie, il devrait s'ensuivre que lui appartient en propre un mouvement ; et ce mouvement, de nouveau, devrait dépendre du concept. Quelque chose qui est conçu, sous ce rapport, comme une partie individuelle, s'appelle un membre ; en lui il doit nécessairement y avoir de nouveau des *membres ;* dans chacun, de nouveau des membres, et ainsi de suite à l'infini. Ce qui à chaque fois doit être considéré comme membre, cela dépend nécessairement du concept qui exerce la causalité. Le *membre* se *(3, 365)* meut s'il est considéré comme tel ; ce qui, par rapport à lui, est alors le tout, demeure en repos ; ce qui, sous ce rapport, est une partie, demeure pareillement en repos, c'est-à-dire qu'il n'a pas de mouvement propre, mais bien celui qu'il a en commun avec le tout qui est présentement le sien. Cette constitution spécifique d'un corps s'appelle *articulation.* Le corps que l'on a déduit est nécessairement articulé, et il faut le poser comme tel.

Un corps comme celui qui vient d'être décrit, à la persistance et à l'identité duquel nous rattachons la persistance et l'identité de notre personnalité, que nous posons comme une totalité articulée et close, et où nous nous posons comme exerçant une causalité de façon immédiate par notre volonté, est ce que nous nommons *notre corps ;* et ainsi a été démontré ce qui devait être démontré.

§ 6 – Théorème 5

La personne ne peut s'attribuer un corps sans le poser comme se trouvant sous l'influence d'une personne en dehors d'elle, et sans par là le déterminer davantage

— *Démonstration*

I – La personne ne peut, en conséquence du Théorème 2, se poser aucunement avec conscience sans poser qu'une influence s'est exercée sur elle. Le fait de poser une telle influence était la condition exclusive de toute conscience [III, 62], et le premier point auquel était rattachée la conscience tout entière. Cette influence est posée comme exercée sur la *personne déterminée, l'individu comme tel;* car l'être raisonnable, comme cela a été démontré, ne peut se poser comme être raisonnable en général, il ne peut se poser que comme individu ; s'il pose une influence exercée sur lui-même, il s'agit par conséquent, nécessairement, d'une influence exercée sur l'individu, dans la mesure où il n'est, ni ne peut être, pour lui-même rien d'autre qu'un individu.

Une action causale s'exerce sur un être raisonnable — cela veut dire, également d'après les démonstrations produites plus haut, ni plus ni moins que ceci : son activité libre est en partie, et sous un certain rapport, supprimée. C'est seulement par cette suppression qu'un objet advient pour l'intelligence, et qu'elle conclut à quelque chose qui n'existe pas par elle.

Une action causale s'exerce sur l'être raisonnable comme individu — *(3, 366)* cela signifie donc : une activité qui lui revient en tant qu'individu, est supprimée. Or la sphère qui contient son activité, en tant qu'il s'agit de celle d'un individu, c'est son corps ; il faudrait donc que l'activité causale résidant dans ce corps, la faculté, présente en lui, d'être cause par la simple volonté, soit entravée, ou, plus brièvement dit, il faudrait qu'il s'exerce une influence causale sur le corps de la personne.

Admettons, en conséquence, qu'une action appartenant à la sphère des actions en soi possibles de la personne soit supprimée, soit rendue pour l'instant impossible : l'influence qui est exigée serait ainsi expliquée.

Mais la personne doit rapporter *à soi* l'influence qui s'est produite ; elle doit poser l'activité pour l'instant supprimée comme une de ses activités possibles en général — comme contenue dans la sphère des manifestations de sa liberté. Il faut donc qu'elle pose cette activité, pour simplement pouvoir la poser comme supprimée ; par conséquent il faut que cette activité existe réellement, et elle ne peut aucunement être supprimée. (Qu'on n'aille pas dire que la personne peut parfaitement l'avoir posée *antérieurement* comme la sienne, et maintenant, en parcourant la sphère de la liberté qui est à sa disposition, se rappeler que, si celle-ci était complète, une certaine faculté déterminée dont elle ne dispose pas devrait aussi, nécessairement, être à sa disposition ; car, pour ne rien dire d'autres raisons qui rendent cette supposition irrecevable [III, 63], nous évoquons ici le moment auquel toute conscience est rattachée, et par rapport auquel on n'a absolument pas le droit de supposer une conscience qui serait antérieure.)

Il faut par conséquent que la même activité déterminée de la personne soit en même temps, dans le même moment indivis, *supprimée et aussi non supprimée,* si une conscience doit être possible. Nous avons à chercher comment cela pourrait se produire.

II – Toute activité de la personne est une certaine détermination du corps articulé ; une de ses activités est entravée — cela signifie donc : une certaine détermination du corps articulé est impossible.

Or la personne ne peut absolument pas poser que *son* activité est entravée, que dans *son* corps articulé une certaine détermination est impossible, sans poser en même temps qu'elle est possible ; car c'est seulement à la condition qu'une détermination par le simple vouloir soit possible en lui, qu'elle pose quelque chose comme son corps. La détermination, précisément, qui doit être impossible, il faudrait donc, en tant qu'elle doit être impossible, la poser comme possible ; et, dans la mesure où la personne ne peut rien poser qui ne *soit* (pour elle), la produire effectivement. Pourtant, il faut que cette activité, quoiqu'elle soit produite effectivement, demeure constamment entravée et supprimée, car c'est précisément pour pouvoir la poser comme supprimée, que la personne la produit. Cette détermination de l'articulation, autant *(3, 367)* que nous puissions en juger pour l'instant, est en même temps, d'une certaine façon, effectivement produite par la causalité de la volonté, et, d'une autre façon, supprimée par une influence de l'extérieur.

En outre, la personne doit, dans le moment dont la description est présentement requise, se trouver comme libre dans sa sphère, s'attribuer pleinement et en totalité son corps. Si elle ne posait pas au moins comme possible sa capacité de rétablir par la simple volonté la détermination donnée de l'articulation, même dans la dimension où elle est et reste supprimée, alors dans ce cas elle ne s'attribuerait nullement le corps et ne poserait aucune influence comme s'étant exercée sur elle [III, 64], ce qui contredit l'hypothèse. Qu'elle ne supprime pas ce qui l'entrave, cela doit nécessairement, selon l'hypothèse que l'on a admise, dépendre de sa libre volonté, et il lui faut poser comme possible de le supprimer.

Comment dès lors doit-elle poser cette possibilité ? Nullement à la suite d'une expérience passée, vu que c'est ici le commencement de toute expérience ; donc c'est uniquement par le fait qu'elle pose, c'est uniquement à partir de la production de cette détermination sur le mode où elle est effectivement produite, que s'ensuivrait la suppression de la contrainte de l'articulation, pour autant que cette contrainte existe, si la personne ne retenait pas sa volonté d'agir dans ce sens.

Mais qu'est-ce donc qui est, à proprement parler, posé quand ce que l'on a décrit est posé ? Manifestement, une double manière de déterminer l'articulation, qu'on peut bien, en attendant, nommer elle-même une double articulation, ou un double *organe*, dont les deux éléments se rapportent l'un à l'autre de la façon suivante : le premier, dans lequel la personne produit le mouvement supprimé, et que nous nous proposons de nommer l'*organe supérieur*, peut être modifié par la volonté, sans que par là l'autre, que nous nous proposons de nommer l'*organe inférieur*, le soit aussi. Organe supérieur et organe inférieur sont en ce sens distincts l'un de l'autre. Mais en outre, si par la modification de l'organe supérieur l'inférieur ne doit pas en même temps être modifié, il faut que la personne retienne sa volonté de faire en sorte qu'il doive par là être modifié : ainsi supérieur et inférieur sont aussi à réunir par la volonté, sont un seul et même organe.

De la perception de l'influence requise ici, relève donc ce qui suit : il faut que la personne se soumette à l'influence, se laisse aller à elle, il faut qu'elle ne supprime pas la modification produite dans son organe. Elle le pourrait par sa simple volonté, et il lui faut, si cela ne doit pas arriver, limiter la liberté de sa volonté. En outre, il faut qu'elle reproduise intérieurement par liberté l'image de la modification de son organe qui a eu lieu en elle. On a dit qu'une manifestation possible de sa liberté est supprimée. Cela ne signifie aucunement que l'activité dans *(3, 368)* une quelconque direction [III, 65] et en vue d'une certaine fin soit rendue impossible, mais simplement que quelque chose, qu'elle-même a la capacité de produire, est produit en elle, mais sur un mode tel qu'il lui faut l'attribuer non pas à sa propre causalité, mais à la causalité d'un être existant en dehors d'elle. En général, rien ne vient à être perçu par un être raisonnable qui soit tel qu'il doive croire ne pas pouvoir le produire lui-même, ou qu'il ne puisse s'en attribuer la production ; pour tout le reste, il n'a pas de sens, et cela se situe totalement en dehors de sa sphère. De ce qui est produit dans son organe, elle reproduit par liberté l'image par l'intermédiaire de l'organe supérieur, de façon telle, toutefois, qu'elle n'exerce pas d'influence sur l'inférieur, étant donné que sinon, en effet, certes cette détermination du corps articulé existerait, mais non pas comme une détermination perçue : elle serait au contraire une détermination produite, procédant non pas d'une causalité extérieure, mais de la propre causalité du sujet. Il n'est pas possible de voir si l'on ne se soumet pas tout d'abord à l'influence, et si l'on ne reproduit pas ensuite intérieurement l'image de la forme de l'objet, si l'on n'esquisse pas activement son contour ; on n'entend pas, si l'on n'imite pas intérieurement les sons à l'aide du même organe grâce auquel dans la parole on produit ces sons. Mais si cette causalité interne se prolongeait jusqu'à l'organe externe, on parlerait, et non pas entendrait.

Dans la mesure où la relation est comme nous l'avons décrite, le corps articulé de l'homme est *sens*. Mais, comme chacun s'en aperçoit, il n'est sens qu'en rapport avec un produit, existant en lui, d'une causalité qui pourrait assurément être une causalité du sujet, mais qui, dans le cas présent, ne l'est pas : elle est au contraire causalité d'une cause située en dehors du sujet.

La personne reste, à l'occasion de cette sorte d'influence, totalement et parfaitement libre. Ce qui a été produit en elle par une cause extérieure à elle, elle peut aussitôt le supprimer, et elle pose expressément qu'elle pourrait le supprimer aussitôt, que donc l'existence de cette influence dépend exclusivement d'elle. En outre, si une influence doit être exercée sur elle, il faut qu'elle imite par liberté l'influence qui est intervenue : elle réalise [III, 66] donc expressément sa liberté, ne serait-ce que pour pouvoir percevoir. (En passant, on a décrit la *liberté absolue de la réflexion,* et on l'a déterminée de façon détaillée.)

Par là, le corps articulé de la personne acquiert donc de nouvelles déterminations, comme c'était requis. Il est posé aussi comme sens ; et, pour qu'il puisse être posé comme tel, on lui attribue un organe supérieur et un organe inférieur — dont l'inférieur, par lequel pour la première fois il se met en relations avec des objets et des êtres raisonnables hors de lui, peut être soumis à une influence extérieure : ce n'est jamais le cas, en revanche, de l'organe supérieur.

III – Comme cause de l'influence qui a été décrite comme s'exerçant *(3, 369)* sur le sujet, c'est uniquement un être raisonnable qui doit pouvoir être posé en dehors du sujet. La fin de cet être aurait été d'avoir une influence sur le sujet. Mais, en fonction de ce qui a été établi, aucune influence ne peut être exercée sur le sujet, s'il ne se soumet pas, par sa propre liberté, à l'impression qui est advenue et s'il ne l'imite pas intérieurement. Le sujet doit lui-même agir en vue d'une fin, c'est-à-dire qu'il doit limiter la somme de sa liberté, qui pourrait supprimer l'impression survenue, à l'atteinte du but qu'il s'est proposé, la connaissance — auto-limitation qui est précisément le critère exclusif de la raison. Le sujet doit donc par lui-même réaliser pleinement la fin de l'être extérieur à lui, et celui-ci devrait l'avoir escompté de la part du sujet, si jamais il a eu une fin. Il doit par conséquent être tenu pour un être raisonnable dans la mesure où, par cette supposition de la liberté du sujet, il a *limité* sa propre liberté au mode d'influence qui a eu lieu.

Mais il reste toujours possible qu'il ait agi ainsi seulement par hasard, ou qu'il ne puisse agir autrement. Toujours est-il qu'il n'y a pas encore de raison d'admettre qu'il s'est auto-limité, si l'on ne peut montrer qu'il aurait pu aussi agir autrement, que la plénitude de sa faculté l'aurait conduit à une tout autre manière d'agir et qu'il devait nécessairement la limiter, et la limiter par le concept de la rationalité du sujet [III, 67], si une action comme celle que l'on a décrite devait avoir lieu.

Il me faudrait donc, si la conclusion exigée doit être possible, poser que même de la manière opposée une influence pouvait être exercée sur moi, et que l'être existant hors de moi que je dois admettre aurait pu agir de la manière opposée.

Quelle est la manière opposée ? La caractéristique de l'influence que nous avons décrite était qu'il dépendait totalement de la liberté de ma volonté qu'elle fût exercée ou non sur moi, dans la mesure où je devais d'abord me soumettre à l'influence, et la poser comme ayant eu lieu ; dans le cas contraire, nulle influence n'aurait été exercée sur *moi :* La caractéristique d'une influence opposée serait donc qu'il ne dépendrait pas de ma liberté de remarquer ou non l'influence qui a eu lieu, mais qu'au contraire il me faudrait nécessairement la remarquer, pour autant que je remarque quoi que ce soit. Comment une telle influence est-elle possible ?

Que l'influence décrite fût dépendante de ma liberté, cela procédait tout d'abord de ce que, par la simple liberté de la volonté, je pouvais détruire la forme de mon corps articulé qui en était le produit ; dans l'influence opposée, cela ne devrait pas dépendre simplement de la *(3, 370)* liberté de la volonté, la forme produite devrait être fixe, indestructible, du moins ne pas devoir être détruite immédiatement par l'intermédiaire de l'organe supérieur, mon corps devrait être enchaîné à elle et totalement entravé dans ses mouvements. Cet assujettissement total à de telles entraves devrait donc nécessairement avoir aussi pour conséquence la réflexion sur lui, non pas quant à la forme, dans le fait que je sois en général un être réfléchissant — ce qui se fonde simplement dans l'essence de la raison —, mais quant à la matière, dans le fait que, pourvu seulement qu'en général je réfléchisse, il me faille nécessairement réfléchir sur l'influence qui a eu lieu. Car l'être libre veut ne se trouver que comme un être libre. Pour autant qu'il réfléchisse donc sur soi, il imite intérieurement une détermination produite en lui, avec cette présupposition qu'il dépend de la liberté de sa volonté que celle-ci persiste. Il limite [III, 68] lui-même sa liberté. Mais si l'on suppose que cette détermination ne peut être détruite par la simple causalité de la volonté, il n'y a pas besoin d'une telle auto-limitation ; il manque quelque chose qui appartient à la réflexion d'un être libre comme tel, et dès lors la contrainte est ressentie. Pour autant qu'il y a réflexion sur quoi que ce soit, la contrainte est ressentie ; car tout, dans un corps articulé, est nécessairement interdépendant, et chaque partie influence toutes les autres, en conséquence du concept de l'articulation.

Cette entrave apportée au libre mouvement de mon corps, il me faut, dans la perspective de l'opposition requise, la poser nécessairement comme possible ; et mon corps obtient là, encore une fois, une nouvelle détermination. A titre de condition de ladite opposition, je dois en dehors de moi poser une matière résistante et consistante, capable de faire obstacle au mouvement libre de mon corps ; et ainsi par cette détermination précisée de mon corps, c'est aussi le monde sensible qui reçoit une nouvelle détermination.

Cette matière résistante et consistante ne peut entraver qu'une partie de mes libres mouvements, mais non pas tous, car dans ce cas la liberté de la personne serait totalement réduite à néant, je serais, en tant que tel, mort, mort pour le monde sensible. Il me faut donc, au moyen du libre mouvement du reste de mon corps, pouvoir délivrer de la contrainte la partie qui est forcée de la subir, par conséquent aussi posséder sur la matière résistante une causalité (*a*) : le corps doit avoir une force physique lui permettant de faire obstacle à l'impression de la matière, sinon immédiatement par le vouloir, du moins médiatement en usant d'un procédé, c'est-à-dire en appliquant la volonté à la partie encore libre de l'articulation. Mais par suite l'organe de cette causalité doit lui-même être composé d'une telle matière résistante et consistante ; et la maîtrise exercée par l'être libre sur cette matière existant hors de lui procède purement et simplement de la liberté agissant selon des concepts, puisqu'au contraire la matière n'agit causalement que selon des lois mécaniques, par conséquent ne dispose que d'*une* manière d'agir, alors que l'être libre en a plusieurs.

Si mon corps est constitué de matière résistante et consistante, *(3, 371)* et s'il a la force de modifier toute matière dans le monde sensible [III, 69] et de la façonner selon mes concepts, le corps de la personne existant en dehors de moi est constitué de la même matière, et

(*a*) *SW :* par conséquent aussi pouvoir exercer sur la matière résistante une causalité.

elle possède cette même force. Or mon corps est lui-même matière, par conséquent il est un objet possible pour l'influence exercée par l'autre au moyen d'une pure force physique, un objet possible dont il peut directement entraver le libre mouvement. S'il m'avait tenu pour de la simple matière, et s'il avait voulu exercer une influence sur moi, c'est *de cette manière* qu'il aurait exercé sur moi cette influence, à la manière même dont j'agis sur tout ce que je tiens pour de la simple matière. Ce n'est pas ainsi qu'il a agi, par conséquent il a eu de moi, non pas le concept de la simple matière, mais celui d'un être raisonnable, et c'est par ce concept qu'il a limité sa faculté ; et c'est seulement maintenant que la conclusion est parfaitement justifiée et nécessaire : la cause de l'influence qui a été décrite comme s'exerçant sur moi, n'est autre qu'un être raisonnable.

IV – Dans l'influence décrite, l'organe du sujet a été effectivement modifié par une personne existant en dehors de lui. Or cela n'a eu lieu ni par un contact corporel immédiat avec cette personne, ni au moyen d'une matière consistante ; car dans ce cas on ne saurait conclure à l'influence d'une personne, et en outre le sujet lui-même ne se tiendrait pas vraiment pour libre. — L'organe est en tout cas quelque chose de matériel, puisque le corps dans sa totalité l'est : il est donc nécessairement modifié par une matière extérieure à lui, mis dans une certaine forme et conservé dans celle-ci. La simple volonté du sujet supprimerait cette forme, et il lui faut retenir cette volonté, afin que la forme ne soit pas détruite. La matière par laquelle cette forme est produite, est donc non pas une matière résistante et consistante, et dont les parties ne peuvent être séparées par la simple volonté, mais une matière plus fine et plus subtile. Une telle [III, 70] matière plus subtile doit nécessairement être posée dans le monde sensible, comme condition de l'influence requise.

La modification de l'organe qui intervient dans l'influence par liberté, ne doit influer aucunement sur celui qui intervient dans l'influence par contrainte : elle doit le laisser totalement et complètement libre. Par conséquent la matière plus fine doit influencer seulement le premier organe, et nullement le second, elle ne doit pas pouvoir l'entraver et l'assujettir : il faut donc qu'il y ait une matière qui soit telle que ses éléments constitutifs n'aient entre eux aucune connexion qui puisse être remarquée par le sens inférieur, c'est-à-dire le sens sur lequel s'exerce la contrainte.

Je m'accorde en propre, dans la situation qui vient d'être décrite, la *(3, 372)* faculté d'agir en retour sur cette matière plus subtile par la simple volonté, par l'intermédiaire d'une affection de l'organe supérieur par l'inférieur ; car il a explicitement été dit qu'il me faut retenir un tel mouvement de l'organe inférieur, pour ne pas détruire la détermination produite dans l'organe supérieur : par conséquent aussi pour ne pas donner une autre détermination à la matière subtile qui est immédiatement en liaison avec lui. *La matière subtile est donc modifiable pour moi par la simple volonté.*

Pour prévenir de possibles confusions, nous ajoutons encore quelques mots. — On a posé un double organe, un supérieur et un inférieur. Le supérieur est celui qui est modifié par la matière subtile ; l'inférieur, celui qui peut être entravé par la matière résistante et qui n'est divisible qu'avec effort.

Ou bien, dans la mesure que l'on a décrite, il est agi causalement sur la personne comme sur un être libre. Alors l'organe supérieur est modifié, et maintenu comme tel, par une forme déterminée de la matière subtile ; et, si la personne doit percevoir, il lui faut retenir le mouvement de l'organe inférieur (27), dans la mesure où celui-ci est en rapport avec cette partie de l'organe supérieur, mais pourtant il lui faut, toutefois de façon seulement intérieure, imiter en lui le mouvement déterminé qu'elle devrait accomplir pour produire elle-même la dite modification déterminée de l'organe supérieur. Si une forme dans l'espace est perçue visuellement, on imite intérieurement, mais avec la rapidité de l'éclair, et de façon imperceptible au [III, 71] commun des observateurs, le sentiment de l'objet, c'est-à-dire la pression qui devrait intervenir pour produire cette forme en la sculptant, mais en cela l'impression visuelle est conservée de façon bien nette, comme schème de cette imitation. De là aussi le fait que des gens dépourvus d'éducation, c'est-à-dire encore insuffisamment éduqués, chez lesquels les opérations de l'humanité ne sont pas encore devenues des pratiques usuelles, face à un corps pourvu de relief qu'ils veulent voir correctement, en même temps le tâtent, ou bien encore font de même quand il s'agit de la surface d'un tableau, d'une gravure, du livre qu'ils lisent. — *(3, 373)* Celui qui entend, n'a pas la possibilité en même temps de parler, car il lui faut imiter par l'organe phonatoire les sons extérieurs, cela au moyen de leur construction ; de là vient aussi que certaines personnes demandent souvent ce que l'on a dit, alors même qu'elles l'ont très bien entendu, mais ne l'ont pas perçu : parfois même, si la chose ne doit pas leur être répétée, elles en ont effectivement le savoir, parce qu'alors elles sont forcées de procéder après coup à la reproduction de l'image des sons — ce à quoi elles n'avaient pas procédé auparavant. D'autres ont aussi l'habitude de répéter à haute voix le propos qu'on leur a adressé, et le prononcent ainsi d'abord en eux-mêmes. — Dans ce cas, le corps fait fonction de sens, plus précisément : de sens supérieur.

Ou bien il se produit, par la simple volonté de la personne, une modification dans l'organe supérieur (28), accompagnée de la volonté que l'organe inférieur doive par là être mû conformément à une fin : si cet organe n'est pas entravé, le mouvement que l'on en projetait s'effectue, et, à partir de ce mouvement, s'accomplit la modification que l'on visait de la matière subtile ou grossière, selon la fin que l'on s'est proposée. C'est ainsi, par exemple, que sont formées dans l'œil comme organe actif la figure ou la lettre, et qu'elles sont jetées sur le papier avant que la main lente du peintre ou de l'écrivain, guidée par l'œil et subordonnée à ses ordres, les y fixe. — Dans ce cas le corps remplit la fonction d'instrument.

Que le mouvement de l'organe inférieur qui était projeté ne s'effectue pas — celui de l'organe supérieur s'effectue toujours, aussi longtemps que l'homme est vivant —, cela veut dire que l'organe est entravé, on ressent un obstacle [III, 72] et le corps remplit alors la fonction d'un sens, mais d'un sens inférieur.

Si un être raisonnable exerce une influence sur un autre comme sur de la pure matière, le sens inférieur de celui-ci est certes affecté lui aussi, et même d'une façon nécessaire et complètement indépendante de sa liberté, comme c'est constamment le cas avec ce sens ; mais il n'y a pas lieu d'admettre que cette affection était l'intention du sujet agissant. Il voulait seulement et exclusivement réaliser sa fin dans la matière, exprimer en elle son concept ; si elle le ressentira ou non, cela n'est nullement pris en compte dans le concept qu'il s'est forgé d'une fin. L'action réciproque entre des êtres raisonnables *comme tels* s'effectue donc toujours par l'intermédiaire du sens supérieur ; car seul celui-ci est tel que l'on ne peut agir causalement sur lui sans faire la supposition de sa présence ; et ainsi le critère donné plus haut de cette action réciproque reste juste : c'est une action telle que le sens de l'objet sur lequel on agit est supposé exister.

V – Comme condition de la conscience de soi, on a posé une action *(3, 374)* causale procédant du dehors, puis, en conséquence de celle-ci, une certaine constitution du corps, et, en conséquence de cette dernière, une certaine structuration du monde sensible. En vertu de quoi, tout d'abord, si la conscience doit être possible, il faut que le monde sensible soit constitué *de telle manière,* se situe dans *telle* relation avec notre corps, et en outre il n'y a naturellement rien dans le monde sensible que ce qui se trouve en relation avec notre corps ; n'existe pour nous que ce qui résulte de cette relation. — Qu'on n'oublie pas que cette déduction est seulement à entendre de façon transcendantale. Cela *est* ainsi — signifie : il nous faut le poser ainsi, et parce qu'il nous faut le poser ainsi, cela est ainsi. Nous avons conclu à l'existence d'un corps à partir de l'autonomie et de la liberté. Mais celles-ci ne sont que dans la mesure où elles sont posées ; par conséquent, dans la mesure où le fondé ne peut pas aller plus loin que le fondement, le corps lui aussi n'est que pour celui par lequel il est posé.

La détermination supplémentaire du corps et, par l'intermédiaire de la sienne, celle du monde sensible est conclue à partir de la communauté nécessaire des êtres libres, laquelle de nouveau est condition de possibilité de la conscience de soi, et ainsi se relie à notre [III, 73] point de départ. Parce que dans le monde des êtres libres comme tels doivent exister en une communauté, le monde, pour cette raison, doit nécessairement être structuré *de telle façon.* Mais il n'y a une communauté d'êtres libres que simplement dans la mesure où elle est posée par eux ; par conséquent le monde n'est tel, lui aussi, que dans la mesure où ils le posent ainsi : — nullement avec *liberté*, mais au contraire avec une absolue nécessité ; et quelque chose qui est posé de cette manière a pour nous de la réalité.

VI – Je m'attribue un organe inférieur et un organe supérieur qui se tiennent l'un avec l'autre dans la relation que l'on a décrite ; par voie de conséquence, j'admets dans le monde sensible hors de moi une matière grossière et une matière subtile, qui se trouvent en relation avec mes organes sur le mode décrit. Un tel acte de position est condition nécessaire de la conscience de soi et appartient donc au concept de la personne. Si donc je pose un être hors de moi comme personne, il me faut nécessairement admettre de lui qu'il pose la même chose, ou, ce qui ici est équivalent, il me faut lui attribuer la possession et l'usage réels de deux organes différents de ce type, il me faut admettre l'existence réelle *pour lui* d'un monde sensible possédant de telles déterminations.

Ce transfert de ce qu'il y a de nécessaire dans ma pensée sur une personne extérieure à moi appartient aussi au concept de la personne. Je dois donc attribuer à la personne extérieure à moi le fait, au cas où elle me pose comme personne, d'admettre de moi ce que moi-même j'admets de moi et que j'admets d'elle ; et en même temps le fait d'admettre de moi que j'admets la même chose d'elle. Les concepts de l'articulation spécifique des êtres raisonnables, et du monde sensible extérieur à eux, sont nécessairement des concepts communs, des concepts sur lesquels les êtres raisonnables sont nécessairement d'ac-
(3, 375) cord, sans qu'il y ait eu entre eux aucune convention, parce que, pour chacun, *la même sorte d'intuition* est fondée dans *sa propre personnalité,* et ces concepts doivent nécessairement être pensés comme tels. Chacun peut avec raison supposer de l'autre, attendre de lui et réclamer qu'il possède sur ces objets les mêmes concepts, pour autant qu'il est un être raisonnable.

VII – Une nouvelle objection surgit, et c'est seulement après y avoir répondu qu'on aura complètement déterminé [III, 74] le corps d'un être raisonnable. Savoir : il a été affirmé que je n'accède nullement à la conscience de soi ni ne puis y accéder, si ce n'est à la suite de l'influence qu'exerce sur moi un être raisonnable extérieur à moi. Donc, bien qu'il dépende exclusivement de moi de vouloir ou non me laisser aller à cette influence, bien que de plus il dépende de moi de vouloir réagir en général et de choisir *comment,* cependant la possibilité de cette expression de ma liberté dépend du fait que se produit l'influence de l'autre.

Alors seulement je suis *porté* à l'*effectivité* de l'être raisonnable, et non à la *virtualité ;* si cette action n'avait pas eu lieu, je ne serais jamais devenu effectivement raisonnable. Ma rationalité dépend par conséquent de l'arbitre, de la bonne volonté d'un autre, du hasard ; et toute rationalité dépend du hasard.

Les choses ne peuvent se passer ainsi, car dans ce cas, en tant que personne, je ne suis d'emblée pourtant pas autonome, mais je suis seulement un accident de quelqu'un d'autre, lequel est à son tour un accident d'un troisième, et ainsi de suite à l'infini.

Cette contradiction ne se peut lever autrement qu'en supposant que l'autre, déjà *soumis à une nécessité* dans cette influence originaire, est en tant qu'être raisonnable astreint à la nécessité, c'est-à-dire *obligé* par les exigences de la cohérence, de me traiter comme un être raisonnable — et même qu'il est astreint à cette nécessité *par moi ;* donc, que dès cette première influence originaire, où je dépends de lui, il dépend en même temps de moi ; par conséquent, que cette relation *originaire* est déjà une action réciproque. Mais avant cette influence *je ne suis absolument pas Moi ;* je ne me suis pas posé, car l'acte de me poser moi-même est même déjà conditionné par cette influence, n'est possible que par elle. Pourtant je dois agir causalement. Je dois donc exercer une action causale sans exercer une action causale ; exercer une action causale, sans produire une activité. Nous allons voir comment c'est concevable.

a) Agir causalement sans agir causalement signifie une simple virtualité. Cette simple virtualité doit agir causalement. Mais une virtualité n'est qu'un concept idéal ; et ce serait une idée vide que d'attribuer à quelque chose de tel le prédicat exclusif de la réalité, l'activité causale, sans admettre qu'elle soit réalisée [III, 75]. Or la virtualité globale qui appartient à la personne est, bien entendu, réalisée *(3, 376)* dans le monde sensible, dans le concept de son corps, qui existe pour autant qu'elle est une personne, qui persiste dans son être pour autant qu'elle persiste dans son être, qui est un tout achevé de parties matérielles et donc a une forme originaire déterminée, conformément à ce que l'on a vu plus haut. Il faudrait donc que mon corps agisse causalement, soit actif, sans que ce soit *moi* qui agisse par lui.

b) Toutefois, mon corps n'est *mon* corps que purement et simplement dans la mesure où il est mis en mouvement par ma volonté — faute de quoi il est seulement une masse ; il n'est actif, en tant qu'il est mon corps, que purement et simplement dans la mesure où c'est *moi* qui par son intermédiaire suis actif. Or, dans le cas présent, je ne dois encore être nullement *Moi,* par conséquent je ne dois pas non plus être actif, par conséquent mon corps non plus n'est pas actif. Il lui faudrait donc agir causalement par sa simple existence dans l'espace, et par sa forme, et il faudrait qu'il agisse en tout cas de manière que chaque être raisonnable soit obligé de me reconnaître pour un être capable de raison et de me traiter conformément à cette supposition.

c) Soit, tout d'abord, le point le plus difficile : comment, en général, quelque chose peut-il agir causalement par sa simple existence dans l'espace, sans aucun mouvement ?

L'influence doit avoir lieu sur un être raisonnable *comme tel ;* il faut donc qu'elle ait lieu non pas par contact immédiat et sur le mode d'une entrave imposée à l'organe inférieur, mais en s'exerçant sur l'organe supérieur, donc par la médiation de la *matière subtile.* Or, assurément, on a admis plus haut, à son sujet, qu'elle est un moyen permettant l'influence réciproque des êtres raisonnables les uns à l'égard des autres, du fait qu'elle est modifiée par un mouvement de l'organe supérieur lui-même. Mais ce ne doit pas être le cas ici. Un corps humain doit produire une influence en demeurant au repos, sans aucune activité : il faut donc, dans notre cas, que la matière subtile soit posée de façon telle qu'elle vienne à être modifiée par la simple *forme demeurant immobile,* et qu'en conséquence du maintien de cette modification elle modifie le sens supérieur d'un autre être raisonnable. — Le corps humain n'a été considéré jusqu'à maintenant que comme une forme dans l'espace, donc ce qui a été démontré à propos de lui doit nécessairement valoir pour toute forme et être posé comme tel.

[III, 76] (Il n'est pas démontré que la matière subtile ainsi mise en avant à l'instant, par la médiation de laquelle la simple forme dans l'espace doit agir causalement, soit spécifiquement différente de celle que nous avons déduite plus haut, mais seulement que ces deux prédicats doivent nécessairement revenir à la matière subtile. La première éventualité (*a*) serait démontrée s'il se pouvait prouver que la matière devant être modifiée par la simple forme ne peut absolument pas être affectée immédiatement par le mouvement de l'organe, mais au contraire, vis-à-vis de celui-ci, est immuable, et cela irrésistiblement. Cette démonstration ne s'inscrit pas proprement dans notre démarche, mais je préfère m'en acquitter tout de suite, pour ne pas trop disséminer les matières. — La forme de la personne hors de moi doit nécessairement persister pour elle-même dans son être, afin que la personne se présente à elle-même comme la même, et pour la même raison elle doit persister pour moi dans son être. Or si l'on pose que nous nous situons *(3, 377)* l'un avec l'autre dans une relation d'influence réciproque, par l'intermédiaire de la matière subtile qui doit être affectée (si l'on pose que nous parlons l'un avec l'autre), la matière A se modifiera sans cesse, et, si elle est ce en quoi sont imprimées nos formes, celles-ci se modifieront aussi sans cesse pour nous deux — ce qui est contradictoire avec l'hypothèse selon laquelle, conformément à notre représentation à l'un comme à l'autre, il faut que les mêmes personnes se tiennent en relation d'action réciproque. Par conséquent la matière dans laquelle nos formes sont imprimées doit nécessairement, par rapport au mouvement constant de la matière A, ne pas pouvoir être mue ni affectée, elle doit donc pour notre organe ne pas être modifiable, par conséquent être en cela une matière distincte de A, = B. *Air, lumière.* (Les phénomènes qui s'inscrivent dans la lumière ne sont modifiables

(*a*) Nous suivons ici une correction de la *GA* ; l'édition originale et le texte des *SW* portent « das letztere », et non « das erstere ».

par nous que médiatement, quand la forme elle-même peut être modifiée.)

d) Mon corps doit nécessairement être visible pour la personne extérieure à moi, lui apparaître à travers le *medium* de la lumière, et lui être apparu, *pour autant qu'elle agit sur moi :* par là, c'est la première et moindre partie de notre question qui est résolue. Maintenant d'après ce qu'il a été nécessaire de supposer, ce phénomène doit être tel qu'il soit absolument exclu de le comprendre et de le concevoir sans supposer que je suis un être raisonnable ; donc que je peux être, vis-à-vis de l'autre, à même de lui dire : dès que tu aperçois cette forme, il te faut [III, 77] nécessairement la tenir pour la représentation d'un être raisonnable dans le monde sensible, si toi-même tu es un être raisonnable. Comment est-ce possible ?

Tout d'abord — que signifie donc *comprendre*, ou *concevoir ?* Cela signifie *fixer, déterminer, délimiter.* J'ai conçu un phénomène quand j'ai obtenu par là une totalité close de la connaissance, qui est fondée en soi dans toutes ses parties ; quand chaque élément est fondé, ou expliqué, par le tout, et le tout par chaque élément dans sa singularité. C'est seulement ainsi que la totalité est close, autrement dit délimitée. Je n'ai pas conçu, si je suis encore en train d'expliquer, si mon avis est encore un *flottement* et donc n'est pas encore bien établi, si ce qui fait partie de ma connaissance m'entraîne encore vers d'autres parties (je n'ai pas encore conçu A, qui doit être quelque chose de contingent, si je n'en ai pas encore pensé une cause et, dans la mesure où une espèce déterminée de contingence doit revenir à A, une cause déterminée). Je ne peux comprendre un phénomène que d'une certaine manière — cela veut donc dire : je suis toujours poussé des parties du phénomène en leur individualité vers un certain point, et c'est seulement en ce point que je peux ordonner ma collection et rassembler ce que j'ai collecté en une totalité de la connaissance. Je ne peux concevoir le phénomène d'un corps humain qu'en admettant qu'il est le *(3, 378)* corps d'un être raisonnable — cela veut donc dire : je ne peux cesser de collecter les parties de son phénomène, jusqu'à ce que j'en sois arrivé au point de devoir nécessairement le penser comme le corps d'un être raisonnable. Je vais effectuer strictement cette démonstration génétique, c'est-à-dire que je vais en indiquer les moments principaux. Elle ne peut être présentée ici dans les détails. Elle constitue à elle seule une science spécifique, l'anthropologie.

e) Tout d'abord, il faudrait qu'il soit nécessaire de penser le corps humain comme un *tout,* et qu'il soit impossible d'en concevoir la séparation des parties, comme cela se passe pour des objets qui sont de la simple matière brute, des gravats, des tas de sable, etc. Mais ce qui est ainsi fait que nécessairement [III, 78] il faut le penser comme un tout, cela s'appelle un *produit organisé de la nature.* Le corps humain doit donc en premier lieu être un produit organisé de la nature. Ce qu'est un produit organisé de la nature, et pourquoi et en quoi il ne peut être pensé que comme un tout, la meilleure connaissance en est fournie par la comparaison avec un *produit de l'art,* lequel s'accorde avec le produit de la nature en ceci que l'on ne peut, lui aussi, le penser que comme un tout. Dans l'un et l'autre, chaque partie n'existe qu'au service de chacune des autres, donc au service du tout ; et la faculté de juger est par conséquent, lorsqu'elle considère aussi bien l'un que l'autre, conduite de la position d'une partie à toutes les parties, jusqu'à ce qu'elle en ait achevé l'appréhension. Toutefois, dans le produit de la nature, le tout existe aussi au service des parties : il n'a pas d'autre fin que celle de produire précisément ces parties ; dans le produit de l'art, en revanche, le tout ne renvoie pas aux parties, mais à une fin extérieure à lui : il est instrument pour quelque chose. En outre, dans le produit de la nature, chaque partie en son individualité se produit elle-même grâce à la force interne qui lui est propre, et c'est ainsi qu'ensemble elles produisent le tout ; dans le produit de l'art, au contraire, avant même qu'il puisse devenir un produit de l'art, la tendance formatrice a été tuée, et ce n'est nullement sur elle, mais sur la composition d'après des lois mécaniques que l'on compte ; par conséquent ce produit renvoie à un auteur extérieur à lui, alors qu'en revanche le produit de la nature se produit lui-même perpétuellement, et se conserve par cela même.

f) Par l'hypothèse qu'un phénomène est un produit de la nature, on en a un concept complet si tout ce qui se manifeste en lui, se rapporte à nouveau à l'organisation et se laisse expliquer complètement à partir de la fin de cette organisation déterminée. Par exemple la forme suprême et ultime, le degré extrême de la force organisatrice dans les plantes considérées en leur individualité, c'est la semence : or celle-ci se laisse expliquer complètement à partir de l'organisation en tant que fin ; c'est par la semence que l'espèce se reproduit ; c'est par elle que l'organisation, à nouveau, retourne en elle-même et recommence son cours *(3, 379)* depuis le début. L'acte de cette force organisatrice n'est donc nullement achevé, mais se poursuit en un cycle éternel. — Que par cette hypothèse on ne puisse avoir un concept complet d'un phénomène [III, 79], cela signifie donc : le produit suprême et ultime de la tendance formatrice ne se laisse aucunement rapporter à son tour, comme moyen, à la tendance formatrice elle-même, mais renvoie à une autre fin. L'explication, certes, progresse pendant un temps d'après les lois de l'organisation (il n'arrive pas que cette loi ne se laisse pas du tout appliquer, comme lorsqu'il s'agit du produit de l'art) ; mais en fin de compte, sur cette base, on ne peut plus continuer d'expliquer, c'est-à-dire que le produit ultime de cette tendance ne peut pas à nouveau être rapporté à l'organisation. Par suite, le cercle n'est pas refermé et le concept n'est pas complet, c'est-à-dire que l'on ne *conçoit* rien : le phénomène n'est pas compris. (Sans doute l'homme parcourt-il aussi, complètement, le cercle de l'organisation, par la reproduction de son espèce. Il est une plante parfaite ; mais il est plus encore.)

Or ce qui constituerait une réalité de cet ordre, ce serait l'*articulation,* laquelle nécessairement doit être visible, et qui est assurément un produit de l'organisation. Mais inversement l'articulation ne produit pas l'organisation, au contraire elle renvoie à une autre fin, c'est-à-dire qu'elle n'est parfaitement comprise et réduite à l'unité que dans un autre concept. Ce concept pourrait être celui du *mouvement libre* déterminé (29), et dans cette mesure l'homme serait un *animal.*

g) Mais même par cette hypothèse on ne doit pas pouvoir concevoir le corps humain. Il faudrait que son articulation ne puisse absolument pas être conçue, en un concept *déterminé.* Il faudrait qu'elle ne renvoie pas à une sphère *déterminée* du mouvement arbitraire (30), comme chez l'animal, mais à tous les mouvements qui, à l'infini, se peuvent penser.

Il n'existerait absolument aucune déterminité de l'articulation, mais purement et simplement une déterminabilité à l'infini ; nulle forme donnée à ce corps, mais sa seule capacité de recevoir une forme. — Bref, tous les animaux sont achevés, et terminés, l'homme est seulement indiqué et esquissé. L'observateur raisonnable ne peut absolument pas réunir les parties, sauf dans le concept de son *semblable*, dans le concept de la liberté qui lui est donné par sa conscience de soi. Il lui faut supposer le concept de lui-même pour [III, 80] pouvoir penser quelque chose, attendu qu'absolument aucun concept n'est donné ; mais d'après ce concept il peut dès lors tout expliquer. Chaque animal *est* ce qu'il est ; l'homme, seul, originairement n'est absolument rien. Ce qu'il doit être, il lui faut le devenir ; et, étant donné qu'il doit en tout cas être un être pour soi, il lui faut le devenir par soi-même. La nature a achevé toutes ses œuvres, pour l'homme uniquement elle ne mit pas la main et c'est précisément ainsi qu'elle le confia à lui-même. La capacité d'être formé, comme telle, est le caractère propre de l'humanité (31). Par l'impossibilité de supposer pour une forme humaine un quelconque autre concept que celui de lui-même, tout homme est forcé intérieurement de tenir tout autre pour son semblable.

— *Corollaires*

1) C'est une question délicate posée à la philosophie, et qui à ma *(3, 380)* connaissance n'a encore été résolue nulle part, que de demander : comment en venons-nous à transférer à certains objets du monde sensible le concept de la rationalité et à d'autres non ? Quelle est la différence caractéristique qui distingue les deux classes ?

Kant dit : agis en sorte que la maxime de ta volonté puisse être principe d'une législation universelle. Mais qui donc doit appartenir au règne qui est régi par cette législation et avoir part à la protection qu'elle assure ? Je dois traiter certains êtres de façon telle que je puisse vouloir que réciproquement ils me traitent d'après la même maxime. Mais j'agis pourtant tous les jours sur des animaux et des objets inanimés sans même simplement soulever avec sérieux la question que l'on a posée.

On me dit alors que bien évidemment il ne s'agit que d'êtres qui sont capables de se représenter des lois, donc d'êtres raisonnables ; et j'ai certes ainsi, à la place d'un concept indéterminé, un autre concept, mais je n'ai nullement une réponse à ma question. Car comment vais-je donc savoir quel objet déterminé est un être raisonnable, si c'est seulement à l'Européen blanc ou aussi au Noir, si c'est seulement à l'homme adulte ou aussi à l'enfant que revient la protection de cette législation, et si elle ne pourrait pas par hasard être due aussi au fidèle animal domestique [III, 81] ? Aussi longtemps que cette question n'a pas été résolue, ce principe, malgré tout ce qu'il a d'excellent, n'a pas d'applicabilité, ni de réalité (32).

La nature a tranché cette question depuis longtemps. Il n'y a sans doute pas d'homme qui, apercevant pour la première fois un homme, prenne, sans plus, la fuite, comme devant un animal féroce, ou se prépare à le tuer et à le manger, comme un gibier — et qui ne compterait pas plutôt, d'emblée, sur une communication réciproque. C'est ainsi, non pas du fait de l'habitude et de l'instruction, mais du fait de la nature et de la raison, et nous venons de déduire la loi selon laquelle il en est ainsi (33).

Simplement, qu'on veuille bien ne pas croire — on ne le rappelle que pour quelques-uns — que l'homme aurait d'abord à utiliser ce long et pénible raisonnement que nous avons accompli, pour se rendre concevable le fait qu'un certain corps extérieur à lui appartient à un être semblable à lui. Cette reconnaissance ou bien n'a pas lieu du tout, ou bien elle est accomplie en un instant, sans que l'on prenne conscience de ce qui la fonde. C'est seulement au philosophe qu'il revient d'en rendre compte.

2) Nous nous attardons pendant quelques instants encore sur la *(3, 381)* perspective qui s'ouvre à nous.

a) Tout animal se meut quelques heures après sa naissance, et cherche sa nourriture aux mamelles de sa mère. Il est guidé par l'*instinct animal,* qui constitue la loi de certains mouvements libres sur laquelle se fonde aussi ce qu'on a appelé la *tendance technique* des animaux. L'homme a certes un instinct végétatif, mais il n'a, dans le sens que l'on a expliqué, aucun instinct animal. Il a besoin du libre secours des hommes, et, sans cela, il périrait peu après sa naissance. Dès qu'il a quitté le corps de sa mère, la nature cesse d'y toucher, et pour ainsi dire la rejette. Pline et d'autres se sont à ce propos fort emportés contre elle et contre son auteur. Il peut bien y avoir là de l'éloquence, mais non pas de la philosophie. C'est là précisément ce qui démontre que l'homme comme tel n'est pas l'élève de la nature, ni ne doit l'être [III, 82]. S'il est un animal, c'est un animal extrêmement imparfait, et c'est précisément pour cela qu'il n'est pas un animal. On a souvent envisagé la question comme si l'esprit libre existait afin de prendre soin de l'animal. Il n'en est pas ainsi. L'animal existe pour servir de support à l'esprit libre dans le monde sensible, et pour le relier à celui-ci.

Par cette extrême déréliction, l'humanité est renvoyée à elle-même, et ici, en premier lieu, l'espèce à l'espèce. Comme l'arbre conserve son espèce en se débarrassant de ses fruits, l'homme se conserve lui-même comme espèce en donnant soins et éducation au nouveau-né démuni. C'est ainsi que la raison se produit elle-même, et c'est ainsi seulement que son progrès dans le sens du perfectionnement est possible. C'est ainsi que les membres de l'espèce humaine sont dépendants les uns des autres, et que chaque membre à venir conserve l'héritage spirituel de tous ceux qui l'ont précédé.

b) L'homme est né nu, les animaux vêtus. En les formant, la nature a terminé son œuvre et elle y a imprimé le sceau de l'achèvement : elle a protégé par une enveloppe plus brute la finesse plus grande de l'organisation contre l'influence de la matière plus grossière. En l'homme, le premier organe et le plus important, celui du toucher, qui se dissémine à travers toute la peau, a été exposé directement à l'influence de cette matière, non pas par une négligence de la nature, mais au contraire en raison de l'attention qu'elle nous porte. Cet organe fut destiné à toucher immédiatement la matière, pour la rendre, le plus exactement possible, adéquate à nos fins ; mais la nature abandonna à notre liberté la détermination de la partie de notre corps où nous voudrions situer de préférence notre faculté formatrice, et de celle que nous voudrions considérer comme une simple masse. Nous l'avons située dans l'extrémité de nos doigts, pour une raison qui se révélera bientôt. C'est ainsi localisé, parce que nous l'avons voulu. Nous *(3, 382)* aurions pu donner à chaque partie du corps une sensibilité aussi fine, si nous l'avions voulu ; la preuve en est fournie par ces hommes qui cousent et écrivent avec les orteils, parlent avec le ventre, etc.

c) Tout animal, comme nous le remarquions déjà plus haut, a des capacités de mouvement qui lui sont innées. Qu'on pense au castor, à l'abeille, etc. L'homme n'a rien de tel, et même [III, 83] sa position sur le dos est donnée à l'enfant pour préparer la future marche. — On a posé la question de savoir si l'homme est destiné à marcher à quatre pattes ou debout. Je crois qu'il n'est destiné à aucune de ces deux possibilités ; c'est à lui, en tant qu'espèce, qu'a été confié le choix, pour lui-même, de sa façon de se mouvoir. Un corps humain peut courir à quatre pattes ; et l'on a trouvé des hommes, dont la croissance avait eu lieu parmi des animaux, qui pouvaient courir ainsi à une vitesse incroyable. A mon avis, l'espèce s'est librement relevée du sol et s'est acquis ainsi la faculté de jeter les yeux tout autour de soi pour embrasser du regard, dans le ciel, la moitié de l'univers, tandis que l'œil de l'animal, du fait de sa position, est enchaîné au sol qui porte sa nourriture. En se relevant ainsi, il a gagné sur la nature deux instruments de la liberté, les deux bras, qui, débarrassés de toutes les opérations animales, tiennent au corps uniquement pour attendre l'ordre de la volonté, et ne sont développés que pour être disponibles en vue de ses fins. Pour avoir eu l'audace d'une manière de marcher qui est une expression incessante de son intrépidité et de son habileté, en observant l'équilibre, l'espèce humaine conserve continuellement en exercice sa liberté et sa raison, elle reste perpétuellement en devenir, et l'exprime. Du fait de cette position, elle situe sa vie dans le royaume de la lumière et ne cesse de fuir la terre, qu'elle touche avec la plus petite partie possible d'elle-même. Pour l'animal, le sol est un lit et une table ; l'homme élève tout cela au-dessus de la terre.

d) Ce qui caractérise de la façon la plus expressive l'homme dont la formation est déjà développée, c'est l'intelligence du regard, et la bouche qui dépeint les élans les plus intimes du cœur. Je ne parle pas du fait que l'œil, grâce aux muscles dans lesquels il est fixé, se tourne librement de tous les côtés, et que son regard peut être jeté ici ou là ; c'est une mobilité qu'augmente aussi la position debout de l'homme, mais qui en soi est mécanique. J'appelle l'attention sur la façon dont l'œil lui-même et en soi n'est pas pour l'homme simplement un miroir mort, passif, comme la surface de l'eau qui dort [III, 84], le miroir fabriqué par l'art, ou l'œil de l'animal. C'est un puissant organe, qui spontanément fait le tour de la forme spatiale, la trace, la reproduit ; qui spontanément ébauche la figure qui doit jaillir du marbre brut ou être *(3, 383)* jetée sur la toile, avant que l'on ait touché au ciseau ou au pinceau ; qui spontanément crée une image pour le concept que notre esprit esquisse librement. Grâce à cette vie et à cette animation des parties les unes par rapport aux autres à l'infini, ce qu'elles avaient en elles de terrestre par leur matière est pour ainsi dire gommé et écarté, l'œil se transfigure lui-même pour la lumière et devient une âme visible. — C'est pourquoi, plus quelqu'un a de spontanéité spirituelle, plus son regard est spirituellement riche ; moins il a de spontanéité, plus le regard, chez lui, reste un miroir trouble, recouvert d'un brouillard.

La bouche, que la nature destinait à l'opération la plus basse et la plus égoïste, la nutrition, devient, par l'intermédiaire de la formation de soi-même, l'expression de toutes les sensations sociales, dès qu'elle est l'organe de la communication. Là où l'individu, ou, puisqu'il est question ici d'éléments stables, la race, reste encore animal et ne connaît encore que son intérêt, la bouche est proéminente ; quand la race s'ennoblit, elle recule, sous la courbure du front pensant.

Tout cela, le visage tout entier, avec son expressivité, n'est rien, lorsque nous sortons des mains de la nature ; c'est une masse malléable et indistincte, où l'on peut au plus trouver ce qui doit en advenir, et que l'on n'y trouve que dans la mesure où l'on y transfert par la représentation sa propre formation ; et c'est précisément à cause de cette insuffisance dans l'achèvement que l'homme est capable d'être ainsi formé.

Tout cela, non pas analysé point par point, comme les philosophes en donnent une vue fragmentée, mais considéré au contraire dans sa liaison surprenante, quand on l'appréhende d'un seul coup, dans cette liaison où les choses prennent sens — tout cela est ce qui force chaque être présentant le visage de l'humanité à reconnaître et à respecter la figure humaine partout, qu'elle soit simplement indiquée et qu'elle y soit seulement transférée par lui, encore une fois avec nécessité, ou qu'elle en soit déjà à un certain degré d'achèvement [III, 85]. La figure humaine est nécessairement sacrée pour l'homme.

§ 7 – Démonstration que l'application du concept de droit est rendue possible par les propositions énoncées

I – Des personnes, comme telles, doivent être absolument libres et dépendre purement et simplement de leur volonté. Des personnes, pour autant qu'elles sont telles, doivent se trouver en relation d'influence réciproque, et par conséquent ne pas dépendre purement et simplement d'elles-mêmes. Comment ces deux énoncés peuvent-ils être compatibles ? — répondre à cela est la tâche de la science du droit, et voici la question qui fonde cette tâche : *comment une communauté d'êtres libres en tant que tels est-elle possible ?*

Jusqu'à maintenant, nous avons indiqué les conditions externes de *(3, 384)* cette possibilité. Nous avons expliqué comment dans cette hypothèse, les personnes qui se trouvent en relation d'influence réciproque, et la sphère de leur influence réciproque, le monde sensible, doivent nécessairement être constituées. La démonstration de nos propositions repose uniquement sur l'hypothèse d'une telle communauté, laquelle se fonde elle-même sur la possibilité de la conscience de soi. Donc, jusqu'ici, toutes nos conclusions sont déduites du postulat : Je suis Je, et ont donc exactement la même certitude que lui. Nous sommes maintenant conduits par la démarche systématique à élucider les conditions *internes* de cette action réciproque.

Le dernier point auquel nous en sommes restés et à partir duquel maintenant nous progressons à nouveau, est celui-ci : au fondement de toute action réciproque arbitraire d'êtres libres, il y a de leur part une action réciproque originaire et nécessaire, savoir celle-ci : l'être libre force, par sa simple présence dans le monde sensible, sans plus, chaque autre être libre à le reconnaître pour une personne. Il donne le phénomène déterminé, l'autre donne le concept déterminé. L'un et l'autre sont réunis nécessairement, et la liberté n'a dans cette affaire pas le moindre rôle à jouer. Il en naît une connaissance qu'ils ont en commun, et rien de plus. Tous deux [III, 86] se reconnaissent réciproquement en leur intériorité, mais ils sont isolés, comme auparavant.

En chacun d'eux se trouve le concept de l'autre comme être libre, et à ne pas traiter comme une simple chose. Si dès lors tous leurs autres concepts sont conditionnés par ce concept, et, dans la mesure où leur vouloir appartient aussi à leurs concepts, et où par lui leurs actions sont déterminées, si par ce concept tout leur vouloir et tout leur agir est conditionné, selon la loi de la contradiction, c'est-à-dire s'il s'exerce une contrainte de la pensée, ils ne *pourront pas vouloir* s'influencer l'un l'autre arbitrairement, autrement dit : ils ne le pourront pas en général ; ils ne pourront pas *s'attribuer* la force physique requise pour cela, par conséquent ils ne l'*auront* pas non plus.

Or, à l'évidence, il n'en est pas ainsi. Chacun a aussi posé le corps de l'autre comme matière, comme matière pouvant être formée, conformément au concept ; chacun s'est attribué en général la faculté de modifier la matière. Chacun peut donc à l'évidence subsumer sous ce concept le corps de l'autre, en tant qu'il est matériel ; se penser comme le modifiant par la force physique ; et aussi, puisque sa volonté n'est limitée par rien d'autre que sa faculté de penser, le *vouloir.*

Mais chacun peut, précisément parce qu'il est libre, c'est-à-dire parce qu'il peut choisir dans toute la sphère de sa causalité, limiter l'exercice de sa force, lui donner des lois, et en particulier aussi la loi *(3, 385)* que l'on a indiquée. La validité de la loi dépend donc exclusivement du fait que l'on soit conséquent ou non. Mais la conséquence dépend ici de la liberté de la volonté, et on ne parvient pas à voir pourquoi quelqu'un devrait être conséquent s'il n'y a pas *nécessité* à ce qu'il le soit ; et on voit tout aussi peu pourquoi il devrait *ne pas* l'être. La loi ne pourrait que s'adresser à la liberté. — C'est donc ici que s'opère entre la nécessité et la liberté la délimitation qui touche à notre science.

II – Il ne peut être fourni de raison absolue pour laquelle l'être raisonnable devrait être conséquent, et par suite se donner la loi qui a été indiquée. Mais peut-être une raison hypothétique s'en laisse-t-elle donner. Car ce qu'il convient de souligner immédiatement, c'est que, s'il doit exister une communauté absolue [III, 87] entre des personnes comme telles, il faut que chaque membre d'une telle communauté se donne la loi énoncée plus haut. Des personnes ne se traitent entre elles réciproquement comme personnes qu'exclusivement en tant que et dans la mesure où chacune n'exerce d'influence que sur le sens supérieur de l'autre et confie donc à la liberté de celui-ci le soin d'accepter cette influence, mais laisse l'organe inférieur entièrement étranger à toute emprise comme à toute entrave. Toute influence d'une autre sorte supprime la liberté de celui sur lequel elle est exercée, par conséquent la communauté des personnes comme telles, comme êtres libres. Mais il est parfaitement possible à chacun, physiquement, d'agir immédiatement sur le corps matériel de l'autre personne, comme nous venons de le voir. Si, dans une communauté continue, elle ne veut *jamais* d'une telle influence, cela ne se peut penser qu'en posant qu'elle a accepté cette loi et qu'ainsi elle a limité la liberté de sa volonté ; et — puisque nulle autre raison de cette limitation de la volonté ne se laisse indiquer que celle qui consiste en ce qu'il doit exister une communauté entre des êtres libres — en posant que pour *cette* raison et dans cette hypothèse elle l'a acceptée.

Si dès lors il pouvait être montré que tout être raisonnable devrait nécessairement avoir cette volonté, la nécessité de la conséquence qui a été postulée se laisserait aussi mettre en évidence. Mais ce n'est pas possible à partir des prémisses posées jusqu'ici. Certes, il a été montré que, si un être raisonnable devait accéder à la conscience de soi, donc devenir un être raisonnable, nécessairement il fallait qu'un autre être exerçât sur lui une influence, comme sur un être doué de raison. Il s'agit de propositions réciproques : pas d'influence exercée comme sur un être raisonnable, pas d'être raisonnable. Mais que, même après la position de la conscience de soi, des êtres raisonnables doivent continuellement agir de façon raisonnable sur le sujet de cette conscience de soi, cela n'est pas posé du même coup et ne peut s'en laisser déduire sans qu'on utilise pour fondement de la démonstration la conséquence même qui doit être démontrée.

Le postulat qu'une communauté entre des êtres libres comme tels doit trouver une existence durable, apparaît donc [III, 88] lui-même ici *(3, 386)* comme un postulat soumis à la volonté de chacun, tel que chacun ne puisse le proposer qu'à lui-même par liberté ; mais si quelqu'un se le propose, par là, en même temps, il se soumet nécessairement à la loi évoquée ci-dessus (l'être raisonnable n'est pas obligé absolument par le caractère de la rationalité à vouloir la liberté de tout être raisonnable extérieur à lui ; cette proposition est la frontière entre Droit naturel et Morale, et le signe caractéristique d'une manière pure de traiter la première science. En Morale se manifeste une obligation d'avoir cette volonté. On peut, dans le Droit naturel, dire seulement à chacun que telle ou telle conséquence résultera de son action. Si alors il accepte ces conséquences ou espère s'y soustraire, on ne peut plus utiliser contre lui aucun autre argument).

III – Posons qu'avec une entière liberté, comme c'est évident d'après ce que nous avons vu ci-dessus, j'ai conçu le projet de me trouver en communauté avec des êtres libres, et, afin d'éclairer davantage notre argumentation, avec un être libre déterminé C, comme un être libre avec un être libre : qu'ai-je posé ainsi, et que n'ai-je pas posé ? Nous *analyserons* la proposition.

Je veux avec C me trouver dans une *communauté* de traitement raisonnable réciproque. Mais une communauté n'est rien s'il n'y a pas *plusieurs* membres. Donc ici je pense aussi, nécessairement, la personne C et, dans le concept que je m'en forme, je lui attribue le même projet. — J'ai moi-même conçu ce projet librement ; je pense C, selon mon projet, comme libre, il me faut aussi le penser comme libre lorsqu'il fait sien le projet que je lui impute dans le concept que j'ai de lui. Je pose donc nécessairement notre communauté comme dépendant aussi de la décision libre de l'autre ; donc comme contingente, comme résultat d'un *vouloir réciproque*.

Je ne veux rien d'autre que me trouver avec lui dans une communauté de traitement raisonnable ; la manière de se comporter doit être réciproque. Nous voulons *tous deux* nous traiter ainsi. Lui à mon égard, moi au sien ; moi à son égard, lui au mien. Donc je n'ai *rien* posé dans ce projet pour le cas où *lui* ne me traite pas ainsi ; et si en cette matière il n'y a rien de plus que ce projet, je n'ai absolument rien posé pour ce cas [III, 89]. Je n'ai pas posé que j'entendrais le traiter comme un être libre, même s'il ne me traite pas ainsi ; et tout aussi peu ai-je posé que j'entendrais alors le traiter non pas comme un être libre, mais à la façon dont il me traite ; à ce propos je n'ai posé ni ceci ni cela, je n'ai rien posé du tout. Dès que la manière dont *il* me traite ne correspond pas à mon concept, celui-ci, conformément à ce qui a été posé, s'effondre, et la loi que je me prescrivais par son intermédiaire, *(3, 387)* l'obligation que je contractais avec moi-même, s'effondre ; je ne suis plus tenu par elle à rien, et je dépends à nouveau purement et simplement de ma libre décision.

IV – Les résultats de ce que l'on a dit jusqu'ici sont les suivants. Absolument aucune raison ne se laisse indiquer pour laquelle chacun devrait faire de la formule du droit : limite ta liberté de façon que l'autre, à côté de toi, puisse aussi être libre, la loi de sa volonté et de ses actions. De même, on peut apercevoir qu'une communauté d'êtres libres comme tels ne peut pas subsister si chacun n'est pas soumis à cette loi ; et que, par conséquent, qui veut cette communauté, doit nécessairement vouloir aussi la loi ; donc qu'elle a une validité hypothétique. *Si* une communauté d'êtres libres comme tels doit être possible, alors il faut que la loi juridique soit une valeur.

Mais la condition même, la communauté d'êtres libres, est de nouveau conditionnée par un vouloir commun. Nul ne peut par sa seule volonté réaliser une telle communauté avec un autre, si l'autre n'a pas la même volonté et ne se soumet pas, de ce fait, à la loi juridique qui a cette volonté pour condition. Si l'autre n'a pas cette volonté et, ce qui en est indubitablement la preuve, s'il traite le premier d'une façon contraire à la loi juridique, celui-ci est délié de la loi par la loi elle-même. Elle ne valait que sous la condition d'un comportement de l'autre qui fût conforme au droit ; cette condition n'est pas remplie : donc la loi, en conséquence de la façon même dont elle est exprimée, n'est pas applicable à ce cas, et la première personne, dès lors qu'il n'y a pas d'autre loi [III, 90] comme on le suppose ici, est purement et exclusivement renvoyée à son propre arbitre : elle a un droit vis-à-vis de l'autre.

Reste cette difficulté que les traitements qu'a connus jusqu'ici la doctrine du droit ont laissée pour la plus grande part non résolue : comment une loi peut-elle bien commander du fait même qu'elle ne commande pas, avoir de la force du fait même qu'elle ne s'exerce nullement, comprendre en elle une sphère du fait même qu'elle ne la comprend pas ? La réponse est celle-ci : cela s'ensuit nécessairement, si la loi s'assigne à elle-même une sphère déterminée, si elle pose en même temps que soi la quantité de sa validité. Dès qu'elle désigne la sphère dont elle parle, elle détermine ainsi, en même temps, celle dont elle ne parle pas ; et elle se résout explicitement à ne pas parler de celle-ci et à ne rien prescrire à son sujet. — Je suis, dans ma relation avec une personne déterminée, délié de la loi m'enjoignant de la traiter comme un être libre, il dépend exclusivement de mon arbitre de choisir comment j'entends la traiter, en d'autres termes : j'ai un droit de contrainte à son égard — cela ne signifie rien de plus, et ne peut signifier rien de plus que ceci : cette personne ne peut *par l'intermédiaire de la simple loi juridique* (et non pas, bien sûr, par le biais d'autres lois, par la force physique, ou en faisant appel à la loi morale) *(3, 388)* faire obstacle à ma contrainte. La contrainte ne va pas à l'encontre de cette loi, et si elle n'a rien d'autre à invoquer pour elle que cette loi, il lui faut subir la contrainte*.

V – L'applicabilité du concept du droit est maintenant parfaitement assurée et les limites de cette applicabilité sont indiquées de façon précise.

* Kant, dans son écrit *Pour la paix perpétuelle*, appelle l'attention des professeurs de droit naturel sur le concept d'une *lex permissiva*. Est telle toute loi qui pose avec soi la quantité de sa validité. Car, en comprenant en elle une sphère déterminée, elle laisse libre tout ce qui se situe en dehors de cette sphère. La loi morale n'est pas de cette espèce. Elle ne se pose pas une sphère déterminée, mais constitue un commandement qui porte sur toute action des esprits raisonnables, par conséquent on n'aurait pas dû déduire d'elle le concept de droit (34).

On a établi un critère sûr pour déterminer à quels êtres sensibles il faut assigner des droits et auxquels il ne le faut pas. Tout être [III, 91] qui a forme humaine est intérieurement forcé de reconnaître tout autre être qui a cette même forme pour un être raisonnable et donc pour un sujet possible du droit. Mais tout ce qui ne possède pas cette forme doit être exclu de la sphère de ce concept et on ne peut parler de ses droits.

La possibilité de ce qui est déterminé par le concept de droit et doit être jugé d'après lui, est démontrée : l'influence réciproque d'êtres libres et raisonnables les uns à l'égard des autres. On a montré que de tels êtres, sans dommage pour la liberté qui constitue leur caractère propre, *peuvent* exercer une influence les uns sur les autres.

La loi juridique en tant que loi en général est déterminée. On a rendu manifeste qu'elle n'est aucunement une loi mécanique de la nature, mais au contraire une loi pour la liberté : car il est physiquement tout autant possible que des êtres raisonnables se traitent les uns les autres par la pure force de la nature, sans attention réciproque pour leur liberté, et que chacun limite sa force par l'intermédiaire de la loi juridique. On a rendu manifeste que, si cette loi constitue effectivement une valeur et vient à s'exercer, cela ne peut arriver que dans la mesure où chacun s'en fait librement pour lui-même, en permanence, une loi.

La quantité de l'applicabilité de cette loi est indiquée de façon précise. Elle ne vaut en général que sous la condition et pour le cas où une communauté, une activité d'influence réciproque doit exister entre des êtres libres comme tels, sans dommage pour leur liberté. Mais puisque la fin de cette communauté est elle-même à nouveau conditionnée par le comportement de celui avec lequel on veut entrer en communauté, sa validité pour la personne individuelle est conditionnée à son tour par la question de savoir si l'autre se soumet à la même loi, ou non : dans cette dernière éventualité, elle vaut pourtant, dans le jugement, précisément par la non-reconnaissance de sa valeur, et elle légitime celui qui a été traité contrairement au droit à traiter arbitrairement l'agresseur.

TROISIÈME SECTION

Application systématique du concept de droit, ou : la doctrine du droit

§ 8 – Déduction de la division d'une doctrine du droit

I – [iii, 92] Si en général la raison doit être réalisée dans le monde sensible, il faut qu'il soit possible que plusieurs êtres raisonnables comme tels, c'est-à-dire en tant qu'êtres libres, subsistent les uns à côté des autres.

La coexistence postulée de plusieurs libertés — évidemment, de façon *stable*, et selon une règle, non pas simplement par-ci, par-là, de manière contingente — n'est cependant possible que dans la mesure où *chaque être libre se fait pour lui-même une loi de limiter sa liberté par le concept de la liberté de tous les autres.* En effet :

a) l'être libre *peut* — et il en a physiquement la faculté — perturber la liberté des êtres raisonnables, ou l'anéantir absolument ; mais,

b) du point de vue du choix à effectuer parmi tout ce dont il a le pouvoir, il ne dépend que de sa libre volonté ; si par conséquent il ne perturbe pas la liberté des autres, cela devrait nécessairement résulter d'une *libre décision,* et,

c) si dans une communauté d'êtres raisonnables une telle perturbation n'arrive jamais, ni ne peut arriver, cela ne pourrait être expliqué que dans la mesure où tous les êtres libres se seraient pour eux-mêmes, volontairement, fait une loi d'adopter une telle façon de se conduire.

(La proposition maintenant énoncée n'est rien de plus que le jugement du philosophe réfléchissant sur la possibilité d'une communauté d'êtres libres, et il ne doit être ni signifier rien de plus. *Si* des êtres libres comme tels doivent coexister, cela ne se peut penser que de la manière indiquée ; c'est [III, 93] démontrable, et c'est suffisamment démontré. Quant à la question de savoir s'ils doivent coexister et si la condition de possibilité de cette coexistence, la loi, se trouve satisfaite, ou qui peut bien être tel qu'il veuille l'un et l'autre — ce n'est pas là notre propos. Provisoirement, tel est tout ce que nous pouvons dire sur le législateur. C'est la nature qui voulait plusieurs êtres raisonnables et libres coexistant dans le monde sensible, en produisant plusieurs corps capables de recevoir la formation à la raison et à la liberté. Cela ne *(3, 390)* signifie pas que la nature a de l'entendement et de la volonté — à ce sujet on se résigne à être ignorant —, mais seulement ceci : *si* on lui attribue, dans ses opérations, entendement et volonté, elle ne pouvait avoir d'autre plan que celui de faire en sorte que des êtres libres doivent subsister les uns à côté des autres. Ce serait elle, par conséquent, qui voudrait que la liberté de chaque individu soit limitée par la possibilité de la liberté de tous les autres. Mais dans la mesure où elle les veut libres tous en général, elle veut qu'ils se prescrivent à eux-mêmes volontairement cette loi ; que ce soit une loi pour la liberté, mais nullement une de ses lois mécaniques. Quelles formes de dispositions elle a bien pu adopter pour atteindre son but sans dommages pour leur liberté, cela s'éclairera.)

Tout d'abord, nous analysons encore une fois la loi proposée :

a) Elle doit être une *loi,* c'est-à-dire qu'il doit être impossible d'y faire une exception, elle doit ordonner avec une validité universelle et de façon, catégorique, dès lors qu'elle a été acceptée.

b) En conséquence de cette loi, chacun doit limiter sa *liberté,* c'est-à-dire le champ de ses actes librement décidés et de ses manifestations dans le monde sensible. Le concept de la liberté est donc ici *quantitatif* et *matériel.*

c) Il doit limiter ce champ par la possibilité de la *liberté* des autres. Ici le même mot a un autre sens, et sa signification est uniquement *qualitative* et *formelle.* Chacun doit en tout état de cause pouvoir simplement être lui aussi libre, être une personne ; mais *jusqu'où* doit s'étendre le champ des actions libres dont la possibilité lui est reconnue, rien n'est à cet égard immédiatement déterminé par la loi. Quand il s'agit d'une action [III, 94] qui rend impossible la liberté et la personnalité de quelqu'un d'autre, nul n'en a le droit ; pour toutes les autres actions libres, chacun en a le droit.

Telle est donc la première question : qu'est-ce qui est requis pour que quelqu'un soit absolument libre, autrement dit : soit une personne ? Dans la mesure où l'ensemble de ces réquisits est considéré ici en tant que condition de possibilité de la coexistence d'êtres libres, cela s'appelle, en ce sens, *un droit ;* et pour la même raison les conditions de la liberté et de la personnalité ne sont établies ici que dans la mesure où une transgression par la force physique en est possible.

Ce droit ou ces droits sont contenus dans le simple concept de la personne comme telle, et se nomment en ce sens *droits originaires.* La doctrine de ces droits procède de la simple analyse du concept de la personnalité, en tant que ce qui est contenu en lui *pourrait* être transgressé par l'action libre des autres, mais — en conséquence de la loi juridique — ne *doit* pas l'être.

Cette doctrine constituera le premier chapitre de notre doctrine du droit.

II – Le jugement que l'on vient de produire est *hypothétique.* Si des *(3, 391)* êtres libres comme tels doivent coexister, il faut que chacun d'eux s'impose la loi que l'on a décrite. Le premier terme, dont on ne sait s'il est posé ou non, est conditionné par le second ; *s'ils* doivent coexister, il faut que chacun se donne cette loi, et s'ils ne se la donnent pas, ils ne peuvent pas coexister. — La seule raison qu'a le philosophe d'admettre une telle législation, c'est par conséquent cette hypothèse.

Nous en dégageons les conséquences suivantes. La loi est conditionnée, et un être qui éventuellement serait en droit de se donner cette loi, ne peut se la donner, pour autant du moins que jusqu'à maintenant nous le comprenons, que comme conditionnée. Il accepte cette loi en vue d'atteindre le but qui est présupposé en elle. Il ne peut par conséquent s'y soumettre que dans la mesure où ce but est possible à atteindre ; en d'autres termes encore, la loi n'a pour lui de valeur que dans la mesure où ce but est possible à atteindre.

Or le but : se trouver avec une personne dans une relation de libre communauté, n'est possible à atteindre qu'à la condition [III, 95] que cette personne elle-même se soit donnée comme loi de respecter la liberté de l'autre, soit : ses droits originaires. A mon comportement à l'égard de celui qui ne s'est pas donnée cette loi, la loi n'est nullement applicable, car le but s'effondre par considération duquel je devais respecter ses droits originaires. Quoique par conséquent je me sois en général soumis à la loi, je ne suis pourtant pas, par suite de loi elle-même, obligé de respecter la liberté de cette personne déterminée. — Je me considère à la fois comme soumis à la loi et comme n'y étant pas soumis ; *je me considère* comme y étant soumis *en général*, je me considère comme n'y étant pas soumis dans ce cas particulier. En conséquence du premier point, j'agis *conformément au droit*, en me soumettant à ce qu'ordonne la loi, et j'ai donc un *droit ;* en conséquence du second point, il m'est permis d'affecter sa liberté et sa personnalité, et mon droit est donc un *droit de contrainte.*

a) Parce que la loi est *conditionnée*, et ne peut être acceptée que comme telle, il revient à chaque personne le droit de *juger* si l'on est en présence du cas de son application, ou non. Cette activité de juger, dans la mesure où elle intervient eu égard à la loi juridique, équivaut ici à *prononcer un jugement.* Chacun est nécessairement son propre *juge*, et là où entre en jeu un droit de contrainte, celui qui a ce droit est en même temps le juge de l'autre à l'encontre duquel il a ce droit, car le droit de contrainte n'est possible que par cette connaissance du droit. En dehors de cette condition, toutefois, nul n'est originairement le juge de l'autre, ni ne peut l'être. — *Pas de droit de contrainte sans un droit de juger*, voilà le résultat de cette déduction.

b) Il importe que celui qui doit être en droit d'exercer une con-
(3, 392) trainte soit soumis à la loi (*a*) et soit considéré comme quelqu'un qui s'y est soumis ; pour lequel, du moins, on ne peut montrer d'après ses actions qu'il n'y obéit pas. Faute de quoi il pourrait

(*a*) *Note marginale de Fichte :* se trouve lui-même soumis à la loi.

certes exister une contrainte et une force contraignante, mais jamais pour cela un droit, en tant qu'un tel droit découle purement et simplement de la loi. — En outre, il faut prêter attention à ce qui constitue *le* caractère propre du droit de contrainte [III, 95], à savoir le fait qu'il découle purement et simplement du silence de la loi, de son inapplicabilité absolue à ce cas, mais nullement d'un quelconque *commandement* de celle-ci. C'est pourquoi il y a seulement un *droit* de contraindre, dont on peut se servir, ou bien aussi ne pas se servir, mais nullement un *devoir* de contrainte.

Grâce à la déduction du *droit de contrainte* qui vient d'être produite, on voit clairement dans quel cas celui-ci peut intervenir : quand une personne porte atteinte aux droits originaires de l'autre. Après leur établissement, donc, dans le premier chapitre, on doit nécessairement voir clairement quand il leur est porté atteinte. Pourtant il n'est pas superflu dans la perspective d'une vision systématique d'énumérer un par un les cas où le droit de contrainte intervient, et de les déterminer plus nettement : cela sera accompli dans le deuxième chapitre de la doctrine du droit.

III – Le droit de contrainte en général, et chaque cas du droit de contrainte en particulier, a son fondement ; mais tout ce qui est fondé est nécessairement fini, et ne va pas plus loin que son fondement. Si par conséquent les limites de l'applicabilité du fondement se peuvent déterminer, les limites du fondé se peuvent aussi indiquer. Le fondement de mon droit de contrainte est que l'autre ne se soumet pas à la loi juridique. En me réclamant de ce fondement, je pose en même temps que je n'aurais aucun droit de contrainte s'il se soumettait à la loi, et, pour l'exprimer de façon quantitative, que je n'ai un tel droit que dans la mesure où il ne se soumet pas à la loi, et que je n'en ai aucun dans la mesure où il s'y soumet. — Le droit de contrainte a ses limites : la soumission volontaire de l'autre à la loi juridique définit cette limite ; toute contrainte qui dépasse cette limite est contraire au droit. Cette proposition universelle est tout de suite évidente. Il reste simplement, puisque nous enseignons un droit naturel réel et non pas seulement formel, la question de savoir si et comment cette limite dans l'application se peut trouver et déterminer. Un droit de contrainte n'intervient pas si un *droit originaire* n'a pas été transgressé ; mais dès lors il intervient à coup sûr, et c'est de cette manière que le droit peut en général être montré dans chaque cas déterminé. En outre, il est immédiatement clair que [III, 97] celui qui veut la validité du droit, ne veut pas qu'atteinte soit ainsi portée à un droit originaire, et, si elle est pourtant survenue, veut qu'elle soit nulle et non avenue. A cet égard, c'est donc aussi la quantité du droit de contrainte qui pourrait être *à (3, 393) chaque fois établie ;* on pourrait pour chaque cas déterminer les limites de la contrainte légitime, elle irait jusqu'à complète réparation, et jusqu'à complet dédommagement ; jusqu'à ce que les deux parties soient reconduites dans l'état où elles se trouvaient avant l'illégitime agression ; et ainsi le droit de contrainte serait donc déterminé avec exactitude selon la qualité et selon la quantité par considération de l'offense subie, et ne serait dépendant d'aucune condition supplémentaire.

Mais — et c'est là un élément que l'on a omis pour l'essentiel dans les manières dont a récemment traité du droit naturel — le droit de contrainte ne se fonde aucunement de façon exclusive sur le fait que l'autre ne respecte pas la loi uniquement dans le cas présent déterminé, mais avant tout sur le fait qu'il manifeste par là ne pas avoir pris pour loi cette règle en général. Une *unique* action illégitime, même après une série d'actions conformes au droit, démontre que la règle du droit n'est pas pour quelqu'un une loi inviolable et que c'est pour d'autres raisons qu'il s'est abstenu jusqu'ici de transgresser le droit. Par la manifestation d'une telle mentalité, il devient dès lors clair que nul être libre ne pourrait subsister en toute sécurité à côté de lui, dans la mesure où la sécurité ne peut se fonder exclusivement que sur une loi et ne devient possible qu'ainsi ; et celui à qui tort a été porté est donc légitimé à produire l'anéantissement complet de sa liberté, à supprimer complètement la possibilité d'en venir jamais à former avec lui à nouveau une communauté dans le monde sensible. Dans cette mesure, le droit de contrainte est *infini* et n'a absolument pas de limite (proposition que les professeurs de droit tantôt ont affirmé de façon unilatérale, tantôt ont nié de façon unilatérale), à moins que l'autre n'accepte la loi comme telle dans le fond de son cœur et ne s'y soumette. Mais dès qu'il accepte la loi, le droit de contrainte cesse, puisque la durée de ce droit se fondait purement et simplement sur la durée pendant laquelle l'autre restait sans loi ; et toute contrainte ultérieure est à partir de ce moment contraire au droit. A cet égard, la limite de la contrainte est *conditionnée.*

[III, 98] Comment la condition, la soumission de l'autre, dans le fond de son cœur, à la loi juridique, doit-elle donc être donnée ?

Ce ne peut-être parce qu'il assure de son repentir, parce qu'il promet d'être meilleur à l'avenir, parce qu'il se soumet volontairement à la force, offre de dédommager, etc., car il n'existe aucune raison de croire à son honnêteté. Il y a autant de chances qu'il n'ait été poussé à cette attitude que par sa présente faiblesse et qu'il veuille simplement mieux se saisir de l'occasion de l'emporter sur celui qu'il a agressé — qu'il y a de chances qu'il le pense honnêtement et qu'il se soit maintenant produit tout à coup une révolution dans sa mentalité. Dans l'incertitude, l'agressé ne peut déposer les armes et compromettre *(3, 394)* entièrement sa sécurité. Il poursuivra l'exercice de la contrainte ; mais, puisque la condition du droit est problématique, son droit n'est en l'occurrence lui-même que problématique.

De la même manière, le premier agresseur, qui s'est offert éventuellement au dédommagement exigé inconditionnellement par la loi juridique, va résister et doit nécessairement résister à l'attaque lancée contre lui, parce que sa liberté tout entière est par là mise en péril. Dans la mesure où il est toujours possible que désormais il se soumette volontairement à la règle du droit en la considérant comme une loi, et qu'il n'entreprenne plus jamais rien contre elle, et que dans ce cas poursuivre l'exercice de la contrainte serait, de la part de l'autre, contraire au droit, il peut bien lui aussi avoir le droit de résister et de poursuivre l'autre jusqu'au complet anéantissement de sa liberté ; mais, pour lui aussi, *son* droit est seulement problématique.

L'élément décisif, quant à la limite du droit de contrainte, ne peut donc être donné sur un mode tel qu'il ait une validité juridique pour le tribunal extérieur ; le fondement de la décision repose dans la conscience de chacun. Il y a sur ce point, à ce qu'il semble, une insoluble controverse juridique. Le fondement de la décision ne pourrait être donné que *par l'expérience à venir dans sa totalité.*

De fait, si le premier agresseur, après être redevenu totalement libre, n'entreprenait jamais à nouveau quelque chose d'illégitime, et si l'agressé, après avoir obtenu réparation, s'abstenait, également avec une entière liberté, de toute contrainte ultérieure [III, 99] il y aurait matière à croire que le premier s'est soumis à la loi et que le second s'était battu simplement pour son droit, donc n'avait jamais outrepassé la loi. Une telle expérience fonderait de façon juridiquement valide la restauration réciproque de la liberté, le renoncement mutuel à employer la force physique.

Mais cette restauration réciproque de la liberté — la paix entre les deux adversaires — n'est pas possible sans que cette expérience ait eu lieu auparavant. Car — en vertu de ce que l'on a vu ci-dessus — aucun homme ne peut risquer d'abandonner la suprématie qu'il a atteinte, en faisant confiance à la bonne foi de l'autre partie, à l'endroit de laquelle il a des raisons d'avoir quelques soupçons. *Ce qui est fondé n'est pas possible sans le fondement ; et le fondement n'est pas possible sans ce qu'il fonde.* Nous sommes donc pris dans un cercle. Comment dans un tel cas il faudrait procéder selon la méthode synthétique, et ce qui dans la présente recherche résulterait de ce procédé, nous allons le voir tout de suite. Auparavant, considérons plus précisément ce que nous venons de trouver.

Un droit de contrainte en général, comme concept universel, se laisse déduire sans peine de la loi juridique ; mais, dès que l'on doit montrer l'application de ce droit, on s'empêtre dans une insoluble contradiction ; cela parce que le fondement qui permet la décision, en ce qui concerne une telle application, ne peut aucunement être donné dans le monde sensible, mais repose dans la conscience de chacun. Le droit de contrainte, comme concept applicable, entre en contradiction *(3, 395)* manifeste avec lui-même ; car jamais il n'est décidable si dans un cas déterminé la contrainte est légitime, ou non.

Ce qui dépend du problème de savoir si un exercice du droit de contrainte par la personne lésée est possible ou non, ce n'est rien de moins que la réponse à la question : un droit naturel *stricto sensu* est-il possible, dans la mesure où par là on désigne une science de la relation juridique entre des personnes en dehors de l'Etat, et sans loi positive ? Etant donné que la plupart des professeurs de droit se contentent de philosopher formellement sur le concept de droit, et, pourvu qu'à leur concept [III, 100] soit conférée la simple pensabilité, se préoccupent peu de son applicabilité, ils passent très facilement par-dessus la question indiquée. Ici l'on donne à la première question une réponse négative, par conséquent aussi à la seconde ; et, pour se persuader de l'évidence de cette doctrine, il importe que l'on se procure une compréhension déterminée de l'impossibilité ici mise en évidence de l'exercice du droit de contrainte par la personne lésée elle-même. La proposition énoncée est donc d'une importance remarquable pour notre doctrine du droit tout entière.

Le cercle était celui-ci : la possibilité de se restituer réciproquement la liberté est conditionnée par la totalité de l'expérience à venir ; mais la possibilité de l'expérience à venir est conditionnée par le fait de se restituer réciproquement la liberté. D'après la méthode établie dans la Doctrine de la Science, les deux membres, pour lever la contradiction, doivent être synthétiquement réunis (35). *La restitution réciproque de la liberté et la totalité de l'expérience à venir doivent être une seule et même chose*, autrement dit, plus clairement : dans la restitution réciproque, il faut que la totalité de l'expérience à venir, à laquelle on prétend, soit déjà présente, et il faut que par elle elle soit garantie.

Que cette proposition devait nécessairement être énoncée, cela n'est nullement douteux ; la question est seulement de savoir comment est possible ce qu'elle requiert.

En premier lieu, il est immédiatement clair qu'en conséquence de ce qui est ainsi requis, la totalité de l'expérience à venir, et à vrai dire l'expérience, à laquelle on prétend, de la sécurité parfaite pour l'un comme pour l'autre, doit être rendue présente à l'esprit dans un seul moment, dans celui de la restitution de la liberté — et cela d'une façon qui ait une valeur pour la persuasion extérieure, étant donné qu'aucun ne peut savoir quelles sont les convictions intérieures de l'autre. Il faudrait donc que tous deux rendent impossible, physiquement impossible, de s'attaquer désormais l'un l'autre, et cela de façon que l'autre partie doive nécessairement apercevoir cette impossibilité et en être persuadée. L'assurance pour l'avenir s'appelle *garantie.*

La proposition que nous énoncions dit donc : il faut qu'ils se garantissent l'un à l'autre réciproquement la sécurité ; faute de quoi ils ne pourraient pas coexister plus longtemps, mais l'un des deux devrait nécessairement être conduit à périr.

[III, 101] La question est ensuite de savoir comment cette garantie *(3, 396)* est possible. — Ils ne pouvaient pas déposer les armes, parce qu'aucun ne pouvait se fier à l'autre. Il leur faudrait donc les déposer, c'est-à-dire déposer toute leur puissance, entre les mains d'un *tiers* auquel tous deux font confiance. Ce tiers, il leur faudrait le charger de réprimer immédiatement celui des deux qui agresserait l'autre. Il devrait avoir cette capacité, il devrait donc disposer d'une *puissance supérieure.* Ce tiers exercerait donc le droit de contrainte pour tous les deux. — S'il doit faire cela, il faut que l'un et l'autre lui transmettent en même temps le pouvoir de trancher, dans leur présent litige aussi bien que dans ceux qui éventuellement pourraient à l'avenir se produire entre eux, c'est-à-dire qu'il faudrait qu'ils lui transmettent leur *droit de prononcer un jugement.* Ils doivent le lui transmettre sans réserve, il faut que l'on ne puisse aucunement faire appel de ses jugements. Car si l'un d'eux pouvait diriger dans tel ou tel sens le jugement de leur juge désormais commun, il se ferait encore et toujours justice lui-même ; mais l'autre ne se fie pas à lui, il ne peut donc conclure le contrat à cette condition. *Tous deux doivent donc soumettre inconditionnellement à ce tiers leur force physique et leur faculté de dire le droit, c'est-à-dire lui soumettre tous leurs droits.*

IV - *Thèse.* — La liberté de la personne n'est, d'après la loi juridique, limitée par rien d'autre que par la possibilité que d'autres puissent aussi être libres à côté d'elle et avoir des droits. Tout ce qui ne porte pas atteinte aux droits d'un autre, elle (a) doit, d'après la loi juridique, avoir la possibilité de le faire, car c'est en cela précisément que consiste son droit. Chacun a le droit de juger lui-même de

(*a*) *Note marginale de Fichte :* la personne.

ces limites données à ses libres actions, et de s'en faire le défenseur.

Antithèse. — D'après une conséquence déduite avec rigueur de la même loi juridique, chaque personne doit aliéner totalement et sans réserve aucune sa puissance et sa faculté de dire le droit, si jamais un état de droit doit être possible entre des êtres libres. Elle perd par là complètement le droit de juger du champ de ses droits et de s'en faire le défenseur, elle devient [III, 102] dépendante de la connaissance et de la bonne volonté de celui auquel elle s'est soumise, et elle cesse donc d'être libre.

La dernière proposition contredit la première. La première est la loi juridique elle-même ; la seconde, une conséquence déduite avec rigueur de cette loi. Donc la loi juridique se trouve en contradiction avec elle-même. Cette contradiction doit être surmontée ; le point où proprement elle se situe est celui-ci : je ne peux, dans le domaine de la loi juridique, renoncer à rien d'autre, dans ma liberté, qu'à ce qui est requis afin que les droits d'autres personnes avec lesquelles j'entre en communauté dans le monde sensible, puissent de ce fait subsister ; or maintenant je dois abandonner tous mes droits au jugement et au *(3, 397)* pouvoir d'un étranger. C'est impossible, et contradictoire, à moins que dans cette soumission, et par elle, ma liberté tout entière soit assurée, pour ce qui m'en échoit en partage d'après la loi juridique, dans l'association où je me trouve.

Je ne peux raisonnablement me soumettre, et personne ne possède un droit, d'après la loi juridique, d'exiger de moi la soumission, sauf à cette condition. Il me faut donc pouvoir juger moi-même, en ma propre personne, si la condition indiquée existe. Ma soumission est conditionnée par la possibilité de ce jugement ; et elle est impossible et illégitime si un tel jugement n'intervient pas. Donc, avant tout, *il faut que je me soumette avec une entière liberté*.

Après la soumission, je n'ai plus, comme il a été dit et démontré explicitement, aucune capacité juridique pour porter un jugement en ce qui concerne le champ de mon droit ; par conséquent il faudrait que le jugement que l'on recherche soit possible et soit effectivement prononcé *avant* la soumission.

Le jugement doit énoncer que dans l'état de soumission il ne sera jamais porté atteinte à ma liberté légitime, qu'il ne me faudra jamais en sacrifier autre chose que ce que j'aurais dû abandonner aussi selon mon propre jugement, en conséquence de la loi juridique [III, 103] : la totalité de l'expérience à venir, dans l'état de soumission, doit donc avant la soumission être rendue présente à l'esprit, c'est-à-dire qu'une garantie doit m'être fournie quant à ma complète sécurité à l'intérieur des limites de mon droit.

Tout d'abord, *qu'est-ce* qui doit m'être garanti ? Une sécurité complète de tous mes droits, aussi bien devant celui auquel je me suis soumis, que, grâce à sa protection, devant tous les individus avec lesquels je pourrais entrer en communauté. Je dois pouvoir considérer, au point d'en être persuadé, que tous les jugements de droit possibles à l'avenir et pouvant être prononcés en ce qui me concerne ne sauraient avoir d'autre tournure que si je devais les prononcer moi-même d'après la loi juridique. Il faut donc que des *normes* de ces jugements de droit futurs soient proposées à mon examen, dans lesquelles la loi juridique serait appliquée aux cas possibles qui peuvent survenir. De telles normes se nomment *lois positives ;* le système de celles-ci en général se nomme *la loi* (positive).

a) Toutes les lois positives sont subsumées, de près ou de loin, sous la règle du droit. Il n'y a en elles rien d'arbitraire et il ne peut y avoir rien de tel. Elles doivent être nécessairement telles que tout être intelligent et instruit devrait nécessairement produire les mêmes lois.

b) La règle du droit en général est, dans ces lois, appliquée aux *(3, 398)* objets particuliers sur lesquels cette règle décide. La loi positive flotte, intermédiaire, entre la loi juridique et le jugement de droit. Dans la loi positive, la règle du droit est appliquée à des objets déterminés ; dans le jugement de droit, la loi positive est appliquée à des personnes déterminées. — Celui qui juge au civil n'a rien d'autre à faire qu'à décider ce qui s'est passé et à invoquer la loi. La sentence doit déjà être contenue dans la loi, si la législation est claire et complète, comme elle doit l'être.

La contradiction exposée est partiellement surmontée. Si je me soumets à la loi, à une loi examinée et approuvée par moi — lequel examen est, dans la mesure que l'on a indiquée, la condition exclusive de la légitimité possible de ma soumission — [III, 104] je me soumets non pas à l'arbitre changeant d'un homme, mais à une volonté immuable et bien établie ; et à vrai dire, étant donné que la loi est telle qu'il me faudrait la produire moi-même selon la règle du droit, c'est à ma propre volonté invariable que je me soumets, à la volonté qu'il me faudrait nécessairement avoir, si je suis juste et donc si je dois d'une façon générale avoir des droits : à ma volonté qui conditionne absolument ma capacité juridique ; car si j'avais une autre volonté, celle-ci serait injuste, puisque la loi est la seule volonté juste, et je serais donc — puisque seul a des droits celui qui se soumet lui-même à la loi juridique — totalement dépourvu de droits. Bien loin, par conséquent, de perdre mes droits par cette soumission, je les conserve uniquement en tant que par cette soumission seule je montre que je remplis la condition sous laquelle seulement quelqu'un a des droits. Quoique je sois soumis, je reste continuellement soumis à *ma* seule volonté. Mon droit de juger, je l'ai en une fois exercé effectivement pour toute ma vie et pour tous les cas possibles ; et seul le soin d'exécuter mes sentences par ma propre force physique m'est retiré.

Résultat. — C'est seulement à la volonté nécessaire et incapable d'exceptions qui est celle de la loi, que l'on peut raisonnablement aliéner sa puissance et sa faculté de juger du droit, mais nullement à une volonté humaine libre et changeante dans ses décisions. C'est uniquement la première forme d'aliénation qu'exige la loi juridique ; c'est elle seulement qui est condition de tous les droits. L'autre forme d'aliénation n'est pas directement contraire à la loi, parce que le droit n'est pas un devoir et que donc l'on peut très bien abandonner ses droits ; mais elle ne découle pas non plus de la loi.

V – La contradiction indiquée est partiellement surmontée, mais aussi elle ne l'est que partiellement. A celui qui se soumet une garantie devait être fournie pour la sécurité future de tous ses droits, et cela par *(3, 399) la loi.* Mais qu'est-ce que la loi ? Un concept. Comment doit-elle être introduite dans la vie, comment ce simple concept doit-il être réalisé dans le monde sensible ? Montrons encore par un autre biais quelle est la question.

Fournir à quelqu'un la garantie requise pour la sécurité de ses droits [III, 105], cela veut dire : se mettre en mesure de rendre impossible toute atteinte portée à ceux-ci, si bien qu'il lui faille être persuadé de cette impossibilité. Or, si dans sa soumission ce n'est pas seulement la sécurité face à celui auquel il s'est soumis qui doit être garantie à celui qui se soumet, mais la sécurité face à toutes les personnes avec lesquelles il peut jamais entrer en communauté, il doit donc être absolument impossible qu'atteinte soit portée à ses droits et il doit pouvoir se persuader de cette complète impossibilité avant de se soumettre. Or cette impossibilité est assurément contenue dans la volonté de la loi, mais il se pose cette question beaucoup plus profonde : comment donc doit lui être dès lors fournie *la* garantie que la loi, et seulement la loi, régnera ?

Il doit être en sécurité devant la loi elle-même ; il faut par conséquent que jamais la puissance de celle-ci ne puisse être tournée contre lui, si ce n'est dans les cas prédéterminés par la loi. Il doit par l'intermédiaire de la loi être en sécurité face à tous les autres : il faut donc que celle-ci agisse continuellement, là où elle a à agir. Il lui faut ne jamais prendre de repos, là où elle est mise en éveil.

Bref, *la loi doit être une puissance :* le concept de la loi, tiré de la dernière partie de notre recherche, et celui de la *toute-puissance,* que l'on vient de tirer de ce qui précède immédiatement, doivent être synthétiquement réunis. La loi elle-même doit être le pouvoir suprême, le pouvoir suprême doit être la loi, ils doivent tous les deux être une seule et même chose ; et il faut que lors de ma soumission je puisse me persuader qu'il en est ainsi ; qu'il est totalement impossible que jamais un pouvoir extérieur à celui de la loi se dresse contre moi.

Notre problème est déterminé de façon précise. Telle est la question à résoudre : *comment la loi devient-elle une puissance ?* La puissance que nous recherchons ne se trouve pas immédiatement dans la nature, elle n'est pas une puissance mécanique, ainsi qu'il est apparu plus haut, et les hommes ont assurément la force physique de commettre des injustices. La puissance qu'il faut rechercher devrait donc nécessairement être telle qu'elle dépende d'une volonté. Mais cependant cette volonté ne doit pas être libre, elle doit au contraire être déterminée avec nécessité et immuabilité par la loi. Il ne peut y avoir [III, 106] de volonté individuelle qui soit telle que tout autre homme puisse toujours compter avec certitude sur sa conformité au droit. Il faudrait par conséquent que les choses puissent être telles que la volonté à rechercher n'ait de la puissance que là où elle voudrait la loi, et qu'elle n'en ait pas là où elle ne la voudrait pas ; et ainsi notre problème, déterminé de plus près, est le suivant : *trouver une volonté qui ne soit une puissance — mais alors, qui plus est, une puissance infaillible — que quand elle veut la loi.*

Une toute-puissance à l'égard d'un être libre ne pourrait procéder *(3, 400)* que de la réunion de *plusieurs* êtres libres, car il n'y a rien dans le monde sensible qui soit plus puissant qu'un être libre (précisément pour cette raison qu'il est libre et qu'il peut de façon réfléchie donner à sa force une direction conforme à une fin), et rien qui soit plus puissant qu'un individu, sauf plusieurs. Leur force consisterait donc purement et simplement dans leur réunion. Or leur puissance doit dépendre du fait qu'ils veulent la loi, autrement dit : le droit. Leur *réunion* sur laquelle repose leur puissance, devrait donc nécessairement en dépendre : il faudrait que le seul lien de cette réunion soit le fait de vouloir le droit. Dès qu'ils voudraient ce qui est contraire au droit, il faudrait que leur pacte et, avec lui, toute leur puissance se dissolvent.

Or, qu'à cause de la volonté de ce qui est contraire au droit l'accord se rompe, c'est nécessairement le cas dans toute réunion d'êtres libres. Une pluralité d'êtres libres se réunissent, cela signifie : ils veulent vivre ensemble. Mais ils ne peuvent aucunement coexister, à moins que chacun ne limite sa liberté par la liberté de tous les autres. Si un million d'hommes vivent ensemble, chacun peut fort bien vouloir autant de liberté que simplement il est possible d'en jamais posséder. Mais qu'on réunisse la volonté de tous en un seul concept, comme formant une seule volonté, alors celle-ci divise la somme de la liberté possible en parties égales, elle se soucie que tous soient libres ensemble, que par conséquent la liberté de chacun soit limitée par la liberté de tous les autres*. Le seul [III, 107] objet possible sur lequel leur volonté se réunit est donc le droit, et, dans la mesure où ici coexistent un nombre déterminé d'hommes avec des penchants, des occupations déterminés, *(3, 401)* etc., il s'agit du droit dans son *application à eux*, c'est-à-dire leur *loi positive*. Pour autant qu'ils sont tous unis, ils veulent la loi. Quand bien même un seul doit être opprimé, cet unique individu n'y donne sûrement pas son consentement, et ils ne sont plus tous unis.

Ce sur quoi ils sont d'accord, c'est leur loi positive, déterminant les limites des droits et des libertés de chaque individu dans ces circonstances : tel est ce que nous avons affirmé. La volonté de cette loi, ils n'ont toutefois pas à la manifester de façon vraiment explicite, ni il n'est nécessaire d'aller rassembler à ce propos les voix — ce par quoi l'on obtiendrait cette volonté sur un mode très impur. Chaque homme qui connaît leur nombre, leurs occupations, la totalité de leur situation, peut leur dire sur quoi ils sont tous d'accord. Leur loi leur est donnée par la règle juridique et par leur situation physique déterminée, à la façon dont deux facteurs donnent un produit ; tout homme intelligent peut le rechercher. Le *contenu* de la loi ne dépend absolument pas de l'arbitre, et la moindre influence exercée à cet égard par celui-ci rend la loi injuste, et introduit dans l'association les germes de la dissension et les bases de sa future dissolution. La *forme* de la loi, sa force d'obligation, elle l'obtient seulement, en revanche, par l'intermédiaire du consentement des individus à se réunir en vue de former une

* On a là la *volonté générale*[1] de Rousseau, dont la différence avec la *volonté de tous*[2] n'est même nullement inconcevable. Tous les individus veulent chacun conserver pour soi autant que possible, et laisser à tous les autres aussi peu que possible ; mais, précisément parce que cette volonté présente en eux est en conflit avec elle-même, les éléments en relation conflictuelle se suppriment réciproquement, et ce qui reste comme ultime résultat, c'est que chacun devrait avoir ce qui lui revient. Si l'on conçoit deux personnes en chicane l'une avec l'autre, on peut toujours considérer que chacune veut porter un préjudice à l'autre ; mais dans la mesure où aucune des deux ne veut être celle qui sera lésée, cette partie de leur volonté s'annule réciproquement et leur volonté commune est que chacun conserve ce à quoi il a droit (36).

1. En français dans le texte.
2. En français dans le texte.

communauté avec cette foule déterminée. Ainsi, c'est uniquement sur le droit et la loi qu'ils sont tous [III, 108] unis ; et qui est uni avec tous, veut nécessairement le droit et la loi. Dans une telle association, il est impossible de rencontrer deux individus dont l'un voudrait autre chose que l'autre. Mais dès que deux individus ne sont pas unis dans leur vouloir, l'un d'eux au moins n'est pas uni non plus avec tous les autres, sa volonté est une volonté individuelle et, précisément pour cette raison, une volonté injuste. Si la volonté de l'autre, avec lequel il est engagé dans une controverse juridique, s'accorde avec la volonté de la communauté, celui-ci a nécessairement le droit de son côté.

Il n'y a pas de question pour savoir si, dans une telle association, la volonté juste, au cas où elle se mettrait en action, n'aurait pas toujours une puissance supérieure à la volonté injuste, étant donné que cette dernière n'est jamais que la volonté d'un individu, alors que la première est la volonté de la communauté.

La question est seulement de savoir comment faire en sorte que cette volonté de la communauté soit continuellement active et qu'elle exerce son action là où elle a à l'exercer et à réprimer une volonté individuelle ; comment faire en sorte qu'il en soit des forces physiques des individus exactement comme il en est de la volonté des individus lors de leur réunion dans le concept, que les forces individuelles se fondent en une seule force avec la force de la communauté exactement comme, lors de la réunion synthétique de la volonté de tous en un seul concept, la volonté individuelle se fond en une seule volonté avec la volonté de la communauté. Il faut que ce résultat soit obtenu de façon nécessaire et d'après une règle rigoureuse, car tout homme qui se soumet doit recevoir une garantie totalement convaincante ; il doit lui être montré qu'il est absolument impossible que dans l'association *(3, 402)* une quelconque autre puissance que la loi exerce une action contre lui, et que toute autre puissance serait immédiatement réprimée par la loi — qu'il ne dépend absolument pas du hasard, de la bonne volonté de quelqu'un d'autre, etc., mais que c'est de l'organisation du tout qu'il résulte que la loi doive avec certitude s'exercer dans tous les cas.

La garantie la plus forte et la seule qui suffise, que chaque individu peut légitimement exiger, c'est que l'existence [III, 109] de la société elle-même soit liée à l'efficacité de la loi.

Il en est ainsi *en général* en vertu, déjà, de la nature des choses. Si l'injustice devenait universelle, la société devrait nécessairement se dissoudre et donc sombrer. Mais l'apparition, ici et là, une fois ou l'autre, d'une rigueur allant au-delà des limites de la loi, ou d'une inactivité de la loi, ne brise pas nécessairement l'association. Ce serait dès lors pour l'individu une mauvaise garantie, que sans doute lui personnellement et aussi d'autres individus puissent très bien être soumis à la violence, mais que jamais tous en même temps ne puissent connaître l'injustice.

Les choses devraient donc être disposées de telle façon que, de toute injustice, aussi minime qu'elle semble, contre l'individu, résulte nécessairement une injustice contre tous. Comment faire en sorte qu'il en soit ainsi ? La loi doit nécessairement être action. Elle sera de manière tout à fait certaine action si, à l'inverse, l'*action* est *loi,* si tout ce qui, dans l'association, peut être accompli, ne serait-ce qu'une fois et du fait d'un seul, devient légal, simplement dans la mesure où celui-ci, cette unique fois, l'a accompli, et où il est possible d'accomplir cet acte pour tous ceux qui en ont envie ; si chaque action de chacun donne effectivement une loi universellement valable. Dans une telle association, chaque injustice concerne nécessairement tous les membres ; chaque délit est un malheur public ; ce qui a pu m'arriver, peut désormais arriver à chaque individu dans l'ensemble de la communauté, et, pourvu qu'un seul doive rester en sécurité, la première préoccupation de *tous* doit être de me défendre, de m'aider à me faire rendre justice et de punir l'injustice. Il est clair que cette garantie est suffisante, que, les choses étant ainsi disposées, la loi agira continuellement, mais aussi qu'elle ne dépassera jamais ses limites, parce que leur dépassement serait alors, bien sûr, légal aussi pour tous.

Il est clair que celui qui entre dans une telle association conserve sa liberté, bien qu'il l'abandonne, et qu'il la conserve parce qu'il l'abandonne ; que par son concept cette association [III, 110] résout toutes les contradictions, et que par sa réalisation c'est le règne du droit qui est réalisé ; que tout individu voulant le règne du droit doit nécessairement vouloir une telle association ; que par conséquent, grâce à son concept, *(3, 403)* le cercle de notre recherche se referme. L'analyse plus précise de ce concept sera exposée dans le troisième chapitre de notre Doctrine du droit, qui porte sur la *communauté*.

CHAPITRE I
DE LA DOCTRINE DU DROIT :
déduction du droit originaire

(3, 403) § 9 – De quelle manière un droit originaire se peut-il représenter ?

[III, 111] On ne peut parler de droits qu'à la condition qu'une personne soit représentée comme personne, c'est-à-dire comme individu, par conséquent soit rapportée à d'autres individus, qu'entre elle et eux, quoique ne soit pas posée une société effective, on puisse pourtant imaginer une société possible. Ce qui en premier lieu, et pour la recherche seulement spéculative, définit les conditions de la personnalité, ne devient des droits qu'exclusivement dans la mesure où on se représente d'autres êtres qui, selon la loi juridique, ne peuvent porter atteinte à ces conditions. Or des êtres libres ne peuvent absolument pas être pensés conjointement sans que leurs droits se limitent l'un l'autre réciproquement, donc sans que le champ de leurs droits originaires se change en celui des droits dans une communauté. Il ne serait par conséquent aucunement possible de réfléchir sur les droits comme droits originaires, c'est-à-dire sans égard aux limitations rendues nécessaires par les droits des autres. Pourtant une telle recherche doit précéder la recherche des droits dans une communauté, et la fonder. Il faut donc [III, 112] qu'abstraction soit faite de cette limitation, ce à quoi d'ailleurs la libre spéculation consent si aisément qu'elle fait cette abstraction même de façon involontaire et qu'il faut seulement se rappeler qu'elle l'a faite. Du côté de la possibilité, il n'y a donc aucune difficulté.

Il faut seulement se rappeler, et y insister, *que* cette abstraction a été effectuée, que donc le concept qui en est le produit a certes une possibilité idéale (pour la pensée), mais pas une signification réelle. Si on néglige cette remarque, on obtient une doctrine du droit purement formelle. — Il n'y a pas d'état des droits originaires, et pas de droits originaires de l'homme *(a)*. De façon effective, il n'a de droits que dans la communauté qui le réunit à d'autres, de même que, d'après les *(3, 404)* principes plus élevés que l'on a établis ci-dessus, il ne peut donc être pensé, de toute façon, qu'au sein de la communauté qui le réunit à d'autres. Un droit originaire est par conséquent une simple *fiction*, mais elle doit, en vue de la science, nécessairement être forgée. En outre il est clair, et c'est ici un point à rappeler une fois encore, bien qu'on y ait déjà insisté à maintes reprises, que les conditions de la personnalité ne sont à penser comme des droits que dans la mesure où elles apparaissent dans le monde sensible et pourraient être perturbées par d'autres êtres libres en tant que forces dans le monde sensible ; que donc il pourrait y avoir bien évidemment, par exemple, un droit de la conservation sensible de soi, de la conservation de mon corps en tant que tel, mais nullement un droit de *penser* ou de *vouloir* librement ; que l'on a évidemment un droit de contrainte à l'égard de celui qui nous agresse dans notre corps, mais nullement à l'égard de celui qui va nous perturber dans les convictions qui nous donnent satisfaction ou qui, par son comportement immoral, va nous scandaliser.

§ 10 – Définition du droit originaire

Que chacun limite sa liberté, le champ de ses actions libres, par le concept de la liberté de l'autre (de telle façon que l'autre, en tant qu'absolument libre, puisse lui aussi subsister auprès de lui), c'est le principe de tout jugement de droit. Le concept de la liberté, dans ce dernier emploi, lui qui, comme on l'a déjà rappelé plus haut, a une signification seulement formelle, fournit le concept [III, 113] du droit originaire, de ce droit qui doit absolument revenir à chaque personne comme telle. Nous en discutons maintenant de façon plus précise.

(a) SW : homme.

Ce concept est, quant à la *qualité*, un concept de la faculté d'être absolument cause première ; quant à la *quantité*, ce qui est conçu en lui n'a aucune limite, mais est selon sa nature infini, parce qu'il n'est question, somme toute, que du fait que la personne doit être libre, mais non pas du point jusqu'où elle doit l'être. La quantité est contradictoire avec ce concept, à partir du moment où il est proposé ici comme un concept simplement formel. Quant à la relation, il n'est question de la liberté de la personne que dans la mesure où, conformément à la loi juridique, le champ des actions libres des autres doit être limité du fait que celles-ci pourraient rendre impossible la liberté formelle qui est exigée ; et par là est déterminée la quantité de la recherche. Il n'est question que d'une *causalité* dans le monde sensible, en tant que c'est en lui seulement que la liberté peut être limitée par la liberté. Enfin, quant à la *modalité*, ce concept a une validité apodictique. Toute personne doit être absolument libre.

Le droit originaire est par conséquent le droit absolu de la personne d'être uniquement cause dans le monde sensible (de n'être absolument jamais un effet).

(3, 405) § 11 – Analyse du droit originaire

Dans le concept d'une action causale, et plus précisément d'une action causale absolue, il y a les deux éléments suivants : 1) que la qualité et la quantité de l'agir soient parfaitement déterminées par la cause elle-même ; 2) que de la position de la première s'ensuivent immédiatement la qualité et la quantité de la passivité dans l'objet de l'action causale ; de façon que l'on puisse passer de chaque élément à l'autre, que par l'un on puisse immédiatement déterminer l'autre, qu'on les connaisse nécessairement l'un et l'autre dès que l'on en connaît un.

Dans la mesure où la personne est le fondement absolu et ultime du concept de son activité causale, du concept qu'elle a de sa fin, la liberté qui en cela se manifeste se situe en dehors des limites de la présente recherche, car elle n'intervient jamais dans le monde sensible et ne peut y subir d'entraves. La liberté de la personne ne pénètre dans le domaine du monde sensible qu'exclusivement dans la mesure où elle est exprimée dans la détermination du corps. Dans ce domaine [III, 114] le corps d'un être libre est donc à considérer comme constituant lui-même le fondement ultime de sa détermination, et l'être libre, comme phénomène, est donc identique à son corps (celui-ci est le représentant du Moi dans le monde sensible, et, si l'on n'envisage que le monde sensible, il est lui-même le Moi). Ainsi jugeons-nous toujours dans la vie commune. *J*'étais absent. Il *m*'a vu. *Il* est né, mort, enterré, etc.

En conséquence :

I – Le corps, considéré comme personne, doit être cause absolue et ultime de sa détermination à l'activité. Dans quelles limites le corps, du fait de son organisation propre, pourrait être inscrit et à quelles lois il pourrait être soumis, cela n'a rien à voir ici avec la question et n'entre pas en ligne de compte. Ce qui ne lui appartient pas originairement, il ne l'*est* pas. Simplement, tout ce qui en lui est physiquement possible, il faut que cela puisse se produire en lui effectivement, si la personne le veut, et seulement si elle le veut. Il ne doit être ni mis en mouvement, ni entravé dans son mouvement par une cause extérieure ; absolument aucune action causale ne doit être exercée immédiatement sur lui.

II – De son mouvement, il faut que s'ensuive infailliblement dans le monde sensible l'effet qui est possible par là. Non pas précisément celui qu'il s'est représenté à cette occasion et dont il a eu le projet. Car si quelqu'un n'a pas parfaitement connu la nature des choses, n'a pas calculé de façon assez exacte sa force active par rapport à leur pouvoir d'inertie, et que de ce fait le résultat est contraire à son intention, la faute lui en est imputable en propre, et il n'a à se plaindre de personne *(3, 406)* en dehors de lui. Mais simplement il faut que le monde sensible ne soit pas déterminé par une force libre étrangère, extérieure à lui et allant à l'encontre de son influence, car alors il cesserait d'être une cause libre.

III – Cela dit, toutefois, la détermination du corps en vue d'une fin, pour agir sur une chose, ne fait que succéder à la connaissance et que résulter de la connaissance de la chose sur laquelle on doit agir ; et finalement l'être libre est donc pourtant dépendant. Mais en somme cela a été reconnu depuis déjà longtemps et exclu de la présente recherche. Activité causale et connaissance déterminée se conditionnent l'une l'autre réciproquement [III, 115] et remplissent la même sphère, comme cela a été démontré et expliqué plus haut. Au-delà de l'être-donné de l'objet, on ne peut absolument pas vouloir agir ; c'est contradictoire avec l'essence de la raison : c'est uniquement à l'intérieur de la sphère de cet être-donné que la personne est libre.

Pour déterminer plus précisément ce point : c'est dans le champ donné, et à la condition que quelque chose soit donné, que la personne est libre de laisser cela comme il est, ou de le transformer et de le rendre tel qu'il doit être en vertu du concept de sa fin. Elle est libre de rapporter réciproquement les uns aux autres les éléments du divers qui lui est donné, de les déterminer les uns par les autres, de les adapter les uns aux autres et de les assembler pour composer un tout conforme à ses fins. Si l'une de ces opérations manque, la personne n'est pas libre et n'est pas exclusivement sous la dépendance de sa volonté.

Or ce qui à cet égard est requis, c'est que *tout reste tel* que l'être libre en a eu connaissance et *comme* il l'a posé dans son concept — cela, que l'être libre le modifie particulièrement ou qu'il ne le modifie pas. Ce qui n'est pas modifié, pour peu que l'être raisonnable se le représente et lui assigne une place au sein de son monde, devient, *par le fait même qu'il n'a pas été modifié*, quelque chose de modifié. La personne, en vertu du concept qu'elle a de la fin du tout auquel cette chose déterminée doit s'adapter, ne l'a pas modifiée, parce qu'elle ne s'y adapte que sous cette forme naturelle qui est la sienne, et elle l'aurait modifiée si elle n'y était pas adaptée ; ou alors elle a modifié sa fin d'après les caractéristiques de la chose. Son abstention à l'égard d'une certaine activité était elle-même activité, une activité conforme à une fin, par conséquent une modification, sinon de cette chose déterminée, en tout cas du tout auquel cette chose devait s'adapter.

Or la nature, en soi, qui est soumise à des lois mécaniques, ne peut *stricto sensu* se transformer. Toute transformation est contradictoire avec son concept. Ce qui nous apparaît comme une transformation de la nature par elle-même se produit d'après ces lois immuables, et ce ne serait pas pour nous une transformation, mais quelque chose de permanent, si nous connaissions suffisamment ces lois. Si, par rapport à *(4, 407)* ces lois, quelque chose se transforme dans notre monde [III, 116] tel que nous le prenons en compte pour déterminer nos fins, nous en sommes responsables. Ou bien nous n'aurions pas dû compter sur la permanence de la chose, si les lois d'après lesquelles se produit la transformation sont trop largement plus puissantes que nous, ou bien nous aurions dû prévenir leur effet en faisant preuve d'art et d'habileté, si elles ne sont pas plus puissantes que nous. Seuls d'autres êtres libres pourraient produire une transformation impossible à prévoir et à empêcher dans notre monde, c'est-à-dire dans le système de ce dont nous avons acquis la connaissance et que nous avons rapporté à nos fins ; mais dès lors notre libre activité serait perturbée. La personne a le droit d'exiger que, dans la sphère tout entière constituée par le monde qu'elle connaît, tout reste tel qu'elle en a eu connaissance, parce que dans son activité elle s'oriente d'après sa connaissance et est aussitôt désorientée ou empêchée de déployer librement sa causalité ou voit survenir des résultats totalement autres que ceux qu'elle visait, dès qu'une transformation s'y produit.

(Il y a là le fondement de tout droit de propriété. La partie du monde sensible qui m'est connue et qui est soumise à mes fins, fût-ce même seulement en pensée, est ma propriété, et cela *originairement*, et nullement *dans la société*, dans la mesure où, eu égard à cette dernière, on peut très bien trouver d'autres déterminations plus précises. Personne ne peut exercer sur elle une action sans entraver la liberté de mon activité*.

Ici est donc dépassé le vieux débat pour savoir si le droit de

* Qu'on se représente l'habitant isolé d'une île déserte, qui se nourrit de la chasse dans les forêts de cette île. Il a laissé les forêts se développer comme elles le voulaient ; mais il les connaît, et il connaît toutes les commodités qu'elles présentent pour sa chasse. On ne peut pas déplacer les arbres de ses forêts, ou les abattre, sans lui rendre inutile toute la connaissance qu'il a acquise et la lui enlever, sans arrêter sa course à la poursuite du gibier, et ainsi accroître la difficulté de sa subsistance, ou la lui rendre impossible, et par conséquent sans perturber la liberté de son activité.

propriété sur une chose est fondé exclusivement par la formation de celle-ci ou s'il est déjà fondé par la volonté de la posséder. Le débat est dépassé parce que l'on réunit les deux opinions en une synthèse [III, 117], comme il ne pourrait en aller autrement dans un système procédant strictement selon une méthode synthétique : il est montré en effet que la simple subordination à nos fins, sans aucune formation proprement dite, est pourtant toujours une formation, parce qu'elle suppose une libre abstention à l'égard d'une activité possible, et cela en conséquence d'une fin ; et la formation — cela sera davantage démontré ci-dessous — ne donne un droit de propriété que simplement dans la *(3, 408)* mesure où par là quelque chose est soumis à nos fins et leur reste soumis. Le fondement ultime de la propriété d'une chose est donc la soumission de cette chose à nos fins.)

IV – La personne veut que son activité dans le monde sensible devienne cause — cela signifie : elle veut qu'une perception soit donnée qui corresponde au concept de la fin de son activité, et cela, comme c'est évident et comme on l'a mis plus clairement en lumière ci-dessus, dans un moment à venir qui succède (non pas exactement de façon immédiate) au moment de la volonté en général.

Il a déjà été rappelé que, si cela doit en tout état de cause être possible, il faut que les choses, à l'avenir, c'est-à-dire après l'influence exercée activement par la personne ou après son abstention intentionnelle à l'égard d'une activité, restent non perturbées et abandonnées à leur cours naturel ; et que la personne, dès lors qu'elle veut cela, veut aussi immédiatement ceci. Mais abstraction est faite ici de ce point.

En outre il est cependant clair que, pour pouvoir percevoir, et cela sur un mode que l'on s'est alors déjà représenté, conformément à une règle déjà connue d'elle, elle doit nécessairement vouloir aussi la persistance de la présente relation des parties de son corps les unes avec les autres, c'est-à-dire de son corps lui-même, et la persistance de la présente relation de celui-ci à l'instance voulante et connaissante ; plus précisément, elle doit vouloir que pour elle il y ait un état à venir et qu'il résulte de son état présent conformément à la règle qu'elle connaît et qu'au cours de son activité elle a prise en considération. Donc c'est par la volonté, et exclusivement par elle, que l'avenir est impliqué dans le moment présent [III, 118] ; c'est par elle que le concept d'un avenir en général, comme tel, est d'abord possible ; c'est par elle qu'il est non seulement impliqué, mais aussi déterminé : il doit être un avenir *tel*, et, pour qu'il puisse être tel, je dois être tel. Mais si je dois être tel, nécessairement *je* dois, d'une manière générale, *être*.

(On déduit ici, à partir du vouloir d'une espèce déterminée de l'existence dans l'avenir, le vouloir d'un avenir en général, le souhait de notre propre persistance ; on soutient que nous voulons — originairement, selon les lois de la raison, qui ici règnent en effet sur nous de façon mécanique — persister dans notre être, non pas par goût de la persistance en soi, mais par désir d'un état déterminé s'inscrivant dans cette persistance ; nous ne considérons nullement la persistance comme une fin absolue, mais comme un moyen pour une quelconque fin. C'est là ce qui est à l'évidence confirmé par l'expérience. Tous les hommes souhaitent toujours la vie en vue de quelque chose, les plus nobles pour agir encore, les moins nobles pour jouir encore.)

La personne veut ce que l'on a indiqué, pour autant qu'elle veut en général, qu'elle veut quelque chose, de quoi qu'il puisse s'agir. Ce vouloir déterminé est donc condition de tout vouloir ; la réalisation de *(3, 409)* ce vouloir, c'est-à-dire la conservation de notre présent corps (ce qui, dans le domaine du droit naturel, ne signifie rien de moins que la conservation de soi), est condition de toute autre action et de toute manifestation de la liberté.

V – Si l'on rassemble tout ce qui a maintenant été déduit, la personne exige, par son droit originaire, une *action réciproque persistante entre son corps et le monde sensible, sur un mode qui n'est déterminé et n'est déterminable qu'exclusivement par le concept qu'elle s'en forge librement.* Le concept que l'on a exposé d'une causalité absolue dans le monde sensible, et, dans le mesure où ce concept était identique à celui du droit originaire, le concept du droit originaire lui-même sont entièrement épuisés, et rien de plus ne peut venir leur appartenir.

Le droit originaire est donc une totalité absolue et close ; chaque atteinte portée à une partie de ce droit concerne le tout et influence le tout. Cela dit, si l'on se plaît à rechercher une division de ce concept, il ne pourrait s'agir d'aucune autre division [III, 119] que de celle qui est inscrite dans le concept de causalité lui-même et que nous avons déjà exposée plus haut. En conséquence, dans le droit originaire, il y aurait :

1) le droit à la persistance de la liberté absolue et à l'inviolabilité absolue du corps (c'est-à-dire à ce que nulle action ne soit exercée immédiatement sur lui),
2) le droit à la persistance de notre libre influence sur le monde sensible dans son ensemble.

Il n'y a pas de droit particulier à la conservation de soi ; car, que l'usage de notre corps comme instrument ou des choses comme moyen ait pour but, dans tel ou tel cas, de garantir immédiatement la persistance de notre corps comme tel, c'est une donnée contingente. Même si nous avions un but moins important, on n'aurait pas le droit de perturber notre liberté, car d'une manière générale on n'a pas le droit de la perturber.

Mais que globalement notre droit originaire ait une validité qui ne soit pas limitée à l'instant présent, mais qu'au contraire il s'étende dans l'avenir aussi loin que nous pouvons dominer celui-ci avec notre esprit et dans nos plans ; que par conséquent soit compris en lui immédiatement et naturellement le droit de garantir la totalité de nos droits pour tout l'avenir, c'est là un point qu'on ne doit pas négliger.

Le droit originaire revient sur lui-même, est un droit qui se légitime lui-même, qui se constitue lui-même comme droit, c'est-à-dire un *droit absolu ;* et c'est ici que se trouve donc la preuve que le cercle de notre recherche à son sujet est achevé, dans la mesure où apparaît une synthèse complète. J'ai le droit de vouloir exercer mes droits pour tout l'avenir, aussi loin que je me pose, parce que j'ai ces droits ; et j'ai ces droits parce que j'ai le droit de vouloir les exercer ainsi. Le droit d'être une cause libre et le concept d'une volonté absolue sont identiques. Qui nie la liberté de la volonté, doit pour être conséquent nier aussi la réalité *(3, 410)* du concept de droit, comme c'est le cas par exemple chez

Spinoza, chez qui le droit signifie seulement le pouvoir de l'individu déterminé en sa limitation par le tout (37).

§ 12 – Passage a l'analyse du droit de contrainte à travers l'idée d'un équilibre du droit

[III, 120] Un droit de contrainte doit, d'après ce qu'on a vu plus haut, être fondé par une atteinte portée au droit originaire, c'est-à-dire à partir du moment où un être libre étend le champ de ses actions libres si loin que par là il est porté atteinte à des droits d'un autre être libre. Mais, cela étant, celui qui porte une telle atteinte est certes, lui aussi, libre, et il a un droit à être libre. Le droit originaire lui revient et c'est là, comme nous l'avons exposé, un droit infini. Pourtant l'éventualité peut se produire que par le libre usage de ce droit, il porte atteinte aux droits d'un autre. Il faut donc en tout cas que le droit originaire se voit déterminer une quantité par la loi juridique, si par son usage il peut être porté atteinte à un droit ; et la réponse à la question de savoir dans quel cas il est porté atteinte à un droit et dans quel cas à la suite de cette atteinte intervient un droit de contrainte, dépend de la réponse à une autre question : quelle quantité de liberté chacun se voit-il déterminer par la loi juridique ?

Plus clairement : si un quelconque emploi de la liberté est *illégitime* et rend ainsi justifié le recours à la contrainte, il faut que l'emploi *légitime* de la liberté, c'est-à-dire du droit originaire, soit enserré dans certaines limites ; et on ne peut dénoncer l'emploi illégitime de la liberté sans connaître l'emploi légitime ; l'un et l'autre ne sont déterminables que par opposition. Si ces limites se peuvent indiquer, et si tout un chacun se tient à l'intérieur de celles-ci, nul droit de contrainte n'intervient ; il y a alors un droit égal pour tous, autrement dit : équilibre du droit, et c'est les conditions de cet équilibre que nous *(3, 411)* avons avant toutes choses à exposer pour préparer, fonder, régler l'analyse ultérieure du droit de contrainte ; car le droit de contrainte n'intervient que là où atteinte a été portée à l'équilibre du droit ; et, pour déterminer celui-là, il faut connaître celui-ci.

I – Toute relation juridique est déterminée par la proposition : chacun limite sa liberté par la possibilité de la liberté de l'autre. — Ce qui appartient à l'être libre en général et en [III, 121] soi, est maintenant élucidé. Par un être libre infini tel que celui que l'on a décrit, la liberté de tous, à l'exception d'un seul, serait supprimée, et elle serait anéantie même dans son existence physique ; et ainsi la loi juridique se contredirait donc elle-même. Cette contradiction se résout dès que l'on pense que la loi juridique ne s'adresse pas à l'un, exception faite de l'autre, mais qu'elle vaut pour tous les êtres libres sans exception. Si A doit limiter sa liberté de façon que B puisse aussi être libre à côté de lui, inversement B doit aussi limiter la sienne de façon que A puisse être libre à côté de lui, que pour lui aussi une sphère d'activité libre demeure disponible. — La proposition devient mieux déterminée encore, si l'on pense que l'autolimitation de A par la possibilité de la liberté de B n'a lieu qu'à la condition exclusive que B limite pareillement sa liberté, et que la loi soit réduite à néant et entièrement inapplicable si cela n'arrive pas. L'autolimitation de l'un et de l'autre n'est d'abord *conditionnée* sur le mode réciproque que *formellement* (en tant qu'elle a lieu en général et comme telle). Elle n'a lieu pour aucun des deux si elle n'a pas lieu pour tous les deux. Cela procède de la nature des choses et la connaissance en est suffisante à partir de ce que l'on a vu plus haut ; mais on en reste au niveau général, c'est un concept vide et qui n'est susceptible d'aucune application. — Si l'un dit à l'autre : ne fais pas cela, c'est une entrave à ma liberté, pourquoi l'autre ne pourrait-il pas lui répondre : c'est aussi une entrave apportée à la mienne que de m'en abstenir ?

Il faut donc répondre à la question : jusqu'à quel point chacun doit-il donc limiter le quantum de ses actions libres dans l'intérêt de la liberté de l'autre ? Jusqu'où va la liberté que chacun peut se réserver et dont la façon que l'autre a de la ménager est pour lui décisive quand il s'agit de savoir si en général il a ou non des droits ? Jusqu'où va, en échange, celle qu'il lui faut reconnaître à l'autre dans le concept qu'il a de lui, et qu'il lui faut lui ménager dans ses actions, ménagements sur la base desquels l'autre décide si en général il a des droits ou non ?

[III, 122] La relation juridique en général n'est déterminée par rien d'autre que par la loi juridique qui a été exposée. Sur la question soulevée, on ne pourrait donc trancher qu'à partir de cette loi. Mais, selon ce que l'on a exposé, elle est seulement formelle, et ne détermine aucune quantité. Elle pose seulement le *fait*, mais nullement l'*extension*. *(3, 412)* Ou bien la loi tout entière est donc absolument inapplicable, et conduit simplement à un jeu vide de la pensée avec des concepts, ou bien il faut que le second point résulte du premier et que par la position du premier le second soit en même temps posé.

Dire que l'un et l'autre sont posés en même temps, cela signifie que, par le simple concept de la liberté d'un être hors de moi, m'est prescrite en même temps la quantité de la limitation que je dois m'imposer. — Il est tout à fait clair que la réponse devait nécessairement être tournée de cette façon, s'il devait y avoir une possibilité d'appliquer notre concept ; simplement il y a quelque difficulté supplémentaire pour dire ce que peut signifier proprement la proposition mise en place, et comment et pourquoi elle pourrait bien être vraie. Tout d'abord, nous allons l'analyser. En elle sont présents les trois points suivants :

a) L'autolimitation effective d'un être libre (et non pas pensée seulement de manière problématique comme possible) est conditionnée par la connaissance d'un être libre déterminé en dehors de lui. Qui n'a pas une telle connaissance ne peut se limiter ; et l'être possible que je ne connais pas ne m'oblige pas à l'autolimitation.

Si, comme cela se produit dans la déduction du droit originaire, on se représente une personne isolée dans le monde sensible, elle a, *aussi longtemps* qu'elle ne connaît aucune personne en dehors d'elle, le droit d'étendre sa liberté aussi loin qu'elle le peut et qu'elle le veut, et, si cela lui fait plaisir, de prendre possession pour elle-même de la totalité du monde sensible. Son droit est effectivement infini (si toutefois le droit originaire pouvait en général être un droit *effectif*), car la condition est absente qui imposerait de le limiter.

b) L'autolimitation d'un être libre est aussi parfaitement déterminée par la connaissance d'un autre être libre en dehors de lui, sans plus. Elle est d'abord, de ce fait, *posée* [III, 123], ce que l'on pourrait admettre sans discussion. Chacun, pour autant qu'il se soumet à la loi juridique, doit limiter sa liberté par la liberté de l'autre, dès qu'il reconnaît un être libre en dehors de lui. Dès l'instant, donc, où celui que nous avons posé comme isolé reconnaît un être libre en dehors de lui, il n'a plus à envisager simplement et exclusivement la possibilité de sa liberté, mais il lui faut aussi envisager la liberté de l'autre. Mais ce qui est soutenu en outre, c'est que son autolimitation est de ce fait *déterminée,* que c'est simplement et exclusivement par cette connaissance qu'est prescrite la frontière jusqu'où doit aller cette limitation.

c) Ma liberté n'est en tout cas limitée par la liberté de l'autre qu'à la condition qu'il limite lui-même la sienne par le concept de la mienne. *(3, 413)* Faute de quoi il est dépourvu de droits. Si donc, de ma connaissance de l'autre, doit s'ensuivre une relation juridique, il faut que la connaissance, et la limitation de la liberté qui en résulte, soient réciproques. Donc toute relation juridique entre des personnes déterminées est *conditionnée* par leur reconnaissance réciproque, mais aussi parfaitement *déterminée* par cette reconnaissance.

II – Nous appliquons cette proposition aux cas particuliers qui sont compris en elle, et tout d'abord au droit à la liberté persistante du corps.

Dès qu'un être raisonnable aperçoit un corps articulé, permettant la présentation de la raison dans le monde sensible, dès que l'homme aperçoit un corps humain, il lui faut, en vertu de ce que nous avons établi ci-dessus, le poser comme le corps d'un être raisonnable et poser l'être qui lui est présenté par là comme un être raisonnable. Dès qu'il pose ce corps, il le détermine précisément par là comme un certain quantum de matière dans l'espace, qui remplit cet espace et qui y est impénétrable.

Or le corps d'un être raisonnable, en conséquence du droit originaire, est nécessairement libre et inviolable. Celui qui acquiert cette connaissance devrait donc, par suite de sa connaissance, limiter nécessairement sa liberté à une activité s'exerçant à l'extérieur de ce [III, 24] corps et à l'extérieur de l'espace qu'il occupe dans le monde sensible. Il ne peut pas poser ce corps comme une chose sur laquelle il pourrait exercer arbitrairement une influence, qu'il pourrait soumettre à ses fins et par là dont il pourrait prendre possession, mais comme quelque chose qui limite la sphère de son activité. Celle-ci peut s'étendre en tous lieux, à l'exception de celui où se situe ce corps. Dès que je l'ai aperçu et reconnu pour ce qu'il est, j'ai reconnu quelque chose qui limite la sphère de mon agir dans le monde sensible. Je suis, avec mon activité, exclu de l'espace que celui-ci occupe sans cesse.

Puisque cependant cette autolimitation dépend du fait que l'autre m'aperçoive pareillement et me pose tout comme je l'ai posé, ce qui en soi est nécessaire ; et du fait en outre que l'autre, par cette connaissance, limite pareillement sa liberté, tout comme j'ai limité la mienne — ma limitation et le droit de l'autre sont seulement *problématiques* et l'on ne peut décider s'ils viennent à exister ou non.

III – Dès que je pose le corps de l'être extérieur à moi comme absolument libre dans son autodétermination à l'activité, et l'être qui par là est présenté comme cause libre dans le monde sensible, je dois nécessairement poser que cet être veut qu'un effet corresponde à son concept dans le monde sensible, qu'il a donc soumis à ses fins certains objets, quels qu'ils soient, dans le monde sensible, et cela en vertu du concept du droit originaire. Lui, s'il m'aperçoit, doit admettre la même chose à mon sujet.

Ces objets qui sont soumis aux fins particulières de chacun, devraient pour nous deux être réciproquement inviolables, si nous en *(3, 414)* avions le savoir. Mais dans la mesure où cette affaire reste dans la conscience de chacun, et puisqu'elle ne se manifeste pas dans le monde sensible, les objets du droit et de la limitation sont problématiques.

Les objets du droit sont problématiques, mais pas seulement eux : le droit en général est problématique, il est incertain, et il dépend d'une condition inconnue de savoir si tous les deux ont réciproquement des droits l'un sur l'autre. Je suis seulement [III, 125] obligé par hypothèse de ménager les objets que l'autre a subordonnés à ses fins, dans la mesure où il ménage ceux que j'ai subordonnés aux miennes. Or il ne peut absolument pas montrer s'il les ménage ou non, avant qu'il les connaisse ; et moi, je peux, tout aussi peu, montrer si je ménage ceux qui sont soumis à ses fins, avant que je les connaisse. A cause de cette incertitude qui règne, est donc supprimée elle aussi la possibilité même d'attester l'un pour l'autre que nous sommes des êtres capables de droit.

(Ce n'est pas seulement la question de savoir si l'un et l'autre ont l'intention de ménager la propriété d'autrui, qui est problématique ; mais c'est même celle de savoir s'ils ont l'intention de respecter réciproquement la liberté et l'inviolabilité de leurs corps. Il n'y a donc absolument aucune relation juridique effective entre eux : tout est et reste problématique.)

Nous avons déjà aperçu plus haut que, dès qu'intervient le droit de contrainte, des hommes ne peuvent sans convention vivre plus longtemps en paix les uns à côté des autres. Ici nous trouvons que cette impossibilité intervient encore plus tôt, avant tout droit de contrainte, lors de la fondation de tout droit réciproque en général, comme nous allons tout de suite le voir plus précisément.

IV – C'est que cette incertitude ne peut demeurer, si une coexistence juridique des deux personnes doit être possible conformément à une règle qui la garantisse — et non, éventuellement, par un simple hasard qui pourrait tout autant intervenir et ne pas intervenir. Car aucun des deux ne peut dès lors soumettre à ses fins quelque chose qu'il ne leur a pas déjà soumis, et en prendre ainsi possession, sans craindre que l'autre dont il a fait connaissance en ait déjà pris possession et que par conséquent, en en prenant, lui, possession, il porte atteinte aux droits de l'autre. Effectivement, aucun des deux, dès l'instant où ils se connaissent réciproquement, ne peut même être sûr de ce que jusqu'ici il a possédé, parce qu'il est toujours possible que l'autre prenne possession du même objet, en supposant qu'il n'a pas encore de propriétaire, et que dès lors celui qui serait ainsi lésé ne parvienne pas à faire la preuve de sa possession — laquelle peut d'ailleurs aussi être *illégitime*, tout en étant *honnête*, dans la mesure où l'autre pourrait très bien avoir encore plus tôt [III, 126] subordonné la chose à ses fins. Comment alors la question doit-elle être tranchée ? Les deux parties elles-mêmes ne peuvent jamais savoir laquelle des deux a acquis le plus tôt la maîtrise de la chose en litige ; ou bien, si elles pouvaient le savoir, le fondement de la décision repose sur la conscience morale de chacun, *(3, 415)* et n'a aucune validité pour un droit extérieur. Il naît entre elles un conflit juridique indécidable, et un conflit de forces physiques qui ne peuvent s'achever que par l'anéantissement physique ou la dépossession complète de l'un des deux. — C'est uniquement par un hasard, c'est-à-dire si les choses étaient disposées de telle façon que jamais en l'un d'eux ne naisse le désir de ce que l'autre veut se réserver pour lui-même, qu'ils pourraient coexister dans la légalité et la paix. Mais ils ne peuvent faire dépendre tout leur droit et toute leur sécurité d'un tel hasard.

Il est impossible, si cette incertitude n'est pas abolie, qu'entre eux s'installe une relation juridique.

Cela constitue un problème de savoir quels sont les objets du droit et de l'obligation. Cela constitue donc un problème de savoir si en général on doit compter sur un droit et si une obligation existe. Qui veut le droit doit nécessairement vouloir que cet état qui rend tout droit impossible soit surmonté. La loi juridique veut le droit. Elle veut donc nécessairement que cet état soit surmonté. Elle donne par conséquent un droit de pousser à le surmonter. Qui ne veut pas le surmonter exprime seulement par là qu'il ne veut pas le droit et ne se soumet pas à la loi juridique ; il devient donc dépourvu de droit, et autorise à une contrainte infinie.

V – Mais *comment* cette incertitude doit-elle être abolie ? *Que* chaque personne ait soumis, et ait nécessairement dû soumettre, quelque chose à ses fins, cela est inscrit dans le concept d'une personne en tant que cause libre dans le monde sensible, comme on l'a montré plus haut. Par conséquent, il faut d'abord que chaque personne, dès que l'existence d'une personne extérieure à elle lui est connue, limite d'une manière générale sa possession à un *quantum fini* du monde sensible. Si elle voulait subordonner exclusivement à ses fins la totalité du monde sensible [III, 127], la liberté de l'autre qui est dès lors bien connu d'elle ne pourrait se maintenir en même temps ; mais elle doit pouvoir se maintenir ; par conséquent elle est juridiquement obligée de laisser subsister pour l'autre quelque chose comme objet de sa libre activité causale. Mais *quel* quantum déterminé chacun a choisi ou veut choisir, cela dépend de sa liberté.

En outre, chacun est lui-même le seul à pouvoir savoir ce qu'il a choisi, dans la mesure où l'affaire demeure dans la conscience et ne s'extériorise pas dans le monde sensible. Il faudrait par conséquent que tous les deux se disent l'un à l'autre ce que chacun veut posséder exclusivement pour lui-même, parce que c'est là l'unique moyen d'abolir l'incertitude qui doit être supprimée en vertu de la loi juridique. Chacun est juridiquement obligé de *se déterminer intérieurement* à cet égard, et l'autre a le droit de contraindre l'indécis à prendre une décision ferme ; car, aussi longtemps que persistera l'indécision, il *(3, 416)* n'existe ni droit, ni sécurité. Chacun est en outre juridiquement obligé de *s'expliquer extérieurement* sur ce point ; et l'autre a le droit de le contraindre à cette explication, *à la déclaration de sa possession,* parce que sans elle il n'existe de même ni droit, ni sécurité.

Donc toute relation juridique entre des personnes déterminées en général est conditionnée par la déclaration réciproque de ce qu'elles veulent posséder de façon exclusive, et n'est possible que par ce moyen.

VI – Les prétentions déclarées par l'un et l'autre ou bien sont compatibles entre elles, ou bien entrent en contadiction ; la première éventualité se produit si aucun ne déclare vouloir posséder ce que l'autre veut se réserver, la seconde si l'un et l'autre ont des prétentions sur la même chose. Dans le premier cas, ils sont déjà en accord ; dans le dernier, leur conflit ne peut aucunement être tranché par des raisons juridiques. C'est impossible, par exemple, en se référant à la prise de possession antérieure ; car celle-ci ne peut être établie par aucun des deux, et elle n'a donc pas de validité juridique pour un droit extérieur. Ce qui devant ce tribunal fonde le droit de possession, la déclaration de posséder quelque chose, est identique des deux côtés ; il y a donc des deux côtés le même droit.

Ou bien les deux individus doivent entre eux parvenir à un accord [III, 128] tel que chacun de son côté diminue ses exigences, jusqu'à ce que leurs prétentions n'entrent plus en contradiction et qu'ils se trouvent ainsi dans le cas posé tout d'abord, celui de l'accord. — Toutefois, aucun n'a le droit de contraindre l'autre à l'accommodement et à la capitulation ; car, du fait que l'autre ne veut pas capituler sur ces objets déterminés, il ne s'ensuit pas qu'il ne veut pas se soumettre à la loi juridique en général. Il a choisi une possession déterminée, il l'a déclarée, et il a donc rempli son obligation à l'égard de la loi juridique.

Il accepte, à l'en croire, de s'y soumettre aussi ultérieurement, pourvu que je veuille bien lui laisser ce qu'il réclame ; c'est uniquement à ma volonté de posséder précisément cet objet qu'il ne veut pas se soumettre, et cette volonté que j'ai est une volonté particulière, individuelle, mais non pas la volonté, qui doit nous être commune, de la loi juridique, laquelle, sur la question de savoir auquel de nous deux doit appartenir en propre l'objet du litige, ne décide rien.

Ou bien, s'ils ne peuvent parvenir à un accord, il en résulterait, puisque le droit en contestation est égal des deux côtés, un conflit juridique insoluble et, à partir de là, une guerre qui ne pourrait s'achever qu'avec la perte de l'un des deux. Or, dans la mesure où une telle guerre, de même que toute guerre, est absolument contraire au droit, il leur faut, afin qu'elle ne se produise pas, remettre à un tiers la tâche de trancher leur conflit, il faut qu'ils lui abandonnent sans réserve *(3, 417)* leur appréciation du cas présent et la garantie de sa décision pour l'avenir, donc leur droit de juger, et qu'ils lui soumettent leur force physique : autrement dit, selon ce qui précède, il leur faut se rallier conjointement à une instance commune. A cet égard, c'est-à-dire quant au fait que l'autre ou bien se soumet de plein gré, ou bien se rallie en même temps que lui à une instance commune — non qu'il fasse l'un ou l'autre, mais en tant qu'il choisit l'un des deux —, chacun dispose du droit de contrainte, parce que sans cela nulle relation juridique n'interviendrait entre eux deux, laquelle relation pourtant, en vertu de la loi juridique, doit intervenir.

VII – Or, si l'on considère le seul cas qui a lieu d'être examiné ici [III, 129] (car du contrat de propriété au sein de l'Etat il sera traité plus profondément ci-dessous), savoir que tous deux ou bien ont été d'accord dès le début, ou bien se sont mis d'accord par un accommodement, et étant admis que chacun ne possède légitimement comme sa propriété que ce qui lui revient à la suite de cette déclaration réciproque incontestée, sur quoi se fonde donc alors leur droit de propriété sur les objets *déterminés* qui sont échus en partage à chacun ? A l'évidence, uniquement sur le fait que leurs volontés n'étaient pas en conflit, mais s'accordaient ; qu'à ce qui revient à l'un, l'autre a renoncé.

Du fait que l'un dit : cela *seul* doit être mien, il dit en même temps, en raison de la limitation par opposition : ce qui est ainsi exclu peut fort bien être tien ; et inversement de la part de l'autre. Donc leur droit de propriété, c'est-à-dire le droit à la possession exclusive, n'est complet que *par la reconnaissance réciproque,* il est conditionné par elle, et n'existe pas sans cette condition. Toute propriété se fonde sur la réunion de plusieurs volontés en une seule volonté.

Je suis exclu de la possession d'un objet déterminé non pas par la volonté de l'autre, mais uniquement par ma propre volonté libre. Si je ne m'étais pas exclu moi-même, je ne le serais pas. Mais en général il me faut m'exclure de quelque chose, en vertu de la loi juridique. Et c'est ainsi, du reste, que les choses devaient se passer, si quelqu'un possède originairement le droit de propriété sur le monde sensible tout entier, mais ne doit pas le garder de façon effective et pourtant, lors de cette perte, doit être et rester libre.

Pour rendre notre opinion plus claire, nous ajoutons encore les points suivants :

1) Par simple subordination à mes fins, je n'acquiers, dans l'état fictif du droit originaire, qu'une possession ; je ne l'acquiers par là que comme *ayant une valeur pour moi-même ;* mais il y avait lieu de penser que je ne me disputerais pas avec moi-même, que je ne me contesterais pas à moi-même une possession, bien évidemment dans la mesure où je *(3, 418)* me considérerais seulement comme une personne dans le domaine du droit naturel. Devant le tribunal de la loi morale, les choses en vont sans doute autrement ; là, l'homme est [III, 130] en quelque sorte divisé d'avec lui-même et il se traduit lui-même en justice.

Il fallait pourtant que cette proposition fût énoncée, parce que la volonté de posséder quelque chose est la condition *première* et *suprême* de la propriété ; simplement, ce n'est pas la seule, mais il faut seulement qu'elle soit déterminée plus avant par une autre condition. Dès que l'homme est situé en association avec d'autres, sa possession n'est légitime qu'exclusivement dans la mesure où elle est reconnue par l'autre ; et c'est par là qu'elle acquiert pour la première fois une validité externe *commune,* provisoirement commune seulement pour lui et celui qui le reconnaît. Ainsi la *possession* devient-elle pour la première fois une *propriété*, c'est-à-dire quelque chose d'individuel. Un individu n'est possible que dans la mesure où il est distingué d'un autre individu ; par conséquent quelque chose d'individuel n'est possible que dans la mesure où il est distingué d'une autre chose individuelle. Je ne peux me penser comme individu sans m'opposer un autre individu ; de même je ne peux rien penser comme étant ma propriété sans en même temps penser quelque chose comme étant la propriété d'un autre ; de même en est-il de l'autre, de son côté. Toute propriété se fonde sur une *reconnaissance* réciproque, et celle-ci est conditionnée par une *déclaration mutuelle*.

2) La propriété d'un objet *déterminé* — non pas le fait qu'en général quelque chose puisse être possédé en propre — vaut donc seulement pour ceux qui se sont mutuellement reconnu ce droit de propriété ; et pour personne d'autre. Il est toujours possible et il n'est pas contraire au droit que, sur ce qui m'a été reconnu par l'autre, ou par certains autres, tout le reste du genre humain entre en conflit avec moi et veuille à nouveau le partager avec moi. Il n'y a donc absolument aucune propriété sûre et susceptible d'avoir une validité absolue pour le droit extérieur, à l'exception de celle qui est reconnue par la totalité du genre humain. S'assurer de cette reconnaissance apparaît comme un problème immense, et il est pourtant facile à résoudre et est effectivement résolu depuis longtemps par la constitution actuelle des hommes. A tout homme qui vit dans une communauté, la communauté reconnaît et garantit sa propriété, donc chaque citoyen en particulier [III, 131] qui est associé à lui le fait aussi. De cette communauté (l'Etat) les Etats qui en sont limitrophes reconnaissent la propriété, c'est-à-dire la propriété de tous les citoyens en particulier qui en sont membres. La propriété de ceux-ci, les Etats limitrophes la reconnaissent à leur tour, et ainsi de suite. A supposer donc que les Etats éloignés n'aient pas reconnu la propriété de l'Etat dans lequel *je* vis, et par conséquent, par cet intermédiaire, n'aient pas reconnu la mienne, ils ont cependant reconnu la propriété des Etats qui les limitent au plus près. Eux et leurs citoyens *(3, 419)* ne peuvent pénétrer sur le territoire de mon Etat sans traverser ceux qui sont situés entre nous et sans s'en approprier le libre usage, et cela, ils ne peuvent le faire en vertu de la reconnaissance dont ils se sont acquittés ; et ainsi, la terre étant une totalité absolue, close et continue, toute propriété existant sur la terre est médiatement reconnue, par le biais de la reconnaissance immédiate et réciproque des Etats voisins les uns par les autres. — En temps de guerre, certes, toute relation juridique cesse, et la propriété de tous les Etats particuliers qui font la guerre n'est plus garantie ; mais l'état de guerre n'est pas non plus un état légitime.

VIII – Si par cette déclaration concordante certaines choses restent indéterminées, comme il faut s'y attendre, étant donné qu'il est impossible qu'à eux deux ils parviennent à rassembler la totalité du monde sensible pour se le répartir, ce qui reste n'est la propriété d'aucun des deux *(res neutrius).* Il n'y a pas besoin à cet égard d'une déclaration particulière ; tout ce qui n'est pas inclus dans la déclaration de l'un ou de l'autre en est exclu et, ainsi exclu de ce qui est déterminé, devient quelque chose d'indéterminé, quand bien même cela aurait été encore inconnu d'eux lors de la déclaration réciproque et n'aurait été découvert que seulement ensuite. Cette chose qui *pour eux* est sans maître *(res neutrius)* peut très bien être la possession d'un tiers et être subordonné par lui à ses fins ; mais puisqu'ils ne savent rien d'un tiers et ne se connaissent tous deux que l'un l'autre, ils ne peuvent prendre en compte ce tiers inconnu et seulement possible.

Il peut ultérieurement venir à l'esprit de l'un ou de l'autre [III, 132] de subordonner à ses fins quelque chose de cet indéterminé et par là d'en prendre possession. Comme cela ne fait pas partie de la propriété qu'il reconnaît à l'autre, il semble, en vertu du droit originaire, avoir parfaitement le droit d'effectuer une telle prise de possession. Mais si alors l'autre, qui pour les mêmes raisons a le même droit, prenait pareillement possession du même objet, qui devrait décider du droit ainsi à nouveau contesté ? Il faudrait donc, afin qu'une telle controverse juridique ne puisse aucunement naître, qu'à propos de cet élargissement de la possession interviennent de la même manière déclaration et reconnaissance. Cette deuxième déclaration et cette deuxième reconnaissance, et éventuellement les suivantes, sont soumises exactement aux mêmes difficultés que les premières : les deux personnes peuvent vouloir posséder la même chose, et elles ont toutes les deux le même droit de le vouloir. Sur ce droit problématique de l'une comme de l'autre, il peut toujours naître à nouveau une controverse juridique insoluble et une guerre, laquelle ne peut s'achever que par la perte de l'un des adversaires ou des deux. La relation juridique établie entre eux reste donc toujours indéterminée et imparfaite, et il ne s'est pas encore installé entre eux un état de paix durable.

C'est pourquoi cette indétermination ne peut dès lors subsister, et *(3, 420)* ils ne peuvent laisser dépendre la totalité de leur droit et leur sécurité future du fait que — nouveau hasard — aucun ne désire ce que l'autre veut avoir, ou qu'à chaque fois ils s'arrangent à l'amiable. Il faut par conséquent que, dès leur premier accord en vue d'instaurer entre eux une relation juridique, on établisse quelque chose de déterminé à propos du droit d'appropriation pour l'avenir.

Il n'est pas simplement opportun et utile que cela soit fait, mais il *faut* absolument le faire en vertu de la loi juridique, parce que sinon nulle relation juridique complète et sûre ne serait instaurée entre eux, nulle paix stable ne serait conclue. Chacun a donc le droit de contraindre l'autre à donner son assentiment à une quelconque règle portant sur l'appropriation à venir, et qui ait de la valeur pour les deux.

De quelle sorte de règle pourrait-il s'agir ? Par la *déclaration* [III, 133] l'objet particulier que l'on s'approprie est déterminé ; par la *reconnaissance* le propriétaire obtient l'assentiment de l'autre, que requiert le droit de propriété. Cette dernière peut précéder la déclaration, c'est-à-dire qu'elle peut se produire une fois pour toutes lors de l'association qui établit la paix entre les deux camps. Au contraire la déclaration portant sur la prise de possession à venir ne peut se produire lors de leur premier accord, car alors ce serait une prise de possession présente et non pas à venir ; les objets seraient déjà déterminés, et non pas indéterminés et déterminables seulement dans l'avenir. Ce qui devrait intervenir à l'avance, c'est donc la reconnaissance non du déterminé, mais du déterminable, c'est-à-dire qu'il faudrait que des deux côtés on s'oblige réciproquement à ce que chacun veuille reconnaître chaque déclaration de possession de l'autre dans le domaine de ce qui jusqu'ici est indéterminé, sans plus, comme constituant la propriété de celui-ci.

En conséquence de ce contrat, celui des deux qui simplement déclare en premier sa prise de possession obtiendrait par cette seule déclaration le plein droit de propriété, étant donné que l'autre s'est par le contrat déjà obligé à donner son approbation. C'est donc ici que pour la première fois, et cela uniquement par suite de la convention passée volontairement et pourtant juridiquement nécessaire, entre en jeu comme fondement du droit la priorité temporelle ; et la formule juridique : *Qui prior tempore, potior jure,* qui jusqu'ici n'avait aucune validité juridique devant le tribunal extérieur, est fondée (38). Une autre formule juridique : une chose sans maître échoit en partage à celui qui s'en saisit le premier *(res nullius cedit primo occupanti)* est ici déterminée et délimitée d'une manière plus précise. Il n'y a pas de chose qui soit absolument sans maître, au jugement du droit externe. C'est uniquement par la déclaration réciproque et par le fait qu'elle en est exclue, qu'une chose sans maître apparaît pour les deux contractants *(res neutrius),* et qui n'est que problématiquement *res nullius,* jusqu'à ce *(3, 421)* qu'un propriétaire se manifeste à son égard. (Elle est purement et simplement *res neutrius per declarationem ;* elle *cedit, ex pacto, primo occupanti et declaranti* (39).)

La possibilité que naisse un conflit juridique insoluble n'est pas encore supprimée et la relation juridique [III, 134] n'est pas encore continuellement assurée, si l'on ne peut aménager les choses de telle façon que la déclaration succède aussi vite que possible à la prise de possession, à la connaissance de l'objet et à la décision de me le réserver. Car comment va-t-il en aller, alors que, ma prise de possession de l'objet une fois effectuée, l'autre, que je cherche pour lui déclarer cette prise de possession, survient, prend possession du même objet et alors vient me déclarer sa prise de possession ? De qui est-ce la propriété ? La controverse juridique pourrait bien se trouver insoluble, souvent même devant la propre conscience des deux individus, en tout cas de façon certaine devant le tribunal du droit externe, parce que aucun ne peut démontrer qu'il était le premier. Tous deux seraient donc, quel que soit le soin apporté, en danger une fois encore d'être embarqués dans une guerre l'un avec l'autre.

Prise de possession et déclaration doivent donc être réunies synthétiquement ; ou, dit de façon plus rigoureuse, il faut que l'objet occupé soit, lors de l'occupation, déterminé de façon telle *que l'autre ne puisse le connaître sans connaître en même temps l'occupation qui s'est produite.* C'est l'objet lui-même qui doit effectuer la déclaration : donc, il faut que des signes manifestant que la prise de possession s'est produite soient convenus entre les deux individus. C'est cela, précisément cela, qui est nécessaire, si toute possibilité ultérieure de conflit juridique doit être évitée ; il y a donc un droit de contrainte pour faire cette demande à l'autre. — Ces signes sont des signes uniquement dans la mesure où ils ont été convenus entre eux deux et ont été faits pour cela. Ils peuvent donc être ce qu'ils veulent. Le signe le plus naturel pour la propriété de la terre et du sol est la séparation de cette propriété et du reste du pays par des clôtures et des fossés (*a*). Aux animaux privés de raison, il est par là rendu impossible de pénétrer sur un tel terrain ; aux êtres raisonnables, il est ainsi rappelé qu'ils ne doivent pas se servir de leur capacité d'y pénétrer.

IX – En ce qui concerne l'abandon de propriété *(derelictio dominii),* sur lequel pourrait ici surgir pareillement une controverse, il est tout de suite clair que la première propriété, le bien propre [III, 135] que l'on possède en vertu de la déclaration et de la reconnaissance, ne pourrait être abandonnée que par la déclaration que le propriétaire ne veut pas la posséder plus longtemps, et que, quoi qu'il puisse se produire par ailleurs, chacun doit toujours admettre que l'autre veut continuer de posséder ce qu'il s'est un jour approprié, aussi longtemps qu'il n'a pas *(3, 422)* expressément déclaré avoir renoncé à cette volonté. Jusqu'où s'étend le fondement, jusque-là va le fondé : or la déclaration est le fondement exclusif de cette propriété, par conséquent elle ne peut être supprimée si la déclaration n'est pas elle-même supprimée. La propriétée abandonnée devient dès lors sans maître pour tous deux, et est

(*a*) *Note marginale de Fichte :* des clôtures *ou* des fossés.

soumise à la règle juridique indiquée ci-dessus à propos des objets sans maître. — En ce qui concerne la propriété acquise ultérieurement *(dominium acquisitum)*, elle est acquise à la suite du signe conventionnel de la propriété, et elle est supprimée dès que ce signe disparaît, conformément à la règle : le fondé ne va pas plus loin que le fondement. On pourrait dire qu'à partir du moment où l'autre a aperçu le signe, il sait que ce qui est ainsi désigné est devenu une propriété. Le propriétaire peut dès lors faire disparaître le signe, pour ne rien entretenir qui soit superflu ; ou encore le signe vieillit, et disparaît peut-être de lui-même. Mais c'est là justement ce qui fait que l'on ne peut jamais prouver à l'autre qu'il a effectivement aperçu le signe de la propriété. Il peut, somme toute, ne pas être venu à proximité de l'objet ; ou, s'il était venu à proximité, il peut bien ne pas avoir prêté attention au signe de la propriété, dans la mesure où la chose ne l'intéressait pas. Le signe n'est donc jamais quelque chose de superflu, mais c'est au contraire le fondement nécessairement persistant du droit ; et si le propriétaire le fait disparaître, ou s'il le laisse s'anéantir, il faut le considérer comme quelqu'un qui a abandonné son droit de propriété.

X – Du fait que les deux personnes concluent sur la propriété le contrat que l'on a indiqué et déterminé, elles se prouvent réciproquement qu'elles se soumettent à la loi juridique, étant donné que ce contrat ne peut être conclu qu'exclusivement en vertu de cette loi ; et donc qu'ils sont des êtres qui [III, 136] ont des droits. Ainsi, par l'intermédiaire de ce contrat, l'intangibilité et l'inviolabilité de leurs corps, qui auparavant restait problématique, obtient en même temps sa sanction et devient un droit catégorique. Point n'est besoin pour cela, évidemment, d'une convention particulière ; car l'*extension* du droit, ici, n'est pas matière à controverse, mais elle est donnée par la simple connaissance. Quant au *fait*, qui était auparavant problématique, la chose est maintenant décidée par la conclusion du contrat. Notre analyse est revenue sur elle-même ; auparavant problématique, le point de départ est maintenant, grâce au simple parcours accompli par l'analyse, devenu catégorique ; l'analyse est par conséquent parfaitement épuisée.

Les deux êtres, pour ce qui est des limites de leurs actions libres dans la relation qu'ils entretiennent l'un avec l'autre, sont maintenant parfaitement déterminés et ils sont, en quelque sorte, constitués *(3, 423)* réciproquement l'un pour l'autre. Chacun a son point de vue déterminé dans le monde sensible ; et ils ne peuvent aucunement s'engager dans une controverse, si tous deux se tiennent à ce point de vue. Est ainsi instauré entre eux un équilibre du droit.

XI – La proposition proposée comme synthèse, selon laquelle par la loi juridique, en soi formelle, le champ des droits de chacun pourrait bien aussi être matériellement déterminé, s'est vérifiée par son applicabilité universelle. Par la simple connaissance d'un être libre, est pour moi immédiatement déterminée ma relation juridique avec lui, c'est-à-dire qu'elle est posée comme nécessairement à déterminer : par la loi juridique est donnée la tâche absolue, soit de la déterminer librement, soit de la faire déterminer par l'Etat.

Nous avons donc répondu à la question la plus importante d'une doctrine du droit, en tant que science réelle : comment une loi juridique simplement formelle se peut-elle appliquer à des objets déterminés ?

CHAPITRE II
DE LA DOCTRINE DU DROIT :
sur le droit de contrainte

(3, 423) § 13

[III, 137] Toute notre argumentation, dans la déduction d'un équilibre du droit, tourne en rond : si l'on réfléchit à ce cercle, l'état de droit, dont la possibilité devait ainsi être démontrée, devient une nouvelle fois impossible ; et le concept de droit apparaît encore et toujours vide et privé de toute application.

Pour les êtres raisonnables que nous avons posés comme se connaissant réciproquement l'un l'autre, il était problématique, pour chacun de son côté, de savoir s'il pouvait compter que ses droits fussent assurés face à l'autre, et si par conséquent il avait des droits ; ou s'il devait par la force physique l'expulser de son champ d'action. Le doute doit être évacué pour cette raison que tous les deux ont déterminé et reconnu réciproquement l'étendue de leurs droits ; car il doit en résulter clairement qu'ils se soumettent à la loi juridique.

Mais, bien loin que leur sécurité réciproque, à l'un comme à l'autre, repose sur le seul fait d'être convenus entre eux d'un état de droit, elle repose bien plutôt sur le fait que, dans toutes leurs actions libres à venir, ils s'orientent d'après cette convention [III, 138]. Par conséquent, *(3, 424)* dans cette convention, on présuppose la confiance de chacun à l'égard de l'autre, non seulement pour qu'il tienne sa parole ici ou là, quand il le juge bon, mais pour qu'il s'en fasse une loi inviolable. Or il ne pourrait aucunement la donner pour telle, comme une parole qu'il veut tenir, ni il ne peut la tenir effectivement à l'avenir, sinon en vertu de la volonté que vienne à exister entre eux une relation juridique, par conséquent en vertu de sa soumission à la loi.

Donc, ce qui doit prouver que l'autre se conforme au droit et qu'il en est capable, autrement dit sa soumission à la loi, ne prouve que dans la mesure où ce qu'il faut prouver est déjà présupposé, et n'a absolument aucune validité ni aucune signification si cela n'est pas présupposé.

L'exactitude de toute la recherche qui suit dépend de la façon dont ce point est rigoureusement pris en compte. La sécurité des deux personnes doit dépendre non pas d'un hasard, mais d'une nécessité semblable à celle d'un mécanisme et évacuant absolument toute possibilité d'une exception. Une telle sûreté n'existe qu'à la condition que pour l'un comme l'autre la loi juridique soit la loi inviolable de leur volonté, et si tous deux ne peuvent en acquérir la conviction de façon réciproque, nulle convention ne leur donne une garantie, car elle n'a d'effet qu'à la condition de cette soumission de la volonté à la loi juridique. Il y a plusieurs raisons possibles qui sont susceptibles de les conduire à s'engager dans une convention, sans qu'ils aient eux-mêmes lors de la convention la volonté de tenir leur parole. Ou encore, tous deux peuvent, au moment de la convention, penser de bonne foi vivre conformément au droit l'un avec l'autre, et y être résolus du fond du cœur ; mais, après coup, poussés par l'habitude de la paix et tranquillisés, débarrassés de la crainte, qui pouvait bien avoir eu aussi une part dans leur accommodement à l'amiable, et tout à fait assurés de la faiblesse du voisin, l'un d'eux ou tous les deux peuvent avoir autre chose en tête. Dès que l'un pense que c'est possible, il ne peut plus avoir un instant de repos, mais il lui faut être continuellement sur ses gardes, continuellement [III, 139] prêt à la guerre, et il place ainsi l'autre, qui peut-être continue à envisager les choses avec loyauté, dans la même situation et lui fait partager sa méfiance. Dès cet instant, chacun acquiert le droit de déclarer à l'autre que la paix est dénoncée et de se débarrasser de lui, car la possibilité de la coexistence de leurs libertés a disparu. Leur contrat est totalement anéanti, vu que ce sur quoi il se fondait, la confiance réciproque, a disparu.

Résultat : la possibilité de la relation juridique entre des personnes, dans le domaine du droit naturel, est conditionnée par la bonne foi et la confiance réciproques. Mais bonne foi et confiance réciproques ne *(3, 425)* dépendent pas de la loi juridique ; elles ne se peuvent obtenir par contrainte, ni il n'existe un droit de les obtenir par contrainte. Il n'est pas possible d'obtenir par la contrainte que quelqu'un ait intimement confiance en ma loyauté, parce que cette confiance ne s'extériorise pas, et par conséquent se situe à l'extérieur de la sphère du droit naturel. Mais même à ne pas extérioriser sa méfiance envers moi, je ne peux contraindre quelqu'un. Car si effectivement il a tout de même de la méfiance, je le forcerais par une telle contrainte à abandonner tout souci de sa sécurité, par conséquent toute sa liberté et tous ses droits ; ainsi je le soumettrais à mon appréciation arbitraire et à ma puissance, c'est-à-dire que je l'assujettirais, ce dont personne n'a le droit.

§ 14 – Le principe de toutes les lois de contrainte

Dès que la bonne foi et la confiance ont disparu entre des personnes qui vivent ensemble, la sécurité réciproque et toute relation juridique entre elles sont devenues impossibles, comme nous l'avons vu. De l'absence de fondement de leur méfiance réciproque, les parties ne peuvent être persuadées, étant donné qu'une telle conviction ne pourrait être édifiée que sur une bonne volonté confirmée et totalement garantie contre tout relâchement et contre toute faiblesse ; ce à quoi l'on peut à peine croire pour soi-même, à plus forte raison donc pour autrui. Bonne foi et confiance, dès qu'elles ont disparu, ne peuvent être rétablies [III, 140] ; car, ou bien la situation des deux individus continue à ne pas offrir de sécurité, la méfiance se communique réciproquement et s'accroît du fait des précautions dont chacun voit que l'autre les applique ; ou bien éclate entre eux une guerre, laquelle n'est jamais un état de droit, et où tous les deux trouveront toujours l'un contre l'autre assez de raisons de douter de la bonne foi des intentions de l'autre partie.

Cela étant, pour aucun des deux il ne s'agit de la bonne volonté de l'autre en soi, quant à sa forme. Chacun est soumis à cet égard au tribunal de sa propre conscience. C'est seulement aux conséquences, à la dimension matérielle de la volonté, qu'ils ont affaire. Chacun veut et a le droit de vouloir que du côté de l'autre ne se produisent que les actions qui devraient se produire s'il avait une volonté continuellement bonne ; quant à savoir alors si cette volonté existe effectivement ou non, ce n'est pas la question. Chacun revendique seulement la *légalité* de l'autre, nullement sa *moralité.*

Toutefois, l'on ne peut, ni ne doit, organiser un dispositif tel que les *(3, 426)* actions ne devant pas avoir lieu soient réprimées mécaniquement par une force physique ; c'est, d'une part, impossible, parce que l'homme est libre et, précisément pour cette raison, peut résister à toute force physique et la surmonter ; d'autre part, c'est contraire au droit, parce que l'homme serait ainsi, dans le domaine du concept de droit, transformé en une simple machine, et que la liberté de sa volonté ne compterait pour rien. Le dispositif à organiser devrait donc nécessairement se tourner vers la volonté elle-même, l'influencer et la forcer à se déterminer par elle-même à ne rien vouloir d'autre que ce qui peut coexister avec la liberté conforme à la loi. Il est aisé d'apercevoir que la réponse ne pouvait qu'être de ce type ; il est seulement un tant soit peu plus difficile de concevoir comment cela serait possible.

L'être libre pose pour lui-même des fins avec une absolue liberté. Il veut parce qu'il veut, et le vouloir d'un objet est lui-même le fondement ultime de cette volonté. Ainsi, et non pas autrement, avons-nous plus haut déterminé l'être libre, et ainsi doit-il nécessairement [III, 141] rester déterminé : si on le conçoit autrement, l'égoïté se perd.

Si dès lors les choses pouvaient être disposées de façon que, du vouloir de chaque fin non conforme au droit, résulte nécessairement, et selon une loi ne cessant pas d'être efficace, le contraire de ce que l'on projetait, chaque volonté contraire au droit s'anéantirait elle-même. Uniquement parce que l'on voudrait quelque chose, on ne pourrait le vouloir ; chaque volonté qui ne se conformerait pas au droit serait le fondement de son propre anéantissement, tout comme la volonté en général est le fondement ultime de soi-même.

Il était nécessaire de mettre en place cette proposition dans toute sa rigueur synthétique, étant donné que c'est sur elle que toutes les lois de contrainte, ou lois pénales (la législation criminelle dans sa totalité), se fondent. Nous allons maintenant analyser ce concept, pour le rendre plus clair.

L'être libre se propose une fin. Appelons cette fin A. Il est alors, certes, parfaitement possible que cet A soit mis en rapport à son tour, comme moyen, avec d'autres fins, etc. Mais on peut remonter aussi loin que l'on veut : on doit pourtant finir par admettre une fin absolue, laquelle est voulue purement et simplement parce qu'elle est voulue. Toutes les fins possibles qui servent de médiations se rapportent à elle comme des parties de la fin totale absolue, et doivent donc être elles-mêmes considérées comme des fins absolues. A est voulu, cela signifie : il est requis que quelque chose qui corresponde au concept de A soit donné dans la perception comme existant. Le concept de l'existence réelle de A, le fait de vouloir que A existe, est donc le mobile de la volonté de A. Dans la mesure où A est présentement désiré, et dans la mesure où le souhait de son existence est le souhait prédominant, le contraire de A est abhorré, et c'est présentement le mal que l'on craint le plus.

Si donc la personne prévoyait que, de son activité pour réaliser A, *(3, 427)* s'ensuivra nécessairement le contraire de A, elle ne pourrait vouloir réaliser A, précisément pour cette raison qu'elle souhaite ou désire l'existence de A, et donc qu'elle abhorre le contraire de A ; elle ne pourrait pas vouloir A, précisément pour cette raison qu'elle le veut ; et notre problème serait résolu. Le désir le plus puissant fournirait le contrepoids, et la volonté s'anéantirait elle-même. Elle serait par elle-même maintenue dans ses limites et enchaînée.

Si donc un dispositif agissant avec une nécessité mécanique pouvait être mis en place, par lequel, de toute action contraire au droit, résulterait le contraire de sa fin, la volonté serait forcée par un tel dispositif à vouloir seulement ce qui est conforme au droit ; grâce à cette disposition, la sécurité serait rétablie après la ruine de la bonne foi et de la confiance, et la bonne volonté ne serait plus indispensable pour la réalisation extérieure du droit, vu que la volonté mauvaise et avide à l'égard des biens d'autrui serait conduite vers la même fin. Un dispositif tel que celui que l'on vient de décrire s'appelle une *loi de contrainte.*

D'une façon générale, il existe un droit de prendre une telle disposition. Car une liberté et une sécurité légitimes doivent régner de façon réciproque, en vertu de la loi juridique. La bonne foi et la confiance, par le biais desquelles liberté et sécurité pourraient aussi régner, ne se laissent pas susciter d'après une loi de manière que l'on puisse compter sur elles ; cette fin doit donc être réalisée par l'intermédiaire de cela seul qui peut être réalisé d'après une règle, et qui consiste seulement dans la loi de contrainte. Par conséquent la tâche d'organiser une telle disposition est inscrite dans la loi juridique.

Enfin, la liberté de la bonne volonté demeure inaccessible à cette loi de contrainte et est préservée dans toute sa dignité. Dans la mesure où quelqu'un veut seulement ce qui est conforme au droit par égard pour la seule conformité au droit, il ne naît en lui absolument aucun désir de ce qui n'est pas conforme au droit. Mais, cela dit, comme nous l'avons vu, la loi compte uniquement sur ce désir, elle ne se sert que de lui comme mobile, et elle s'applique à la volonté uniquement par l'intermédiaire de ce désir. C'est seulement par ce moyen que l'on ajoute en quelque sorte à la loi quelque chose par quoi elle puisse nous arrêter et nous retenir. Dans tous les cas, par conséquent, où aucun désir n'est présent, elle n'agit pas et, à l'égard de la [III, 143] volonté, elle est totalement abolie ; elle ne devient pas un motif, parce que la rectitude est déjà produite par un autre motif. Au juste, nulle loi extérieure n'est donnée, il en est tout à fait libéré, et cela par sa propre bonne volonté.

Mais — et c'est là la deuxième façon possible de considérer une loi *(3, 428)* de contrainte — on peut causer un préjudice sans intention de nuire, par négligence et légèreté. Ici la loi de contrainte que l'on a décrite, qui se fonde sur la volonté de causer un préjudice, ou plutôt sur la volonté de favoriser son intérêt en portant préjudice à l'autre, qui s'adresse à cette volonté et, comme on vient de le montrer à un autre égard, disparaît si une telle volonté n'existe pas, n'a aucune influence et ne fournit là contre aucune protection. Mais, cela dit, une perte provoquée par légèreté est, pour celui qui en est la victime, la même que si elle était provoquée par mauvaise volonté, et la crainte qu'elle peut engendrer jette dans la même insécurité et la même appréhension que celle qui procède de desseins consciemment hostiles. Donc par le dispositif décrit la sécurité n'est pas encore suffisamment fondée. C'est même contre la légèreté qu'il faut que des dispositions soient prises.

Toute étourderie se réduit au fait que l'homme *n'a absolument aucune volonté* dans des cas où il devrait nécessairement en avoir une et où, pour autant qu'on le considère comme un être raisonnable et libre, on a compté qu'il en aurait une. Il ne s'est forgé aucun concept de son agir, mais il agi de façon mécanique, et tout comme s'il était poussé par le hasard. Cela interdit de vivre en sécurité près de lui et en fait un produit de la nature qu'il faudrait mettre en repos et rendre inactif, alors que pourtant ni on ne le peut, étant donné qu'il a tout de même aussi une volonté libre, ni on ne le doit, étant donné qu'après tout sa liberté doit être respectée. Afin que la sécurité soit possible à côté de lui, l'homme doit diriger les manifestations de sa force physique, grâce à une volonté libre, vers une fin réfléchie ; et en ce qui concerne la liberté de l'autre, la règle suivante peut lui être déterminée :

[III, 144] *Il lui faut apporter autant de soin à ne pas violer les droits de l'autre qu'il en apporte pour que les siens ne soient pas violés.* La preuve de la validité de cette règle est la suivante : le but final ultime qui m'est énoncé par la loi *est la sécurité réciproque.* Y est contenue la fin que les droits de l'autre restent non lésés par moi, autant et au même degré que celle que les miens restent non lésés devant lui ; et aussi longtemps que ces fins ne sont pas toutes les deux, pareillement, des fins de ma volonté, ma volonté est injuste et je suis incapable d'entretenir une relation sûre et pacifique.

La question, c'est de savoir comment disposer les choses pour conduire chacun à avoir une volonté, là où il doit en avoir une, ou encore — en reprenant la détermination plus précise qu'en énonçant la règle nous avons donnée à la proposition — à apporter pour la sécurité de l'autre en face de lui autant de soin qu'il en apporte pour sa propre sécurité en face de l'autre.

Nous examinons tout d'abord la première formule, justement *(3, 429)* parce qu'elle est la plus difficile et donne pour cette raison à l'analyse le plus grand intérêt qui soit : comment doit-on disposer les choses pour produire en chacun une volonté ?

Ce qui n'a absolument nulle volonté, ne serait pas un être libre et raisonnable, ce qui contredit l'hypothèse. Les personnes que nous nous représentons ici ont une volonté, et même l'orientation déterminée de leur volonté est connue ; ils ont déclaré les objets qu'ils ont, par leur volonté, soumis à leurs fins (leur propriété). A partir de cette volonté existant de façon tout à fait certaine, il faudrait engendrer, par les dispositions à prendre, la volonté qui fait défaut, mais qui est cependant requise pour que soit possible la sécurité réciproque ; autrement dit, il faudrait que la satisfaction de la volonté qu'ils possèdent soit conditionnée par le fait d'avoir l'autre volonté, qu'ils doivent avoir et dont peut-être ils pourraient éventuellement se trouver dépourvus. — De façon tout à fait certaine, j'ai A pour *fin*. Or il faudrait, si je dois vivre dans le cadre d'une relation juridique, que j'aie aussi, en plus, la fin B, et il est douteux que j'aie toujours cette fin. Mais le vouloir de cette-ci est en moi produit de façon tout à fait assurée [III, 145] si on fait d'elle la condition pour atteindre la fin A. Contre mon gré, je suis dès lors forcé de vouloir B, étant donné que, sans lui, A, que je veux, serait impossible. A est la fin : affirmer mes propres droits ; B, celle de ne pas porter atteinte à ceux des autres. Si dès lors, par une loi de contrainte régnant avec une nécessité mécanique, toute atteinte portée aux droits de l'autre devient une atteinte à l'égard des miens, j'apporterai à la sécurité de ces derniers le même soin que j'apporte à la sécurité des miens, dans la mesure où par la mise en place de ce dispositif la sécurité de l'autre en face de moi devient ma propre sécurité. Bref, toute perte qui pour l'autre résulte de mon irréflexion doit m'être infligée à moi-même.

Ajoutons cette comparaison : dans le premier cas, la volonté divaguait au-delà de ses frontières ; elle se portait sur ce qui appartient exclusivement à l'autre, mais comme sur quelque chose qu'elle voulait utiliser pour son propre avantage. C'est justement de cette divagation de la volonté que se servait la loi pour la repousser à l'intérieur de ses limites. Dans le second cas, elle ne se portait pas assez loin, c'est-à-dire qu'elle ne se dirigeait pas du tout vers ce qui appartient à l'autre, comme pourtant elle le devrait. La loi se sert du soin légitime que la volonté apporte à la conservation de son bien propre, pour la conduire à occuper pleinement les limites qui lui appartiennent. Le souci de sa propre sécurité a donc, sous la conduite de la loi de contrainte, l'effet opposé, c'est-à-dire qu'il a à chaque fois l'effet qu'il doit avoir pour maintenir l'équilibre du droit. Le concept d'une loi de contrainte tendant à assurer cette égalité des droits de tous est par conséquent parfaitement épuisé.

§ 15 – Sur l'institution d'une loi de contrainte

La loi de contrainte doit agir de façon que, de toute violation du *(3, 430)* droit, résulte pour son auteur inévitablement et avec une nécessité mécanique, telle qu'il puisse avec une entière certitude [III, 146] la prévoir, la même violation de son propre droit. La question se pose de savoir comment un tel ordre des choses pourrait être produit.

Ce qui est requis, comme cela ressort de la chose, c'est une puissance contraignante, punissant irrésistiblement l'agresseur. Par qui, tout d'abord, doit être mise en place une telle puissance ?

Elle est posée comme moyen d'atteindre la sécurité réciproque, quand bonne foi et confiance n'existent pas, et cela sans aucune autre considération. Seul pourrait donc la vouloir celui qui veut cette fin, mais il faut que celui-ci la veuille aussi de façon nécessaire. Or ce sont ceux que l'on a posés comme les contractants qui veulent la fin ; par conséquent, eux, et eux seuls, peuvent être ceux qui veulent le moyen. C'est dans le vouloir de cette fin, et en lui seulement, que leurs volontés sont réunies : nécessairement, elles sont donc aussi réunies dans le vouloir du moyen, c'est-à-dire qu'ils doivent conclure entre eux un contrat pour la mise en place d'une loi de contrainte et d'une puissance contraignante.

Cela dit, quelle doit être cette puissance ? Elle est dirigée par un concept, et tient à la réalisation d'un concept, plus précisément : d'un concept formé avec une liberté absolue, à savoir celui des frontières que tous deux, dans le contrat, ont posées à leur causalité dans le monde sensible ; ce ne peut donc être une puissance mécanique, mais il faut au contraire que ce soit une puissance libre. Une puissance telle qu'elle réunirait en elle toutes ces exigences n'est, dans ces conditions, aucunement posée s'il ne s'agit pas de leur propre puissance, déterminée par leur volonté générale. Le contenu du contrat qu'ils devraient conclure pour instaurer un droit de contrainte serait donc celui-ci : *tous deux, par la réunion de leurs forces, voudraient traiter d'après le contenu de la loi de contrainte celui des deux qui aurait porté atteinte à l'autre.*

Or, dans la mesure où intervient le cas auquel s'applique le droit de contrainte, l'agresseur est l'un des deux ; que cet agresseur utilise sa propre force pour repousser sa propre attaque, c'est contradictoire ; par suite, il s'abstiendrait assurément de commettre l'agression ; il ne se produirait pas d'agression [III, 147], et le cas du droit de contrainte n'interviendrait pas. Il pourrait par conséquent promettre simplement qu'il n'a pas l'intention de résister à la contrainte de l'autre, mais qu'il accepte de s'y soumettre de bon gré.

Mais c'est également contradictoire, car celui qui porte atteinte à l'autre, que ce soit intentionnellement ou par négligence, a la ferme *(3, 431)* volonté, selon notre hypothèse, de conserver son bien, attendu que c'est seulement par référence à cette volonté que la loi de contrainte est prévue : dans le premier cas, c'est même par rapport à la volonté de se rendre maître de ce qui est le bien de l'autre ; et c'est cette volonté, précisément, qui est ce dont la contrainte doit produire l'échec. S'il se soumettait au pouvoir, il n'y aurait pas besoin d'un pouvoir contre lui ; il renoncerait de bon gré à son injustice, et n'aurait donc aucunement la volonté que présuppose la loi de contrainte (un devoir de *se laisser contraindre* est quelque chose de contradictoire ; qui se laisse alors contraindre, n'est pas contraint, et qui est contraint, ne se laisse pas contraindre).

Pourtant il faudrait assurément qu'il en aille ainsi ; car sinon d'où pourrait bien procéder une prédominance du droit, étant donné que nous ne pouvons attribuer aux deux personnes que la même force physique ? Donc c'est dans la personne même à laquelle on ne pouvait faire confiance pour qu'elle parvienne à s'empêcher, grâce à la parole donnée, de porter atteinte à la propriété d'autrui, et qui n'a donc effectivement pas pu ainsi s'en empêcher, qu'il faudrait placer sa confiance pour qu'elle se soumette volontairement, afin de ne pas rompre la parole donnée lors du contrat de contrainte, à la punition qui porte sur sa propriété.

Ensuite, si l'offensé se fait justice lui-même et si l'agresseur doit s'abandonner entièrement, les pieds et les poings liés, à son jugement et à l'exécution de celui-ci, qui peut donc lui répondre que celui qui a subi l'atteinte ou bien ne dépassera pas intentionnellement les limites du droit de contrainte, ou bien ne commettra pas d'erreur dans l'application de ce droit au cas présent ? L'agressé devrait donc lui aussi placer dans la rectitude, l'impartialité et la sagesse de l'autre une confiance fabuleuse et impossible, après [III, 148] avoir cessé totalement de lui faire confiance, toutes choses qui sont sans nul doute contradictoires (40).

Donc un tel contrat, dans la mesure indiquée, est contradictoire et ne peut aucunement être réalisé.

Il ne pourrait être réalisé qu'à la condition que celui qui a été lésé soit à chaque fois le plus puissant, mais seulement jusqu'à la limite déterminée par la loi de contrainte ici déduite, et qu'il perde toute puissance là où cette limite serait atteinte ; ou encore, selon la formule mise en place plus haut, *à la condition que chacun possède exactement autant de pouvoir que de droit.* Or cela n'intervient, comme nous l'avons également vu plus haut, que dans une communauté. Il n'y a donc absolument aucune application possible du droit de contrainte, sauf dans une communauté : sinon, la contrainte est toujours seulement problématiquement légitime, et dès lors l'application effective de la contrainte, comme s'il y avait pour cela un droit catégorique, est toujours injuste.

(Il n'y a donc, au sens où l'on a pris souvent le terme, aucun *droit (3, 432) naturel,* c'est-à-dire qu'il n'est pas de relation juridique possible entre des hommes, si ce n'est dans une communauté et sous des lois positives. *Ou bien* il existe une moralité générale et une croyance universelle en elle, et de surcroît il se produit ce qui, même avec la meilleure volonté de tous, ne pourrait intervenir souvent, le plus grand hasard de tous les hasards, à savoir que tous les hommes s'accordent dans leurs prétentions : dans ces conditions, la loi juridique n'exerce aucune action, elle n'a pas de sentences à venir rendre, car ce qui devrait arriver d'après elle, arrive sans elle, et ce qu'elle est interdit, personne ne le veut. Pour une espèce d'êtres qui seraient parfaitement moraux, il n'y a pas de loi juridique. Que l'homme ne puisse constituer cette espèce, c'est bien clair, ne serait-ce que du fait qu'il lui faut *être éduqué* à la moralité et *s'y éduquer lui-même ;* qu'il n'est pas moral par nature, mais doit d'abord se rendre moral par son propre travail.

Ou bien — deuxième éventualité — il n'existe pas de moralité générale ou du moins pas de croyance universelle en elle, et alors la loi juridique extérieure, assurément, intervient ; mais [III, 149] elle ne peut obtenir d'application, sauf dans une communauté. Par là le droit naturel est supprimé.

Mais ce que nous perdons d'un côté, nous le récupérons de l'autre, et avec bénéfice ; car l'Etat lui-même devient l'état de nature de l'homme, et ses lois ne doivent être rien d'autre que le droit naturel réalisé.)

CHAPITRE III
DE LA DOCTRINE DU DROIT :
du droit politique, ou du droit dans une communauté

§ 16 – Déduction du concept d'une communauté

[iii, 150] Le problème auquel nous en sommes restés, que nous ne pouvions pas résoudre et que nous espérons résoudre grâce au concept d'une communauté, était le suivant : réaliser une puissance par laquelle, entre des personnes qui vivent les unes à côté des autres, le droit, autrement dit ce que toutes veulent nécessairement, puisse être obtenu par la contrainte.

I – L'objet de la volonté générale est la *sécurité réciproque ;* mais en *(3, 433)* chaque individu, en vertu de l'hypothèse, étant donné qu'il ne se trouve nulle moralité, mais seulement de l'amour-propre, le vouloir de la sécurité de l'autre procède du vouloir de sa propre sécurité : le premier est subordonné au second, personne ne s'intéresse à ce que l'autre soit en sécurité devant lui, sauf dans la mesure où sa propre sécurité face à l'autre n'est possible qu'exclusivement à cette condition. Nous pouvons exprimer cela brièvement dans la formule suivante : *Chacun subordonne la fin commune à sa fin privée.* (C'est sur cette base que la loi de contrainte est donc aussi calculée [iii, 151] ; elle doit produire cette action réciproque, cette réunion nécessaire des deux fins dans la volonté de chacun, et cela en liant effectivement pour chacun son bonheur avec la sécurité du bonheur de tous les autres.)

La volonté d'une puissance qui exerce le droit de contrainte n'a pas la possibilité d'être ainsi disposée ; car, vu que la subordination de la volonté privée à la volonté générale n'est produite que par le pouvoir contraignant, mais que celui-ci doit être au-dessus de tout autre pouvoir, ladite subordination ne pourrait, chez celui qui exerce la contrainte, être produite par aucun autre pouvoir que par le sien propre, ce qui est absurde. Il faut par conséquent que cette subordination et cette concordance n'aient nul besoin d'être produits, mais qu'ils existent déjà, c'est-à-dire qu'il faut que la volonté privée de la puissance contraignante et la volonté générale soient une et identique ; il faut que la volonté générale elle-même, et aucune autre, soit pour cette puissance volonté privée, et il faut qu'elle n'ait aucune autre volonté particulière et privée.

II – Voici donc le problème du droit public et, selon notre démonstration, de la philosophie du droit tout entière : *trouver une volonté dont il soit absolument impossible qu'elle puisse être autre que la volonté générale.*

Autrement dit, d'après la formule proposée antérieurement, qui est plus appropriée à la démarche de notre recherche : *trouver une volonté dans laquelle volonté privée et volonté générale soient réunies synthétiquement.*

Nous entendons résoudre ce problème d'une manière rigoureuse. Soit X la volonté à chercher.

a) Toute volonté se prend elle-même (dans l'avenir) pour objet. La fin dernière de tout sujet voulant est la conservation de soi-même. Ainsi en est-il pour X, et telle serait donc la *volonté privée* de X. — Or cette volonté privée doit être une avec la volonté générale ; celle-ci est celle de la sécurité des droits de tous. X veut donc, de même qu'elle *se* veut, *la sécurité des droits de tous.*

b) La sécurité des droits de tous n'est voulue que par la volonté concordante de tous, par la concordance de cette volonté qui leur appartient. *C'est uniquement sur ce point* que *tous* s'accordent [III, 152] ; car pour tout le reste leur vouloir est particulier et vise les fins individuelles. Aucun individu, aucune partie, en vertu de l'hypothèse d'un égoïsme *(3, 434)* universel sur la base duquel la loi de contrainte est calculée, ne renonce à cette fin, mais ce n'est possible que s'ils le font *tous* ensemble.

c) X serait donc elle-même cette *concordance* de tous. Pour autant qu'elle *se* veuille, il lui faudrait vouloir la sécurité des droits de tous, étant donné qu'elle ne constitue avec elle qu'un seul et même objet.

II – Mais une telle *concordance* est un simple concept ; or elle ne doit pas en rester là, mais elle doit au contraire être réalisée dans le monde sensible, c'est-à-dire être établie dans une expression déterminée et agir comme force physique.

Ne sont pour nous des êtres voulants dans le monde sensible que les hommes. C'est dans et par les hommes que ce concept devrait donc être réalisé. Pour cela, est requis :

a) Que la volonté d'un nombre déterminé d'hommes, en un quelconque point du temps, soit effectivement concordante et s'exprime comme telle, soit déclarée comme telle. — Il importe ici de montrer que la concordance requise ne va pas se trouver d'elle-même, mais qu'elle se fonde sur un *acte* de tous, *intervenant expressément dans le monde sensible, susceptible d'être perçu à un quelconque moment et possible uniquement par libre autodétermination.* Un tel acte procède d'une démonstration déjà accomplie ci-dessus. Car la loi juridique dit seulement que chacun doit limiter l'usage de sa liberté par les droits de l'autre, mais elle ne détermine pas l'extension des droits de chacun et à quels objets ils doivent s'étendre. Cela doit être expressément déclaré, et déclaré de façon telle que les déclarations de tous s'accordent. Il faut que chacun ait dit à tous : je veux vivre à cet endroit de l'espace et posséder en propre ceci ou cela ; et il faut que tous lui aient répondu : oui, tu peux vivre ici et posséder cela.

L'analyse plus poussée de cet acte donne naissance à la première section de la doctrine du droit politique, celle qui traite du *contrat social.*

b) [III, 153] Il est aussi requis que cette volonté soit établie comme la volonté constante et immuable de tous, volonté que chacun, dès lors qu'il l'a exprimée dans le moment présent, reconnaît comme la sienne aussi longtemps qu'il vivra à cet endroit de l'espace. Il a toujours été question, dans toutes les recherches accomplies jusqu'ici, que toute la volonté à venir soit présentifiée en un seul moment ; que la volonté se détermine en une seule fois pour toute la vie à venir. C'est ici que pour la première fois cette proposition a acquis de façon correcte sa validité. A travers la façon dont la volonté présente est ainsi fixée pour tous les temps, la volonté générale qui s'est exprimée devient alors une *loi.*

c) Dans cette volonté générale est déterminé d'une part quelle extension doivent avoir les droits de chaque personne, et la législation *(3, 435)* est, à cet égard, la *législation civile (legislatio civilis)* ; d'autre part, comment celui qui porte atteinte à ces droits de telle ou telle manière doit être puni : il s'agit de la *législation criminelle (legislatio criminalis, jus criminale, poenale).* Cette analyse donne lieu à la deuxième section de la doctrine du droit politique, qui traite de la *législation.*

d) Il faut que cette volonté générale soit pourvue d'une puissance, plus précisément : d'une puissance prépondérante, face à laquelle la puissance de chaque individu soit infiniment petite, afin qu'elle puisse prendre soin de soi-même et de sa conservation grâce à la contrainte : il s'agit du *pouvoir politique.* Il y a en lui deux éléments : le droit de juger, et le droit d'exécuter les jugements qui ont été rendus (*potestas judicialis et potestas executiva in sensu strictiori,* qui, dans les deux cas, appartiennent à la *potestas executiva in sensu latiori*).

IV – La volonté générale s'est effectivement exprimée en un point du temps, et elle est devenue universellement légale grâce au contrat social conclu à son sujet.

Il ne peut se créer, d'après les principes exposés, absolument aucune difficulté pour apercevoir ce que sera cette volonté commune, aussi bien du point de vue de la détermination des droits de chaque individu que du point de vue des lois pénales. — Mais cette volonté n'est pas encore déposée et préservée quelque part, elle n'est pas encore pourvue d'une puissance. Il faut que ce dernier point requis s'accomplisse, si elle doit être permanente et si ne doivent pas bientôt réapparaître l'insécurité antérieure [III, 154] et la guerre de tous contre tous. La volonté générale, en tant que simple volonté, est réalisée, mais elle ne l'est pas encore comme puissance capable de se conserver soi-même ; et il reste donc encore à résoudre la dernière partie du problème.

La question semble d'elle-même obtenir une réponse.

Car ceux qui s'associent, en tant que personnes physiques dans le monde sensible, ont nécessairement eux-mêmes de la puissance. Aussi longtemps, dès lors, qu'aucun ne transgresse la loi, il faut admettre, étant donné qu'on ne peut juger chacun que d'après ses actions, que sa volonté privée concorde avec la volonté générale, par conséquent que sa puissance appartient à la puissance politique. Chacun, quand bien même il commencerait au fond de son cœur à avoir une volonté injuste, doit continuer à craindre la puissance de tous, de même que tous craignent aussi la sienne, parce qu'ils ne peuvent rien savoir de l'injustice de sa volonté, qui ne s'est pas encore exprimée en des actions. La puissance de tous, dont il convient d'admettre qu'elle s'est déclarée en faveur de la loi, maintient la puissance de chaque individu à l'intérieur des limites qui sont les siennes ; et ainsi règne le plus parfait équilibre du droit.

Mais dès que la loi est transgressée, celui qui la transgresse est, de ce fait, exclu de la loi, et sa puissance est exclue de la puissance de celle-ci. Sa volonté n'est plus concordante avec la volonté générale, au contraire elle devient une volonté privée.

De la même manière, celui qui a été lésé est exclu de l'exécution *(3, 436)* de la volonté générale : car, précisément parce qu'il a été lésé, sa volonté que son agresseur lui procure réparation et soit puni doit être considérée comme sa volonté privée, non comme la volonté générale. Dès lors, en vertu de l'hypothèse, sa volonté privée ne peut être maintenue à l'intérieur de ses limites que par la puissance de la volonté générale. Si donc il obtenait alors la direction de cette puissance pour exécuter ce qui est par hypothèse sa volonté privée, cette volonté privée qui est sienne ne serait plus limitée par la puissance, ce qui est contraire au contrat. Par conséquent c'est seulement le *tiers* qui peut être juge, étant donné qu'il convient d'admettre que l'ensemble du conflit ne lui tient à cœur qu'uniquement [III, 155] dans la mesure où la sécurité commune est par là mise en péril ; car aucun avantage privé ne peut ressortir pour lui du fait que ce soit celui-ci ou celui-là qui conserve la possession en litige ; par conséquent il convient d'admettre que sa volonté, à propos de ce conflit, est exclusivement la volonté générale qui est nécessaire, sans que sa volonté privée exerce la moindre influence, étant entendu qu'elle n'intervient pas ici dans le débat et n'y trouve aucune application.

V – Mais il reste toujours possible que le tiers, en raison d'une inexplicable préférence pour l'une des parties, ou parce qu'un profit s'en dégage effectivement pour lui, ou même par erreur, prononce une sentence injuste et s'associe avec le plaignant pour l'exécuter. Tous deux seraient alors associés pour l'injustice, et la prépondérance ne serait plus du côté de la loi. Ou encore, pour le dire de façon plus générale : il est possible que, dans une association comme celle que l'on a posée, plusieurs s'unissent contre un seul ou contre plusieurs membres plus faibles pour les opprimer grâce à la puissance qu'ils ont ensemble. Leur volonté, dans ce cas, est certes la volonté qui leur est commune à eux, les oppresseurs, mais ce n'est pas la volonté générale, car les opprimés n'ont pas donné, eux aussi, leur consentement : ce n'est pas la volonté générale élevée auparavant au rang de loi, au rang d'une loi que ceux qui sont maintenant opprimés avaient eux aussi approuvée. Ce n'est donc pas la volonté de la loi, mais une volonté dressée contre la loi, une volonté qui pourtant est plus puissante. Aussi longtemps qu'une telle association contre la loi, pour l'injustice, reste possible, la loi n'a pas la prédominance qu'elle doit avoir, et notre problème n'est pas résolu.

Comment rendre impossible une telle association ?

Le vouloir de la fin commune, autrement dit : du droit, est, par hypothèse, conditionné en chaque individu par le vouloir de sa fin privée ; le désir de la sécurité publique, par le désir de sa propre sécurité. Il faudrait donc que soit trouvée une disposition telle que des individus ne pourraient pas s'associer contre d'autres, sans [III, 156] abandonner, selon une loi infaillible, leur propre sécurité.

Or, si une seule fois, quand la réunion a eu lieu, il est possible *(3, 437)* dans un Etat qu'une société se coalise contre des concitoyens particuliers, il est en soi naturel que cela puisse aussi être possible une deuxième et une troisième fois ; et ainsi chaque personne qui s'associe maintenant aux opprimeurs, doit inévitablement redouter que, d'après la présente maxime, son tour d'être opprimée puisse tout aussi bien venir. Mais il est possible pourtant que chacun pense : cela, en tout cas, ne me concerne pas, moi ; moi, du moins, je serai assez rusé pour arranger toujours les choses de façon que je sois du côté des plus forts et jamais du côté des plus faibles.

Il faut que la possibilité de cette pensée soit totalement supprimée. Il faut que chacun aperçoive jusqu'à en être convaincu que de l'oppression et du traitement injuste d'un *seul* concitoyen s'ensuivront à coup sûr sa propre oppression et un traitement injuste à son propre égard.

Une conviction sûre ne se peut produire que par une loi. Donc il faudrait que la violence injuste devienne *légitime* du fait qu'elle s'est accomplie une seule fois et dans un seul cas. Il faudrait que, précisément parce que quelque chose s'est accompli une fois, désormais chacun ait parfaitement le droit de faire la même chose (en vertu de la formule établie plus haut : tout acte permis devrait nécessairement être une loi, et par-là nécessairement la loi devrait toujours passer à l'acte).

(Cette proposition est par surcroît fondée dans la nature des choses. La loi est égale pour tous : ce qui par conséquent, selon elle, revient à un seul, doit nécessairement revenir à tous.)

Mais ce qui est ainsi suggéré ne peut être mis en application : car par là droit et justice sont supprimés pour l'éternité par la loi elle-même. C'est pour cela précisément que dans la loi juridique ne peut figurer la proposition que l'injustice doive être dite juste, mais simplement que, comme le fait de la permettre dans un unique cas lui conférerait nécessairement une légitimité, et cela non seulement dans le raisonnement, mais dans la réalité, cette permission accordée à l'injustice dans un cas unique [III, 157] ne peut absolument pas intervenir. Il en résultera aussitôt les dispositions à prendre pour cela, si nous considérons encore une fois de plus près le concept, exposé plus haut, d'une puissance de la loi. Nous verrons aussitôt comment les choses devraient se passer, si nous considérons encore une fois de plus près le principe exposé plus haut (*a*).

La puissance contraignante, a-t-il été dit, devrait être telle que

(*a*) Le texte des *SW* rassemble les deux phrases : « Il en résultera aussitôt les dispositions à prendre pour cela, si nous considérons encore une fois de plus près le principe exposé plus haut. »

l'autoconservation en soit conditionnée par sa perpétuelle activité ; telle donc que, si une seule fois elle est inactive, elle soit anéantie pour toujours ; telle que son *existence en général* dépende de son *existence, ou manifestation, dans chaque cas particulier.* Et puisque cet ordre des choses ne pourrait pas se mettre en place de lui-même, du moins ne *(3, 438)* pourrait pas s'installer d'après une règle et de façon ininterrompue, il faudrait qu'il soit introduit par une loi fondamentale du contrat social.

L'ordre des choses qui est requis sera introduit si l'on ordonne que la loi ne doit avoir absolument aucune validité pour ce qui suivra avant que tout ce qui a précédé ait été tranché conformément à elle ; que justice ne doit être faite à personne en vertu d'une loi avant que justice ait été faite à tous ceux qui ont été lésés auparavant et qui se réclameraient de la même loi ; que personne ne doive pouvoir être puni d'après une loi pour un délit, avant que tous les délits précédents accomplis à l'égard de cette loi aient été découverts et punis. Mais étant donné que la loi en général ne fait qu'un, elle ne pourrait prononcer quoi que ce soit avant d'avoir satisfait à toutes ses obligations antérieures. Par la loi elle-même, devrait donc être mise en place une disposition suivant laquelle la loi se prescrit à elle-même une loi ; et une telle loi qui revient sur elle-même, c'est ce que l'on nomme une loi *constitutionnelle.*

VI – Pourvu que l'ordre indiqué soit lui-même (*a*), dans l'application du pouvoir public, assuré par une loi de contrainte, la sécurité universelle et la domination ininterrompue du droit sont solidement fondées. Mais comment cet ordre lui-même doit-il être assuré ?

[III, 158] Si, comme cela demeure toujours présupposé ici, la communauté entière a entre ses mains le pouvoir exécutif, quelle autre puissance doit la forcer à observer au fil du temps sa propre loi dans l'application de ce pouvoir ? Ou alors, si l'on accepte que la communauté, par bonne volonté et par attachement à la constitution, observe pendant un temps cette loi constitutionnelle et que, n'ayant pu ou

(*a*) *SW :* Si dès lors l'ordre indiqué est lui-même...

n'ayant pas voulu rendre justice à *une seule* victime d'un préjudice, elle entrave dans cette mesure le fonctionnement de la justice, les désordres qui s'ensuivraient deviendraient sous peu si grands que la communauté devrait inévitablement, par nécessité, agir à l'encontre de sa loi fondamentale et, sans punir les anciens délits, ne se jeter, très rapidement, que sur les nouveaux. La suspension des lois serait la punition de son inertie, de sa négligence ou de sa partialité ; et comment devrait-on la forcer à s'infliger à elle-même cette punition et à la supporter ? La communauté serait, quant à l'administration du droit, son propre juge. Aussi longtemps que l'insécurité ne se serait pas largement propagée, elle laisserait, par nonchalance ou par partialité, passer beaucoup de choses ; et à partir du moment où, de ce fait, l'insécurité se serait donc accrue et serait devenue sensible à la plus grande part de ses membres, la communauté se jetterait avec une rigueur injuste et passionnée sur les criminels enhardis par la tolérance *(3, 439)* manifestée jusqu'alors et espérant pour eux aussi la même tolérance, eux que leur mauvaise étoile aurait lancés précisément dans cette époque où le peuple s'éveille — cela jusqu'à ce que la frayeur l'ait emporté, jusqu'à ce que le peuple s'endorme à nouveau et que le cycle revienne à son point de départ. Une telle constitution, la constitution *démocratique* dans la signification la plus propre du terme, serait la moins sûre de toutes celles qui pourraient exister, vu que l'on n'aurait pas à craindre seulement, sans cesse, comme en dehors de l'Etat, les violences de tous, mais aussi, de temps en temps, la colère aveugle d'une masse excitée qui agirait de façon injuste au nom de la loi.

Le problème soulevé n'est donc pas encore résolu, et la situation des hommes dans la constitution décrite est aussi dépourvu de sécurité qu'elle l'était sans elle. La raison véritable [III, 159] en est que la communauté, au sujet de l'administration du droit en général, est en même temps *juge et partie*.

Par là nous est donnée la manière de parvenir à une solution. Sur la question de savoir comment la justice en général est administrée, il faut que juge et partie soient séparés, et la communauté ne peut être les deux en même temps.

Partie, la communauté ne peut l'être dans cette affaire. Car, étant donné qu'elle est et doit être plus puissante que tout, un juge ne pourrait jamais faire valoir à son égard sa sentence. Il faudrait qu'elle se soumette de plein gré à sa sentence. Mais dans ce cas la justice, pour elle, a plus de valeur que tout ; si toutefois c'était là ce qu'il conviendrait de supposer comme le cas normal, il n'y aurait pas besoin d'un jugement, et le juge, de fait, ne serait même pas un juge, mais seulement un conseiller. Si la communauté ne veut pas le droit, elle ne se soumet pas, dans la mesure où elle ne peut pas être contrainte ; elle reproche à celui qui la rappelle mal à propos au droit son aveuglement ou son infidélité, et reste, après comme avant, son propre juge.

Rassemblons l'ensemble du raisonnement : pour savoir si le pouvoir de l'Etat est correctement appliqué, il faut en juger d'après une loi. Dans cette affaire, la même personne (physique ou mystique) ne peut être en même temps juge et partie. Mais *partie,* la communauté ne peut l'être, elle qui pourtant, dans ce procès, doit pourtant être l'un des deux ; elle ne peut donc pas — c'est l'importante conclusion que nous en tirons — garder en main la puissance publique, parce que, sinon, comme partie, il lui faudrait se faire comparaître devant un tribunal plus élevé.

(Tout dépend du fait que l'on se persuade de la solidité du raisonnement qui a été effectué ; car il contient la stricte déduction, qui à ma connaissance n'a encore nulle part été produite, de l'absolue nécessité d'une représentation, cela à partir de la raison pure, et il montre que celle-ci est une disposition non seulement utile et sage, mais *(3, 440)* absolument requise par la loi juridique et que la démocratie, au sens du terme ci-dessus expliqué, est une constitution qui non seulement ne constitue pas une politique, mais est absolument contraire au droit [III, 160]. Que la communauté ne puisse en même temps être juge et partie, devrait susciter le minimum de doutes ; mais peut-être doutera-t-on qu'il faille absolument que des comptes soient rendus sur l'application de la puissance publique. Pourtant cela procède de tout ce qui a été dit jusqu'ici. Chaque individu qui entre dans l'Etat doit être convaincu qu'il lui est impossible d'être jamais traité contrairement à la loi. Mais cette impossibilité n'existe pas si l'administrateur de la loi ne peut être lui-même soumis à reddition de comptes.)

Donc il faudrait que la communauté aliène l'administration de la puissance publique, la transfère à une seule ou à plusieurs personnes particulières, lesquelles cependant resteraient responsables devant elle de l'application de cette puissance. Une constitution où les administrateurs de la puissance publique n'ont pas de responsabilité est un *despotisme*.

C'est donc une loi fondamentale de toute constitution politique conforme au droit et à la raison que le *pouvoir exécutif*, qui contient en lui, de façon inséparable, le pouvoir judiciaire et le pouvoir d'exécuter au sens plus étroit, et *le droit de contrôler et de juger comment ce pouvoir exécutif est administré*, ce que j'entends nommer l'*éphorat*, au sens le plus large du mot, soient séparés ; que ce dernier reste à la communauté dans sa totalité, mais que le premier soit confié à des personnes déterminées. Aucun Etat n'a donc le droit d'être gouverné *de façon despotique* ou *de façon démocratique*.

(On a beaucoup parlé de la séparation des puissances, des *pouvoirs*[1], des parties d'une seule et même puissance publique. Le pouvoir législatif devrait être séparé du pouvoir exécutif, a-t-on dit ; mais dans cette proposition il semble y avoir quelque indétermination.

Pour chaque personne déterminée, la loi positive déterminée n'est, il est vrai, une *loi quant à sa forme* et elle n'oblige qu'exclusivement dans la mesure où elle s'y soumet, c'est-à-dire dans la mesure où elle déclare : je veux vivre dans cet Etat déterminé, qui a cette population déterminée, ce territoire, ces ressources, etc. Mais l'*élément matériel*, du moins pour ce qui est de la loi civile (des autres branches de la législation, on traitera en particulier), procède de la simple supposition [III, 161] que ce rassemblement déterminé d'hommes, sur ce territoire déterminé, a la volonté de vivre en commun *conformément au droit ;* et chacun, en prononçant ces quelques mots : je veux vivre parmi vous, se soumet à *toutes* les lois justes qui peuvent jamais être données dans cet Etat. Dans la mesure où il est imparti aux administrateurs du pouvoir exécutif de maintenir le droit en général, et qu'ils en ont la responsabilité (celle du règne du droit), il faut que, de par la loi, leur soit confié le

1. *Pouvoirs* est en français dans le texte.

soin de veiller aux moyens nécessaires à la réalisation du droit ; et donc *(3, 441)* aussi de prendre eux-mêmes les décrets qui, proprement, ne sont pas de nouvelles lois, mais seulement des applications davantage déterminées de l'unique loi fondamentale, dont voici les termes : ce rassemblement déterminé d'hommes doit vivre en commun conformément au droit. Si les détenteurs du pouvoir appliquent de façon injuste cette loi fondamentale, très rapidement des désordres s'ensuivront, mettant en question leur responsabilité ; et ils sont forcés ainsi d'instituer des lois justes, susceptibles de recevoir l'approbation de tout être intelligent.

Il est tout à fait vain, et ce n'est même possible qu'en apparence, de séparer le pouvoir judiciaire et le pouvoir exécutif (ce dernier entendu au sens étroit du terme). S'il est imposé au pouvoir exécutif de mettre en œuvre sans discussion la sentence du pouvoir judiciaire, c'est un pouvoir sans limites qui est entre les mains du juge lui-même, et les deux pouvoirs ne sont séparés qu'en apparence, dans les personnes ; mais celle de ces personnes qui est l'exécutant n'a absolument aucune volonté, elle dispose en fait seulement d'une force physique guidée par une volonté étrangère. En revanche, si le pouvoir exécutif a le droit d'opposer son veto, il est lui-même pouvoir judiciaire, et même en dernière instance, et à nouveau les deux pouvoirs ne sont pas séparés. En conséquence de nos analyses, le pouvoir exécutif, au sens le plus large du terme, et l'éphorat doivent être séparés. Le premier englobe la totalité de la puissance publique, dans toutes ses branches ; mais il lui faut être rendu responsable de leur administration devant l'éphorat — dont le concept n'est pas encore déterminé ici, et il s'en faut de beaucoup, de façon complète (*a*).)

Les personnes auxquelles la puissance exécutive est confiée [III, 162] sont, d'après la division habituelle, ou bien une seule, dans la *monarchie* conforme au droit et à la loi, ou bien un corps organisé par la constitution, dans la *république* (au sens étroit du terme) ; ou, pour le dire de façon plus précise, c'est, puisqu'un seul homme ne peut jamais

(*a*) *SW :* ce développement sur la séparation des pouvoirs n'est pas inscrit dans une parenthèse.

tout faire, toujours un corps qui a entre ses mains le pouvoir exécutif ; et à cet égard la seule différence est que, si l'unanimité ne se produit pas, le conflit est tranché soit par la voix d'un président permanent (le monarque), de laquelle on ne peut faire appel, soit par une voix collective, éventuellement par la majorité des voix. Dans ce cas, c'est une personne mystique, souvent aussi une personne soumise au changement (c'est-à-dire que ceux qui par le concours de leurs voix forment la majorité et tranchent le conflit, sans que l'on puisse faire appel de leur décision, ne sont pas toujours les mêmes personnes physiques), qui est le président permanent.

En outre les administrateurs du pouvoir exécutif sont ou ne sont pas élus pour leur personne. Dans le premier cas, ou bien *tous*, ou bien seulement *quelques-uns* sont élus. Ils sont élus immédiatement par la communauté, dans la *démocratie*, au sens étroit du terme, *(3, 442)* c'est-à-dire dans celle qui a une représentation, et qui pour cette raison est une constitution légitime. Si *toutes* les personnes représentant l'autorité sont élues immédiatement par la communauté, c'est une *démocratie pure*, sinon, c'est une *démocratie mêlée*. Le corps de ceux qui détiennent le pouvoir peut aussi se compléter lui-même par élection, dans l'*aristocratie ;* complètement, dans l'*aristocratie pure ;* seulement en partie, si bien que le peuple élit immédiatement une partie des magistrats, dans l'*aristocratie mêlée*, ou *aristodémocratie*. Il est possible aussi d'élire pour sa personne un président permanent du gouvernement, dans une *royauté élective*. Dans tous ces cas, l'élection est accomplie soit par la communauté tout entière, en sorte que chaque citoyen ait le droit de vote, soit seulement par une partie de celle-ci. Le droit de vote est donc limité ou illimité. Une véritable limitation du droit de vote ne pourrait se fonder que sur la naissance de l'électeur ; car si chaque citoyen peut recevoir toute dignité dans l'Etat, mais ne peut accéder à des dignités plus élevées que de façon progressive, [III, 163] le vote est limité non pas absolument, mais seulement relativement. Mais si le droit de vote est limité absolument, et si la capacité de voter se fonde sur la naissance, la constitution est alors une *aristocratie héréditaire ;* et cela nous conduit au second cas que nous avons plus haut posé comme possible, savoir que les représentants sont élus, mais non pas chacun personnellement.

Car il peut y avoir des représentants de naissance, soit de telle façon que ce soit exclusivement par leur naissance qu'ils obtiennent effectivement la représentation : le prince héritier dans toute monarchie héréditaire ; soit que par leur naissance ils possèdent l'éligibilité, en tout cas de façon exclusive, aux fonctions publiques les plus élevées : la noblesse en général, dans les monarchies, les patriciens en particulier, dans les républiques aristocratiques héréditaires.

Toutes ces formes politiques acquièrent pour elles la force du droit grâce à la loi, c'est-à-dire par la volonté originaire de la communauté qui se donne une constitution. Toutes sont conformes au droit pourvu qu'il existe un éphorat et, pourvu que celui-ci soit organisé comme il convient et soit efficace, elles peuvent produire et maintenir dans l'Etat un droit universel.

Quelle est pour un Etat déterminé la meilleure forme d'organisation gouvernementale ? — ce n'est pas là une question relevant de la doctrine du droit, mais de la politique ; et la réponse à cette question passe par la recherche de l'organisation gouvernementale sous laquelle l'éphorat agira avec le plus de force.

Là où l'éphorat n'est pas encore introduit ou ne peut l'être parce que la majorité des hommes restent des barbares, la représentation héréditaire est même la plus adéquate pour que celui qui détient illégitimement un pouvoir sans craindre Dieu ni avoir à craindre un tribunal humain, redoute du moins la vengeance qui, du fait de toutes ses *(3, 443)* exactions, s'accumule sur sa postérité peut-être innocente et qui, conformément au cours nécessaire de la nature, retombera tout à fait certainement sur la tête de celle-ci.

VII – Les personnes auxquelles la communauté a offert d'exercer la puissance publique doivent avoir accepté cette offre et avoir engagé devant le tribunal de la communauté leur responsabilité quant à l'emploi [III, 164] de cette puissance ; faute de quoi elles ne seraient pas des représentants et le pouvoir ne leur serait pas confié.

Cette acceptation ne peut intervenir que de façon volontaire ; et il faut que les deux parties s'accordent à l'amiable. Car, bien que dans la loi juridique soit comprise la nécessité qu'il y ait une puissance publique et des administrateurs expressément commis à son exercice, bien que, par conséquent, il existe aussi, sans doute, un droit de contraindre chacun à donner son sentiment sur l'organisation d'un tel pouvoir — la loi juridique ne dit pourtant rien sur la question de savoir à quelles personnes déterminées ce pouvoir doit être confié.

Notre déduction s'accomplit ici exactement sur le modèle de celle qui est intervenue plus haut lors de l'analyse du contrat de propriété. Etant donné que la loi juridique n'est absolument pas applicable sans la mise en place d'un pouvoir public, mais que celui-ci ne peut pas ne pas être transféré à des personnes déterminées, il existe un droit de contrainte s'appliquant à chacun pour qu'il donne sa voix en vue de nommer de telles personnes, et en outre pour qu'il se détermine, si le choix devait se porter sur lui, à vouloir ou non accepter la charge. Le choix, c'est-à-dire ici la détermination de la manière dont en général la représentation devrait être pourvue dans cet Etat, toute la partie de la constitution qui concerne cet objet, doit être mis sur pied grâce à un *accord absolument unanime.* Car, bien qu'il existe en général un droit de contraindre chacun à entrer dans une constitution civile, il n'y a pourtant aucun droit de le contraindre à entrer précisément dans celle-ci. Dès lors, dans la mesure où c'est par les personnes des détenteurs du pouvoir et par la loi qui établit comment elles doivent être choisies que l'Etat devient un Etat déterminé, il n'existe nul droit de forcer l'autre à reconnaître le ou les représentants choisis par moi comme étant aussi les siens. S'il ne peut y avoir accord, le groupe le plus nombreux, et par conséquent le plus fort, se maintiendra en cet endroit de l'espace, et les autres, puisqu'ils ne peuvent plus longtemps être admis en ce lieu, auront le choix entre se ranger du côté de la majorité, ce par quoi le choix [III, 165] devient unanime, ou bien abandonner le terrain, donc ne plus aucunement se mettre au nombre des membres de cette association, ce par quoi de nouveau le choix devient unanime. De même qu'en général un contrat devient inviolable et inaltérable du fait que, mais aussi *uniquement* de ce fait que sans lui une relation juridique ne *(3, 444)* serait pas possible, de même en est-il aussi du contrat dans lequel l'Etat transfère le pouvoir exécutif à des personnes déterminées et que nous proposons de nommer contrat de transfert.

Une fois que quelqu'un a pris en charge la puissance publique, il ne peut pas la déposer de façon unilatérale, mais seulement avec le consentement de la communauté, parce que, du fait de son retrait, la domination du droit pourrait se trouver pour le moins interrompue, voire rendue absolument impossible si sa place ne pouvait être réoccupée convenablement. Tout aussi peu est-il permis à la communauté de mettre un terme unilatéralement au contrat conclu avec lui : car c'est l'administration de l'Etat qui définit sa position dans l'Etat, la possession qui lui a été assignée, et, puisque telle est sa possession en vertu du contrat, il n'en a nulle autre ; lorsque, à tous les citoyens, fut assignée leur propriété, c'est celle-ci qui lui fut personnellement assignée ; par conséquent mettre unilatéralement un terme à son contrat rendrait impossible une *relation juridique* entre lui et la communauté. Mais s'il veut y consentir de plein gré et s'accorder avec la communauté sur une indemnité, il peut très bien le faire.

En outre, étant donné que l'administrateur du pouvoir public assume, dans ce contrat, la responsabilité du droit et de la sécurité, il lui faut nécessairement se réserver la puissance et le libre usage de celle-ci qui lui paraissent et lui apparaîtront à chaque occasion requis à cette fin ; et il faut que cette puissance lui soit accordée. Il faut lui accorder le droit de déterminer quelle doit être la contribution de chacun pour faire progresser la fin de l'Etat, et d'employer cette puissance en toute conscience et selon sa conviction (nous verrons bientôt dans quelle mesure pourtant cette puissance devrait être limitée). Il faut donc que la puissance de l'Etat soit, sans aucune restriction [III, 166], mise à sa libre disposition, comme d'ailleurs cela découle du concept d'un pouvoir d'Etat.

La puissance publique doit, dans chaque cas, rendre justice à chacun, réprimer et punir l'injustice. Elle en assume la responsabilité, et une violence qui n'est pas découverte a pour l'Etat et sa personne les plus tristes conséquences. Les administrateurs des pouvoirs publics doivent donc avoir la puissance et le droit de veiller sur la conduite des citoyens ; ils ont le *pouvoir de police* et la *législation policière.*

Que chacun, dans le contrat social, ait soumis sans nulle réserve son jugement au jugement de l'Etat et, puisque maintenant on a posé un administrateur de la puissance de cet Etat, que chacun se soumette à celui-ci, qu'il soit donc nécessairement un juge contre lequel on ne peut faire appel, cela procède déjà de ce que nous avons vu plus haut.

VIII – Sous quelle loi de contrainte ce suprême pouvoir d'Etat doit-*(3, 445)* il maintenant lui-même être placé, afin qu'il lui soit impossible de faire quoi que ce soit d'autre que le droit, mais en même temps qu'il lui faille nécessairement dans tous les cas accomplir le droit ?

Plus haut, sur le plan général, a été posée la proposition : il doit être physiquement impossible que la puissance publique, ou ici ses administrateurs, aient une autre volonté que celle du droit. Le moyen d'y parvenir a également déjà été indiqué sur le plan général. Il faut que leur but privé, le but constitué par leur propre sécurité et leur bien-être, soit lié au but commun, et qu'il ne puisse être atteint que si ce dernier est atteint. Ils ne doivent avoir absolument aucun autre intérêt que celui de favoriser le but commun.

Le droit est simplement *formel ;* il faut donc que ne puisse intervenir en eux absolument aucun intérêt *matériel* pour leurs sentences, qu'ils n'aient aucun intérêt à ce qu'elles prennent telle allure dans tel ou tel cas. Il leur faut pouvoir ne porter d'intérêt qu'à la conformité de leurs sentences au droit, et nullement à leur teneur.

[III, 167] Par conséquent il faut tout d'abord que, dans tous leurs buts privés, c'est-à-dire en ce qui concerne leurs besoins, ils soient totalement indépendants de toutes les personnes privées. Il faut qu'ils aient leur subsistance assurée, et richement, en sorte qu'aucune personne privée ne puisse leur accorder de bienfaits, et que tout ce que l'on pourrait leur offrir passe pour rien.

Les administrateurs de la puissance exécutive doivent, pour ne pas être portés à la partialité, avoir aussi peu d'amitiés, de relations, d'attachements que possible parmi les personnes privées.

Le principe posé plus haut afin d'obtenir un droit égal pour tous les individus et dans tous les cas était celui-ci : la loi se règle d'après le cours du temps et elle ne décide sur nul cas à venir avant d'en avoir fini avec les cas précédents. Dès lors que maintenant une organisation régulière de la justice a été trouvée qui est occupée en permanence, et peut-être par plusieurs choses en même temps, il se pourrait que diverses controverses juridiques soient plus aisées à trancher que d'autres, et d'une façon générale il importe avant tout de ne pas perdre de temps, tant et si bien qu'il faut supprimer cette loi dans les termes où elle a été posée. Cela dit, que la justice intervienne effectivement dans l'examen de toutes les plaintes qui sont déposées auprès d'elle, cette organisation doit pouvoir continuellement le démontrer ; en outre, il est absolument nécessaire que soit fixé, d'après le type des controverses, un temps déterminé à l'écoulement duquel chacune doit être achevée ; sinon la loi, d'après le principe évoqué ci-dessus, perdrait sa puissance. Sans cette disposition, on ne pourrait aucunement décider si justice a effectivement été rendue à chacun ; et toute réclamation contre un déni de justice serait nulle et non avenue, étant donné que le juge pourrait toujours imposer silence aux plaignants par des promesses rassurantes pour l'avenir.

Mais voici un critère sûr pour déterminer si le droit est administré comme il se doit. Les jugements et la conduite tout entière des détenteurs de la puissance ne peuvent jamais se contredire ; se sont-ils conduits une fois, dans un seul cas, d'une certaine manière, ils doivent, *(3, 446)* dans le même cas, se conduire toujours de la même manière. Chacune de leurs actions publiques doit devenir une loi inviolable. Tel est ce qui les lie au droit. Ils ne peuvent jamais vouloir se conduire de façon injuste [III, 168], car dès lors ils devraient toujours agir ainsi dans le même cas, et il en résulterait bientôt l'insécurité la plus sensible. Ou bien, s'ils sont contraints de dévier de leur première maxime, chacun voit aussitôt que leur conduite était injuste.

Afin que ce jugement soit possible, toutes les discussions internes au pouvoir d'Etat, avec toutes les circonstances et les raisons de la décision, doivent sans exception avoir la plus large publicité — du moins une fois que chacune a été close. Car il peut se faire que le pouvoir, dans les affaires de police, doive ici et là œuvrer en secret, en vue de favoriser la sécurité publique, but à atteindre dont il est responsable devant la communauté. Il faut que cela lui soit permis, mais, une fois ce but atteint, il ne lui est plus loisible de garder le secret sur sa conduite. Mais précisément son but est atteint quand il rend la sentence et l'exécute.

IX – Si les détenteurs du pouvoir administrent leur charge selon les lois indiquées, alors règnent le droit, la justice et la sécurité, et ceux de chacun sont pleinement garantis lors de son entrée dans l'Etat. Mais, étant donné que l'on se propose de ne s'en remettre aucunement à la loyauté et à la bonne foi, comment les détenteurs du pouvoir doivent-ils eux-mêmes être contraints à se conduire d'après ces lois ? C'est là l'ultime tâche que contient le problème à résoudre : celui d'une constitution politique conforme à la raison.

Le pouvoir exécutif est juge en dernière instance ; il n'existe pas de possibilité d'appel à l'encontre de la sentence définitive qu'il prononce, personne n'*a le droit* d'invalider ses jugements ou d'en arrêter l'exécution, dans la mesure où cette absence de procédure d'appel est la condition de toute relation juridique, et personne n'en *a la capacité*, vu qu'il a entre ses mains la puissance suprême face à laquelle toute puissance privée est infiniment petite. Le droit présomptif, constitué comme droit certain, s'est prononcé dans la personne de juges déclarés infaillibles. C'est là qu'il faut s'en tenir et il faut que la sentence produise inévitablement son effet dans le monde sensible.

Des preuves claires que la loi constitutionnelle a été violée, il n'en existe que des deux espèces suivantes : 1) la loi ne trouve pas d'application dans un quelconque cas [III, 169] au cours de la période déterminée ; 2) les administrateurs de la puissance publique se contredisent eux-mêmes, ou alors, précisément pour ne pas se contredire, doivent commettre des injustices manifestes.

Il a en outre été démontré que c'est la communauté seule qui peut *(3, 447)* juger les administrateurs de la puissance exécutive. Mais la difficulté est de savoir où donc est la communauté, et ce qu'elle est. Est-elle donc quelque chose de plus qu'un simple concept ? Ou, si elle doit être quelque chose de plus, comment donc doit-elle être rendue réelle ?

Devant le tribunal de la puissance publique, et puisque ce tribunal continue d'exister de façon ininterrompue, tous les membres de l'Etat ne sont, eux aussi de façon ininterrompue, que des personnes privées, et nullement une communauté ; et chacun est sans cesse soumis au pouvoir. La volonté de chacun est seulement sa volonté privée, et l'unique expression de la volonté générale est précisément la volonté du pouvoir. La communauté n'a nulle volonté isolée et il n'y a véritablement pas de communauté qui soit réalisée avant qu'elle ait séparé sa volonté de la volonté du pouvoir exécutif, et qu'elle soit revenue sur sa déclaration selon laquelle la volonté de celui-ci est toujours sa propre volonté.

Mais comment cela peut-il se produire ? Aucune personne privée n'a le loisir de dire : la communauté doit se rassembler, tous les individus qui jusqu'à maintenant sont seulement des personnes privées doivent s'associer et former une communauté ; car, si la volonté de cet individu n'est pas en accord avec celle des détenteurs du pouvoir, laquelle effectivement continue à représenter la volonté générale, elle est une volonté privée (*a*), une volonté qui s'insurge contre la volonté générale, la contredit, constituant par conséquent une rébellion, et il faut qu'elle soit punie comme telle sur le champ. Mais elle ne sera jamais en accord avec la volonté des détenteurs du pouvoir, et ceux-ci ne voudront jamais réunir la communauté. Ou bien ils sont convaincus que leur administration est juste, et dans ce cas il est tout à fait contraire à la volonté générale originaire que sans nécessité les individus soient dérangés dans leurs affaires privées et que dans le cours du droit survienne une suspension. Ou bien ils [III, 170] ont la conscience de leur injustice, et alors il n'y a pas de raison de croire qu'ils abandonneront le pouvoir dont ils disposent encore maintenant et qu'ils convoqueront eux-mêmes leur juge. Ils restent donc toujours leurs propres juges ; ils n'ont pas à redouter un juge qui soit au-dessus d'eux, parce que sa réalité dépend d'eux-mêmes ; et la constitution demeure, après comme avant, despotique. Bref, c'est seulement la communauté elle-même qui peut se déclarer comme communauté ; il faudrait par conséquent qu'elle soit communauté avant de l'être, ce qui, sur ce mode, est contradictoire.

(*a*) *Note marginale de Fichte :* qui s'érige en volonté commune.

On ne peut lever la contradiction que de la façon suivante : *le peuple est à l'avance déclaré comme communauté par la constitution, pour un cas déterminé.*

Par cette loi constitutionnelle, il pourrait être ordonné — tel est le cas qui se présente tout d'abord à l'esprit de chacun — que le peuple se réunit régulièrement à certains moments et se fait rendre compte de leur *(3, 448)* administration par les personnes des magistrats. Une telle disposition est applicable dans de petits Etats, particulièrement dans des Etats républicains, où la masse du peuple n'habite pas des contrées très dispersées, où par conséquent elle se réunit facilement et sans grande perte de temps, où aussi l'administration de l'Etat est simple et facile à embrasser du regard. Et pourtant même ici cette grande action juridique perd de sa dignité du fait que l'on s'y accoutume ; on a le temps de s'organiser pour cela, et le résultat en est généralement moins la volonté générale que la volonté privée de partis intrigants et assoiffés d'honneurs. Dans un Etat d'une grandeur importante — et il est, à maints égards, souhaitable que les Etats ne soient pas petits —, en négligeant le fait que les abus signalés se manifesteraient aussi, simplement de façon plus étendue et plus dangereuse, cette loi n'est pas même applicable, dans la mesure où, à cause de la perte de temps nécessairement occasionnée par là et de la perturbation introduite dans les affaires privées, le souci même de se préserver d'un préjudice serait pour le peuple le plus grand préjudice.

On peut donc établir cela comme principe : *Il ne faut jamais convoquer la communauté sans nécessité ; mais, dès qu'en* [III, 171] *apparaît la nécessité, il faut qu'elle soit aussitôt rassemblée et qu'elle puisse et veuille parler.*

Il n'y a jamais nécessité qu'elle se réunisse, et elle ne le voudra non plus jamais, avant que le droit et la loi n'aient tout à fait cessé d'agir ; mais ensuite elle devra le faire, et le faire de façon certaine.

Au droit de chaque individu, il faut que, dans un Etat conforme au droit, soient liés le droit et la loi en général ; donc il faut que la loi, là où manifestement elle n'a pas agi comme elle le devait (c'est-à-dire quand on ne s'est pas prononcé sur une affaire dans le temps qui est déterminé par la loi, ou quand l'exercice du pouvoir se trouve en contradiction avec lui-même, ou quand par ailleurs l'injustice et la violence sont évidentes), soit totalement supprimée.

Qui, dès lors, doit juger si ce cas se présente ? Pas la communauté, car elle n'est pas réunie ; pas le pouvoir d'Etat, car il serait alors juge dans sa propre affaire. Encore moins celui qui croit avoir subi l'injustice, car il serait là aussi juge dans sa propre affaire. Donc il faut que soit expressément *établi par la constitution un pouvoir particulier affecté à ce jugement.*

Ce pouvoir devrait contrôler continuellement la conduite de la puissance publique, et nous pouvons donc le nommer *Ephorat.*

Le pouvoir exécutif n'est responsable devant personne d'autre que devant la communauté rassemblée ; les éphores ne peuvent donc pas traduire les détenteurs du pouvoir devant leur tribunal, mais il leur faut *(3, 449)* observer en permanence le cours des affaires et donc aussi avoir le droit de recueillir des observations là où ils le peuvent. Il n'est pas loisible aux éphores d'arrêter les jugements des détenteurs du pouvoir, vu que de ceux-ci il n'y a pas de procédure d'appel. Il leur est tout aussi peu permis de dire eux-mêmes le droit en quelque occasion que ce soit, puisque c'est le magistrat qui est le seul juge dans l'Etat. *Les éphores n'ont donc pas le moindre pouvoir exécutif*.*

[III, 172] En revanche, ils ont un pouvoir *absolument prohibitif ;* non pas pour interdire l'exécution de telle ou telle résolution juridique particulière, car dans ce cas ils seraient juges, et le pouvoir exécutif ne serait pas sans appel ; mais pour abolir sur l'heure toute procédure, pour suspendre le pouvoir public tout entier et dans toutes ses parties. Je propose de nommer cette abolition de tout pouvoir juridique l'*interdit d'Etat* (par analogie avec l'interdit ecclésiastique. L'Eglise a depuis longtemps trouvé ce moyen infaillible de contraindre à lui obéir ceux qui ont besoin d'elle).

C'est donc un principe de la constitution politique conforme au

* A cet égard l'éphorat (au sens étroit du terme), déduit ici à partir de la raison pure, est totalement différent de l'éphorat inscrit dans la constitution spartiate, de l'inquisition d'Etat à Venise, etc. Ce sont les *tribuns du peuple* dans la république romaine qui avaient encore avec lui le plus de similitude.

droit et à la raison qu'à côté de la puissance *absolument positive* une puissance *absolument négative* soit posée.

Etant donné que les éphores n'ont à leur disposition aucune puissance, alors que le pouvoir exécutif dispose d'une puissance infiniment supérieure, on serait en droit de se demander comment les premiers pourraient contraindre ce dernier à interrompre ses fonctions sur leur simple ordre. Mais cette contrainte se trouve d'elle-même. Car, une fois la suspension publiquement annoncée, c'est tout ce que l'exécutif décide à partir de cet instant qui est annoncé comme invalidé et comme privé de la force du droit ; et il est naturel qu'aucune partie assujettie par lui à une sanction ne veuille dès lors se soumettre à son jugement, de même qu'aucune partie ayant gagné son procès devant son tribunal ne s'en remettra à ce jugement.

En outre, par l'interdit, les administrateurs chargés jusqu'ici de la puissance exécutive sont déclarés pour de simples personnes privées, et tous leurs ordres d'utiliser le pouvoir sont déclarés illégitimes. Toute violence commise sur leur ordre, dès l'instant de l'interdit, est une résistance contre la volonté générale déclarée par les éphores, par conséquent une rébellion, et comme telle elle doit être punie, et elle sera tout à fait certainement punie, ainsi que nous allons le voir tout de suite.

Les personnes des magistrats doivent-elles encourir pour leur *(3, 450)* insoumission une peine plus rude [III, 173] que ce dont ils sont menacés s'ils sont traduits devant la communauté ? Ce n'est pas possible, car c'est alors, quoi qu'il en soit, la peine la plus lourde qui les attend ; mais par leur insoumission ils transforment en une cause déjà perdue une affaire qu'ils peuvent encore toujours gagner ; et par là ils s'attirent déjà, avant toute analyse du bien-fondé de l'interdit qui leur a été imposé, la peine la plus lourde, à laquelle peut-être ils auraient pu encore se soustraire. Ils auront donc du mal à opposer une résistance.

L'annonce de l'interdit est en même temps la convocation de la communauté. Celle-ci est contrainte, vu le malheur extrême qui pourrait l'atteindre, de se réunir aussitôt. Les éphores sont, étant donné la nature de l'affaire, les plaignants, et ils sont les rapporteurs.

La communauté doit se rassembler : cela ne veut pas dire en fait que tous les hommes, venus de toutes les parties d'un territoire peut-être très étendu, doivent se réunir sur une place, ce qui dans de nombreux cas pourrait bien être tout à fait impossible ; mais seulement que tous se joignent à l'examen qu'on se propose et au sujet duquel on peut très bien délibérer dans chaque ville et dans chaque village du pays, et chacun donne sa voix. Comment les choses doivent être organisées pour que soit purement obtenu le résultat de la volonté générale, c'est une question qui relève de la politique, et nullement de la doctrine du droit. Toutefois, pour une raison que nous évoquerons plus loin, il est nécessaire qu'à l'occasion de cette délibération de grands rassemblements populaires aient lieu, ici et là, sur une place.

Ce que la communauté décide devient une loi constitutionnelle.

Il est donc primordialement nécessaire que l'on décide — quelque jugement que l'on puisse rendre sur la matière du procès — que l'interdit annoncé est, dans sa forme, légitime, et que la résistance qu'on lui opposerait doit être punie comme une rébellion. Si l'on décidait le contraire, on supprimerait tout interdit, par conséquent aussi toute efficacité de l'éphorat, donc l'éphorat lui-même quant à son essence, et on déciderait qu'il y a au-dessus de la communauté [III, 174] un pouvoir supérieur, irresponsable, donc un despotisme, ce à quoi est opposée la loi juridique, et ce à quoi en général on n'a pas à s'attendre. Les membres de la communauté ne le feront pas, parce que le droit est lié a leur intérêt.

En outre, pour ce qui touche à la matière du procès, leur jugement sera nécessairement juste, c'est-à-dire conforme à la volonté générale originaire. S'ils acquittent le magistrat qui, à la suite de la plainte des éphores, a laissé quelque chose impuni (sur le *fait,* il ne peut et il ne doit se présenter aucun doute, et les éphores ont à y veiller), ils décident par *(3, 451)* là que cela ne doit jamais être puni, mais au contraire que ce doit être une action légitime qui peut être tout autant commise contre chacun d'eux. Si le pouvoir exécutif a été accusé d'une contradiction dans sa conduite, ou d'une injustice manifeste, et s'ils déclarent qu'il n'y a là aucune contradiction ou aucune injustice, ils font de la maxime vague ou manifestement illégitime d'après laquelle on a jugé une loi fondamentale de l'Etat en vertu de laquelle chacun d'eux accepte aussi d'être traité. Ils accorderont donc sans doute à l'affaire une mûre réflexion, et se garderont d'une sentence injuste.

La partie condamnée, que ce soit les éphores ou la puissance exécutive, est coupable de haute trahison. Les premiers, si leur plainte se découvre comme non fondée, ont arrêté le cours du droit, intérêt suprême de la communauté ; les derniers, s'ils sont trouvés coupables, se sont servis du pouvoir d'Etat pour supprimer le droit.

Il y aura peu de chances que quelqu'un juge excessive la responsabilité des détenteurs du pouvoir ; mais peut-être sera-ce le cas pour celle des éphores. Après tout, il leur est apparu, pourrait-on dire, que la loi était en danger ; ils ont agi selon leur conscience, et ils ont seulement commis une erreur. Mais le même raisonnement peut en fait valoir aussi à propos des détenteurs du pouvoir, et d'une façon générale il faut répondre : l'erreur est ici aussi dangereuse que la mauvaise volonté, et la loi doit chercher à empêcher la première avec le même soin [III, 175] qu'elle réprime la seconde. Ce sont les plus sages, au sein du peuple, qui doivent être choisis pour magistrats, et tout particulièrement des hommes âgés, des hommes mûrs, pour éphores.

De plus, les éphores s'entretiendront assurément avec les détenteurs du pouvoir avant la proclamation de l'interdit, ils chercheront à les décider à arrêter volontairement et sans scandale l'injustice, et à bien faire ; et déjà par ce seul fait ils obtiendront une compréhension profonde de ce qu'est vraiment l'ensemble de l'affaire.

La décision du peuple vaut rétroactivement : les jugements prononcés en vertu des maximes qui sont ainsi désapprouvées sont annulés, et ceux qui ont de ce fait été lésés sont rétablis dans leur situation antérieure ; sans que toutefois préjudice soit porté aux parties qui, en ces affaires, ont agi aussi selon un droit certes non fondé, mais du moins présumé. Le dommage doit être réparé par les juges qui l'ont provoqué. Le fondement de cette validité rétroactive est le suivant : celui qui a subi le jugement n'avait pas la possibilité d'en faire appel, parce qu'il fallait présumer que la volonté du juge s'accordait avec la *(3, 452)* véritable volonté commune ; le fondement de la validité du jugement était la présomption de sa légalité. Maintenant c'est le contraire qui se produit : le fondement s'effondre, donc aussi le fondé. Ce jugement a la même valeur que s'il n'avait pas été prononcé.

La puissance positive et la puissance négative, les exécutants et les éphores, sont des parties qui doivent être jugées devant la communauté rassemblée, par conséquent elles ne peuvent être elles-mêmes juges dans leur affaire et elles n'appartiennent pas à la communauté que dès lors, à cet égard, on peut aussi nommer le *peuple.* Les éphores instruisent le procès, comme on l'a remarqué plus haut, et, en tant que tels, sont les plaignants ; les exécutants sont soumis à reddition de comptes, et sont, en tant que tels, les accusés.

(Dans quelle mesure les magistrats appartiennent-ils au peuple ? On a posé cette question en général, comme cela est arrivé pour de nombreuses questions, et c'est en général, par conséquent de façon unilatérale, [III, 176] qu'on a répondu, parce qu'on oubliait de déterminer dans quelles circonstances on voulait savoir la résoudre.

Ici, nous avons la réponse. Avant leur élection, ils n'étaient pas magistrats, ils n'étaient absolument pas ce qu'ils sont maintenant, ils étaient quelque chose d'autre et, en tant que tels, ils appartenaient au peuple. Si leur naissance leur vaut d'être représentants à titre personnel, comme le prince héréditaire, ils ne lui appartiennent jamais. Les aristocrates de naissance, autrement dit la noblesse, sont, avant leur élection à une dignité publique, des personnes privées et appartiennent au peuple. Ils ne sont pas magistrats, mais simplement ont de façon exclusive l'éligibilité. Que leur voix, en raison d'une partialité à redouter en faveur du pouvoir exécutif, n'ait pas d'influence dommageable sur le résultat de la volonté générale — c'est un point à quoi la constitution doit veiller, et la façon d'y pourvoir est une question relevant de la politique.

Dès que simplement le choix se porte sur eux, même s'ils n'ont pas encore accepté ce choix, ils sont déjà exclus du peuple, car ils sont maintenant en pourparlers avec lui, et dans ces pourparlers ils sont une partie, le peuple est l'autre. S'ils déclarent catégoriquement qu'ils n'acceptent pas la charge proposée, ils réintègrent de ce fait même le peuple.

S'ils l'acceptent, ils sont par là exclus à jamais du peuple.

Etant donné qu'ils sont responsables, sur leur propre personne et leur propre liberté, de la sécurité publique et du droit, il leur faut, dans l'exercice législatif, avoir plus qu'une voix consistant à simplement donner un consentement, il leur faut disposer d'une voix *négativement* décisive (un *veto*) ; c'est dire qu'il leur faut, dans le contrat qui leur transfère l'autorité, être libre de dire : nous ne voulons pas gouverner selon de telles lois ; mais par suite il faut aussi que le peuple ait la liberté de dire : si tu ne veux pas gouverner selon des lois qui à notre avis sont bonnes, qu'un autre gouverne.

Dès que le contrat de transfert est conclu, la soumission s'accomplit en même temps, et dès lors il n'existe plus de communauté ; le peuple n'est nullement un peuple, un [III, 177] tout, c'est au contraire un simple agrégat de sujets ; et alors les magistrats n'appartiennent pas non plus au peuple.

Si, sur le mode décrit, la communauté est rassemblée par la *(3, 453)* proclamation de l'interdit, les magistrats sont, dans la mesure que l'on a établie, une partie et, une fois encore, n'appartiennent pas au peuple. S'ils gagnent le grand procès qu'on leur intente, ils redeviennent magistrats et, à nouveau, n'appartiennent pas au peuple ; s'ils le perdent, l'unique peine possible est l'exclusion de l'Etat, le bannissement, et donc ils n'appartiennent pas davantage au peuple. Ils ne lui appartiennent donc jamais, et par le contrat de transfert ils en sont exclus pour toujours.)

X – C'est de l'absolue liberté et de la sécurité personnelle des éphores que dépend la sécurité du tout. Ils sont par leur position destinés à faire équilibre au pouvoir exécutif, lequel est nanti de la puissance suprême. De manière primordiale, il leur faut par conséquent ne pouvoir aucunement devenir dépendant de lui en ce qui concerne leur bien-être, et donc recevoir un salaire remarquablement élevé et égal à celui des détenteurs du pouvoir. En outre ils sont, comme on pouvait s'y attendre, exposés aux manigances et aux menaces de ce pouvoir, et ils n'ont d'autre moyen de se défendre que la puissance de la communauté, laquelle cependant n'est pas assemblée. Il faut donc que leur personne soit garantie par la loi, c'est-à-dire qu'il faut qu'ils soient déclarés inviolables *(sacrosancti)*. La moindre violence exercée à leur égard, ou même seulement la menace de la violence, est une *haute trahison*, c'est-à-dire une agression immédiate contre l'Etat. Il suffit d'elle, suscitée par le pouvoir exécutif, pour constituer déjà, en soi, l'annonce de l'interdit ; car, en agissant ainsi, le pouvoir exécutif scinde immédiatement et clairement sa volonté de la volonté générale.

En outre il faut que la puissance du peuple dépasse sans comparaison possible le pouvoir qui est entre les mains des exécutants. Si le pouvoir de ces derniers pouvait même simplement équilibrer celui du peuple, il naîtrait, au cas où les exécutants voudraient se rebeller, pour le moins une guerre entre eux et le peuple, ce qui doit être rendu impossible par la constitution. Si le pouvoir exécutif avait une puissance supérieure, ou s'il [III, 178] pouvait même simplement devenir le plus fort dans la guerre, il pourrait mettre le peuple sous son joug, ce dont résulterait un absolu esclavage.

Par conséquent, c'est une condition de la rectitude de toute constitution civile que, sous aucun prétexte d'aucune sorte, le pouvoir exécutif ne dispose d'une force qui soit capable d'exercer la moindre résistance à celle de la communauté. Toute fin doit être sacrifiée à cette fin, la plus élevée possible, celle de préserver le droit en général.

En outre, précisément pour cette raison, c'est une maxime capitale pour une constitution conforme à la raison, et des dispositions visant cet objectif doivent être prises, que, lors du rassemblement de la communauté, de si grandes foules se rassemblent en tous lieux — par *(3, 454)* exemple dans les capitales provinciales du pays — qu'elles soient capables d'opposer une résistance appropriée aux possibles tentatives du pouvoir exécutif pour se rebeller, et donc que, dès le moment où la communauté se déclare comme communauté, une puissance très respectable soit sur pieds.

XI – Voici encore une question importante à ce propos : par quel moyen faut-il donc déterminer la décision du peuple ? Doit-il y avoir unanimité, ou bien la majorité des voix est-elle suffisante, et la minorité doit-elle se soumettre à la majorité ?

Dans le contrat social en général, il doit y avoir unanimité, comme on l'a montré plus haut. Il faut que chacun déclare personnellement qu'il veut entrer avec cette population déterminée dans une communauté pour assurer le maintien du droit.

Dans la délibération sur le choix des magistrats, l'affaire se présentait déjà autrement. La minorité n'était certes pas obligée d'adhérer au vote de la majorité ; mais, puisqu'elle devenait la fraction la plus faible, elle pouvait être contrainte par la plus forte à quitter l'endroit où la majorité entend dès lors réaliser la constitution qu'elle a projetée, et à s'établir autre part. Si elle ne le veut pas — et elle ne le voudra pas, tant s'en faut —, il lui faudra se ranger à l'avis de la majorité. La raison en était que manifestement elle serait trop faible pour résister. Il est donc inscrit déjà dans la démonstration que [III, 179], même là, il est nécessaire qu'existe une majorité tellement nette que la tournure des événements, en cas de recours à la violence, ne soit pas douteuse, et qu'une guerre, toujours illégitime, ne soit nullement à craindre ; la démonstration suppose donc que les choses ne puissent pas dépendre, éventuellement, d'une ou deux voix de plus ou de moins. Jusqu'à ce que le premier cas de figure (41) se réalise, les membres de la communauté doivent donc chercher à parvenir entre eux à un accord.

Dans la délibération sur la légitimité ou sur l'illégitimité de la conduite du pouvoir exécutif mis en accusation, selon les prémisses que nous avons posées, il ne régnera pas une grande diversité entre les opinions. D'abord il faut que le *fait* soit clairement présenté, et ce sera le cas en raison de la nature de l'affaire. Ensuite, la seule question est celle-ci : le fait dont il s'agit est-il juste ou non, doit-il avoir jusqu'à la fin des temps force de loi pour nous, ou non ? La question est brève, et il faut répondre par un oui ou un non décisifs. Il ne peut donc se présenter que *deux* opinions, affirmation ou négation, et une troisième n'est pas possible.

Dès lors, à supposer que les citoyens soient du moins tous en possession d'une saine faculté de juger ordinaire, il est très facile de décider sur cette question, et elle a, comme on l'a déjà montré plus haut, une relation si immédiate avec le bonheur ou le malheur de chaque individu que, selon la nature des choses, il y sera presque toujours répondu de façon parfaitement unanime, et que l'on peut admettre à l'avance que celui qui y répondra autrement que la masse, ou bien n'est *(3, 455)* pas en possession du jugement commun, ou bien est d'esprit partisan. Il incombera aux plus intelligents de rectifier sans brutalité le jugement de ceux du premier type et de les amener vers l'opinion commune. S'il n'est pas possible de les convaincre, ils se rendent très suspects d'appartenir au second type et d'être des citoyens nuisibles. S'ils ne peuvent vraiment pas s'accorder avec la décision de la majorité, ils ne sont certes pas obligés de faire dépendre leur sécurité d'une loi qu'ils ne reconnaissent pas pour relevant du droit ; mais ils ne peuvent pas non plus continuer à vivre au sein d'un peuple qui se laisse diriger d'après cette loi ; ils doivent [III, 180] donc se retirer des frontières de l'Etat, sans dommages cependant pour leur propriété, dans la mesure où celle-ci est une propriété absolue et où ils peuvent la prendre avec eux, ce dont on parlera en son temps. Comme cela pourrait bien comporter de grands désagréments, il faut s'attendre à ce que personne ne les accepte, sauf à être très fermement convaincu que la décision de la majorité conduit à sa ruine la sécurité générale, et donc s'attendre à ce que l'on préfère se rallier à sa résolution, si bien que par conséquent la décision aura l'apparence de l'unanimité. On ne cesse donc pas, dans ma théorie, d'admettre, comme toujours, la validité juridique non pas de la *majorité* des voix, mais seulement de l'*unanimité ;* mais on soutient que ceux qui ne veulent pas se soumettre à la très nette majorité, qui, dans notre cas, pourrait très opportunément être fixée aux sept huitièmes, ou même encore plus haut, cessent par là d'être citoyens de l'Etat, ce qui produit l'unanimité. — Le point capital, qu'on ne doit certes pas négliger, est que, ainsi qu'on l'a montré, il ne puisse exister vraiment une grande différence entre la majorité des voix et la totalité.

XII – Sous la constitution qu'on a décrite, doit infailliblement et nécessairement ne régner que le droit, et cela continuellement, à moins que d'aventure les éphores ne s'allient au pouvoir exécutif pour opprimer le peuple. Ce dernier et suprême obstacle à une constitution juste doit lui aussi être supprimé.

Les éphores ne doivent pas dépendre du pouvoir exécutif, il doit être impossible que celui-ci leur procure quelque agrément. Ils ne doivent pas, avec les administrateurs de celui-ci, avoir de relations de fréquentation, de parenté, de rapports amicaux, etc. Le peuple y veillera, et c'est par là avant tout que les éphores perdraient sa confiance.

En outre, il est opportun, et même presque nécessaire, que le pouvoir exécutif soit accordé à vie, parce que l'administrateur de ce pouvoir perd sa condition ; mais il est de même [III, 181] opportun que l'éphorat ne soit conféré que pour un temps *déterminé*, étant donné *(3, 456)* qu'il n'est absolument pas nécessaire que l'éphore perde par là sa condition. L'éphore qui quitte sa fonction doit rendre des comptes à celui qui entre en fonctions sur ce qui s'est produit pendant l'administration de sa charge ; s'il s'est passé quelque chose d'injuste et qui dure encore à travers ses conséquences, le nouvel éphore est obligé sans plus attendre de convoquer la communauté par la proclamation de l'interdit, et de la faire se prononcer sur l'éphore sortant aussi bien que sur les exécutants. Il est transparent que l'éphore trouvé coupable doit être puni pour haute trahison. Mais avoir administré l'éphorat avec honneur ouvre le droit, pour toute la vie, aux distinctions les plus remplies d'honneurs.

Il faut que ce soit le *peuple* qui nomme les éphores ; et non pas le pouvoir exécutif, ce qui manifestement serait inepte, ni les éphores eux-mêmes, vu que les nouveaux sont juges des sortants et que ceux-ci pourraient par leur choix se protéger contre tout jugement. Les modalités du choix des éphores doivent être déterminées dans la constitution. On ne doit pas avoir la possibilité de postuler pour l'éphorat ; celui sur lequel se tournent le regard et la confiance du peuple, qui, précisément dans l'intérêt de ce choix sublime, remarquera toujours ceux des siens qui sont probes et grands, celui-là devient éphore.

XIII – Une fois ces dispositions adoptées, si les éphores doivent continuer à s'allier toujours au pouvoir exécutif contre la liberté du peuple, il faut au minimum que, parmi les premiers hommes du pays choisis l'un après l'autre comme éphores, dans toute une série d'entre eux, il n'y en ait même pas un seul qui n'ait été déjà corrompu lors de son entrée dans sa fonction ; en outre, que chacun, dans toute cette série, puisse compter sur cette corruption universelle avec une telle confiance qu'il en fasse dépendre toute sa sécurité. Une telle situation est impossible, ou alors, si c'est possible, on serait facilement en droit de penser qu'un peuple si corrompu, au sein duquel ceux qui sont universellement reconnus pour les meilleurs ont l'esprit aussi bas, ne mérite pas un destin meilleur que celui qui va lui échoir. [III, 182] Mais, puisqu'une science rigoureuse doit prendre en compte même ce qui, de tout, est le plus invraisemblable, voici, dans ce cas, le moyen qui subsiste pour se tirer d'affaire.

Toute personne privée qui, *contre la volonté* du pouvoir exécutif, où est déposée, aussi longtemps que la communauté n'est pas rassemblée, la volonté générale, convoque la communauté — et ce sera toujours le cas, parce que le pouvoir exécutif, vu la nature des choses, ne veut jamais la convoquer — est un rebelle, comme on l'a montré plus haut, étant donné que sa volonté se dresse contre la présumée volonté générale.

Mais — ce qui est à bien remarquer — le peuple* n'est jamais *(3, 157)* un rebelle, et l'expression de *rébellion*, utilisée à son sujet, est la plus grande aberration qui ait jamais été énoncée ; car le peuple est en fait et en droit le pouvoir suprême qu'aucun ne dépasse, qui est la source de tout autre pouvoir et qui est responsable devant Dieu seul. Du fait de son rassemblement, le pouvoir exécutif perd son propre pouvoir, en fait et en droit. C'est seulement contre un supérieur qu'il se produit une rébellion. Mais, sur terre, qu'est-ce qui est supérieur au peuple ? Il ne pourrait se rebeller que contre soi-même, ce qui est aberrant. Seul Dieu est supérieur au peuple ; si donc il doit être possible de dire : un peuple s'est rebellé contre son prince, il faut admettre que le prince est un dieu, ce qui pourrait fort bien se trouver difficile à démontrer.

Donc *ou bien* il s'agit d'un cas tel que le peuple se soulève de lui-même unanimement, éventuellement en une occasion particulière où la violence saute aux yeux de façon trop terrible, et juge éphores et détenteurs du pouvoir. Son soulèvement, selon la nature des choses, est toujours juste, non seulement quant à la forme, mais aussi quant à la matière, car aussi longtemps que l'insécurité et la mauvaise administra-

* Qu'on comprenne bien que je parle du *peuple tout entier*.

tion n'accablent pas tous les citoyens, chaque individu se soucie seulement de lui-même et cherche à se tirer d'affaire aussi bien qu'il le peut. Jamais un peuple ne s'est soulevé comme un seul homme et jamais il ne se soulèvera [III, 183] si l'injustice ne s'est pas élevée à son comble.

Ou bien, deuxième cas : une ou plusieurs personnes privées incitent les sujets à se constituer en peuple : ainsi sont-elles à vrai dire, d'après la présomption, des rebelles et, conformément au droit présumé, aussi longtemps que la communauté ne s'est pas encore constituée, elles sont punies comme telles, d'après la volonté générale présumée, par le pouvoir exécutif, si celui-ci peut se saisir d'elles. Mais un pouvoir injuste est toujours faible, parce qu'il est inconséquent, et il a contre lui l'opinion générale, souvent même l'opinion de ceux dont il se sert comme instruments ; et il est donc d'autant plus faible et impuissant qu'il est plus injuste. Plus le pouvoir exécutif est donc méprisable, plus il y a de vraisemblance à ce que ceux qui exhortent le peuple se soustraient tout d'abord à son châtiment.

Dès lors, ou bien la communauté se soulève à la suite de leur appel, ou bien elle ne se soulève pas. Si c'est la première éventualité qui se produit, le pouvoir exécutif est réduit à néant, la communauté devient juge entre lui et ceux qui exhortent le peuple, comme elle l'est par ailleurs entre lui et les éphores. Si la communauté trouve que leur exhortation est fondée, leur volonté est, par la volonté déclarée après coup de la communauté, confirmée comme étant la vraie volonté commune ; il apparaît qu'elle contient la *dimension matérielle* du droit, et la *forme* du droit qui lui fait encore défaut, elle l'obtient par l'approbation de la communauté. Ils sont par leur courage et leur vertu *(3, 458)* les sauveurs de la nation, et des éphores naturels, sans avoir été nommés tels. Si au contraire la communauté trouve non fondées leur exhortation et leur plainte, ils sont des rebelles et sont condamnés comme tels par la communauté elle-même.

Si le peuple ne se soulève pas, cela montre *ou bien* que l'oppression et l'insécurité publique ne sont pas encore devenues suffisamment perceptibles, ou qu'elles n'existent pas véritablement ; *ou bien* que le peuple ne s'est pas encore éveillé à la volonté de la liberté et à l'intelligence de ses droits, qu'il n'est encore assez développé pour le grand procès qu'on l'invite à trancher, qu'on n'aurait donc pas dû lui lancer d'appel [III, 184]. Ceux qui ont exhorté le peuple sont punis comme rebelles, selon le droit externe, qui a toute sa validité, bien que, selon le droit interne, devant leur conscience, ils puissent bien être des martyrs du droit. C'est innocents peut-être en intention, mais pleinement coupables à travers leurs actes, qu'ils sont punis ; ils auraient dû mieux connaître leur nation. Si une telle nation s'était rassemblée, c'est l'anéantissement et l'abolition de tout droit qui en aurait résulté.

Les dispositions mises en place pour le choix des administrateurs du pouvoir exécutif, pour celui des éphores et leurs devoirs, sont des lois concernant l'administration de la loi, et toutes les lois de ce genre composent ensemble ce qu'on nomme la *constitution.* Nous avons donc, dans une troisième section du droit politique, à parler *de la constitution.*

XIV – La constitution (évidemment une constitution conforme au droit et à la raison) est immuable et vaut pour l'éternité, et dans le contrat social elle est nécessairement posée comme telle.

Car chaque individu doit lui donner son approbation ; et elle est donc garantie par la volonté générale originaire. C'est uniquement sous la garantie offerte par cette constitution *déterminée* pour sa sécurité que chaque individu est entré dans l'Etat. Il ne peut être forcé à donner son approbation à une autre constitution. Mais étant donné qu'au cas où une telle constitution autre devrait pourtant être établie, il ne pourrait pas vivre sous un régime qui serait régi par une constitution non approuvée par lui, mais devrait quitter l'Etat, ce qui va à l'encontre du contrat originaire, il n'est pas permis en général de transformer la constitution, quand bien même il n'y aurait qu'un seul individu pour être contre ces modifications. Ce qui est donc requis pour une telle transformation de la constitution, c'est l'*absolue* unanimité.

La différence entre cette absolue unanimité requise pour la transformation de la constitution et l'unanimité relative déduite plus haut est qu'en cas de nécessité il est permis de produire cette dernière par l'exclusion de plusieurs individus hors de l'Etat, mais non pas la
(3, 459) première. Pour l'unanimité relative [III, 185], le droit de rester

citoyen est déterminé par l'adhésion à la majorité ; pour l'absolue, le droit de rester citoyen est absolu.

Nous avons dit : une constitution qui est parfaitement conforme au droit, c'est-à-dire qui a une puissance exécutive constituée, mais responsable, et un éphorat, est immuable. A l'intérieur de ce qui est ainsi circonscrit des modifications restent possibles à l'infini, et ces déterminations plus amples sont susceptibles d'être modifiées (*a*).

Si la constitution n'est pas conforme au droit, il est permis de la transformer en une constitution conforme au droit ; et il n'y a pas lieu de tolérer que quelqu'un dise : je ne veux pas abandonner la constitution en vigueur jusqu'ici. Car c'est seulement l'ignorance jusqu'ici régnante et l'indifférence envers une constitution conforme au droit qui peuvent excuser la tolérance envers celle qui lui est contraire ; mais dès que le concept de la conformité au droit est présent et que la nation est capable de le réaliser, chacun est obligé de l'accepter, car *le droit doit régner.*

Il en va autrement de l'amélioration et de la transformation de la législation civile. Celles-ci se produisent d'elles-mêmes. L'Etat se composait initialement de cette population déterminée qui pratiquait tels et tels métiers déterminés, et la loi était conçue sur cette base. La population s'accroît ; économiquement, de nouvelles branches apparaissent — il va de soi que nulle ne peut apparaître sans l'approbation de l'Etat — ; la loi doit nécessairement se transformer, désormais, pour rester adaptée à ce peuple entièrement transformé, et le pouvoir exécutif est responsable du fait qu'elle lui soit toujours adaptée.

XV – Tout le mécanisme décrit est requis pour la réalisation d'une relation entre les hommes qui soit conforme au droit ; mais il n'est absolument pas nécessaire que tous ces mobiles agissent continuellement de façon extérieure et visible. Bien plutôt, mieux l'Etat est organisé, moins on le remarquera, parce que, par sa force tranquille, par son poids intérieur, toute éventualité d'une activité qu'il extériorise-

(*a*) *SW :* sont immuables. [La correction est déjà proposée, à titre conjectural, par I. H. Fichte.]

rait [III, 186] est supprimée dès qu'elle apparaît. C'est lui-même qui s'empêche d'agir.

La visée la plus prochaine de l'Etat est de trancher les litiges entre les citoyens à propos de la propriété. Plus simple, claire et englobante est la loi, plus sûre en est l'infaillible application, moins il y aura de tels litiges, parce que chacun peut savoir de façon suffisamment précise ce qui lui appartient et ce qui ne lui appartient pas, et il est peu probable qu'il accomplisse une tentative vaine, comme il le prévoit, pour s'approprier la propriété d'autrui. Si les litiges peu nombreux qui peuvent encore être provoqués par erreur, sont tranchés de façon juste et nette pour les deux parties, il n'y a pas de délit. Car d'où proviennent *(3, 460)* tous les délits, si ce n'est de la cupidité et de la passion qu'elle suscite, ou encore du dénuement et de la pauvreté, lesquels n'existeraient pas si la loi veillait comme il convient à la propriété de chacun ? Et comment peuvent-ils se produire une fois que leurs sources ont été détournées ? Une bonne loi civile et son administration rigoureuse rendent superflue toute application de la législation criminelle. De surcroît, qui ose commettre un délit s'il sait de façon certaine qu'il sera découvert et puni ? Après simplement un demi-siècle, les notions mêmes des délits disparaîtront de la conscience de l'heureux peuple qui est gouverné selon de telles lois.

Si le pouvoir exécutif a aussi peu à faire, la possibilité lui est d'autant plus retirée d'être injuste. Survenant rarement, l'exercice de son pouvoir est un acte qui suscite du respect pour lui et pour le peuple ; tous les regards sont dirigés sur lui, et le respect qu'il doit nécessairement à la nation lui donnera de la considération pour lui-même, s'il était à craindre qu'il n'en ait pas sans cela.

Le pouvoir des éphores, de même, ne trouvera pas d'application, étant donné que la puissance exécutive est toujours juste, et il n'y aura pas lieu de penser à un interdit, donc pas non plus à un tribunal du peuple.

Si donc il était possible que quelqu'un se laisse effrayer par les concepts mis en place, et qu'il [III, 187] conçoive on ne sait quelle horreur à propos d'une réunion du peuple se constituant en tribunal, il a deux raisons de se tranquilliser. Tout d'abord, seule la foule dépourvue de lois se livre à des excès, et non pas celle qui se rassemble conformément à une loi et sous une loi et qui délibère sous une forme déterminée. L'élément formel est — soit dit en passant — un des plus hauts bienfaits pour l'homme. En le forçant à être attentif à quelque chose, l'élément formel le force à faire attention à ce qu'il fait en général. L'intention dont on fait preuve à l'égard de l'humanité n'est pas bonne, quand on veut la débarrasser de toute dimension de formalisme.

Ensuite, toutes ces dispositions n'ont pas été prises pour qu'elles interviennent, mais seulement pour rendre impossibles les cas dans lesquels il leur faudrait intervenir. C'est précisément là où ces dispositions sont prises qu'elles sont superflues, et c'est seulement là où elles ne le sont pas qu'elles seraient nécessaires.

FONDEMENT DU DROIT NATUREL SELON LES PRINCIPES DE LA DOCTRINE DE LA SCIENCE

DEUXIÈME PARTIE

ou

DROIT NATUREL APPLIQUÉ

PREMIÈRE SECTION DE LA DOCTRINE DU DROIT POLITIQUE :

(4,5) *Du contrat social*

[§ 17]

A.

[III, 191] Nous analysons tout d'abord, avec plus de soin qu'il n'était nécessaire jusqu'à présent, le concept de contrat en général.

A un contrat prennent part, tout d'abord, deux personnes, qu'elles soient naturelles ou mystiques ; l'une et l'autre sont posées comme voulant le même objet en propriété exclusive. La chose au sujet de laquelle elles doivent passer un contrat, il faut donc qu'elle soit de telle sorte qu'elle puisse devenir propriété exclusive, c'est-à-dire qu'abandonnée à sa nature et à elle-même, elle reste telle qu'elle a été représentée lorsque la personne l'a conçue comme fin ; il faut en outre qu'elle soit de telle sorte qu'elle ne puisse être employée que comme propriété exclusive, c'est-à-dire si elle reste effectivement telle qu'elle a été représentée dans le concept de fin que la personne s'est forgée (voir § 11, III). Sans le premier élément, nul contrat ne serait possible ; sans le second, aucun ne serait nécessaire. A propos d'une portion d'air ou de lumière, aucun contrat ne peut, pour cette raison, avoir lieu.

En outre il faut que les deux parties aient le même droit sur la chose ; sans quoi il n'y aurait entre elles pas de querelle juridique, ce qui précisément [III, 192] doit être réglé par le contrat. Or, en vertu de la nature des choses, c'est le cas de tous les objets et de tous les êtres libres qui émettent des prétentions sur eux. Avant le contrat, nul ne peut alléguer d'autre fondement juridique pour posséder la chose en litige que sa nature libre et raisonnable ; mais tous les êtres libres peuvent alléguer le même fondement juridique. A propos de la propriété de leur corps, les personnes ne peuvent entrer en conflit, étant donné que l'usage naturel de chaque corps pour le mettre en mouvement par la simple volonté est physiquement impossible à tous les sujets, sauf à un ; sur tout le reste du monde sensible, ainsi qu'on l'a montré, tous les êtres libres ont le même droit.

Pourtant il ne faut nullement négliger que les deux parties ne *(4, 6)* doivent pas nécessairement *juste dans le moment présent* prétendre déjà à la même possession, mais qu'il suffit que l'on puisse craindre qu'une telle prétention conflictuelle vienne à s'élever *dans l'avenir.* Cela dit, un des deux cas doit intervenir ; car sinon les sphères dévolues à la liberté des deux parties seraient entièrement séparées et seraient tenues par elles pour séparées, et il ne serait nullement nécessaire de les établir par contrat. Aussi longtemps, par exemple, que tu es séparé de moi par un fleuve que nous considérons l'un et l'autre comme impossible à traverser, il ne viendra à l'idée d'aucun de nous d'échanger la promesse de ne pas vouloir franchir le fleuve et nous installer sur l'autre rive. Le fleuve nous est désigné par la nature comme limite de notre capacité physique d'agir. Si d'aventure il devient suffisamment peu profond pour être passé à gué, ou si nous découvrons l'art de naviguer, c'est seulement alors qu'il sera nécessaire que nous en fassions par convention la limite de notre arbitre.

Cette volonté des deux protagonistes de posséder en propre ceci ou cela est la volonté privée de chacun. Il y a donc dans le contrat tout d'abord *deux volontés privées,* qu'il faut nommer *volontés matérielles,* puisqu'elles portent sur un objet. Ensuite, ce qui est requis pour qu'un contrat soit possible, c'est que les deux parties aient la volonté de parvenir à un accord sur leurs prétentions, qu'elles soient conflictuelles dès maintenant ou qu'elles puissent l'être à l'avenir [III, 193] ; que chacune de son côté ait la volonté de lâcher quelque chose à propos de l'objet en litige, jusqu'à ce que les deux prétentions puissent coexister. Si seulement une des deux veut parvenir à un accord, ou si aucune des deux ne le veut, nul contrat n'est possible, et il en résulte nécessairement une guerre. Selon la loi du droit, l'être raisonnable est tenu d'avoir cette volonté, et il y a un droit de contrainte pour forcer chacun à procéder à un contrat (lequel droit, à vrai dire, étant donné qu'on ne parvient pas à déterminer jusqu'à quelles limites chacun doit faire des concessions, n'a aucune applicabilité) ; cela parce que l'état de guerre effectif ou même seulement l'appréhension d'une guerre possible ne sont pas un état légitime : toutes choses qui ont été démontrées plus haut. Il est donc requis, deuxièmement, pour un contrat un *accord de la volonté des deux parties pour un règlement à l'amiable de leur litige,* laquelle volonté nous proposons de nommer, dans la mesure où elle vise la forme du contrat, *volonté générale formaliter.*

En outre, entre en jeu dans la possibilité du contrat le fait que les deux parties limitent leurs volontés privées que nous avons évoquées tout d'abord, si largement qu'elles ne sont pas plus longtemps en conflit ; donc que chacun de son côté renonce et ne veuille posséder ni maintenant ni jamais ce que l'autre veut conserver pour lui-même. Nous nommons cet accord de leurs volontés la *volonté générale materialiter.* En elle, les volontés privées des deux parties s'accordent en donnant naissance à une unique volonté générale. La volonté de
(4,7) chacun des contractants considère maintenant aussi la propriété de l'autre, qu'elle ne considérait auparavant peut-être pas, que peut-être elle ne connaissait nullement, étant donné que ce n'est pas nécessairement dès maintenant qu'il doit exister un conflit sur les objets, mais que peut-être n'est-ce à craindre que pour l'avenir ; ou encore, cette propriété de l'autre, s'il la connaissait, il n'avait encore rien décidé à son sujet. La volonté de chaque partie s'étend maintenant jusqu'au-delà de sa fin privée, mais seulement comme volonté *négative.* Chacun, simplement, ne veut pas ce que l'autre veut ; il ne décide rien d'autre, à son égard, que de ne pas le désirer pour soi. Ce qu'il peut bien en advenir par ailleurs, si l'objet était dérobé à l'autre par un tiers, cela lui est, selon sa volonté [III, 194], totalement égal. Donc, ce qui est un point fort important, la volonté matérielle de l'un et de l'autre, en tant qu'elle est générale, est purement et simplement négative.

Enfin, il est aussi inscrit dans le concept de contrat que cette volonté générale est solidement établie, comme une volonté durable et qui guide toutes les actions libres à venir des deux parties, en tant que constituant leur loi juridique par laquelle est déterminée la relation légitime qu'elles entretiendront à l'avenir. Dès qu'une des deux parties outrepasse, ne serait-ce que de façon infime, ses limites, le contrat est annulé, et toute la relation juridique fondée par lui est abolie.

On pourrait éventuellement croire que l'offensé a simplement à exiger tout de suite réparation, et que, dès lors que celle-ci a été acquittée, les choses se retrouvent sur leurs bases antérieures. Or, certes, c'est exact si l'offensé veut s'en contenter et renouveler le contrat avec l'offenseur. Mais, pour ce qui suit, il importe beaucoup de percevoir que l'offensé n'est pas juridiquement obligé de se contenter de la réparation et que, selon une stricte conséquence, toute relation juridique entre les deux parties est annulée. C'est pourquoi nous produisons la preuve de cette affirmation.

Avant le contrat, chacune des deux parties avait le droit le plus complet sur tout ce que l'autre partie réclamait pour elle, et qui lui a aussi été effectivement reconnu dans le contrat. Quand bien même le premier ne le connaissait alors pas encore, il aurait pu en tout cas apprendre ensuite à le connaître et le soumettre à ses fins. C'est uniquement par le contrat qu'il a perdu son droit sur tout cela. Or le contrat n'a d'existence que dans la mesure où il est continuellement maintenu en vigueur ; dès qu'il est violé, il est annulé. Mais si le fondement s'effondre, le fondé s'effondre lui aussi, et puisque le contrat était le seul fondement du renoncement, s'effondre avec lui le renoncement à tout ce qui était le bien de l'autre. Les deux parties se retrouvent dans la même relation où elles se trouvaient avant le contrat.

B.

[III, 195] Nous en venons, après ces nécessaires prémisses, à l'analyse *(4, 8)* du contrat social en particulier.

I – Il n'est pas de relation juridique sans une détermination positive de la limite jusqu'où doit s'étendre l'usage de sa liberté par chaque individu ; autrement dit, ce qui est équivalent, sans détermination de la propriété au sens le plus large du terme, en tant qu'elle désigne non seulement la possession de biens fonciers ou de biens de ce genre, mais en général des droits à des actions libres dans le monde sensible.

Il faut donc que, dans le contrat social, chaque individu, si par ce contrat une relation juridique universelle doit être mise en place, s'accorde avec tous sur la propriété, les droits et la liberté qu'il doit avoir, et sur ceux qu'il doit inversement laisser aux autres sans y porter atteinte et pour lesquels il doit renoncer à toutes ses prétentions naturelles à des droits. Chacun doit pouvoir là-dessus se mettre d'accord *personnellement* avec chacun. Qu'on imagine un individu au moment de conclure le contrat : celui-ci est une seule des parties requises pour le contrat. Si l'on réunit dans un concept universel tous ceux avec lesquels il doit successivement passer un contrat, ce sont tous ceux-ci, mais *uniquement en tant qu'individus* — car il a passé un contrat avec eux en tant qu'êtres individuels et existant pour soi, dont absolument personne n'influençait les décisions —, ce sont eux tous, dis-je, qui constituent la seconde partie présente dans le contrat. Chacun a dit à tous : je veux posséder cela, et je vous demande de renoncer à vos prétentions légitimes là-dessus. Tous lui ont répondu : nous abandonnerons ces prétentions à condition que toi, tu abandonnes les tiennes sur tout le reste.

Dans ce contrat sont contenus tous les réquisits d'un contrat. Tout d'abord, une simple volonté privée de chaque individu de posséder quelque chose pour soi, ce sans quoi il n'aurait pas conclu le contrat dont il est ici question (ainsi chaque citoyen a-t-il nécessairement une propriété ; si les autres ne lui avaient rien reconnu, il n'aurait pas renoncé à ce qu'ils possèdent ; car ce renoncement [III, 196] ne saurait être que réciproque ; il n'aurait donc pas participé à la conclusion du contrat social). La volonté formelle de tous de se mettre d'accord est présupposée. Il est nécessaire que chacun se soit accordé avec tous et tous avec chacun sur la matière de la possession — faute de quoi le contrat ne se serait pas fait et aucune relation juridique ne se serait mise en place. La volonté de chacun est *positive*, uniquement à l'égard de ce qu'elle veut posséder pour soi ; en ce qui concerne la propriété de tout le reste, elle est simplement *négative*.

Vaut pour ce contrat la proposition établie plus haut : la propriété *(4, 9)* de chacun n'est reconnue par chaque autre qu'aussi longtemps que le premier épargne lui-même la propriété du second. La moindre atteinte portée à celle-ci abolit le contrat tout entier et légitime l'offensé à tout prendre à l'offenseur, s'il le peut. *Chacun institue donc sa propriété tout entière comme gage qu'il ne veut pas porter atteinte à la propriété de tous les autres.*

Je nomme cette première partie du contrat social *le contrat de propriété des citoyens.* Si l'on considère le résultat de tous les contrats particuliers qui ont été conclus, on a la volonté uniquement *matérielle* telle qu'elle porte sur des objets et détermine les limites de la liberté des individus : laquelle volonté donne la *loi civile* au sens étroit du terme, définit le fondement de toutes les lois qu'il est possible d'édicter dans cet Etat au sujet de la propriété, du profit, des libertés et des privilèges, et est inviolable.

Chaque individu s'est *effectivement* exprimé une fois de la façon que l'on a décrite, que ce soit par des mots ou par des actes, en se consacrant tout à fait ouvertement et sans se dissimuler à une certaine occupation sans que, pour le moins, l'Etat dise à ce sujet quoi que ce soit.

Dans notre explication, il a été admis que tous contractent avec tous. On pourrait faire observer là contre : étant donné que nécessairement les hommes ne pratiquent leurs activités que dans un certain espace délimité, ce qu'il faut, c'est seulement que chacun s'accorde avec ses trois ou quatre voisins les plus proches dans l'espace. Or ici [III, 197], selon notre hypothèse, cela ne doit pas être suffisant. Il faut donc supposer que chacun peut entrer en conflit avec chaque individu, que donc les individus ne resteront pas enfermés dans leur domaine, mais au contraire auront le droit de vivre ensemble sur tout le territoire de l'Etat et d'y aller les uns chez les autres. Qu'il en va effectivement ainsi, cela se démontrera de façon plus précise à l'avenir. Ici, on déduit seulement de l'exigence selon laquelle, dans le contrat social, tous doivent contracter avec tous, que le territoire de tous sur la surface de la terre peut bien certes, pour une part, c'est-à-dire à un certain égard, être partagé entre les individus, mais qu'à un certain autre égard, lequel est déterminé précisément par le contrat, il constitue une sphère d'action pour tous ; que par exemple il doit être permis au marchand de circuler pour proposer ses marchandises, au berger de conduire son troupeau, au pêcheur d'aller le long des fleuves sur la terre du paysan, etc., toutes activités qui ne peuvent être permises qu'en conséquence du contrat.

II – Cependant le but du contrat est que soient protégées, même par *(4, 10)* la contrainte utilisant la violence physique, les limites de la liberté exclusive de chacun telles que les détermine le contrat de propriété ou contrat civil, étant donné que l'on ne peut ni ne veut s'en remettre à la simple bonne volonté.

Une telle puissance contraignante n'est pas mise en place si, comme on l'a montré, la volonté de chaque contractant se rapporte de façon seulement négative à la propriété de l'autre. Il faudrait donc, puisque le contrat à décrire doit être un contrat social, qu'au premier, le contrat de propriété, soit associé encore un second contrat dans lequel chacun promette à tous les individus, qui restent toujours considérés comme des individus, de les aider, grâce à sa propre force, à protéger la propriété qui leur est reconnue, à condition que de leur côté ils aident également à défendre la sienne contre la violence. Nous nommons ce contrat le *contrat de protection.*

Ce second contrat est conditionné par le premier selon la matière. Chacun ne peut s'engager à protéger que [III, 198] ce qu'il a reconnu comme constituant le droit de l'autre, que cela consiste dès lors en une possession effectivement présente ou dans l'autorisation générale de s'acquérir à l'avenir une possession selon une certaine règle. Mais en aucune façon il ne peut promettre de prêter assistance à l'autre si celui-ci devait s'engager dans des affaires pour lesquelles le premier contrat n'est pas posé.

Ce second contrat est opposé au premier en ceci que la volonté simplement négative, eu égard à la propriété de l'autre, devient positive. Chacun promet non pas seulement, comme dans le premier contrat, de s'abstenir lui-même de porter atteinte à la propriété de qui que ce soit, mais aussi, en outre, d'apporter son aide pour la protéger contre l'attaque possible d'un quelconque *tiers.* Que quelqu'un promette de protéger l'autre contre lui-même est aberrant. De ce fait, il ne pourrait pas même l'attaquer, et ainsi l'autre serait à l'avance assez protégé contre lui-même.

Le contrat de protection, comme tout contrat, est conditionnel. Chacun promet à l'autre, ici chacun à tous les autres, de les protéger à condition que les autres le protègent également. Le contrat et le droit qu'il fonde s'écroulent si une partie en présence n'en remplit pas la condition.

III – Le contrat de protection est très remarquablement différent du contrat de propriété en ceci que ce dernier porte sur une simple abstention, alors que le premier porte sur une prestation positive ; et l'on peut donc à chaque instant savoir si le contrat de propriété est rempli, dans la mesure où l'autre partie a simplement à chaque instant quelque chose à *ne pas faire ; par contre, on ne peut pas savoir aussi bien si le premier est rempli, étant donné que l'autre partie a d'après lui quelque chose à faire qu'elle ne peut faire à tout instant et qu'elle n'est proprement obligée de faire à aucun instant. Je m'explique plus clairement sur ce point très important.*

Le contrat de protection est un contrat conditionnel portant sur une *(4, 11)* prestation positive, et comme tel il ne peut, selon le droit strict, avoir absolument aucun effet, mais il est entièrement nul et vide. La formule en serait la suivante : à la condition que tu [III, 199] protèges mon droit, je protégerai le tien. D'où une partie reçoit-elle la possibilité de prétendre légitimement à la protection de l'autre partie ? A l'évidence, uniquement du fait qu'elle *protège effectivement* l'autre partie.

Et dans ces conditions, en toute rigueur, une partie n'obtiendrait jamais le droit à une telle prétention. Il est d'importance pour ce qui suit que l'on aperçoive cela clairement, et cette vision de la chose dépend du fait de bien pénétrer la nature de la condition de ce contrat. Je ne suis juridiquement obligé de te protéger qu'à la condition que tu me protèges. Qu'on considère bien ce que le dernier membre de phrase signifie. Il n'est pas équivalent avec la proposition : pourvu que tu aies la bonne volonté de me protéger. Car la bonne volonté ne se laisse jamais démontrer d'une façon qui soit valide pour le tribunal du droit externe ; de plus, elle pourrait se transformer, et en général c'est là le droit de chaque partie que de ne jamais être dépendante de la bonne volonté de sa partie opposée. Cela n'équivaut pas même à la proposition : si tu m'as déjà protégé un jour. Car le passé est passé et ne m'aide en rien dans le présent ; moralité, reconnaissance et autres bonnes dispositions du même genre pourraient certes me pousser à rendre à l'autre sa protection ; mais ici c'est une prétention légitime que l'on doit fonder. Dans le domaine du droit, il n'y a en fait nul autre moyen d'obliger l'homme que la compréhension de ceci : ce que tu fais à l'autre, que ce soit du bien ou du mal, tu ne le fais pas à l'autre, mais à toi-même. Si on applique cela ici, il me faudrait pouvoir comprendre que, dans la protection que j'accorde à l'autre, je ne fais que me protéger moi-même, ou bien effectivement dans le présent, ou bien de façon telle que, de la protection que je lui procure, résulte avec une nécessité absolue une protection qu'il me procurera si j'en ai besoin à l'avenir. Le premier cas n'est pas possible : car lorsque je procure moi-même une protection, je n'ai pas besoin de protection et n'en reçois aucune ; le second est tout aussi peu possible : car les décisions de la libre volonté de l'autre ne se peuvent prévoir avec une absolue certitude.

La discussion qui vient d'être menée est la plus rigoureuse ; mais on peut aussi considérer la question de plusieurs points de vue encore. Ou bien [III, 200] les deux parties passant entre elles le contrat de protection sont attaquées au même moment : par suite, aucune ne peut accourir pour protéger l'autre, car chacune doit s'occuper d'elle-même ; ou bien l'une des deux est attaquée avant l'autre. Pourquoi donc l'autre, dont la protection est réclamée, ne pourrait-elle pas dire : notre contrat est un contrat conditionnel ; c'est uniquement en accordant ta protec-
(4, 12) tion que tu obtiens un droit à prétendre à ma protection ; or tu n'as pas effectivement rempli la condition — savoir si tu as eu la possibilité de la remplir, si tu as eu de façon durable la bonne volonté de la remplir au cas où simplement l'occasion s'en serait présentée, ce n'est pas la question, mais c'est uniquement une question de fait : tu ne l'as pas remplie ; or si la condition disparaît, le conditionné disparaît aussi. L'autre argumentera de la même manière de son côté ; et ainsi le conditionné n'interviendra jamais, parce que la condition ne peut jamais

intervenir. Les deux parties peuvent bien entrer l'une avec l'autre dans une relation qui est celle de l'obligation morale, si l'une assiste effectivement l'autre ; mais jamais dans une relation juridique.

Pour améliorer la clarté du débat, nous comparons ce contrat, nul en lui-même, avec le droit que fonde le contrat de propriété. Dans ce dernier, la condition, des deux côtés, est seulement négative, savoir : que chaque partie s'abstienne de porter atteinte aux droits reconnus de l'autre ; et c'est pourquoi il est possible à tout moment de remplir cette condition et de démontrer clairement devant le tribunal extérieur que ce qui fonde juridiquement l'obligation se présente. La condition n'est pas quelque chose, mais elle n'est pas rien : c'est non pas une affirmation, mais une simple négation qui est possible continuellement, à tout instant. Je suis toujours obligé de m'abstenir de toute attaque contre le bien d'autrui, parce que par là, et par là seulement, je détourne légitimement l'autre d'attaquer le mien.

Si cette partie du contrat social, le contrat de protection, est nulle, la sûreté du premier, le contrat de propriété, est également supprimée. Certes le fondement du droit qui en procède persiste et se peut toujours démontrer, comme nous l'avons indiqué à l'instant ; mais quant à savoir si quelqu'un accepte de se [III, 201] laisser lier par le droit, alors que le contrat par lequel un pouvoir de contrainte devait être mis en place n'est même pas capable de jamais fonder un droit, cela dépend de la bonne volonté de chacun ; et nous demeurons donc dans l'insécurité antérieure et dans la dépendance à l'égard de la bonne volonté des autres, ce sur quoi nous ne voulons pas faire fond ni ne sommes obligés de faire fond.

La difficulté indiquée doit être levée : par sa solution le contrat social sera déterminé plus avant, mieux : sa détermination sera achevée. Le siège principal de la difficulté tient au fait qu'il est toujours problématique de savoir si quelqu'un remplit l'obligation qu'il a acceptée par le contrat de protection et donc s'il impose ou non une obligation à l'autre. Elle serait levée si les choses pouvaient être disposées de façon que ce ne puisse jamais être problématique. Ce n'est *(4, 13)* pas problématique, mais au contraire c'est certain, si la simple entrée de chacun dans l'Etat implique déjà qu'il remplisse le contrat de protection, si promettre et remplir ce contrat sont unis de façon synthétique, si *parole et acte* ne deviennent qu'une seule et même chose.

(Ce qui vient d'être établi à propos du contrat de protection en particulier, vaut pour tous les contrats de prestation, puisque cela a été démontré à partir du caractère général d'un contrat portant sur une prestation positive. En posant donc la forme sous laquelle le premier peut prendre force de loi, à savoir que la parole elle-même devienne acte, nous posons une forme qui vaut pour tous les contrats de prestation, forme que donc nous leur appliquerons aussi plus profondément ci-dessous.)

IV – Dans le simple contrat portant sur la protection, la prestation elle-même doit être contenue en même temps de façon immédiate. Comment disposer les choses pour cela ? A l'évidence, de façon telle que, lors de la conclusion du contrat social, en même temps que lui et par lui, soit rassemblée et établie une puissance protectrice à laquelle tout individu qui prend part à ce contrat apporte sa contribution. Par cette contribution dont il s'acquitte, l'individu remplit effectivement, de manière immédiate, à son entrée dans l'Etat, le contrat de protection envers tous, si bien que dès lors, et par sa simple entrée dans l'Etat, il ne serait plus problématique de savoir s'il remplirait ce contrat, puisqu'il [III, 202] l'a même effectivement rempli et qu'aussi longtemps que sa contribution est contenue dans la masse de la protection générale, il continue à le remplir effectivement.

Cela dit, comment mettre sur pied cette puissance protectrice et que se produit-il vraiment lorsqu'elle est mise sur pied ?

Nous nous plaçons de nouveau, pour rendre intuitionnable le concept important que nous allons obtenir, au point où nous voyons agir l'individu qui passe un contrat avec tous. Il est l'une des parties contractantes. Sa contribution à la puissance protectrice est exigée de lui comme condition de son entrée dans l'Etat. Par *qui* cette contribution est-elle donc exigée de lui ? Avec qui débat-il donc, à proprement parler, à ce propos, et qui est la seconde partie dans ce contrat ?

Cette partie réclame une protection ; pour quel individu déterminé la réclame-t-elle donc ? Nullement pour un individu déterminé, et cependant pour tous : pour quiconque est attaqué ; or cela peut arriver à chaque individu parmi eux, mais chacun peut aussi ne pas être attaqué. Donc le concept de ce qui en général est à protéger est caractérisé par un *flottement :* c'est un concept indéterminé ; et c'est précisément de là que naît le concept d'un tout non pas simplement *imaginé,* produit pur et simple de notre pensée, comme ci-dessus (I), mais d'un tout *réel* qui est réuni par la chose même : le concept non pas simplement de tous, mais d'une totalité.

Décrivons cela de plus près. Un simple concept abstrait est composé *(4, 14)* uniquement par l'acte libre d'un esprit ; ainsi le concept de tous, qui a été exposé plus haut. Le concept que nous obtenons maintenant n'est pas seulement composé par un acte arbitraire, mais par quelque chose de réel, quelque chose qui, cela dit, est inconnu et ne se réalisera qu'à l'avenir, par l'intermédiaire de l'attaque qui est à redouter. Qui celle-ci frappera-t-elle tout d'abord, nul ne le sait ; elle peut frapper chacun : chacun peut donc croire que toute l'organisation a été mise en place uniquement à son avantage et il lui apportera donc volontiers sa modeste contribution. Mais elle peut aussi frapper un autre, et dans ce cas sa contribution est déjà [III, 203] intégrée dans le tout et ne peut plus être retirée. Ce caractère indéterminé, cette incertitude sur la question de savoir quel individu l'attaque concernera d'abord, donc ce *flottement* de l'imagination constituent l'élément qui effectue la synthèse. C'est ce par la médiation de quoi tous se fondent ensemble en un seul être, et ne sont plus réunis dans un concept abstrait comme un *compositum,* mais en fait comme un *totum.* Ainsi la nature rassemble-t-elle à nouveau dans l'Etat ce qu'elle séparait par la production d'une pluralité d'individus. La raison est une, et sa présentation dans le monde sensible n'est elle aussi qu'une ; l'humanité est un tout unique, organisé et organisant, de la raison. Elle était séparée en de multiples membres indépendants les uns des autres ; déjà l'organisation naturelle de l'Etat abolit préalablement cette indépendance et fusionne des foules différenciées en un tout, jusqu'à ce que la moralité transforme l'espèce tout entière en un seul être.

Le concept mis en place peut opportunément être éclairé par celui d'un produit organisé de la nature, par exemple celui d'un *arbre.* Qu'on donne à chaque partie considérée pour elle-même conscience et volonté : il lui faut, aussi sûr qu'elle veut se conserver elle-même, vouloir la conservation de l'arbre, parce que sa propre conservation n'est possible qu'à cette condition. Or qu'est-ce donc pour elle que l'arbre ? L'arbre en général n'est rien qu'un simple concept, et l'on ne peut porter atteinte à un concept. Mais la partie veut qu'aucune de toutes les parties, quelle qu'elle puisse être, ne soit atteinte, parce que de cette atteinte portée à une quelconque des parties elle-même souffrirait. Il n'en est pas ainsi dans un tas de sable, où il peut être indifférent à chaque partie que l'autre soit séparée, piétinée, éparpillée.

C'est donc le tout, venu de cette manière à l'existence, qu'il s'agit de protéger. Telle est la seconde partie, dans le contrat, que nous cherchions. La volonté déclarée comme telle n'est donc absolument pas une volonté privée, sauf de manière préalable, quand elle est encore référée au contractant particulier qui, selon notre hypothèse, se fait d'abord réclamer sa protection ; au contraire, elle est, d'après sa nature, une volonté générale, étant donné que, vu son caractère indéterminé, elle ne peut être que générale.

[III, 204] Le point où ce tout se réunit en un tout a été indiqué. Mais *(4, 15)* comment et par quel acte particulier de la volonté est-il devenu ce tout ? Nous apercevons bien qu'il existe. Mais, cela étant, qu'on le fasse naître sous nos yeux ! Restons-en au point de vue que nous avions proposé, à partir duquel nous voyons l'individu engager des négociations, et notre question sera aussitôt résolue.

Il apporte sa volonté d'y fournir une protection, sans aucun doute, comme c'était requis, de protéger le tout. Il devient ainsi une partie du tout et se confond avec lui, qu'il devienne, sous l'effet du hasard encore imprévisible, le protecteur ou le protégé. C'est de cette façon, par des contrats d'individu à individu, que le tout est engendré, et c'est dans la mesure où tous les individus contractent avec tous les autres comme formant un tout, que celui-ci est achevé.

Ce contrat, qui seul garantit et protège les deux premiers contrats et les transforme tous deux, par leur réunion, en un contrat social, nous le nommons de façon spécifique le *contrat d'union.*

V – L'individu, à la suite du contrat d'union, devient une partie d'un tout organisé, et ainsi il se fond en lui pour ne faire qu'un avec lui. Lui est-il intégré de tout son être et de toute son essence, ou seulement en partie, si bien que d'un autre point de vue il reste encore libre et indépendant* ?

[III, 205] Chacun fournit au corps protecteur sa *contribution :* il *(4, 16)* donne sa voix pour la nomination des magistrats, pour que la constitution soit assurée et garantie, il fournit sa contribution déterminée en forces, en services, en produits, soit en nature, soit transformés en argent, signe universel de la valeur des choses. Mais il ne se donne pas tout entier, lui et ce qui lui appartient. Car dans ces conditions que lui resterait-il que l'Etat, de son côté, puisse lui promettre de protéger ? Le contrat de protection serait, dans ce cas, seulement unilatéral et se contredirait lui-même ; et il devrait être exprimé ainsi : tous promettent de protéger, quoique tous promettent de ne rien avoir qui puisse être protégé. Le *corps protecteur* n'est donc constitué que d'une partie de ce qui appartient aux individus. Tous sont compris en lui, mais seulement en partie. Mais dans la mesure où ils sont compris en lui, ils constituent le pouvoir d'Etat qui a bien pour but, précisément, la protection de chacun dans ses droits, et ils forment le souverain proprement dit. C'est exclusivement dans l'acte par lequel chacun fournit cette contribution, qu'il appartient au souverain. Même les impôts, dans un Etat libre, c'est-à-dire dans un Etat qui a un éphorat, sont des exercices de la souveraineté. Par contre *tout* ce que chacun possède fait partie de la totalité de *ce qui est à protéger.*

* Rousseau affirme de façon inconditionnée : chacun se donne tout entier. Voici d'où cette affirmation procède : Rousseau admet un droit de propriété antérieur au contrat social, droit qui est fondé sur l'activité formatrice. Dès lors, il est naturel que chacun doive négocier avec les autres sur cette propriété qui est sienne et qu'elle ne puisse devenir sa propriété *dans l'Etat* que dans la mesure où la possession lui en est reconnue ; que celle-ci soit donc soumise à la décision de la volonté générale, que par conséquent toute propriété cesse d'être propriété jusqu'à ce que la négociation soit parvenue à conclusion. Dans cette mesure, assurément, chacun donnerait tout (42).

D'après notre théorie, personne ne peut, dans un contrat social, apporter quelque chose et le donner, car il n'*a* rien avant ce contrat. La première [III, 205] condition, pour qu'il puisse donner, c'est d'avoir reçu. Bien loin donc que ce contrat doive commencer par le fait de *donner,* il débute par celui d'*obtenir.*

Le tout qui maintenant est institué ne peut, d'après la proposition ci-dessus, entreprendre de rien protéger qu'il n'ait reconnu. Il reconnaît donc tout ce que possède chaque individu dès lors qu'il en assume la *(4,.17)* protection, et donc le contrat de propriété, dont il semblait, plus haut, qu'il était conclu seulement avec tous en tant qu'individu, reçoit aussi sa confirmation du tout réel qu'est l'Etat. Dans cette mesure, le tout est *propriétaire* de toute possession et des droits de tous les individus, en tant qu'il considère et doit considérer toute atteinte qui leur est portée *comme survenant à lui-même ;* mais dans la mesure où il considère quelque chose comme *soumis à sa libre disposition,* c'est seulement ce [III, 206] dont chaque individu est redevable comme contribution aux charges de l'Etat qui est la propriété de l'Etat.

En égard à ce par quoi l'individu ne contribue pas à ce que projette l'Etat, il est totalement libre ; il n'est, de ce point de vue, pas intégré au tout qu'est le corps de l'Etat, mais reste au contraire un individu, une personne libre, ne dépendant que d'elle-même, et c'est précisément cette liberté qui lui est assurée par le pouvoir de l'Etat et pour laquelle seulement il participa au contrat. L'humanité se distingue de la citoyenneté pour s'élever à la moralité avec une absolue liberté, mais cela seulement dans la mesure où l'homme passe par l'Etat. Mais dans la mesure où pourtant l'individu est limité par la loi, il est *sujet,* soumis au pouvoir protecteur, c'est-à-dire au pouvoir de l'Etat, dans le domaine qui lui reste. C'est seulement sous condition de sa contribution que le contrat est conclu avec lui : par conséquent le contrat est aboli dès que le citoyen ne s'acquitte pas de cette contribution. Chacun fournit donc constamment, avec tous ses biens, la garantie qu'il apportera sa contribution, et il s'expose à les perdre s'il ne s'acquitte pas de la contribution dont il est redevable. Etant donné qu'il se retire lui-même de sa participation au tout, c'est le tout, en d'autres termes le souverain, qui devient son *juge,* et lui, dans ce cas, il devient sujet avec tous ses biens ; et tout cela réuni constitue le *contrat de soumission,* lequel toutefois est seulement hypothétique. Car si je remplis mes devoirs de citoyen sans interruption ni exception, ce qui bien sûr comprend le fait qu'aussi à l'égard des individus je ne transgresse pas les limites de ma liberté telles que la loi me les a accordées, je ne fais, en ce qui concerne mon caractère public, que participer à la souveraineté et, en ce qui concerne mon caractère privé, je suis seulement un individu libre, mais je ne suis jamais sujet. Cela, je ne le deviendrais que si je ne remplissais pas mes devoirs. Si une loi pénale existe à propos de ce cas, comme on doit s'y attendre, le coupable peut expier sa faute et ainsi, globalement, conserver son bien en en perdant une partie.

Et c'est ainsi que notre analyse revient sur elle-même, et la synthèse est achevée.

[III, 207] Le contrat social est un contrat que chaque individu conclut avec le tout réel de l'Etat qui se forme grâce aux contrats conclus avec les individus et qui se conserve grâce à eux, et c'est un *(4, 18)* contrat par lequel chacun se confond avec ce tout dans une partie de ses droits, mais obtient ainsi les droits de la souveraineté.

Les deux parties de ce contrat sont : l'individu, d'un côté, le corps de l'Etat, de l'autre. Il est conditionné par la libre volonté formelle des deux parties de passer l'une avec l'autre un contrat. La volonté matérielle sur laquelle les parties doivent se mettre d'accord porte, d'un côté, sur une propriété déterminée, de l'autre, sur un renoncement à tout le reste et sur une contribution déterminée au pouvoir protecteur. Par le contrat, le citoyen obtient de son côté une propriété sûre, et l'Etat le renoncement nécessaire pour que tous ses autres citoyens disposent d'une possession légitime, renoncement de cet individu à ses prétentions naturelles à avoir des droits sur cette possession, et il obtient aussi une contribution déterminée au pouvoir protecteur.

Ce contrat se garantit lui-même : il a en lui-même le fondement qui suffit pour le maintenir, de même que tout être organisé a en lui-même le fondement complet de son être. Ou bien, pour une personne, il n'existe absolument pas, ou bien il l'oblige complètement. Celui qui ne le remplit pas n'y participe pas, et celui qui y participe le remplit nécessairement de façon intégrale. Celui qui n'y participe pas ne participe à aucune relation juridique, et il est légitimement exclu tout à fait de l'action réciproque avec d'autres êtres semblables à lui dans le monde sensible.

— *Corollaire*

On n'a, pour autant que je le sache, jusqu'à maintenant produit le concept du tout de l'Etat que par le rassemblement idéal des individus, et de cette manière on s'est fermé à la véritable intelligence de la nature de cette relation. On peut, sur ce mode, rassembler en un tout n'importe quoi. L'unifiant est alors exclusivement notre pensée ; tout ce qui est rassemblé est à nouveau isolé comme auparavant, si nous effectuons d'une autre manière [III, 208] le rassemblement, ce qui dépend en fait de l'arbitre. On ne conçoit pas une véritable réunion tant que l'on n'a pas montré un unifiant *extérieur au concept* (nous nous exprimons ainsi du point de vue empirique ; du point de vue transcendantal, nous devrions dire : tant que l'on n'a pas montré *l'élément nécessaire, dans la pensée, pour cette réunion*). Dans notre présentation, tel est ce qui s'est effectué. Car dans le concept de ce qui est à protéger, en conséquence de la nécessaire indétermination concernant la question de savoir quels individus auront besoin d'une protection visible et, plus encore, pour quels individus elle intervient de façon invisible en réprimant par la loi la volonté mauvaise avant son explosion, tous les individus se confondent en un seul être.

L'image la plus pertinente pour éclairer ce concept est celle d'un *(4, 19)* produit organisé de la nature, image que l'on a souvent utilisée ces derniers temps pour décrire les différentes branches du pouvoir public comme constituant une unité, mais, autant que je le sache, pas encore pour rendre sensible par ce biais la relation civile tout entière. De même que dans un produit de la nature chaque partie ne peut être ce qu'elle est que dans cette liaison et qu'en dehors de cette liaison elle ne serait absolument pas telle — et même, en dehors de toute liaison organique, elle ne serait absolument rien, dans la mesure où, sans l'action réciproque de forces organiques se maintenant mutuellement en situation d'équilibre, il n'y aurait aucune forme susceptible de persister, mais c'est un combat éternel de l'être et du non-être qui aurait lieu et que nous ne pouvons même pas penser ; de même c'est uniquement dans le lien étatique que l'homme obtient une situation déterminée dans la série des choses, un point stable dans la nature, et que chacun obtient *telle situation déterminée* par rapport à d'autres et par rapport à la nature, simplement du fait qu'il est dans *telle liaison déterminée.* En dehors de cette situation déterminée, il ne se produirait pour lui qu'une jouissance éphémère, mais il ne pourrait jamais compter, ne serait-ce que de façon infime, sur quelque chose pour l'avenir ; et même pour cette jouissance éphémère, si l'on songe qu'il existe encore d'autres êtres semblables à nous qui possèdent les mêmes droits là-dessus, la légitimité vient à faire défaut. C'est par la réunion de toutes les forces organiques que se constituent une nature ; c'est par la réunion de l'arbitre de tous que se constitue l'humanité. L'essence de la [III, 209] matière brute, qu'on ne doit se représenter qu'en la distinguant de la matière organisée et comme une partie de l'univers organisé, consiste en ceci qu'en elle aucune partie ne se peut rencontrer qui n'ait le fondement de sa détermination en elle-même, dont la tendance ne soit pas complètement expliquée par son être et son être par sa tendance ; l'essence de la matière organisée consiste en ceci qu'on ne rencontre en elle aucune partie qui ait en elle-même le fondement de sa détermination et qu'en elle on ne rencontre pas de tendance qui ne suppose un être en dehors d'elle ni d'être qui ne suppose une tendance en dehors de lui. Le même rapport existe entre l'homme isolé et le citoyen. Le premier agit exclusivement pour satisfaire ses besoins, et aucun de ceux-ci n'est satisfait si ce n'est par sa propre action ; ce qu'il est extérieurement, il l'est seulement par soi. Le citoyen au contraire a maintes choses à faire et à admettre, non pas pour lui-même, mais pour le bien des autres ; par contre, ses besoins les plus élevés sont satisfaits sans son intervention, par l'action des autres. Dans le corps organisé, chaque partie conserve continuellement le tout, et elle est, en le conservant, elle-même conservée ; c'est de la même manière que le citoyen se rapporte à l'Etat. Et cela sans qu'il soit besoin, aussi peu pour l'un que pour l'autre, d'une disposition particulière en vue de cette conservation du tout : pourvu que chaque partie, ou chaque citoyen, se *(4, 20)* conserve soi-même dans la situation qui lui est déterminée par le tout, il prend précisément ainsi sa part de la conservation du tout ; et c'est précisément dans la mesure où le tout conserve chaque partie dans la situation qui est la sienne, qu'il revient sur lui-même et se conserve lui-même.

DEUXIÈME SECTION DE LA DOCTRINE DU DROIT POLITIQUE :

De la législation civile

§ 18 – Sur l'esprit du contrat civil ou de propriété

I – [III, 210] Le premier contrat, décrit ci-dessus, contenu dans le contrat social et portant sur la propriété en général fonde la relation juridique de chaque individu avec tous les individus dans l'Etat et est donc le fondement de ce que l'on nomme législation civile, droit civil, etc. Nous n'avons donc qu'à expliciter complètement ce contrat, et l'objet de notre analyse dans la présente section, la législation civile, est épuisé.

En somme, le droit originaire, selon la démonstration accomplie plus haut, est une action réciproque persistante, dépendant exclusivement de la volonté de la personne, entre celle-ci et le monde sensible extérieur à elle. Dans le contrat de propriété, une partie déterminée du monde sensible est attribuée en propre, de façon exclusive, à chaque individu comme sphère de cette action réciproque qui est la sienne ; et à la double condition qu'il laisse inentamée la liberté de tous les autres dans leurs sphères et qu'il aide par sa contribution à la protéger au cas où elle devrait être attaquée par un tiers, elle lui est garantie.

Tout d'abord, c'est une sphère pour sa liberté qui lui est attribuée en propre comme telle, et rien de plus. Cette sphère contient certains objets, qui sont déterminés par la liberté qui lui est reconnue. *Aussi loin, par conséquent, que s'étend la liberté qui lui est reconnue, aussi loin, mais pas davantage, s'étend son droit de propriété sur les objets.* Il les reçoit exclusivement en vue d'un certain usage ; et c'est seulement de cet usage des dits objets et de tout ce qui nuit à cet usage, qu'il a le droit d'exclure qui que ce soit. C'est une activité déterminée qui constitue l'objet du contrat de propriété.

[III, 211] (Qu'on se souvienne de ce que l'on a vu plus haut. Avoir soumis quelque chose à mes fins, tel est le fondement premier de toute propriété, en vertu du concept du droit originaire. A quelles fins ? Cette *(4, 21)* question intervient pour chacun lors de la conclusion du contrat social, lequel effectivement doit être de part en part déterminé et déterminant. C'est seulement cette fin déclarée et reconnue qui, dans les choses, est garantie, et rien de plus ; et la propriété des objets ne s'étend que jusqu'à l'atteinte de cette fin, comme c'est immédiatement clair.)

II – Or ces fins peuvent être très différentes y compris dans l'usage d'un même objet, elles peuvent donc l'être pour des objets d'espèces différentes. La question se pose de savoir si toutes les fins possibles du citoyen ne se peuvent pourtant subordonner à une fin unique.

La personne, dès qu'elle agit, présuppose toujours sa propre permanence ; la fin de son action présente se situe toujours dans l'avenir, et elle n'est cause dans le monde sensible qu'exclusivement dans la mesure où elle continue à écouler sa vie depuis le moment présent vers le moment à venir. Liberté et permanence sont unies essentiellement, et qui garantit la première, garantit nécessairement aussi la seconde. *Dans l'activité présente l'avenir est contenu.*

La nature a destiné les hommes, auxquels seuls nous avons ici affaire, à la liberté, c'est-à-dire à l'activité. La nature atteint toutes ses fins, il lui faut donc avoir, pour celle-ci aussi, pris des dispositions sûres et, selon toute attente, l'avoir effectivement atteinte. Or quelles dispositions pouvait-elle prendre pour pousser les hommes à l'activité ?

A supposer que tout homme ait des souhaits pour l'avenir, la nature atteindrait de façon sûre sa fin, si elle avait disposé les choses de façon que la possibilité d'un quelconque avenir, pour cet être, *serait conditionnée par son activité présente.* Dans le souhait de l'avenir serait contenue inversement la nécessité de *l'activité présente.* L'avenir serait conditionné par l'activité présente ; dans l'activité présente l'avenir serait nécessairement compris.

[III, 212] Mais étant donné qu'il pourrait même y avoir des hommes qui n'auraient aucun souhait dans l'avenir, le désir de la permanence n'a pas non plus d'autre fondement que l'activité présente, qui elle-même n'est à nouveau conditionnée que par le désir de l'avenir ; par conséquent la nature aurait disposé les choses selon un cercle vicieux, dont il lui fallut réunir les deux termes en un troisième situé dans le présent, et c'est la *douleur*. A la douleur présente, si la permanence est menacée, se rattachent l'activité présente et aussi le souhait et la possibilité de la permanence. Cette douleur est la *faim* et la *soif*, et il se trouve que le besoin de nourriture est à lui seul le mobile originaire, de même que sa satisfaction est la fin dernière de l'Etat et de toute vie et effort humains, bien évidemment aussi longtemps que l'homme reste *(4, 22)* simplement sous la direction de la nature et ne s'élève pas par liberté à une existence supérieure : il se trouve donc que ce besoin est à lui seul la synthèse suprême qui concilie toutes les contradictions. La fin suprême et universelle de toute activité libre est donc de pouvoir vivre. Cette fin, chaque homme la possède, et par conséquent, dès lors que la liberté en général est garantie, elle est garantie. Sans l'atteinte de cette fin, la liberté et la permanence de la personne ne seraient nullement possibles.

III – Nous gagnons donc une détermination plus précise de l'usage exclusif de la liberté qui est reconnu à tout individu dans le contrat de propriété. Pouvoir vivre est la propriété absolue et inaliénable de tous les hommes. Il lui a été reconnu une certaine sphère d'objets exclusivement pour un certain usage, avons-nous vu. Mais la fin dernière de cet usage est de pouvoir vivre. L'atteinte de cette fin est garantie ; c'est là l'esprit du contrat de propriété. C'est le principe de toute constitution rationnelle : tout homme doit pouvoir vivre de son travail.

Tous les individus ont conclu ce contrat avec tous les individus. Tous ont donc promis à tous que leur travail doit être effectivement le moyen d'atteindre cette fin [III, 213], et l'Etat doit prendre pour cela ses dispositions (dans un peuple d'hommes nus, le droit d'exercer le métier de tailleur ne serait pas un droit ; ou s'il doit être un droit, il faut que le peuple cesse d'aller nu. Nous t'accordons le droit d'exécuter tels travaux — cela signifie en même temps : nous nous créons l'obligation de te les acheter).

En outre : tout droit de propriété se fonde sur le contrat de tous avec tous, qui énonce : nous tous conservons ceci, à condition que nous te laissions disposer de ce qui est ton bien. Dès que, par conséquent, quelqu'un ne peut vivre de son travail, ce qui est absolument son bien ne lui est pas laissé, le contrat est donc à son égard totalement supprimé et, dès cet instant, il n'est plus juridiquement obligé de reconnaître la propriété d'un homme quel qu'il soit. Afin donc qu'il n'introduise pas une situation d'insécurité pour la propriété, il faut que tous, de par la loi et en vertu du contrat social, lui cèdent quelque chose de leur bien propre jusqu'à ce qu'il puisse vivre. Dès l'instant où quelqu'un est dans une situation de détresse, cette part de sa propriété qui est exigée comme contribution pour tirer quelqu'un du besoin n'appartient plus à personne, mais elle appartient en droit à celui-ci, dans sa situation de détresse. Il faudrait que des dispositions en vue d'une telle répartition soient prises dès le contrat social, et cette contribution est condition de toute justice civile, tout autant que la contribution au corps protecteur, dans la mesure où cette aide accordée à celui qui est dans le besoin est elle-même une partie de la protection nécessaire. Chacun ne possède sa propriété de citoyen que pour autant et à la condition que tous les citoyens puissent vivre de la leur ; et elle cesse d'être sa propriété s'ils ne peuvent pas vivre et elle devient la propriété de ceux-ci, bien évidemment toujours d'après le jugement déterminé du pouvoir politique. La puissance exécutive en est responsable aussi bien que de toutes les autres branches de l'administration de l'Etat, et le pauvre, bien sûr celui qui a participé à la conclusion du contrat social, a un absolu droit de contrainte pour ce qui est de l'assistance.

IV – Chacun doit pouvoir vivre *de son travail,* tel est le sens du principe qui a été posé. La possibilité de vivre est donc [III, 214] conditionnée par le travail, et nul droit de ce genre n'existe là où cette condition n'a pas été remplie. Puisque tous sont responsables de ce que chacun puisse vivre de son travail et devraient venir à son secours s'il ne le pouvait pas, ils ont aussi, nécessairement, le droit de contrôler si chacun travaille autant dans sa sphère qu'il est nécessaire pour vivre, et ils transfèrent ce droit au pouvoir étatique délégué aux droits et aux affaires de la communauté. Personne n'a le droit de prétendre à l'aide de l'Etat avant d'avoir démontré que dans sa sphère il a fait tout ce qui était possible pour pourvoir à sa subsistance, et que pourtant cela ne lui a pas été possible. Mais, étant donné que pourtant même dans ce cas on ne pourrait le laisser périr et que, de plus, le reproche de ne pas s'être tenu à son travail retomberait sur l'Etat lui-même, ce dernier a nécessairement le droit de contrôler comment chacun administre sa propriété de citoyen. De même que, d'après la proposition établie plus haut, il ne doit pas y avoir de pauvre, de même, d'après la présente proposition, il ne doit pas non plus y avoir d'oisifs dans un Etat conforme à la raison. Une exception légitime à la dernière proposition se révélera plus loin.

V – Le contrat de propriété comprend donc en soi les actions suivantes : *a)* Tous montrent à tous, et en en fournissant la garantie au tout comme communauté, de quoi ils se proposent de vivre. Cette proposition vaut sans exception. Celui qui ne sait pas fournir cette indication ne peut être un citoyen de l'Etat, car il ne peut jamais être obligé de reconnaître la propriété des autres. *b)* Tous, et au moment de la garantie la communauté, permettent à chacun de se consacrer à cette occupation, exclusivement d'un certain point de vue (43). Pas de profit dans l'Etat sans que la faveur en ait été accordée par celui-ci. Chacun doit expressément indiquer ses gains, et personne ne devient donc citoyen *en général,* mais en même temps qu'on entre dans l'Etat, on entre dans une certaine classe de citoyens. Nulle part il ne peut y avoir une indétermination. Chacun n'est propriétaire des objets que dans la mesure où il en a besoin pour l'exercice de son activité. *c)* La fin de tous ces travaux est de pouvoir vivre. Tous, et au moment de la garantie la communauté, sont garants pour chacun [III, 215] que son travail atteindra cette fin et s'obligent à utiliser de leur côté pour cela tous les moyens. Ces moyens font partie du droit complet de chacun que l'Etat doit lui garantir. Le contrat énonce à cet égard : chacun de tous les citoyens promet de faire tout son possible pour pouvoir vivre grâce aux *(4, 24)* libertés et aux droits qui lui sont reconnus ; de l'autre côté, la communauté promet, au nom de tous les individus, de lui accorder plus si pourtant il devait ne pas pouvoir vivre. Tous les individus, à cet effet, s'obligent à contribuer, tout comme ils l'ont fait pour la protection en général, et une disposition d'assistance est prise aussi dès le contrat social, tout comme un pouvoir protecteur a été institué. L'adhésion à la première est, comme l'adhésion au second, condition de l'entrée dans l'Etat. Le pouvoir d'Etat exerce le contrôle suprême sur cette partie du contrat, comme sur toutes ses parties, et il possède le droit de contrainte, aussi bien que le pouvoir de forcer chacun à remplir cette partie du contrat.

§ 19 – Application complète des principes posés à propos de la propriété

I – La disposition que la nature a prise pour nous forcer à la libre activité est la suivante.

Notre corps est un produit organisé de la nature, et en lui l'organisation persiste de façon ininterrompue, comme cela est compris, en vertu de la démonstration plus haut, dans le concept de l'organisation en général. Or l'opération de la nature organisatrice consiste ou bien en ce que de la matière brute est absorbée dans le corps et en lui, pour la première fois, est organisée, ou bien en ce que de la matière déjà organisée est absorbée en lui et y est réorganisée. En outre, dans cette opération de la nature, il peut encore se produire cette différence : ou bien la nature elle-même apporte les matériaux à organiser dans la sphère d'action qui est celle du corps, ou bien elle a compté sur l'activité propre du produit pour qu'il fasse venir les matériaux ou se rende vers eux. Le dernier cas ne se rencontre que chez des êtres qui sont articulés pour se mouvoir librement [III, 216]. Cela dit, puisque dans les deux dernières déterminations énoncées, l'art de la nature s'élève manifestement plus haut, il se pourrait très bien que les deux déterminations concordent, c'est-à-dire que, dans les corps qui sont aussi articulés, l'organisation ne soit possible que grâce à des matériaux déjà organisés, étant donné que pour les corps non articulés elle se produit grâce à de la matière brute. Sans nous laisser aller ici à une analyse tout à fait étrangère à notre propos afin de savoir pourquoi et selon quelles lois il en est ainsi, nous nous contentons d'indiquer simplement qu'il en est ainsi. Les plantes sont formées de matière brute, du moins d'une matière telle que, pour nous, elle est brute et inorganisée ; au contraire les animaux se nourrissent du règne de ce qui est organisé. Ce qui *(4, 25)* semble être une exception à la seconde règle, n'en est pas une. Si par certains animaux du fer, des pierres, du sable sont absorbés, si peut-être c'est même par instinct naturel qu'ils le sont, cela ne se produit pas pour nourrir l'animal, car ces matières ne sont pas digérées, mais afin, par exemple, d'expulser du corps des ingrédients nuisibles.

Et il peut même se trouver que des créatures articulées se nourrissent elles-mêmes, à leur tour, d'autres créatures articulées, autrement dit mangent de la viande. Il semble que ces créatures se situent à un niveau supérieur de l'organisation. L'homme est visiblement destiné à tirer sa nourriture des deux règnes de la nature organisée.

II – C'est une condition de la durée de l'Etat qu'une masse suffisante d'aliments soit disponible, faute de quoi les hommes renonceraient à leur association et devraient se disperser.

Toute organisation se produit selon des lois naturelles que l'homme peut seulement apprendre à connaître et diriger, mais non point transformer. L'homme peut disposer la nature dans les conditions, connues de lui, où ses lois s'appliquent, et ensuite compter de façon certaine que de son côté elle ne négligera rien pour les appliquer, et ainsi il acquiert la capacité de faire progresser et d'accroître l'organisation. Il faut s'attendre à ce que, quand, par une liberté sur laquelle la nature ne pouvait compter, une pluralité d'hommes veut coexister en un lieu [III, 217], la nature ait besoin d'une telle aide. Si les choses vont ainsi, faire progresser l'organisation est le fondement de l'Etat, dans la mesure où c'est la condition exclusive sous laquelle seulement les hommes peuvent rester ensemble.

Il sera tout d'abord besoin d'accroître le règne végétal, pour la nourriture des hommes et du bétail. Selon les lois de leur nature, les plantes sont attachées au sol, croissent à partir de lui et sont fixées à lui aussi longtemps que persiste l'organisation. Il faut s'attendre à ce qu'un certain nombre d'hommes se consacrent exclusivement à leur production et à leur culture, et un tel droit doit être accordé, puisque effectivement l'existence de l'Etat est conditionnée par son usage.

L'organisation progresse en un certain temps selon certaines lois dans l'application desquelles il n'est pas permis de perturber la nature. Il est donc absolument nécessaire, pour atteindre la fin visée, que dans chaque partie cultivée du règne végétal tout reste tel que celui qui la cultive l'a connu, vu que c'est là-dessus qu'il lui faut compter dans sa façon ultérieure de procéder ; donc que le sol qu'il cultive lui soit *(4, 26)* accordé exclusivement pour cette pratique de la culture. Il nous fallait donc traiter tout d'abord :

A / De la propriété foncière du paysan

1) Le sol est le support commun de l'humanité dans le monde sensible, la condition de sa subsistance dans l'espace, donc de toute son existence sensible. La terre, en particulier, considérée comme masse, n'est nullement un objet possible de cette possession, car en tant que substance elle ne peut être soumise à nulle fin exclusive que puisse concevoir un homme ; et exclure tous les autres de l'usage d'une chose sans soi-même pouvoir en indiquer un usage, c'est, d'après ce qu'on a vu plus haut, contraire au droit (on pourrait dire : pour construire des maisons, la terre est utilisable ; mais [III, 218] alors, elle est déjà modifiée, et elle n'est pas utilisée en tant que substance, mais seulement comme un accident de celle-ci). Donc le droit du paysan sur un morceau déterminé de bien-fonds est purement et simplement le droit de cultiver tout seul des produits sur ce morceau et d'exclure tout autre de cette culture et de tout autre usage qui contredit à cet usage.

Le paysan n'a donc pas le droit d'empêcher un usage du même morceau de terre qui ne serait pas dommageable à l'agriculture, par exemple l'exploitation de mines, ou le pacage sur le champ moissonné et qui pour le moment n'est pas à réensemencer, au cas où il n'a lui-même pas le droit d'entretenir du bétail. L'Etat a le droit de faire creuser par le mineur les morceaux de terrain déjà répartis, et le paysan n'a aucunement le droit d'y faire objection, tout cela à la condition que le champ ne devienne pas dangereux ou ne s'effondre pas effectivement, auquel cas soit le mineur, soit l'Etat, en fonction de ce que déclare à ce sujet le contrat, devrait le dédommager.

Les terres sont réparties par les individus sous la garantie de l'Etat et marquées par des bornes, afin qu'il existe un droit *sûr*. Déplacer une borne est donc un délit immédiat contre l'Etat, vu que cela rend le droit incertain et provoque des litiges insolubles.

Chaque paysan qui ne serait rien que cela devrait pouvoir gagner sa subsistance en travaillant son champ. S'il ne le pouvait grâce à la totalité de son travail, il faudrait, puisqu'il ne peut être que paysan, procéder à une nouvelle répartition et lui attribuer quelque chose en plus, en vertu des principes établis plus haut. Quant à la question de savoir si chacun *(4, 27)* travaille du moins son champ suffisamment pour pouvoir ainsi gagner sa subsistance, il est placé sur ce point sous le contrôle de l'Etat. Plus bas, une raison se révélera pour laquelle ce contrôle s'étend encore plus loin.

Le paysan doit, en tant que citoyen en général, s'acquitter d'une contribution aux besoins de l'Etat [III, 219]. Il ne peut, pour autant que nous puissions l'apercevoir jusqu'à maintenant, s'acquitter de cette contribution autrement qu'à l'aide des produits de ses champs. Tant qu'il ne s'est pas acquitté de cette contribution, il n'y a rien qui soit sa propriété, parce qu'il n'a pas encore rempli le contrat en conséquence duquel seulement cela le sera. Ce qui reste après la déduction de ces impôts, l'Etat, conformément au contrat, doit le protéger contre toutes les atteintes des autres ; même l'Etat, pour autant du moins que nous l'apercevions jusqu'à maintenant, n'a plus la moindre prétention là-dessus. Donc, seuls les produits du paysan sont sa propriété absolue ; de ces produits, c'est la substance qui lui appartient en propre, et non pas seulement, comme pour le champ, un accident de cette substance (plus bas, nous trouverons des modifications encore plus précises de ce droit de propriété).

(La proposition : les produits de mon travail sont ma propriété, proposition sur laquelle certains ont voulu fonder le droit de propriété en général, se trouve ici confirmée. Comme principe de tout droit de propriété, lui fut faite l'objection qu'alors on devrait d'abord démontrer son droit à entreprendre ce travail. C'est très possible dans l'Etat ; tous ceux avec qui l'individu se situe en rapport mutuel d'action réciproque, et donc dans des relations juridiques, lui ont donné droit, par leur approbation, de faire ce travail. C'est uniquement à cette condition que la proposition indiquée est valide dans l'Etat ; et, puisqu'en général c'est seulement dans l'Etat que quelque chose a une validité juridique, elle n'est valide qu'absolument à cette condition.)

2) Quant à ce qui pousse de façon sauvage sur un sol cultivé, il faut admettre que le possesseur du sol l'a soumis à sa fin, celle de la culture, et cela lui appartient donc légitimement. En outre cela ne peut appartenir à un étranger, ne serait-ce que parce que cet étranger, en en disposant, porterait atteinte à sa propre libre disposition du sol, donc l'empêcherait d'atteindre les fins qui lui sont garanties.

3) Un sol inculte est la propriété de la communauté ; car, lors de la répartition des terres, il n'a été donné en propriété à aucun individu. A cet égard, l'exactitude impose de distinguer entre la substance et les accidents. La substance, le sol lui-même, est quelque chose que la communauté [III, 220] a mis de côté pour une répartition à venir, au cas où elle deviendrait nécessaire. Les accidents, ce qui y pousse de façon sauvage, ne peuvent être conservés, parce que dans ce cas ce serait perdu ; il est donc cohérent d'en user. Ce qui est le plus conséquent, c'est que la communauté en fasse usage pour ses fins publiques et le *(4, 28)* fasse passer du côté des revenus de l'Etat, ou bien en constitue un *régale*. Cela devient ainsi une contribution que tous acquittent, sans que personne donne un sou. Pourtant à ce sujet il faut faire les remarques suivantes :

α) Ce dont la propriété n'est pas expressément déterminée dans le contrat, n'appartient à aucune des deux parties ; et, dans l'Etat, ce n'est la propriété d'aucun citoyen particulier (cf. Ire partie, p. 146, VIII). Il faut donc, dans le contrat des individus avec le tout de l'Etat, que soit expressément déterminé si tous les produits poussant de façon sauvage, ou si seulement quelques-uns, et lesquels, doivent valoir comme régale. Par exemple la coupe du bois (le droit sur les forêts). Ce qui n'est pas nommé n'est la chose de personne, et c'est une chose qui revient au premier, évidemment parmi les citoyens, qui s'en empare, puisque sinon, effectivement, elle se perdrait inutilement. Le sol n'est encore soumis aux fins de personne, et il doit par conséquent être totalement permis d'y marcher (pour couper du bois, ramasser du bois mort, cueillir des fruits de la forêt, etc.).

β) Ce qui pousse de façon sauvage doit partout faire place à la culture, parce que cette dernière procure plus de subsistance que les produits sauvages. Ces terrains incultes doivent donc être répartis, dès que le besoin des individus le demande ; et ce que n'importe quelle personne veut posséder pour en faire son champ, il n'est pas permis que cela soit inculte. L'emploi des accidents n'a été accordé à quelqu'un qu'à condition que le sol soit inculte. Dès lors qu'il est cultivé, le fondement de son droit s'effondre. C'est à l'Etat de compenser par des impôts sur les nouveaux champs la perte que cela lui fait subir à lui-même. On ne prétend nullement par là que par exemple toutes les forêts doivent être déboisées, mais simplement que l'exploitation du bois doit également être pratiquée avec art, ce par quoi les forêts obtiennent également les droits du sol cultivé.

B /

[III, 221] Puisque donc nous en sommes aux biens fonciers, nous traitons en même temps de l'*exploitation des mines*, à laquelle nous avons déjà fait allusion. Ses produits — métaux, métalloïdes, etc. — sont intermédiaires entre les produits organisés de la nature et la matière brute, ils constituent pour la nature la transition entre cette dernière et les premiers. Les lois d'après lesquelles la nature les produit, ou bien sont totalement impossibles à découvrir, ou bien n'ont pas, du moins jusqu'à maintenant, été encore assez largement découvertes pour que *(4, 29)* l'on puisse cultiver artificiellement des métaux comme des fruits, c'est-à-dire diriger la nature, dans leur formation, selon notre arbitre. Formés par la nature sans notre intervention, ils sont seulement trouvés. En soi, chaque individu devrait être libre de dire : je veux chercher des métaux, comme chacun est libre de dire : je veux cultiver des fruits, et l'intérieur de la terre pourrait être réparti entre les mineurs tout aussi bien que sa surface a été répartie entre les paysans. Chacun posséderait alors en propre un morceau de l'intérieur, pour son usage, tout comme le campagnard possède les morceaux de la surface pour ses usages ; et les métaux trouvés lui appartiendraient en propre exactement comme les fruits cultivés appartiennent à ce dernier. Mais, en partie du fait de l'incertitude de l'exploitation minière, étant donné que la production des métaux ne dépend pas de l'arbitre de l'homme, et donc qu'on ne peut pas compter que l'exploitation de la mine nourrira son homme ; en partie parce que le morceau déterminé qui a été exploré ne peut pas l'être de nouveau, l'exploitation minière ne peut être pratiquée de cette manière. Il faudrait qu'elle soit entreprise par une société existant de façon permanente, qui puisse supporter les retards dans les rendements et attendre avec patience le gain final. Aucune société n'est mieux qualifiée pour cela, eu égard aux raisons ci-dessus, que l'Etat lui-même, qui en outre, comme cela apparaîtra bientôt, a encore une raison particulière de prendre possession des métaux. La propriété du sol, au-dessous de la surface, reste [III, 222] donc à bon droit à la communauté : elle y fait travailler, et les mineurs deviennent des salariés (dont on parlera ci-dessous de façon plus détaillée), qui obtiennent le salaire qu'on leur a déterminé, et cela, qu'ils trouvent beaucoup, peu ou rien. L'exploitation des mines est donc une *régale naturelle*, comme les forêts.

C'est d'après le même principe que l'on doit juger du droit de propriété pour tout ce que la nature produit sur le même mode : pierres précieuses, ambre et autres pierres rares qui pourraient représenter une valeur pour quelqu'un, carrières de pierres, carrières d'argile et sablières, etc. L'Etat a le droit de faire de ces objets une régale et, puisque lui-même les fait rechercher en quantité suffisante (il y est obligé afin que ne s'élèvent pas de plaintes dans le public contre le manque de tels objets), il a le droit d'interdire leur recherche à tous les autres. S'il n'en est pas ainsi, et si quelqu'un veut faire de cette recherche son moyen de subsistance et son état déterminé, il a besoin pour cela, puisque l'Etat doit savoir de quoi chacun vit, de la permission expresse de l'Etat, qui peut aussi lui accorder un privilège exclusif pour certains districts, de façon que dès lors personne n'ait le droit d'extraire de ces districts quelque objet de ce genre. Ou enfin, quand on n'est dans aucune des deux situations indiquées, de tels objets, en tant qu'ils ne sont la propriété de personne, reviennent à celui *(4, 30)* qui, le premier, les trouve *par hasard.* A cet égard, le point capital est que seule la *loi expressément édictée* (la déclaration expresse que l'appropriation s'est effectuée), mais nullement une loi *tacitement supposée,* puisque exclure les citoyens de la prise de possession.

Des carrières de pierres et autres choses de ce genre sont, en beaucoup d'endroits, abandonnées au paysan qui cultive le sol. En vertu des principes ci-dessus, son droit ne se fonde pas sur la propriété qu'il a à l'égard du sol, mais sur le silence de la loi. Rien n'empêche que l'Etat, si l'affaire est d'importance et dépasse ce que rapporte la culture du champ, se l'approprie et transpose en un autre endroit le droit fondé qu'a le paysan de cultiver les fruits du sol sur un morceau de terre aussi grand et aussi bon. Il est évident, comme toujours, que l'enrichissement de l'Etat par des régales devrait profiter aux citoyens particuliers [III, 223], et que, parallèlement à leur accroissement, les impôts directs devraient diminuer, à moins que les besoins de l'Etat ne s'élèvent dans les mêmes proportions.

C /

Il y a sur terre aussi des animaux, dont les accidents ont une utilité pour les hommes, sont soumis à leurs fins, ou bien dont la substance même est utilisable pour manger leur viande, travailler leur peau, etc. Si l'on veut tout d'abord se soumettre seulement leurs accidents pour en faire un usage régulier, on doit avant tout mettre l'animal sous sa dépendance et, puisque les animaux ne se nourrissent et ne se conservent que grâce à de la matière organisée, et que toutefois, après les avoir soumis à son art, on ne doit pas attendre de la simple nature qu'elle les gouverne, il faut venir en aide à la nature pour nourrir ces animaux, c'est-à-dire veiller nous-mêmes à leur nourriture, pour autant que cela nous incombe. Puisque la nature, comme c'est le cas en général dans l'organisation, donc ici aussi, suivra un cours régulier, la fin indiquée est conditionnée par la *possession exclusive* de l'animal, par le fait que moi seul le nourrisse, le garde, le soigne, et personne d'autre, et que, d'un autre côté, moi seul aussi jouisse des avantages qu'il peut procurer.

En soi chaque individu a le même droit que tout autre à se procurer la possession d'un animal déterminé. De même qu'absolument nulle raison ne se peut invoquer *a priori* pour laquelle cette prairie devrait être plutôt mienne qu'appartenir à mon voisin, de même aucune raison ne se peut invoquer pour laquelle c'est moi seul qui devrait traire cette vache, et non pas mon voisin. La propriété exclusive des animaux ne peut donc être acquise que par le contrat de propriété conclu avec l'Etat.

Mais avec les animaux les choses ne se passent pas de la même *(4, 31)* manière qu'avec un morceau de terre qui reste toujours à la même place et qui est désigné avec précision si on désigne l'endroit de l'espace où il se trouve ; l'animal ne reste pas à la même place, au contraire il peut se mouvoir librement. Quel doit donc être le signe indiquant que cette tête de bétail déterminée [III, 224] appartient en propre à cette personne déterminée et à nulle autre personne possible ?

1) Tout d'abord, si ce n'est pas toutes les espèces d'animaux qui devenaient propriété exclusive de certaines personnes, mais seulement certaines espèces animales, il faudrait avant toutes choses que soit défini à quelles espèces déterminées d'animaux doit s'attacher un droit de propriété, et à quelles espèces il ne le doit pas — si bien que tout homme sous la domination duquel tomberait un certain animal pourrait savoir aussitôt que cet animal, s'il n'est pas *sa* propriété, est très certainement la propriété de quelqu'un d'autre, même s'il ne sait pas précisément de qui, étant donné que cette espèce aurait été déclarée par l'Etat comme ne pouvant être qu'une propriété. Par exemple, il m'est permis, si j'ai le droit de chasse dont on traitera plus bas, de tirer sur un cerf, parce que c'est un cerf, mais non pas sur un cheval inconnu de moi. Pourquoi pas sur ce dernier aussi bien que sur le premier ? Parce que je sais qu'un cheval appartient nécessairement à quelqu'un, bien que je ne connaisse pas ce propriétaire. Mais si jamais quelqu'un domestique un chevreuil, il est sans nul doute sa propriété. Il lui échappe et je l'abats. Croit-on que j'aurai la même responsabilité que si je lui avais abattu son cheval ? Nullement. La raison en est que c'est non pas le chevreuil, mais bien le cheval qui a été déclaré comme quelque chose qui ne peut absolument être qu'une propriété. Le droit du possesseur demeure, même si son troupeau se soustrait à sa domination, et se fonde sur le contrat originaire de propriété qui établit quels animaux, dans l'Etat, doivent pour toujours avoir la valeur d'une propriété. C'est ce type d'espèces animales qu'on appelle *animaux domestiques.*

La raison décisive pour laquelle ce sont précisément ces espèces animales déterminées qui sont déclaré des propriétés, réside dans leur concordance, quant à leurs *accidents,* avec les besoins des hommes, dans la possibilité de les domestiquer et dans la nécessité d'en prendre soin.

Mais qu'on n'aille pas croire que cette domestication et ces soins sont le vrai fondement juridique de la possession : seul le contrat [III, 225] est ce fondement, de telle sorte que si devait être introduite dans un Etat une nouvelle espèce d'animaux d'élevage, par exemple le buffle italien ou le kangourou, le droit de propriété de ces animaux devrait d'abord être garanti par l'Etat, être sanctionné par une loi et rendu *(4, 32)* connu du public, parce que sinon l'animal inconnu pourrait être tenu pour une bête sauvage et traité comme tel (il en irait autrement si chacun tenait cet animal enfermé dans sa cour, où il deviendrait une propriété à cause de la place où il se trouverait, conformément aux principes du *droit domestique,* dont il sera question plus loin). En outre, la conséquence en est que l'Etat a parfaitement le droit d'interdire de garder certains animaux, par exemple des chiens qui ne seraient pas nécessaires, ou bien une ménagerie de lions, d'ours, de singes.

2) Mais à quel possesseur déterminé appartient donc cette tête de bétail que, selon son espèce, on a déclarée en général propriété ? Ou bien les animaux restent sur la propriété foncière et sous la garde immédiate de celui auquel ils appartiennent, si bien qu'il les peut toujours déclarer pour siens — ce en quoi toutefois le droit reste toujours beaucoup trop incertain, étant donné qu'effectivement quelqu'un peut très facilement faire passer pour sien du bétail volé ou qui s'est égaré, pourvu qu'il l'ait dans son troupeau et sur son sol. Ou bien les animaux de plusieurs possesseurs sont mélangés et conduits ensemble au pâturage ; comment le propriétaire, ensuite, doit-il démontrer quelles têtes de bétail sont les siennes ? Par chance, l'instinct animal a ici en partie réparé la négligence du législateur. L'animal domestique s'accoutume à son étable et s'empresse d'y retourner, et le juge décide d'après la sentence rendue par l'animal. S'il ne survient pas plus de litiges à propos de cette possession, il faut en savoir gré uniquement à la simplicité et à l'honnêteté des gens du peuple, peut-être aussi à maintes superstitions de leurs esprits. Et en effet, pourtant, quel autre remède a-t-on contre le vol de bétail que de bien fermer son étable, et quel moyen a-t-on de prouver le vol ? Ne faudrait-il pas exiger d'un Etat bien organisé que les têtes de bétail soient judiciairement désignées, et [III, 226] que ces signes en soient tout aussi inviolables et placés tout autant sous le contrôle de la loi que les bornes elles-mêmes ? Ainsi des confusions ne seraient pas facilement possibles et le vol pourrait toujours être prouvé (à la façon dont cette désignation est en tout cas effectivement possible pour les chevaux qui servent aux armées). Toute vente devrait être annoncée par un acte judiciaire, avec le signe de l'animal vendu, et ainsi, à cet égard aussi, régnerait la sécurité requise.

3) Pour d'autres classes des animaux faisant l'objet d'une propriété, la propriété est déterminée par l'endroit où ils se trouvent, s'ils sont d'une espèce telle qu'on puisse les enfermer dans un espace déterminé et s'il faut qu'ils le soient pour que se réalisent les fins que nous poursuivons à leur sujet. Par suite, cet endroit lui-même est donné en toute propriété au propriétaire de l'animal pour qu'il s'en serve afin d'y garder cet animal déterminé, et l'animal est sa propriété dans la mesure où il est en cet endroit (étangs poissonneux, viviers à poissons, et même *(4, 33)* volières). Si le poisson est hors de l'étang, si l'oiseau est hors de la cage, ils ne sont la propriété de personne (la carpe reste propriété sur la terre ferme si un étang s'est déversé dans des ruisseaux, parce qu'elle ne s'est pas formée dans les ruisseaux ; ce ne serait pas le cas si elle était venue dans un fleuve, parce que alors le propriétaire ne pourrait prouver sa propriété. Elle tient le milieu entre l'animal sauvage et l'animal domestique ; sur la rive de l'étang, elle est domestique, dans le fleuve, elle est sauvage. Il n'en est pas de même des brochets et des poissons du même genre).

4) Toute propriété est accordée en rapport à la fin qui doit être atteinte grâce à elle ; ainsi en est-il aussi de la propriété des animaux. Cela dit, la substance de la plupart des animaux a par elle-même une utilité, on peut manger leur viande ou du moins travailler divers éléments de leur corps ; mais en même temps leurs accidents ont une utilité (le lait des vaches, le travail des bœufs et des chevaux, les œufs des poules, etc.).

Il peut donc très bien arriver que le droit de propriété soit limité à la *substance* de l'animal — point qui est à trancher à partir du contrat originaire et des lois qui sont fondées sur lui ; cela sans que pour autant la propriété en général [III, 227] qui peut effectivement porter sur les accidents soit supprimée ou limitée ; et l'on ne peut pas ici opposer l'argumentation suivante : si je ne dois pas pouvoir faire ce que je veux avec mon animal, comment serait-il donc mien ? Ce n'est que d'une manière limitée qu'il est tien, seulement pour un certain usage que l'Etat a autorisé. Ainsi ce pourrait être une loi qu'il faille toujours conserver un certain cheptel et qu'en deçà de cette quantité il ne soit pas permis d'abattre de bétail. Si c'est ainsi, il faut que l'Etat ait aussi pris des dispositions pour que soit produit le fourrage nécessaire, puisque sinon la législation se contredirait elle-même.

Les animaux se reproduisent et leurs petits sont un accident dont l'utilisation est accordée aux hommes. Avec l'animal d'origine, c'est toute sa descendance qui en même temps est donnée en propre à son propriétaire, de même qu'avec le premier grain de blé tous les grains sont donnés qui peuvent être produits à partir de lui, parce que le droit lui a été accordé d'élever du bétail et de cultiver du blé. Mais l'accroissement des troupeaux peut fort bien être limité à une certaine quantité.

5) L'animal se meut librement et se nourrit des produits du champ ; et c'est pourquoi, au cas où un animal a occasionné des dégâts, un conflit apparaît, dans les termes suivants, entre le droit de propriété du cultivateur et celui du possesseur de bétail : « J'ai, dans l'Etat, le droit de cultiver le champ, et les produits de celui-ci sont entièrement miens », dit le premier. « Et moi, répond le second, j'ai dans ce même Etat le droit de garder du bétail, et ce bétail est déterminé par sa nature, bien connue de l'Etat, à aller librement à la recherche de sa nourriture. » Ce conflit, l'Etat doit lui trouver une issue par des lois, en se fondant sur le contrat originaire de propriété ; par ces lois, il impose ou *(4, 34)* bien à l'une des parties seulement, au possesseur de bétail, de maintenir celui-ci sous sa garde, ou bien, de façon plus équitable, à l'autre partie aussi de bien clore son champ. Celui qui néglige de prendre, ainsi qu'on le lui a ordonné, ses précautions, non seulement répare les dommages qui en résultent, mais en outre mérite une sanction. Si, après application de toutes les précautions exigées par la loi [III, 228], il se produit tout de même encore des dégâts, c'est à considérer comme un malheur qui n'est imputé à aucune des deux parties et que l'Etat doit supporter.

6) On admet que certaines espèces animales sont destinées à pouvoir être *uniquement* propriété. Elles se nomment *domestiques,* et celles qui ne sont pas comprises parmi elles sont, de ce seul fait qu'elles n'y sont pas comprises, des espèces *sauvages,* c'est-à-dire qu'elles ne sont la propriété de personne. Ce sont justement *ces* espèces animales que l'on déclare sauvages parce que précisément elles ne peuvent être domestiquées, et donc leurs accidents ne peuvent être soumis aux fins de l'homme. Pourtant, dans la mesure où leur substance peut être utile à quelque chose, mais que cette utilisation, puisqu'on ne peut les domestiquer, ne serait possible que par leur mort, ils sont un bien que la communauté n'a pas réparti, donc un *bien commun.* Ils ne peuvent devenir la propriété d'aucun individu avant que celui-ci s'en soit emparé. Etant donné que ces animaux ne peuvent même jamais être maintenus à l'intérieur des frontières de l'Etat, par conséquent ne peuvent être mis en réserve pour l'avenir, comme de la terre en friches, il est très opportun de s'en emparer là où on les trouve.

Il y a entre eux une grande différence. Ou bien ces animaux sont contenus dans un élément qui n'est pas soumis aux fins de l'homme, du moins dans la mesure où ils vivent *en* lui et *de* lui, dans l'eau (les poissons sauvages) ; ou bien, tout en vivant, et en s'en nourrissant, dans le même élément d'où l'homme tire sa nourriture (sur la terre), la perte qu'ils occasionnent n'est cependant pas considérée comme tellement élevée (les petits oiseaux, qui assurément mangent quantité de graines et de fruits, mais d'un autre côté diminuent aussi, de beaucoup, le nombre des insectes nuisibles). La façon légitime de procéder, à l'égard de tels objets, n'est pas simple. Il faut pratiquer la pêche des poissons sauvages (la capture des oiseaux est quelque chose d'assez accidentel) ; et afin qu'il s'y trouve un certain ordre et que cette pêche ne soit pas totalement anéantie par un usage dépourvu de règles, il est opportun que son usage soit réparti entre des individus selon des secteurs déterminés et leur soit accordé en propre de façon exclusive ; ensuite ces individus doivent être considérés, par rapport à cet usage des secteurs ainsi déterminés, comme tout autre propriétaire, par exemple celui du sol pour l'agriculture. Qu'il ne leur soit pas permis d'empêcher un usage du même lieu qui ne leur serait pas dommageable, par exemple la navigation sur leurs parties des cours d'eau, ou de troubler l'un des usages autorisés à côté d'eux, par exemple la culture des champs sur leurs rives, cela procède des principes posés ci-dessus [III, 229].

Les choses se passent autrement avec ceux des animaux sauvages qui *(4, 35)* sont nuisibles pour l'homme et perturbent ses fins, et c'est de cette classe que relève tout ce que l'on nomme proprement les bêtes sauvages, particulièrement le gros gibier. C'est le devoir de l'Etat, qui a garanti à chacun, comme constituant sa propriété, la sûre atteinte de ses fins, de lui assurer en particulier la protection de l'agriculture, qui est la première à en subir les dégâts, contre les ravages provoqués par le gibier. L'état sauvage doit partout reculer devant la civilisation, et les occupations irrégulières, dont le produit ne doit pas être pris en compte pour la nourriture de la population, doivent reculer devant les occupations régulières, dont on peut à l'avance faire entrer en ligne de compte le produit. On doit donc attendre de tout Etat rationnel que tout d'abord il ne considère aucunement le gibier comme quelque chose d'utile, mais comme quelque chose de nuisible, non pas comme un émolument, mais comme un ennemi. La première finalité de la chasse est la protection de l'agriculture, et nullement la possession de la chair du gibier. L'Etat, selon ce point de vue, aurait à assurer cette protection grâce à ceux qui le servent, exactement comme il a une fonction protectrice contre les brigands, le feu et l'eau. Il n'y aurait dès lors non plus aucun doute que le paysan sur le champ duquel viendrait néanmoins une pièce de gibier, aurait le droit de la tuer, sans d'abord faire appel aux personnes désignées pour la chasse, de même que celui dans la maison de qui se déclare une flamme, a le droit de l'éteindre avec de l'eau sans que pour autant les gens désignés par la police pour éteindre les incendies déposent une plainte contre lui.

Mais alors, puisque la chasse comporte aussi des profits considérables, il n'y a pas de raison de supposer que l'Etat et, pour qu'il le puisse, les sujets par l'intermédiaire de leurs impôts, aient encore à payer pour elle ; au contraire, on doit compter que la [III, 230] chasse se rémunérera et s'entretiendra elle-même. Ce qui est donc le plus cohérent, c'est que le droit de chasse soit accordé aux individus, en tant que propriété, par secteurs, comme la pêche des poissons sauvages. Qu'on remarque et qu'on comprenne bien que par là ce ne sont pas les animaux qui deviennent immédiatement propriété — ils ne le sont pas tant que le chasseur ne les a pas abattus —, mais c'est le droit de chasse sur ce secteur déterminé qui devient propriété exclusive. Pourtant, étant donné que la fin principale de l'Etat, à cet égard, est la protection de l'agriculture, le chasseur ne peut obtenir ce droit qu'à la condition expresse que le gibier soit effectivement mis hors d'état de nuire et que le propriétaire de la chasse soit obligé de réparer tous les dégâts occasionnés par le gibier dans son secteur. Cela résulte incontestablement du contrat que l'individu a conclu avec l'Etat à propos de sa propriété et du contrat que l'Etat doit conclure avec le chasseur.

Hors le chasseur lui-même, nul ne peut se donner pour fin de prendre soin du gibier et de l'épargner. Cette fin ne lui est accordée que dans la mesure où le gibier ne constitue pas une entrave aux fins de la

(4, 36) civilisation, qui toujours prennent le pas sur l'état sauvage, c'est-à-dire dans la mesure où son gibier reste dans la forêt. Celui qui le tuerait à cet endroit porterait atteinte à la propriété du chasseur. Qui le rencontre sur son champ a le droit de l'abattre pour empêcher les dommages. Sa vie n'est nullement garantie ; sa vie n'est en général dans l'Etat absolument pas une fin possible, mais c'est seulement sa mort qui constitue une fin. Le gibier abattu revient à celui qui a le droit de chasse dans ce secteur, et s'il a déjà occasionné des dégâts, il doit de son côté les réparer, même si l'animal n'avait absolument aucune valeur, car en tout état de cause il y est obligé. En s'appuyant sur quelles bases juridiques le chasseur pourrait-il donc s'en plaindre ? « L'animal qu'on a tué aurait pu en engendrer encore beaucoup d'autres, ou bien j'aurais eu plus de plaisir en le tuant moi-même », c'est là un langage contraire à tout droit et à toute raison. La première fin de la chasse est la protection de la civilisation, toute autre fin est contingente. Il y aurait donc encore d'autres obligations à imposer au chasseur qui se rapportent à cette fin [III, 231] : par exemple l'extermination des rapaces, dont il ne peut lui-même tirer aucune utilité, mais dont la vie ne lui nuit pas non plus immédiatement (ceux qui sont nuisibles pour le gibier, les renards, les loups, etc., il les extermine déjà), par exemple les vautours et rapaces du même genre, les moineaux, même les chenilles et autres insectes nuisibles.

Si le premier cas envisagé venait à avoir lieu, savoir que la chasse soit seulement une charge sans profit, il faudrait que ce soit l'autorité qui s'en soucie. Etant donné que c'est le second qui se produit et qu'à la chasse s'associe un bénéfice considérable, lequel — et c'est là principalement que se situe le mal — s'accroît régulièrement à mesure que l'on s'acquitte moins de ses obligations, étant donné par conséquent qu'il pourrait bien y avoir souvent et facilement des plaintes contre le chasseur, celui-ci doit se trouver sous le contrôle strict de l'autorité. L'autorité ne peut donc absolument pas garder pour elle la chasse, qui, d'après la première manière d'envisager les choses, lui incombe assurément comme une charge, parce qu'elle est associée à des émoluments, mais il lui faut l'aliéner. Si la chasse était entre les mains de l'autorité elle-même, celle-ci serait, vis-à-vis du paysan, à la fois partie et juge dans son propre procès, un juge corrompu par le profit et le plaisir — ce qui va à l'encontre de tout droit. C'est une monstrueuse absurdité que de lier à l'oppression du cultivateur le gain et le plaisir de celui qui ne reconnaît nulle autorité au-dessus de lui, mais constitue lui-même l'autorité suprême.

D /

Tous les droits de propriété décrits jusqu'ici portent sur la *(4, 37)* possession des produits de la nature considérés simplement comme tels — cela, que l'on aide la nature à les produire, comme pour l'agriculture et l'élevage, ou que simplement l'on cherche les produits engendrés par la nature sans nulle intervention directrice de l'art, comme pour l'exploitation minière, l'exploitation des forêts sauvages, la pêche sauvage et la chasse. Nous décidons pour cette raison de désigner par un terme général ces classes de citoyens : les *producteurs.*

Cela dit, il est très possible que ces produits bruts aient encore [III, 232] besoin d'une préparation particulière par l'art pour être appropriés aux fins des hommes, et dans cette analyse entièrement empirique, sans plus de déduction *a priori,* nous entendons nous appuyer seulement sur le fait qu'il en est ainsi. On peut conjecturer que d'autres citoyens se consacreront exclusivement à façonner ainsi la matière brute pour l'adapter aux fins de leurs concitoyens, et cela donne une deuxième classe de citoyens, que je vais nommer *artisans* au sens le plus large du terme. La différence est nette, et la dénomination en soi parfaitement exacte. Tous ceux que l'on a évoqués auparavant abandonnent la nature entièrement à elle-même, ils ne lui imposent pas de prescriptions, mais ils la placent simplement dans les conditions où elle peut appliquer sa force formatrice. Ceux qui ne font qu'en rechercher les produits n'agissent même pas ainsi. Dès que la nature a accompli son opération, le travail des producteurs est terminé ; le produit est mûr, ou alors le produit brut est là. Ceux de la deuxième classe entrent alors en scène, qui ne comptent absolument plus sur le concours de la nature, puisque soit la tendance formatrice du produit est déjà tuée par la maturité, soit ils doivent eux-mêmes la tuer pour parvenir à leur fin. Ils rassemblent les éléments entièrement d'après leur propre concept, et c'est en *eux-mêmes,* et non pas dans la nature, que réside la force motrice. Quelque chose qui est produit de cette manière se nomme un produit de l'art. Chaque fil de la fileuse est un tel produit. Cela dit, on a certes consacré le terme d'*artisans* tout spécialement, parmi ces travailleurs, à des classes particulières, mais cet usage de la langue ne peut faire obstacle au nôtre, qui se fonde *a priori* sur une division exacte, et que nous n'entendons nullement rendre universel, mais que, pressés par la nécessité, nous revendiquons uniquement pour cette analyse.

Il faut qu'à un certain nombre de citoyens soit accordé de façon exclusive le droit de travailler certains objets d'une certaine manière. S'ils n'ont pas un droit *exclusif,* ils n'ont pas de propriété. Ils ont *(4, 38)* renoncé aux occupations des autres, mais ceux-ci n'ont pas renoncé à la leur. Le contrat de propriété, avec eux, est unilatéral ; il ne fait qu'obliger, mais il ne donne pas de droit [III, 233]. Il est donc nul et non avenu. Un groupe de citoyens autorisé de façon exclusive à accomplir un certain travail sur un certain produit, on le nomme une *corporation.* Les abus qu'on y rencontre, survivances de la barbarie passée et de la rusticité générale, ne devraient pas exister ; mais les corporations elles-mêmes doivent exister. L'émancipation générale de ces branches de l'industrie va directement à l'encontre du contrat de propriété.

L'artisan doit pouvoir vivre de son travail, en vertu de la démonstration effectuée ci-dessus. Il faut en général distinguer parmi les artisans deux classes : ceux qui mettent en œuvre simplement leur travail, mais auxquels la matière n'appartient pas en propre *(operarii),* et ceux dont la matière est la propriété *(opifices).* Aux premiers, l'Etat doit garantir du travail ; aux seconds, des débouchés pour leurs marchandises.

(Faut-il interdire aux individus de fabriquer eux-mêmes leurs sabots ou leurs vêtements de toile ? C'est uniquement dans une situation d'extrême détresse et du fait de la plus mauvaise organisation de l'Etat que cela pourrait venir à l'idée de quelqu'un qui ne prendrait guère en compte ni son temps ni ses forces, et qui n'aurait absolument à sa disposition aucun équivalent à offrir ; car sinon il ne gagnerait rien à procéder ainsi, mais bien plutôt y perdrait. C'est pourquoi dans la législation d'un Etat bien organisé ce n'est pas là une hypothèse que l'on a à considérer.)

Le contenu du contrat de tous avec les artisans est le suivant : vous avez à promettre de nous fournir telle sorte de travail en quantité suffisante et avec toutes les qualités requises ; de notre côté, nous promettons de n'accepter ce travail que de vous. Si les corporations ne fournissent pas un travail de qualité, elles perdent le droit exclusif qu'elles ont obtenu par contrat ; par conséquent l'examen de tout individu qui veut être admis dans la corporation, c'est-à-dire dans le contrat, est une affaire qui relève de la communauté. Le gouvernant ou peut-être, au nom de celui-ci, la corporation elle-même en tant que direction collégiale de ce secteur de l'économie, doivent calculer combien de personnes peuvent vivre de ce métier, mais aussi combien sont nécessaires pour satisfaire les besoins du public.

[III, 234] Si tous ne peuvent pas en vivre, l'Etat s'est trompé dans son calcul ; il lui faut réparer et indiquer aux individus d'autres branches leur permettant d'assurer leur subsistance.

E /

Cela dit, l'artisan ne se nourrit pas de son *ouvrage*, mais des *produits*. Il faut donc que soient toujours disponibles autant de produits que les habitants, producteurs aussi bien qu'artisans, en ont besoin, du moins d'une récolte à l'autre, pour préserver leur vie.

Or, l'artisan ne peut demander les produits du producteur qu'en *(4, 39)* échange de son travail ou des objets qu'il fabrique, et inversement le producteur ne peut demander le travail ou les objets fabriqués qu'en échange de ses produits.

Il se produira un échange que l'Etat doit régler, c'est-à-dire organiser de telle façon que, pour chaque travail (ou pour chaque objet fabriqué), soient disponibles ou offerts autant de produits que l'artisan en avait besoin pour vivre pendant le temps de la fabrication ; et inversement que, pour chaque produit restant disponible du producteur, selon la relation qui vient d'être indiquée, il puisse disposer de l'objet fabriqué déterminé dont il a besoin. Il doit y avoir un équilibre parfait entre produits bruts et objets fabriqués.

Il ne peut y avoir plus d'artisans qu'il ne s'en peut nourrir à l'aide des produits du pays. Un sol improductif ne souffre aucun *luxe.* Par suite, le peuple doit se restreindre (toutefois cette proposition admet bien des réserves à cause du commerce extérieur, que nous ne considérons pas ici, nous bornant à envisager chaque Etat comme un tout subsistant pour soi. Puisque le commerce extérieur rend un peuple dépendant, et qu'il ne faut pas compter qu'il se poursuive d'une façon régulière, il y aurait lieu de recommander à chaque Etat de s'organiser pour pouvoir s'en dispenser) (44).

Chacun doit pouvoir disposer dès que possible de ce dont il a besoin. Cette préoccupation de l'échange exige des hommes qui s'y consacrent exclusivement : c'est l'*état de marchand.* Le droit de pratiquer le commerce est [III, 235] accordé de façon exclusive, comme constituant leur propriété dans l'Etat, à un nombre déterminé de citoyens que l'Etat doit calculer.

Il leur faut pouvoir vivre. D'autre part, le commerce est placé sous le contrôle de l'Etat. Développons tout de suite ce point.

De tels contrats d'échange, qu'ils soient conclus à propos de l'usage de la force de travail ou des choses, immédiatement entre producteurs et artisans ou par l'intermédiaire du marchand (on les a résumés dans la formule : *do, ut des, facio, ut facias, do, ut facias, facio, ut des*), sont placés sous la garantie de l'Etat, et l'Etat tient à ce qu'ils soient remplis, parce qu'ils sont quelque chose qui nécessairement doit avoir une validité absolue si une relation juridique doit être possible entre des hommes qui coexistent. L'Etat ne peut garantir ce qu'il ne connaît pas ; donc il établit des lois définissant quels contrats doivent être valables et lesquels ne doivent pas l'être. Un contrat conclu *contre* la loi n'a aucune validité. Un contrat conclu *sans* la loi n'a pas de validité *juridique*, mais l'affaire tombe dans le domaine de la moralité et de l'honneur. Toute validité des contrats procède immédiatement ou médiatement, par *(4, 40)* l'intermédiaire de la loi positive, de la loi juridique, selon le principe : ce sans quoi nulle relation juridique ne serait possible est absolument valable en droit.

Dans cet échange des produits contre des objets fabriqués et les efforts qui y ont été consacrés, il y a naturellement, cela dit, un avantage décisif du côté du producteur. Celui-ci peut, du moins pour la plus grande part, subsister sans les œuvres de l'artisan, ce dernier ne peut le faire sans les produits du premier. Or il a été promis à l'artisan dans le contrat social qu'il pourra vivre de son travail, c'est-à-dire qu'il pourra constamment, contre ce travail, disposer des produits qui lui reviennent (la mesure en a déjà été indiquée). Le producteur est donc, en vertu du contrat social, obligé de vendre. Mais, d'après ce que l'on a vu plus haut, ses produits sont sa propriété absolue, et il devrait donc être laissé à sa liberté de les vendre à un prix aussi élevé qu'il le peut. Cependant, d'après ce que nous avons démontré à l'instant, cela ne peut lui être permis. Il faudrait donc que soit établi un *prix maximum* pour les denrées et les produits bruts les plus usités pour la fabrication. [III, 236] Si dès lors le producteur ne voulait pas vendre à ce prix, et si ne doit pas être accordé à l'Etat le droit de le contraindre à vendre par la force physique, il faudrait que du moins l'Etat puisse contraindre sa volonté. La façon la plus opportune d'atteindre cette fin, ce serait que l'Etat vende à partir de magasins qui seraient sa propriété et dont la mise en place devrait lui être très facile, puisque, selon la théorie exposée ci-dessus, le cultivateur doit acquitter ses impôts sous la forme de produits. L'artisan n'est nullement en état de pouvoir opprimer sensiblement le producteur, car il a toujours besoin de denrées alimentaires (je parle bien sûr de la constitution décrite ici, et non pas de la constitution habituelle, où le cultivateur doit s'acquitter de ses impôts en espèces et donc, quand approchent les échéances, rend souvent bien facile au possesseur d'argent de lui faire descendre le prix de ses produits).

Pourtant il y a une différence à faire entre les objets fabriqués qui sont indispensables au producteur et ceux qui ne le sont pas. De la première espèce relèvent les outils du cultivateur, en général tout ce qui intervient dans la production ou dans la découverte des produits, en outre des vêtements chauds dans les climats rigoureux, et un gîte. Pour ces objets il faut, comme pour les produits, que soit fixé un maximum de prix ; et afin que l'Etat puisse demeurer ferme sur la loi qu'il a établie, il faut que figurent dans ses magasins les outils du cultivateur et de quoi satisfaire les besoins vestimentaires primordiaux, et qu'il ait à son service des maçons et des charpentiers grâce auxquels il fasse en tout cas construire des maisons. Le producteur peut s'abstenir des besoins qui ne sont que du *luxe,* s'ils sont trop chers pour lui. La jouissance de ceux-ci ne lui est pas garantie (l'Etat doit veiller à ce que ce dont on peut se dispenser, en particulier ce qu'on ne peut se procurer *(4, 41)* que par du commerce extérieur, sur la continuité duquel on ne doit pas compter, ne devienne pas indispensable. La façon la plus opportune d'y arriver, ce serait d'imposer très fortement des articles de ce genre. Ce que visent de telles dispositions ne doit pas être une rentrée massive d'impôts, mais au contraire que ces impôts *ne rentrent pas.* S'ils rentrent massivement, il faut les porter à un niveau toujours plus élevé. Simplement, que cela n'intervienne pas après coup, quand, du fait de l'insouciance jusque-là inentamée [III, 237] de l'Etat, de tels articles sont déjà devenus un besoin et que dans une certaine mesure la jouissance en est garantie, en raison du silence gardé jusqu'ici par la loi).

F / Nous sommes empêtrés dans une contradiction

— *Thèse :* à tout citoyen qui remplit son devoir de protection et d'assistance, l'Etat garantit en échange la propriété absolue et sans limite de ce qui lui reste, cela en vertu du contrat social. Chacun doit pouvoir détériorer, laisser perdre, rejeter ce qui est sien, il doit pouvoir en faire ce qu'il veut, pourvu qu'ainsi il ne cause pas de dommages positifs à d'autres.

— *Antithèse :* l'Etat élève continuellement une prétention sur tout ce qui reste, les produits du producteur, les objets fabriqués et le travail de l'artisan, pour les échanges nécessaires, cela en vertu du principe qui est contenu dans le contrat social : chacun doit pouvoir vivre de son travail et doit travailler pour pouvoir vivre. Le contrat de propriété qui est inscrit dans le contrat social se trouve donc en contradiction avec lui-même.

La contradiction est résolue dès lors que nous en trouvons la racine. L'Etat élève une prétention sur ce reste non pas du point de vue de sa *forme,* en tant que reste et propriété, mais quant à sa *matière ;* il y prétend parce que c'est là quelque chose qu'on utilise pour vivre.

Pour résoudre radicalement la contradiction, il faudrait donc que la *forme* et la *matière* de ce reste soient séparées. L'Etat devrait pouvoir disposer librement de l'*élément matériel* sans porter atteinte à l'*élément formel.*

Sans faire étalage d'une profondeur d'esprit qui est inutile ici, je tranche aussitôt la question. Il doit y avoir une simple forme de la propriété, un simple signe de celle-ci, qui désigne tout ce qui a une utilité et une finalité dans l'Etat, sans pourtant avoir lui-même la moindre finalité — l'Etat [III, 238] étant alors légitimé à le revendiquer par ailleurs pour l'usage public.

Tel est ce que l'on nomme *argent.* L'usage de l'argent doit *(4, 42)* nécessairement être introduit dans l'Etat. Par ce moyen la difficulté est levée. Le producteur n'est pas libre de conserver ses produits, mais au contraire il lui faut les céder. Mais ils sont tout de même sa propriété absolue, telle qu'elle est garantie par l'Etat ? Il ne doit pas non plus les céder pour rien, mais seulement contre des objets fabriqués. Mais, présentement, il n'a justement pas besoin d'objets fabriqués, du moins pas besoin de ceux que vous lui offrez. Dans ce cas, il reçoit de l'*argent.* De même de son côté pour l'artisan.

L'Etat a la responsabilité de procurer au producteur des objets fabriqués en échange de ses produits, et à l'artisan des produits en échange de ses objets fabriqués. Quand quelqu'un n'a pas voulu jusqu'à maintenant l'équivalent qu'on lui fournit en échange de ce qui est son bien, il a reçu pour ce bien le signe de sa valeur en argent. Pour lui, la marchandise a été supprimée. Dès qu'il veut l'avoir en nature, il doit pouvoir l'obtenir contre le signe de celle-ci. Chacun doit pouvoir, contre son argent, avoir à tout moment tout ce dont l'Etat lui a garanti la jouissance ; car chaque pièce d'argent, dans les mains d'une personne privée, est signe d'une dette de l'Etat.

La somme d'argent qui circule dans l'Etat représente tout ce qui est à vendre sur la superficie de l'Etat. Si, en la persistance d'une même quantité d'argent, la quantité de ce qui est à vendre s'accroît, la valeur de l'argent s'accroît dans la même proportion ; si, en la persistance d'une même quantité de biens à vendre, la quantité de l'argent s'accroît, la valeur de ce dernier diminue dans la même proportion. Donc il est sans importance, si l'on considère un Etat isolément, qu'il s'y rencontre plus ou moins d'argent ; cet accroissement ou cette diminution ne sont qu'apparents. La quantité plus grande n'a pas une valeur plus élevée que la quantité moindre, vu que toutes deux représentent toujours la même chose, la masse globale de ce qui est à vendre sur la superficie de l'Etat, et pour chaque part déterminée de tout l'argent qui circule, on doit continuellement avoir la même part déterminée de ce qui est à vendre.

[III, 239] Il est compris dans le concept de l'argent, comme nous l'avons vu, que sa dimension matérielle n'ait absolument aucune finalité pour les hommes. La valeur de cet élément matériel doit se fonder uniquement sur l'opinion générale et le consensus. Il faut seulement que chacun sache que tout autre individu le reconnaîtra comme équivalent de cette part déterminée de ce qui est à vendre. L'*or* est à cet égard une très bonne monnaie ; car sa vraie valeur, la finalité qu'il peut avoir se réduisent presque à néant en face de sa valeur fictive en tant que signe. L'*argent* n'est pas, et de loin, une aussi bonne monnaie ; car il a lui-même une considérable utilité interne dans son aptitude à être travaillé. Ces matières sont, en raison de leur rareté et parce que leur quantité ne peut se laisser arbitrairement accroître par quelque Etat que ce soit, devenues monnaies *pour le monde entier*. De la *monnaie de papier et de cuir*, pourvu que son imitation par les personnes privées puisse être empêchée, est la monnaie qui convient le mieux pour un Etat isolé, parce que la valeur de la matière est parfaitement insignifiante face à sa *(4, 43)* valeur artificielle. En outre, qu'il puisse être si aisé à l'Etat d'en accroître arbitrairement la quantité n'occasionne aucun dommage, parce que, d'après la remarque effectuée ci-dessus, la valeur de l'argent décroît proportionnellement à sa quantité. Mais puisque aujourd'hui tous les Etats, du moins tous les Etats policés, pratiquent un commerce extérieur, et comme les étrangers pourraient bien difficilement être d'accord pour accepter à la même valeur l'argent de l'Etat quand il se multiplie arbitrairement à l'infini, ces sortes de monnaie perdront considérablement de leur valeur, même à l'intérieur de l'Etat, par rapport à l'or et l'argent, qui ont la même valeur dans l'Etat et en dehors de lui ; et cela d'autant plus que l'Etat importe plus de marchandises de l'étranger et que lui-même a moins à vendre pour rembourser par là sa monnaie nationale.

La frappe de la monnaie revient exclusivement à l'Etat, parce que lui seul peut garantir sa valeur à tous les individus. C'est pourquoi les exploitations minières sont nécessairement une régale.

C'est à partir des produits ou des objets fabriqués des citoyens que les impôts sont prélevés. Ils peuvent, comme c'est une évidence, être acquittés aussi en argent, puisque l'argent est le signe de toutes choses que l'Etat lui-même a autorisé [III, 240]. Simplement, chacun doit avoir la liberté de les acquitter aussi en nature, s'il le veut, étant donné que c'est là la disposition initiale. Il faut, afin qu'il y ait égalité et uniformité dans les impôts, qu'ils soient établis en produits naturels, parce que la valeur d'une pièce de monnaie déterminée est très changeante ; et, au cas où ils sont acquittés en argent, on doit calculer ce que présentement la chose qui est prise comme mesure des impôts coûte dans le commerce. Toutefois, dans l'Etat que nous avons décrit, où est fixé un prix maximum pour les denrées de première nécessité, ces changements dans la valeur de la monnaie ne seront pas très considérables.

Ce qui reste une fois les impôts acquittés est, en vertu du contrat social, pure propriété. Mais cependant, comme l'Etat a le droit, en vertu du même contrat, de forcer chacun à le communiquer aux citoyens qui en ont besoin, chacun reçoit en échange de l'*argent.* Celui-ci est alors *pure propriété absolue, sur laquelle l'Etat n'a absolument plus aucun droit.* Chaque pièce d'argent que je possède est en même temps le signe que j'ai satisfait à toutes mes obligations civiques. Je suis à cet égard totalement soustrait au contrôle de l'Etat. Des impôts sur la *possession de l'argent* sont complètement absurdes. Tout argent est, conformément à sa nature, déjà adjugé à celui qui le possède.

Des provisions que l'on s'est procurées contre son argent pour l'usage privé et nullement pour le commerce — lequel se trouve sous le contrôle de l'Etat —, en général tous les achats effectués pour usage personnel, mobilier, vêtements, objets précieux, sont pareillement, et pour la même raison, propriété absolue.

G /

L'Etat, par suite du contrat social, a la responsabilité de protéger la *(4, 44)* propriété monétaire et tout ce qui est du même ordre, bref toute propriété absolue, et d'en garantir à chacun la sécurité. Mais, cela dit, ces choses sont globalement, et l'argent en particulier, telles que la propriété ne peut nullement en être déterminée par rapport à des personnes déterminées (que le champ qui se situe entre tel et tel morceau de terre [III, 241], désigné par telles bornes, m'appartienne et n'appartienne à aucun autre homme, cela doit être couché par écrit dans les registres de ma localité ; et si à cet égard un litige surgit, les mêmes registres décideront, sans qu'il soit besoin d'autre chose. Mais que ce thaler déterminé m'appartienne et n'appartienne à nul autre, comment cela se peut-il indiquer ? Tous les thalers se ressemblent, et ils doivent se ressembler, parce qu'ils sont destinés à changer de propriétaire sans autre formalité).

En outre, l'Etat ne peut nullement prendre connaissance de la quantité d'argent liquide et de choses de ce genre possédées par chacun, et même s'il le pouvait, il n'en aurait pas le droit ; le citoyen n'a pas à tolérer cela ; car il est à cet égard soustrait à tout contrôle de l'Etat. Comment dès lors l'Etat doit-il protéger ce qu'il ne connaît pas, ce qu'il ne doit pas connaître et ce qui, selon sa nature, est totalement indéterminable ? Il faudrait le protéger d'une manière indéterminée, c'est-à-dire en général. Mais à cette fin il faudrait que ce qui est ainsi à protéger soit rattaché à quelque chose de déterminé et lui soit inséparablement lié, quelque chose qui, étant donné que ces objets ont leur droit tout à fait propre et qui revient seulement à eux, serait posé expressément comme *ensemble de toute propriété absolue*, inviolable par l'Etat lui-même et totalement soustrait à son contrôle. Cet élément déterminé devrait être tel qu'il soit visible, connu et déterminable par la personne du propriétaire.

Cet élément déterminé auquel l'indéterminé est rattaché peut être de deux sortes ; et cette distinction procède d'une différence qui intervient dans l'indéterminé à déterminer. Car l'Etat a accordé à tout citoyen, une fois qu'il a supporté les charges publiques, l'*usage* des biens qu'il a lui-même cultivés ou fabriqués, ou qu'il a achetés. A travers cet usage immédiat accordé par l'Etat, c'est ainsi une propriété qui est déterminée et désignée dans l'Etat. Ce que quelqu'un utilise immédiatement, il faut supposer que cela lui appartient, jusqu'à la preuve du contraire ; car on doit admettre, dans un Etat bien administré, qu'il n'en serait pas venu à l'utiliser contre la volonté de la loi. Mais, à travers l'usage immédiat, quelque chose est [III, 242] rattaché au corps. Donc ce que quelqu'un a entre les mains, ce qu'il porte sur son corps ou dans son corps, c'est à lui, qui l'a entre ses mains ou sur son corps ; et un signe suffisant en est ainsi donné. De l'argent *(4, 45)* que j'ai dans mes mains, que je dépense, que je porte dans mes vêtements, est *mien,* comme les vêtements auxquels il se rattache (les *lazzaroni* ont continuellement sur leur corps toute leur propriété absolue).

Mais on a dit que c'est non seulement ce que j'utilise immédiatement, mais aussi ce que je destine à être utilisé à l'avenir, qui constitue ma propriété absolue. Or on ne doit pas attendre et imaginer de moi que je porte tout cela continuellement sur le corps. Il faut donc qu'il y ait un équivalent du corps, par l'intermédiaire duquel ce qui s'y rattache, du simple fait qu'il s'y rattache, soit désigné absolument comme étant ma propriété. C'est là ce que nous nommons le *logis* (logement (45), au sens le plus large du terme, la chambre qu'on a louée, la caisse de la servante, le coffre qui a été mis à la poste, etc.). Ma maison en général se trouve immédiatement sous la protection et la garantie de l'Etat, et, par son intermédiaire, s'y trouve donc aussi tout ce qui est contenu en elle. L'Etat se porte garant contre toute effraction violente. Mais l'Etat ne sait pas et ne doit pas savoir ce qu'il y a à l'intérieur. Les objets particuliers, comme tels, se trouvent donc sous ma propre protection et sous ma propre et absolue domination ; de même pour tout ce que je fais dans ma maison — évidemment, dans la mesure où cela reste à l'intérieur de ses murs. Le contrôle de l'Etat va jusqu'à la serrure, et à partir de là commence le mien. La serrure est la frontière qui sépare le pouvoir de l'Etat et le pouvoir privé. Les serrures existent pour qu'il soit possible de se protéger soi-même. Dans ma maison je suis sacré et inviolable même pour l'Etat. Dans les affaires civiles, il n'a pas le droit de m'appréhender chez moi, mais il lui faut attendre de me trouver sur un domaine public. Ce qui pourtant *fait perdre ce droit domestique,* cela apparaîtra dans la doctrine de la législation criminelle.

Par l'intermédiaire de ma maison, ma propriété absolue est déterminée [III, 243]. Quelque chose est une telle propriété parce que cela — évidemment, avec le consentement et la conscience de l'Etat — est parvenu dans ma maison. Que j'aie une maison et quelque chose à l'intérieur, c'est, dans la constitution décrite ici, la preuve certaine que j'ai accompli mes obligations à l'égard de l'Etat ; faute de quoi et avant quoi je n'en ai pas, car l'Etat me soustrait d'abord ce dont je lui suis redevable.

H /

Si je suis maître et protecteur absolu dans ma maison, au sens le plus strict du terme, c'est-à-dire dans ma chambre si je n'ai pas de maison personnelle, tout ce qui y entre se trouve sous ma domination et sous ma protection.

Personne n'a le droit, sans que je le veuille, d'entrer dans ma *(4, 46)* maison. Même l'Etat ne peut me forcer à donner cette permission, puisque lui-même n'a pas le droit d'y pénétrer si je ne le veux pas. A l'intérieur de la maison, nous ne nous trouvons plus sous le contrôle et la garantie de l'Etat, mais sous les nôtres propres, nous nous en remettons donc les uns les autres, quant à notre sécurité personnelle, à la loyauté et à la bonne foi. Ce qui se passe à la maison est une affaire privée et peut être pardonné ; ce qui se passe en public, c'est un délit public où le pardon de l'offensé n'absout nullement. Il est conclu un contrat tacite à propos de la sécurité mutuelle des corps et des biens. Celui qui rompt ce contrat conclu sur la base de la loyauté et de la bonne foi est *déshonoré,* c'est-à-dire qu'il s'exclut de toute confiance qu'on pourrait ultérieurement lui accorder (ainsi en a décidé depuis toujours, dans toutes les nations, un sens moral profondément implanté. De toutes parts, il a été tenu pour déshonorant que le maître de maison offense son invité sous son propre toit et que celui-ci offense son hôte. De toutes parts, a pesé sur le vol accompli dans la maison une infamie qui n'atteignait pas la spoliation accomplie par la violence dans le domaine public. Cette dernière est au moins aussi nuisible que le premier ; ce n'est donc pas sur l'intérêt que pouvait se fonder cette opinion unanime. Mais la spoliation est énergique, elle oppose une force ouvertement déployée à une force qui n'a jamais accordé sa confiance [III, 244] ; le vol est lâche, il utilise la confiance de l'autre pour lui porter atteinte).

Tout ce qui est dans la maison, l'argent liquide, le mobilier, les victuailles, etc. (sauf ces dernières chez les commerçants), est soustrait au contrôle de l'Etat, et la propriété n'en est pas immédiatement assurée. Tous les contrats conclus à ce sujet sont conclus sur la base de la loyauté et de la bonne foi (à moins que l'on ne se déclare, pour cet acte, commerçant, et qu'on ne veuille faire garantir l'affaire par l'Etat, ce dont chacun, s'il n'a pas confiance, doit avoir la liberté — et l'Etat doit faire des lois à cet effet). Si je prête de l'argent en me fiant à la parole d'honneur que me donne l'autre, et si celui-ci ne tient pas sa parole et conteste la dette, je n'ai pas d'assistance à attendre du côté de l'Etat — ce qui est juste, étant donné que notre contrat n'est pas conclu sous sa garantie et que je ne peux pas faire la preuve de sa dette d'une manière juridiquement valable. Si au contraire j'obtiens de l'autre une lettre de change, vu que l'Etat a déclaré qu'un tel papier avait valeur de preuve, juridiquement reconnue, d'une dette, notre contrat est conclu sous la garantie de l'Etat, et dans ce cas l'Etat me doit sa protection. Si des contrats conclus sur la simple base de la loyauté et de la bonne foi sont rompus, la personne lésée n'obtient aucun secours du côté de l'Etat, mais celle qui les a rompus est déshonorée.

L'*honneur* du citoyen est l'opinion des autres à son égard, selon *(4, 47)* laquelle il est loyal et de bonne foi, dans des cas, bien évidemment, où l'Etat ne peut rien garantir, car là où il donne sa garantie, tout est contraint et il n'est pas question de loyauté et de bonne foi.

L'Etat n'a ni le droit ni le pouvoir d'ordonner que les citoyens se fassent confiance les uns aux autres ; car lui-même est édifié sur la méfiance universelle, on ne se fie pas même à lui, et l'on n'a pas à s'y fier, comme nous l'avons démontré à travers toute la constitution [III, 245].

L'Etat a tout aussi peu le droit d'interdire la confiance. Certes il a parfaitement le droit d'interdire que quelque chose qui appartient à son domaine soit conclu sur la base de la simple loyauté et de la simple bonne foi ; et il a le droit d'annuler les conséquences juridiques de toutes les négociations de ce type. Car ce serait là propager le désordre, et il lui serait impossible de garantir les droits, inconnus de lui*, des personnes privées. Un champ, un jardin, une maison ne peuvent être aliénés que sous le contrôle de l'autorité ; car l'autorité doit savoir qui est, à chaque instant, le vrai propriétaire. Mais comme l'Etat n'a aucunement le droit d'intervenir dans cet espace de la propriété absolue, et qu'il n'a aucunement le droit de prendre connaissance de ce que chacun en fait, comme il doit être permis à l'individu de rejeter, de détruire, etc., sa propriété, pourquoi n'aurait-il pas le droit de l'abandonner à la bonne foi ? Il faut donc que l'argent liquide et les valeurs puissent être prêtés sans la garantie de l'autorité.

Mais, cela dit, l'Etat doit pourtant protéger la propriété absolue de chaque citoyen. Que peut-il faire pour la protéger contre l'absence d'honneur ? Rien de plus *que de mettre en garde tous les citoyens contre les hommes sans honneur qu'il connaît.*

Le droit et le devoir de le faire sont compris dans le contrat de propriété : l'Etat doit protéger contre tous les dangers ; or l'absence d'honneur est un grand danger. Il a donc la charge, autant qu'il dépend de lui, de le rendre impossible. Aux manquements à l'honneur qui ont été indiqués ici, c'est la peine d'infamie qu'il faut infliger (seulement aux manquements qui ont été indiqués, car l'Etat ne peut transformer l'opinion, particulièrement une opinion fondée dans l'essence de l'homme, comme celle dont il est question ici. Voltaire, par exemple, propose de couvrir le duel de la marque de l'infamie. C'est impossible, car on ne peut amener les hommes à tenir pour déshonoré celui qui s'expose lui-même au même danger de mort que l'autre (même si l'on

* Note signalée par *SW*, avec une perplexité légitime : connus de lui (?).

peut certes tenir de tels hommes pour insensés) ; de même qu'au contraire chacun tient l'assassinat pour déshonorant). Toutefois l'Etat ne peut *interdire* d'accorder sa confiance à l'homme sans honneur. Qui le veut doit avoir le droit de le faire à ses risques et périls.

Personne n'a le droit d'exiger que l'autre lui fasse confiance ; ou que *(4, 48)* l'Etat l'y force. La confiance se gagne [III, 246], et c'est librement qu'on l'accorde. Mais chacun a le droit d'exiger qu'on ne le fasse pas passer pour sans honneur, alors qu'il n'a rien fait pour mériter cela. La confiance de l'autre est pour lui un grand bienfait qu'il peut éventuellement s'acquérir et qui dépend de la qualité d'âme dont il fait preuve librement. On ne peut lui enlever cette possibilité, et il a matière à se plaindre contre celui qui d'aventure pourrait tenter de le faire.

Le droit à l'honneur, dans l'Etat, est donc simplement, à proprement parler, le droit qu'on a de ne pas passer pour sans honneur alors qu'on n'a rien fait pour le mériter. L'Etat l'a garanti du fait que lui-même comme totalité et tous les individus ont, en conséquence de la loi juridique, renoncé à intervenir sur ce point dans le cours naturel des choses et de l'opinion. C'est simplement un droit négatif.

I / Du droit à la sécurité et à l'inviolabilité personnelles

La liberté et l'absolue inviolabilité du corps de chaque citoyen ne sont pas expressément garanties dans le contrat social, mais sont constamment supposées en même temps que la personnalité. C'est sur elle que se fonde totalement la possibilité du contrat et de tout ce sur quoi on s'accorde par contrat. On ne peut pas frapper le citoyen, lui donner des coups, pas même le retenir, sans troubler l'usage de sa liberté, sans amoindrir sa vie, son bien-être et sa libre activité. Des coups ou des blessures provoquent de la douleur ; mais chacun a le droit de se sentir aussi bien qu'il le peut et que sa nature le lui permet. L'être libre n'a pas le droit de le perturber à cet égard. Porter atteinte au corps, c'est violer d'un seul coup tous les droits du citoyen ; c'est donc assurément un crime dans l'Etat, étant donné que l'usage de tous ses droits est conditionné par la liberté de son corps.

Sur le domaine public — tout ce qui se situe hors de la maison est domaine public, par exemple le champ (le jardin est communément pris en compte dans la maison et bénéficie du droit domestique) —, sur le domaine public, je me trouve toujours sous la protection et la garantie de l'Etat. Toute atteinte portée à ma personne y est [III, 247] un crime public ; l'Etat doit, en vertu de sa fonction et sans avoir en outre pour cela besoin d'une plainte particulière *(ex officio)*, faire des recherches et le punir, et les personnes privées ne peuvent transiger là-dessus.

Mais à l'intérieur de la maison nous ne nous trouvons ni sous la *(4, 49)* protection ni sous les ordres de l'Etat, bien que la maison elle-même s'y trouve. En ce qui concerne cette dernière, une effraction violente, que ce soit de jour ou de nuit, est un crime public et est soumise aux règles qui s'y appliquent. Mais celui qui est chez moi sans avoir commis une effraction, sans avoir *brisé une serrure* (c'est pour cela qu'est admis le fait de frapper aux portes, habitude qu'on ne devrait pas supprimer, et la réponse « entrez » équivaut à attribuer un droit), il est chez moi de mon plein gré, et sur la base d'une loyauté et d'une bonne foi réciproques. Je n'ai pas supposé qu'il se saisirait violemment de ma personne ou de mes biens, sinon je ne l'aurais pas accepté chez moi.

Cela dit, si pourtant il me porte atteinte violemment — que ce soit dans mes biens, ou immédiatement dans ma personne, ou dans les deux, parce que peut-être je me défends avec ma personne contre la première agression — ai-je alors toutefois à exiger et à attendre la protection de l'Etat ?

D'abord, l'Etat ne sait pas ce qui se passe dans ma maison, il n'a pas le droit de le savoir publiquement, ni de faire comme s'il le savait. Pour qu'il parvienne à le savoir, il faudrait que je le lui fasse connaître moi-même d'une façon juridiquement valable, en tant que c'est à un Etat que je m'adresse, c'est-à-dire que je devrais déposer une plainte (ici, mais seulement ici, s'applique la proposition : là où il n'y a pas de plaignant, il n'y a pas de juge ; mais elle est sans valeur pour ce qui survient dans le domaine public. Des tavernes, des cafés, etc., bref tout endroit où chacun est le bienvenu à cause de son argent, sont des lieux publics ; on y pratique le commerce. Nos Etats élargissent souvent de façon redoutable cette règle juridique qui n'est valable que partiellement). Si les parties veulent se mettre d'accord à l'amiable, l'Etat n'a pas à s'en soucier.

Mais l'Etat est-il donc obligé de recevoir les plaintes concernant les offenses privées et de rendre justice à cet égard, et pour quelle raison ? Pour la raison suivante : l'Etat doit, en vertu du [III, 248] contrat social, me protéger, même dans ma maison, ainsi que tout ce qu'elle contient ; simplement, il n'en a pas le droit immédiatement, parce qu'il irait à l'encontre de mon droit, mais seulement médiatement, seulement globalement et en bloc. La protection immédiate serait contraire à mon droit, parce que sa condition, la connaissance que l'Etat en aurait, serait contraire à mon droit. Si alors j'abandonne ce droit en le portant moi-même, volontairement, à la connaissance de l'Etat, je lui soumets par là, de par ma volonté, immédiatement ce qui auparavant ne lui était que médiatement soumis. Ce que je lui soumets volontairement acquiert les droits de tout ce qui se trouve immédiatement sous la garantie de l'Etat. Il est évident que cela doit être pris en compte dans la loi pénale et que *(4, 50)* cette disposition doit être rendue publique, afin que personne n'espère l'impunité, et ne se trouve ensuite déçu par rapport à cette attente.

Mais avec cette décision nous nous sommes enfermés dans une grande difficulté. Car, si quelqu'un est tué dans sa maison, il ne peut pas se plaindre. Sa famille se plaindra, dit-on. Mais s'il n'en a pas, ou si ce sont les membres mêmes de sa famille qui l'ont tué ? L'Etat n'exerce aucune juridiction sur ce qui survient à l'intérieur de la maison ; il n'y a donc, en particulier contre le dernier cas, aucune protection et aucune loi, mais une législation qui rend dangereuse pour l'offenseur la vie de l'offensé et ne le met tout à fait en sécurité que par la mort de l'autre, invite bien plutôt tout agresseur à aller jusqu'au bout et à tuer, de préférence tout de suite, celui dont il redoute la plainte.

Cela ne peut être. Il faut donc que soit contenue dans la raison encore une décision particulière pour ce cas. Nous nous proposons de la rechercher.

Si celui qui a été assassiné vivait, il pourrait se plaindre ou pardonner. Il a été tué injustement ; il devrait vivre encore, et l'Etat ignore tout, sauf qu'il vit, car il a été tué en dehors de sa sphère. L'Etat doit continuer à exiger de lui qu'il décide dans cette affaire ; sa volonté doit donc, selon le droit externe dans son intégralité, être reconnue par l'Etat comme subsistant encore. L'individu assassiné n'a pas [III, 249] déterminé cette volonté ; mais elle est déterminée, déclarée et garantie par la volonté commune de tous les citoyens, *considérés comme individus et comme sujets* — et non par la volonté générale de l'Etat, dans la mesure où ici elle juge, décide et garantit, mais ne veut, ni n'exige, ni ne porte plainte (de cette garantie de l'utlime volonté d'un mort par la volonté commune des individus — concept tout nouveau pour notre recherche —, il sera parlé plus longuement à propos des testaments. Cette volonté commune de tous les individus — du public — et la garantie qu'elle procure interviennent en fait là où il dépend de tous les individus que le mort ait eu une volonté et qu'elle puisse avoir une valeur, parce que dans ce cas tous doivent avoir une volonté et souhaiter lui donner une valeur). Que devrait-il dès lors en être de la volonté du mort, d'après la volonté commune ? Elle devrait porter plainte, telle est la façon dont la volonté commune la déclare. Il devrait y avoir un représentant de cette volonté commune, eu égard à la dernière volonté du mort, qui soit ici *plaignant,* une sorte d'accusateur public ; car l'Etat ne sait vraiment pas ce qui s'est passé et ne peut pas le savoir. Toute personne privée a le droit de lui demander de faire son devoir. Toute personne a le droit de lui signaler l'affaire, et s'il ne dépose pas de plainte, d'en déposer une contre lui-même.

Toute personne privée doit non seulement avoir le droit, mais même *(4, 51)* être dans l'obligation de signaler ce qu'elle sait sur de tels événements ; et si elle ne le fait pas, elle est elle-même punissable et tombe sous le coup de la plainte déposée par le représentant que l'on a décrit à l'instant. L'Etat, dans toute cette branche des pouvoirs publics, est obligé de se préoccuper de la mort de ses citoyens et de la façon dont ils meurent. Le décès est un acte public. Les médecins doivent être placés sous le contrôle de l'Etat. Et ainsi, les choses se renversant, l'intérêt de l'offenseur devient au contraire de préserver la vie de celui qu'il a agressé ; car aussi longtemps que celui-ci vit, il peut lui pardonner ; quand il est mort, l'offenseur tombe dans les mains du public et de son représentant, et celui-ci ne peut, par égard à sa propre sécurité, accorder de pardon.

[III, 250] Vient s'inscrire ici le droit d'autodéfense, dont nous allons traiter tout de suite.

Personne n'a le droit de défendre physiquement *une propriété désignée par l'Etat,* ce qui créerait nécessairement un danger de mort pour l'agresseur et pour le défenseur ; car chacun peut par la suite faire la preuve de sa possession, être rétabli dans son état antérieur, et l'auteur du forfait peut être puni (par exemple si quelqu'un laboure le champ d'un autre). Néanmoins il peut se soucier — et cela lui incombe — de se procurer des témoignages et des preuves sur la personne de l'auteur du forfait.

Une propriété non désignée, c'est-à-dire telle que la possession n'en est désignée que dans la mesure où quelqu'un la porte sur lui et avec lui, ou l'a dans sa maison, chacun a le droit de la défendre lui-même en mettant en danger la vie de l'agresseur. On n'a pas ici à demander : qu'est-ce que la vie par rapport à l'argent ? C'est là, en tout état de cause, un jugement de la bonté, non du droit. Chacun a le droit absolu de ne rien se laisser prendre par la violence et de l'empêcher par tous les moyens. Une attaque de ma propriété par la violence devient, si je la protège de ma personne, une attaque même contre ma personne. Si l'attaque ne vise pas vraiment, dès le début, ma personne, j'ai naturellement le même droit d'autodéfense. Le fondement de ce droit réside en ceci que le secours de l'Etat n'est pas immédiatement disponible, alors que la défense, étant donné que l'attaque porte contre une *propriété irremplaçable,* doit intervenir sur-le-champ.

Cela indique en même temps la limite du droit d'autodéfense. J'ai ce droit uniquement dans la mesure où l'Etat ne peut me défendre ; il ne faut donc pas que, s'il ne le peut pas, cela tienne à moi, et je suis juridiquement obligé, autant qu'il dépend de moi, de rendre possible cette défense. Je suis obligé de faire appel immédiatement, quand je suis en danger, au secours de l'Etat ; c'est ce qui se passe *quand on crie : « au secours ! ».* C'est absolument nécessaire, et c'est là la condition exclusive d'un droit d'autodéfense. Cet élément doit être introduit dans *(4, 52)* la législation, et il faut l'inculquer aux citoyens dès leur jeunesse afin qu'ils s'y habituent. Car comment les choses se passeraient-elles si [III, 251] j'assassinais quelqu'un et si je disais : « Il m'a attaqué, et je ne pouvais sauver ma propre vie que par sa mort » ? Le mort ne peut me faire avouer si j'ai menti, et on ne peut donc voir pourquoi je ne pourrais pas prétendre la même chose si j'étais moi-même l'agresseur. La sécurité générale en serait donc véritablement mise très en péril. En revanche, si j'ai appelé au secours, je peux le prouver, ou du moins on ne peut me prouver le contraire ; aussi vais-je bénéficier de la présomption d'innocence (la loi des douze tables donnait le droit à celui qui avait subi un vol de tuer le voleur dès lors qu'il se mettait en position de se défendre. Cela à juste titre si le vol concernait une propriété non désignée ; car personne ne peut être obligé à se laisser prendre un bien dont il ne peut ensuite prouver que c'était sa propriété. Il avait le droit de récupérer de force son butin. Mais dès lors le voleur, qui se défendait, s'attaquait à son propre corps et à sa vie, et l'agressé avait donc aussi le droit de se défendre en mettant en danger la vie du voleur. Toutefois, la loi exigeait qu'en telle circonstance il pousse des cris. Là encore, à juste titre, et c'est uniquement sur la base de cette restriction que la première loi pouvait être en vigueur. Par son cri, il se mettait en situation de prendre le public à témoin de son innocence, ou de recevoir un secours qui désarmerait le voleur, s'emparerait de sa personne et libérerait le propriétaire de la nécessité de le tuer pour conserver sa propriété).

L'attaque s'accomplit soit sur le domaine public (au sens du mot qui a été explicité), soit dans ma maison. Dans le premier cas, l'application des principes exposés ne fait pas difficulté. Dans le second, aucune personne privée, et même pas l'Etat, n'a certes le droit de pénétrer dans ma maison. Mais, par mon appel au secours, je donne le droit à l'Etat et à chacun d'y pénétrer ; par suite, je soumets immédiatement à l'Etat ce que d'abord il ne doit protéger que médiatement. Mon appel est une plainte ; c'est donc un acte par lequel je renonce à mon droit domestique.

Tout homme qui entend appeler au secours, est [III, 252] juridiquement obligé par le contrat social de s'approcher, cela en vertu des principes énoncés ci-dessus. *Car tous les individus ont promis à tous les individus de les protéger. Or l'appel au secours constitue l'annonce qu'il existe un danger auquel le représentant de la puissance protectrice, l'Etat, ne peut porter remède aussitôt.* C'est donc à chaque individu qu'un appel au secours transfère à nouveau non pas seulement le droit, mais même le devoir civique d'assurer immédiatement une protection. *(4, 53)* Celui à qui il peut être démontré qu'il a entendu l'appel et n'est pas accouru à proximité est punissable, car il a agi contre le contrat social ; et la législation doit prendre cela en compte. Ce secours dans la détresse n'est pas, si l'on veut, seulement un *devoir de conscience et de chrétien ;* c'est un *devoir civique absolu.*

Ceux qui viennent au secours ne doivent rien faire de plus et n'ont le droit de rien faire de plus que de séparer les combattants et de mettre un terme au processus de violence qui s'est engagé entre eux ; mais en aucune manière ils n'ont à décider entre eux. Si le fondement s'effondre, le fondé s'effondre. Or le droit immédiat à la protection se fonde sur le danger *présent.* Du fait de leur présence, ce danger est supprimé, et l'on peut attendre le secours de l'Etat, qui est le seul juge légitime entre eux (par exemple, que le voleur, une fois arrêté, soit rossé par la populace, c'est une barbarie contraire au droit et punissable. Dès que le danger pour le corps ou pour les biens est passé, l'autorité redevient seul et unique protecteur et juge).

Il y a encore un autre cas d'autodéfense, faisant référence à un prétendu *droit de nécessité,* de la théorie duquel nous allons ici traiter aussi tout de suite. Ce droit est censé intervenir quand deux êtres libres, non pas parce que l'un a attaqué l'autre, mais en raison d'une simple causalité de la nature, en viennent à une situation telle que l'un des deux ne peut se sauver que par la disparition de l'autre et que, si l'un des deux n'est pas sacrifié, c'est les deux qui périssent (c'est là que prend place la célèbre planche miraculeuse de l'Ecole sur laquelle se trouvent deux naufragés, alors que pourtant elle ne peut en supporter qu'un seul — planche qui s'est récemment, pour plus de commodité, [III, 253] transformée en une barque pourvue des mêmes qualités. Nous avons déterminé le cas avec rigueur par concepts, et nous nous gardons des exemples) (46).

On s'est donné beaucoup de peine pour résoudre cette question de droit et on y a répondu de manières très diverses — tout cela parce qu'on n'a pas pensé de façon assez rigoureuse le principe de tout jugement de droit. La question de la doctrine du droit est la suivante : comment plusieurs êtres libres peuvent-ils coexister en tant que tels ? Dans la mesure où l'on pose la question de la manière et des modalités, on présuppose la possibilité de la coexistence en général. Si cette possibilité est supprimée, la première question, qui porte sur la détermination de la possibilité, donc la question du droit, disparaît nécessairement tout à fait. Mais ici, selon notre hypothèse explicite, c'est bien le cas. Donc il n'y a nul droit positif de sacrifier la vie de l'autre à ma propre conservation ; mais ce n'est pas non plus contraire au droit, c'est-à-dire que cela n'entre pas en conflit avec un droit positif qu'aurait l'autre de conserver sa vie au prix de la mienne ; car il n'est ici plus question en général de droit. La nature leur a repris *à tous les deux* leur droit de vivre, et la décision incombe à la force physique et à *(4, 53)* l'arbitre. Mais puisque pourtant il faut les considérer tous les deux comme se trouvant soumis à la loi juridique, sous laquelle ils se replacent aussi, en fait, par rapport à d'autres, on peut décrire le droit de nécessité comme le droit de se considérer comme totalement libéré de toute législation juridique (nous disions à l'instant : la décision incombe à l'arbitre. Or l'arbitre qui n'est pas déterminé par la loi juridique se trouve soumis à une législation supérieure, la législation morale ; et dans cette loi morale il pourrait très bien y avoir une prescription pour notre cas. Effectivement : ne fais rien, dit cette loi, mais abandonne l'affaire à Dieu, qui peut bien te sauver si c'est sa volonté, et auquel il te faut t'en remettre si ce n'est pas sa volonté. Mais cela n'appartient pas à notre propos ici, où nous avons affaire simplement au droit)

Après l'exercice du droit d'autodéfense, que ce soit [III, 254] à l'occasion d'une agression ou d'un hasard, celui qui l'a exercé est tenu d'en répondre devant l'Etat. Car il s'est pour toujours placé sous les lois de l'Etat et il ne veut pas cesser d'être considéré comme leur étant soumis ; or, dans ce cas, il s'y est soustrait, parce que ici nulle loi juridique ne pouvait avoir de valeur. Il est tenu de déclarer que le cas de cette invalidité est intervenu. Celui qui ne se présente pas volontairement devant le juge, attire une présomption contre lui. La dernière volonté de celui qui a été tué est présumée être la suivante : que l'affaire soit l'objet d'une enquête. C'est donc à l'accusateur public, ci-dessus décrit, qu'il incombe de déposer la plainte ; soit que, si l'auteur du forfait ne s'est nullement présenté, il le conduise devant le tribunal, ce par quoi, s'il est démontrable qu'il aurait pu se présenter plus tôt, il est déjà à moitié convaincu que sa cause est mauvaise (car s'il a confiance que sa cause est juste, pourquoi redoute-t-il le tribunal ?) ; soit que, s'il s'est présenté volontairement, l'accusateur représente au tribunal la partie adverse. L'accusé n'est pas obligé de produire la preuve positive que le cas de légitime défense est intervenu ; car très peu nombreux sont les cas où il serait capable de le faire, même dans les causes les plus justes, étant donné que c'est d'une situation éphémère et inhabituelle qu'il est question. Pourvu qu'on ne lui produise pas la preuve négative qu'un tel cas n'est pas intervenu, c'est suffisant pour que la procédure judiciaire engagée contre lui soit suspendue. Car il n'est pas complètement absous s'il ne peut produire la preuve positive et aussi longtemps qu'il reste possible encore que viennent à se produire dans l'avenir d'autres circonstances tournant à son désavantage. De cette simple suspension de la procédure il sera traité plus largement dans la doctrine de la justice criminelle.

Ainsi, biens et honneur du citoyen sont rigoureusement déterminés *(4, 55)* et ils sont garantis comme ils doivent l'être, tout comme sa vie ; et on ne peut apercevoir comment ils pourraient être davantage garantis.

K /

[III, 255] Sur l'acquisition de la propriété, recherche qui, comme il apparaîtra immédiatement, inclut en même temps celle qui concerne l'abandon de propriété.

Il n'est ici question que de l'acquisition de propriété au sens le plus propre du terme, c'est-à-dire de l'acquisition par laquelle le bien de quelqu'un s'accroît effectivement ; ou du moins, en vertu des deux sortes de déterminations qui peuvent revenir à la propriété — c'est-à-dire qu'elle est ou bien relative, ou bien absolue —, une acquisition par laquelle le bien se modifie quant à sa nature. Mais il n'est nullement question du simple échange d'une chose de valeur déterminée contre une autre de la même valeur, autrement dit du *commerce*, sur lequel ce qui était nécessaire a déjà été rappelé ci-dessus qui proprement est non pas une acquisition, mais simplement un troc. Il s'agit tout aussi peu de l'acquisition originaire, qui en même temps serait une acquisition pour l'Etat, un accroissement des biens mêmes de l'Etat. Celle-ci est immédiatement soumise aux conditions du contrat originaire de propriété. Il est question simplement du transfert complet de la propriété d'un citoyen à l'autre, donc d'un objet spécifique de la législation civile, de laquelle seule nous traitons ici, — si bien que la propriété de l'Etat reste la même et que c'est uniquement la relation entre les citoyens qui est modifiée : elle l'est pour un citoyen qui, ou bien n'avait pas du tout cette propriété, ou bien n'en possédait pas la valeur dans cette espèce de propriété.

La propriété est d'une double nature : absolue, soustraite au contrôle de l'Etat — argent et valeurs ; et telle qu'elle est immédiatement soumise à ce contrôle — champs, jardins, maisons, privilèges civils, etc.

Si les deux espèces de propriété sont échangées l'une contre l'autre, c'est-à-dire si une vente est conclue, chacun acquiert une sorte de propriété qu'il n'avait pas, et c'est donc sur ce point que la recherche est nécessaire. La question ne se pose pas de savoir si le contrat de vente doit être conclu sous le contrôle (juridique) de l'Etat et être placé sous sa garantie. L'Etat a certes [III, 256] l'objet de la propriété sous son contrôle, il le protège et l'attribue en propre à telle personne déterminée ; il lui faut donc connaître le propriétaire déterminé. Nul ne possède légitimement un tel objet, si ce n'est en vertu de sa reconnaissance par l'Etat.

La seule question qui pourrait surgir serait de savoir dans quelle *(4, 56)* mesure l'Etat est tenu de donner son approbation aux conventions passées entre des personnes privées sur de tels objets, et dans quelle mesure il a le droit de les refuser et d'invalider le contrat.

D'abord, l'intention juridiquement fondée de l'Etat, à propos de toute propriété qui est octroyée en vue d'être utilisée, c'est qu'elle soit utilisée d'une façon qui s'accorde avec les besoins de l'Etat. L'acheteur doit donc être tenu d'en faire usage, et il faut qu'il soit en mesure de pouvoir l'employer, par exemple de pouvoir pratiquer l'agriculture sur le champ qu'il a acheté, le métier dont il a acquis le privilège, et de s'y connaître — faute de quoi quelque chose serait soustrait à l'Etat. Quant à la question de savoir si l'on peut acheter des maisons dans l'intention de les abattre, cela dépend des dispositions particulières de la loi, laquelle doit se régler d'après les circonstances.

En outre, comme, à l'égard de son argent, qui est une propriété absolue, le vendeur, conformément à la nature d'une telle propriété, se soustrait entièrement au contrôle de l'Etat, mais que l'Etat doit cependant se soucier d'assurer son entretien, la vente doit être conclue de façon que la subsistance du vendeur soit assurée dans tous les cas et que jamais il ne puisse tomber à la charge de l'Etat. Cela ne peut être assuré que si ce qu'on appelle des réserves est conservé par le vendeur dans sa maison ou sur ses terres, ou si son capital est placé en sécurité sous le contrôle de l'Etat. Il n'est pas propriétaire absolu de son argent, parce qu'il reste son unique moyen de subvenir à ses besoins et qu'il est responsable devant l'Etat de sa possibilité de subsister. Celui qui vend abandonne une propriété en même temps qu'il en acquiert une autre, et il en va de même pour l'acheteur, comme on le voit de façon évidente.

[III, 257] Un deuxième mode d'acquisition et d'abandon est celui *(4, 57)* qui est absolu, lorsque celui qui acquiert une propriété ne donne absolument aucun équivalent à celui qui l'abandonne en sa faveur : *don* et *testament*. Parlons d'abord du don.

La propriété cédée par donation est ou bien relative, ou bien absolue. De même que, pour la première, absolument aucun contrat extra-juridique n'a de valeur, de même aussi une donation extra-juridique d'une telle propriété n'a pas de valeur. En revanche, une donation de la propriété absolue acquiert une valeur lorsqu'elle est cédée de la main à la main. Il ne peut donc jamais naître de litige sur la question de savoir si le cadeau a été accepté ou non. Si celui qui reçoit le cadeau n'a pas, dans le premier cas, accepté la donation devant les tribunaux, si, dans le second cas, il n'a pas pris le cadeau pour lui ou n'a pas déclaré qu'il voulait le prendre pour lui, la donation n'a pas force de loi.

Intervient pour la donation exactement la même condition qui intervient pour la vente. Le donateur doit conserver assez pour pouvoir vivre.

Personne n'a le droit de réclamer à nouveau ce qui a été donné, car *(4, 57)* par le contrat celui qui reçoit le don devient légitimement et sans restriction propriétaire.

Par un testament, quelque chose est donnée après la mort du donateur. A cet égard se pose cette question importante : comment la volonté d'un mort peut-elle obliger les vivants ? Le concept du droit ne vaut que pour des personnes qui peuvent se trouver en relation d'influence réciproque dans le monde sensible et qui s'y trouvent effectivement. Le mort n'a donc, à première vue, pas de droits, et sa propriété revient à l'Etat, qui est le premier possesseur, étant donné que nul individu n'a le droit d'en prendre possession sans sa permission. Toutefois il est très possible qu'un homme, dans sa vie, nourrisse des souhaits pour d'autres, en vue du temps d'après sa mort. La ferme croyance que ceux-ci seront accomplis, souvent un réel bénéfice procédant de la ferme croyance qu'en ont les intéressés, par exemple de meilleurs soins, de l'attachement et de l'amour émanant de ceux que nous pouvons instituer nos héritiers, sont un bien considérable [III, 258] dans la vie. Bref, la conviction en la validité du testament est pour les vivants un bien sur lequel ils peuvent parfaitement acquérir aussi un droit. C'est seulement de ce point de vue que l'on a à considérer l'affaire. Il n'est nullement question du droit des morts — les morts n'ont aucun droit —, mais seulement du droit des vivants.

Là où ce besoin apparaît parmi les hommes, ils vont le prendre en compte dans le contrat de propriété. Tous vont garantir à tous cette conviction. Mais ce contrat — point qu'il ne faut pas laisser échapper — est un contrat arbitraire, c'est-à-dire qu'une relation juridique entre les hommes est parfaitement possible sans lui, comme nous l'avons vu plus haut. Il n'est pas inévitable que naisse un conflit juridique sur la succession des morts. L'Etat est là pour s'en charger (est nécessaire tout contrat sans lequel il ne peut y avoir absolument aucune relation juridique. Le contrat sur les testaments n'est pas de cette espèce, et c'est à cet égard que je le nomme un contrat arbitraire).

Cela dit, cette conviction ne peut être produite que dans la mesure où les testaments tiennent leur valeur d'une loi, c'est-à-dire sans exception. Tout aussi sûrement, donc, que tous veulent se garantir cet

espoir, ils veulent cette loi, et elle devient ainsi une loi de l'Etat : les testaments doivent avoir de la valeur. Tous, dans leur propre intérêt, garantissent au mourant que sa dernière volonté aura de la valeur ; ce faisant, ils se garantissent à eux-mêmes que leur propre dernière volonté aura de la valeur ; le droit du mourant est lié au droit de tous les citoyens qui lui survivent. C'est non pas *sa* volonté, mais la volonté de l'ensemble qui oblige les vivants qui y sont intéressés, et particulière-
(4, 58) ment l'Etat, qui sinon aurait le droit de succession. L'Etat comme volonté de la communauté *(volonté générale)* est donc ici une partie, et la volonté de l'ensemble des individus *(volonté de tous)* (47) est l'autre partie qui intervient dans le contrat.

Le contrôle du droit testamentaire appartient au substitut ou représentant de la volonté de tous, ci-dessus décrit. Il est, dans cette affaire, le demandeur devant l'autorité [III, 259] et il doit s'attacher à l'exécution des testaments. Il ne se trouve pas sous le contrôle du pouvoir exécutif, comme les autres magistrats, car le pouvoir exécutif est une partie (bien que ce soit devant lui qu'il puisse, en cas de nécessité, être traduit et par lui qu'il doive être puni), mais immédiatement sous celui du peuple. Toute personne privée qui remarque quelque chose d'injuste doit avoir le droit de le traduire en justice. Au reste il ne sera pas nécessaire, dans ce cas, que des étrangers s'en mêlent, puisqu'il y a des gens immédiatement intéressés à l'affaire.

Les testaments devraient être faits sous le contrôle et avec l'assistance de ce magistrat, et avec celle de *témoins*. Ces témoins représentent le public, auquel, comme on l'a montré, la validité de telles prescriptions importe.

Qu'en général des testaments aient une validité juridique, c'est totalement arbitraire : il est donc également tout à fait arbitraire et il dépend uniquement de ce que dispose la volonté de tous, c'est-à-dire du législateur, de déterminer *jusqu'où* doit aller le droit de transmettre ses biens par testament ; pourtant il faut que quelque chose soit expressément déterminé à cet égard, donc il faut faire des lois. Il dépend du législateur, qui doit prendre en compte la situation particulière de l'Etat, de savoir si l'héritage *ab intestat* doit être introduit et comment délimiter la libre disposition de la propriété *(le legs)*. Il y a une seule limitation *nécessaire a priori,* exactement la même que celle qui intervenait à propos de la donation en général : ceux qu'on laisse derrière soi, par exemple la veuve, doivent vivre, et les enfants doivent recevoir une éducation, c'est-à-dire pouvoir être mis en mesure d'acquérir eux-mêmes une propriété. Cette possibilité ne peut être supprimée par la liberté des testaments, car l'Etat doit garantir la subsistance de la famille du défunt.

En dehors des espèces indiquées d'acquisition, il ne peut y en avoir aucune qui doive être permise dans l'Etat. Notre recherche concernant la propriété est donc parfaitement close.

(4, 59) § 20 – Sur la législation pénale

— *Thèse :* [III, 260] Celui qui viole à un certain égard le contrat social, que ce soit volontairement ou par négligence, alors que dans le contrat on comptait sur sa circonspection, perd ainsi, en toute rigueur, l'ensemble de ses droits en tant que citoyen et en tant qu'homme, et devient totalement dépourvu de droits.

— *Preuve :* Quelqu'un, en vertu du concept de droit en général, n'a des droits qu'à condition qu'il s'intègre dans une communauté d'êtres pourvus de raison, c'est-à-dire à condition qu'il ait fait de la règle du droit la loi inviolable de toutes ses actions et qu'il soit capable d'être aussi effectivement déterminé par la représentation de cette loi dans toutes les manifestations de sa liberté qui s'inscrivent sous elle. Celui qui volontairement transgresse la loi n'est pas dans le premier cas ; celui qui la transgresse par négligence n'est pas dans le second. Pour tous deux, est supprimée la condition de la capacité juridique : l'intégration dans une société d'êtres pourvus de raison ; donc, avec cette condition, est supprimé en même temps le conditionné : la capacité juridique. Ils cessent d'avoir des droits.

Cette situation n'est pas transformée par le contrat social comme tel. Tous les droits positifs que possède le citoyen il ne les possède qu'à condition que les droits de tous les autres citoyens soient en sécurité devant lui. Dès que ce n'est pas le cas, que ce soit à cause de sa volonté résolument contraire au droit ou par irréflexion, le contrat est annulé. Il n'existe plus, entre lui et les autres citoyens, la relation juridique instaurée par le contrat social, et, comme hors de ce contrat il n'y a pas de relation juridique et pas de fondement possible pour celle-ci, il n'existe en général absolument plus aucune relation juridique entre les deux parties.

Tout délit exclut de l'Etat (le criminel devient « libre comme l'oiseau », c'est-à-dire que sa sécurité est aussi peu garantie que celle d'un oiseau, *ex lex, hors de la loi*) (48). Cette exclusion devrait être exécutée par le pouvoir de l'Etat.

— *Antithèse :* la fin que poursuit le pouvoir de l'Etat n'est autre que celle de la sécurité réciproque des droits de tous devant tous [III, 261] et l'Etat n'est obligé qu'à une chose : utiliser les moyens suffisants pour atteindre cette fin. Dès lors, si cette fin pouvait être atteinte sans que l'on procède à cette exclusion absolue de tous ceux qui ont en quelque façon commis un délit, l'Etat ne serait pas nécessairement *(4, 60)* obligé d'imposer cette peine pour un délit contre lequel il pourrait protéger autrement ses citoyens. Il n'y aurait pas de raison de l'appliquer dans de tels cas, mais jusqu'à maintenant il n'y en avait pas non plus, à vrai dire, de ne pas l'appliquer. La décision dépendait de l'arbitre. Mais en fait conserver ses citoyens est tout aussi important pour l'Etat — pourvu que cela puisse se concilier avec sa fin principale — qu'il importe pour chaque individu de ne pas être, pour chaque délit, déclaré privé de droits. Il serait donc opportun à tous égards, dans tous les cas où la sécurité publique ne serait pas menacée pour autant, de substituer d'autres peines à l'exclusion dont est certes passible tout délit.

Cela ne pourrait intervenir que grâce à un contrat de tous avec tous, qui ultérieurement deviendrait une norme pour le pouvoir exécutif. Le contenu de ce contrat serait le suivant : tous promettent à tous de ne pas les exclure de l'Etat pour leurs délits, dans la mesure où c'est compatible avec la sécurité publique, mais de leur permettre de s'acquitter de cette peine d'une autre manière. Nous nommerons ce contrat le *contrat d'expiation.*

Ce contrat est utile aussi bien à tous (à l'Etat comme tout) qu'à chaque individu. Le tout obtient ainsi la chance de conserver le citoyen dont l'utilité dépasse la nocivité, et il reçoit l'*obligation* d'admettre l'expiation ; l'individu obtient le *plein droit* d'exiger que l'on admette cette expiation à la place de la punition plus lourde dont il était passible. Il y a un droit d'être puni, et c'est un droit très utile et très important du citoyen.

Ce contrat devient une loi d'Etat, et le pouvoir exécutif y est astreint.

I – Le contrat d'expiation, selon ce qui a été indiqué [III, 262] ne s'applique pas au-delà des limites dans lesquelles il peut coexister avec la sécurité publique. Etendu au-delà, il est illégitime et contraire à la raison ; et un Etat dans lequel il dépasserait ces limites n'aurait absolument aucun droit, c'est-à-dire que la sécurité publique n'y serait pas suffisamment garantie, et il ne pourrait obliger personne à entrer en lui ou à rester en lui.

La peine n'est pas une fin absolue. Si on le prétend, que ce soit expressément ou en posant des propositions qui ne se peuvent énoncer qu'en supposant implicitement une telle prémisse (par exemple, le verdict sans appel, catégorique : qui a tué doit mourir), c'est qu'on ne comprend rien. La peine est un moyen pour atteindre la fin dernière de l'Etat, la sécurité publique, et l'unique intention qui y préside est que, grâce à la menace de la peine, le délit sera évité. La fin poursuivie par la *(4,61)* loi pénale est que le cas de son application *(4, 61)* ne survienne aucunement. La volonté mauvaise doit être réprimée par la menace de la peine, la volonté bonne qui vient à faire défaut doit être suscitée par elle ; et dès lors il n'y a jamais besoin de la peine. Or, pour que ce but puisse être atteint, il faut que chaque citoyen sache de façon parfaitement certaine que, s'il commet un délit, la menace de la loi s'accomplira infailliblement à son endroit (la peine existe donc aussi, bien entendu, pour l'exemple, afin que tous soient maintenus dans la ferme conviction que l'application de la loi pénale est infaillible. La première visée de la loi pénale était de retenir le criminel de commettre le crime. Comme cette visée n'a pas été atteinte, sa punition en a une autre : celle de détourner du même crime les autres citoyens et lui-même pour l'avenir. L'exercice de la justice pénale est par conséquent un acte public. Tout individu qui a entendu parler d'un crime doit aussi entendre parler de la punition de ce crime. Ce serait une évidente injustice envers tous ceux qui, à l'avenir, seront portés à pécher contre cette même loi, que de ne pas porter à leur connaissance que le délit passé a été effectivement puni [III, 263]. Ils en retireraient l'espoir de l'impunité).

Le principe matériel des peines positives dans l'Etat a déjà été indiqué et démontré plus haut (§ 14). Chacun doit nécessairement mettre en jeu ses propres droits et libertés (sa propriété au sens le plus large du terme) exactement dans les mêmes proportions où il est tenté, par égoïsme ou par irréflexion, de violer les droits de l'autre (c'est la peine de perte égale, *poena talionis.* Que chacun le sache : ce que tu fais subir à l'autre, ce n'est pas à l'autre, mais uniquement à toi-même que tu le fais subir). L'esprit de ce principe, comme nous l'avons vu également, est celui-ci : il faut qu'un contrepoids suffisant soit donné à la volonté injuste ou à l'irréflexion.

Là où ce principe est applicable, le contrat d'expiation peut avoir une valeur ; par suite, comme nous l'avons vu, on peut, en en poursuivant l'application, compter sans nul doute que la sécurité publique subsistera. La question : jusqu'où s'étend légitimement le contrat d'expiation ?, est donc résolue, certes en partie seulement (pour des raisons que nous verrons plus bas), pour peu que l'on réponde à celle-ci : jusqu'à quel point est-il possible d'opposer un contrepoids à la volonté mauvaise ou à l'irréflexion ?

II – Ce contrepoids devient possible ou impossible, *soit* en raison de la nature de la chose, *soit* du fait de la situation particulière du sujet sur lequel on escompte l'efficacité de la loi pénale.

Tout d'abord, en raison de la nature de la chose. C'est précisément dans la mesure où celui qui est tenté de transgresser la loi veut quelque chose, qu'il doit être empêché d'exprimer sa volonté à travers des actes. Il faut donc que sa volonté vise effectivement la possession de cet élément matériel, si l'on doit mettre de l'espoir en une efficacité de la *(4, 62)* loi. Il faut qu'il y ait une volonté *matériellement mauvaise,* une volonté égoïste, convoitant les biens d'autrui. De même en va-t-il pour l'irréflexion. C'est dans la mesure où l'irréfléchi a du moins assez de circonspection pour ne pas s'infliger à lui-même un certain dommage, qu'il doit être possible de le forcer à veiller à ne pas infliger le même dommage à [III, 264] un autre. Dans ce dernier cas, seule intervient une réparation des dommages, étant donné qu'on suppose que la valeur liée à la propriété de l'autre est perdue ; dans le premier cas, l'agresseur restitue au possesseur légitime ce qu'il a détourné et en outre, prise sur ses propres biens, la même valeur encore, comme peine.

(C'est ici le lieu où la théorie de l'équilibre se peut rendre tout à fait claire. Si l'on ne reprend au ravisseur que ce qu'il a détourné, il n'a fait que s'être donné de la peine pour rien. Vu que nécessairement il devait supposer possible de n'être pas découvert, parce que sinon il ne se serait certainement pas donné une telle peine en vain, son calcul était le suivant : ou bien je suis découvert, ou bien je ne le suis pas. Si c'est la première éventualité qui se produit, je restitue ce qui auparavant ne m'appartenait pas ; si c'est la seconde, j'ai gagné. En aucun cas, je ne peux être perdant. Mais si l'on introduit la peine de la perte égale, ce que perd le criminel, au cas où il est découvert, est aussi grand que ce qu'il gagne au cas où il n'est pas découvert. La balance, pour ce qui est de la vraisemblance, devrait donc pencher du côté où il ne serait pas découvert, pour qu'il ose malgré tout commettre le délit. Mais une telle vraisemblance ne doit pas exister dans un Etat bien gouverné.)

Le principe de l'équilibre est, selon la nature de la chose, inapplicable si la volonté est *formellement* mauvaise, c'est-à-dire si le dommage est provoqué non pas pour l'avantage que l'on viserait par là, mais uniquement pour nuire. Une telle volonté, la peine de la perte égale ne la retient pas : l'homme mauvais, qui se réjouit du mal qu'il fait, accepte très volontiers de subir une perte, pourvu que son ennemi vienne aussi à subir un dommage. S'il ne se trouve nul autre moyen pour protéger les concitoyens contre une telle volonté *formellement* mauvaise, on devrait imposer l'exclusion de l'Etat pour tout délit procédant de cette volonté.

C'est là, tout d'abord, un cas où il faut considérer la disposition d'esprit et les intentions liées au délit, et établir la peine en fonction de cela. Si c'est là simplement ce que les docteurs en droit [III, 265] ont en tête quand ils veulent établir aussi leur jugement d'après l'importance morale du délit, ils ont tout à fait raison. Mais si c'est de la pure et seule vraie moralité qu'ils allaient parler, ils commettraient une grave erreur. Nul homme ne peut et nul homme ne doit être à cet égard le juge de *(4, 63)* l'autre. L'unique fin poursuivie par la punition civique, l'unique mesure de sa grandeur, c'est la possibilité de la sécurité publique. L'atteinte qu'on lui porte simplement pour lui porter atteinte ne doit pas être punie plus durement que celle qui procède de l'égoïsme, pour cette raison qu'elle témoignerait d'un plus haut degré d'immoralité : la moralité n'est absolument qu'une et n'admet aucun degré, il s'agit de vouloir le devoir exclusivement parce qu'il est reconnu comme devoir — et d'ailleurs, s'il était question d'aptitude à cette moralité, qui pourrait donc soutenir que celui dont le crime manifeste au moins énergie et courage, est de ce fait plus insensible à la morale que celui qui n'est dirigé que par l'égoïsme ? En fait, si l'on doit ici punir plus durement, c'est parce que la crainte de la peine plus modérée, celle de la perte égale, ne garantit pas une sécurité suffisante contre un tel forfait.

Dès lors surgit cette question : comment peut-on savoir et démontrer avec une validité au regard du droit externe dans quel cas se trouve celui qui a ainsi transgressé la loi, et quel principe de punition on doit donc lui appliquer ?

Celui qui peut montrer qu'il a eu besoin de ce qu'il a pris à autrui, à quelles fins il en a eu besoin, qu'il l'a effectivement utilisé pour ces fins, etc., on doit admettre qu'il a commis son forfait par intérêt. Celui qui ne le peut, qui n'a nullement pris pour lui la propriété de l'autre, ni n'a jamais voulu la prendre pour lui, mais l'a seulement endommagée sans utilité pour personne, celui-là fait naître un autre doute. En effet, le dommage commis par imprudence, dont ne résulte pas non plus d'avantage pour son auteur, et le dommage délibéré, commis par méchanceté, sont par l'apparence extérieure très proches l'un de l'autre. Comment doit-on les distinguer l'un de l'autre ? [III, 266] Il y a, pour le dommage commis par méchanceté, deux critères, un critère externe et un critère interne. Le critère externe intervient quand se peuvent indiquer des actions libres précédentes qui ne sont compréhensibles que comme un moyen en vue de la fin constituée par le dommage. En revanche, celui qui assure avoir porté tort à l'autre par imprudence doit pouvoir *prouver que son action libre avait une tout autre fin*, à laquelle le tort porté à l'autre doit se relier de façon contingente. On ne doit pas faire grâce de cette preuve positive. Celui qui ne peut la produire, c'est déjà comme s'il était convaincu d'avoir eu l'intention de nuire. Pourtant un concours de circonstances assez singulier pour donner l'apparence de la méchanceté préméditée, sans que celle-ci soit fondée, reste toujours possible. Il faut donc aussi prendre en compte le critère interne, c'est-à-dire voir s'il y a eu hostilité contre celui qui a subi le dommage, des conflits entre les deux parties, etc. ; voir si celui qui est accusé de méchanceté s'est rendu soupçonnable de telles dispositions d'esprit dans sa vie passée. Cela dit, si l'examen de toutes les circonstances ne confirme pas le soupçon, mais ne le lève pas non plus *(4, 64)* de manière convaincante, ce qui est un cas très possible, que faut-il faire alors ? Une grande partie des juristes recommande dans ce cas l'atténuation de la sentence ; mais cette indulgence envers le coupable est d'une grande dureté et d'une grande injustice envers la communauté. Pourvu qu'on envisage le cas avec netteté, on trouve en lui-même comment trancher. L'analyse n'a pas été achevée, et n'a pu être achevée, à l'aide des preuves dont on s'est servi jusqu'à maintenant ; l'accusé n'est ni condamné, ni acquitté par les preuves produites, donc le juge n'a pas non plus à le condamner, ni à l'acquitter. Il est incontestablement tombé sous le coup de la peine qu'on applique à l'irréflexion, et pour l'instant c'est elle qu'il doit subir. Pour ce qui touche à la mauvaise volonté, qu'il s'en aille et qu'il agisse, pour que l'on apprenne à mieux le connaître et qu'éventuellement on trouve les preuves manquantes. Qu'il reste, pour un temps plus ou moins long, au gré des circonstances, sous le contrôle particulier de l'autorité, sans que toutefois il soit porté atteinte à sa liberté, parce que sinon on ne pourrait certes pas observer ses dispositions d'esprit. Cette [III, 267] autorité observera attentivement si, de l'objet du litige, ne résultent pas des conséquences qui en décident : ce qui résulte d'un événement est souvent un aussi bon moyen de découvrir la vérité que ce qui le précédait, particulièrement si l'autorité laisse aller le suspect durant un temps, en lui ménageant la possibilité d'être convaincu que personne ne fait attention à lui, et si elle le laisse poursuivre en toute liberté la réalisation de ses intentions. Elle observera attentivement si, à travers ses actions futures, il ne va pas confirmer ou annuler le soupçon conçu à son endroit. Dans le premier cas, la procédure engagée contre lui est renouvelée ; dans le second, après écoulement du temps déterminé par la loi, il est pleinement et formellement absous. Cette suspension de la procédure judiciaire a déjà fait l'objet, plus haut, d'une proposition lors de l'analyse du droit d'autodéfense, et on doit la recommander en général pour tout soupçon non démontré. Dans un Etat bien organisé, aucun innocent ne doit être puni ; mais un délit doit tout aussi peu demeurer impuni.

Il faut encore remarquer que la loi devrait proclamer expressément que le préjudice porté à l'autre simplement pour lui nuire sera nécessairement puni plus sévèrement que s'il avait été infligé par intérêt. Il faut que chacun ait eu à l'avance connaissance de la loi selon laquelle il est puni, faute de quoi la punition contiendrait une injustice. De même, le but de la loi pénale, détourner du délit, ne peut être atteint que si cette loi est communément connue de tous. Pour ce qui doit être puni comme imprudence contraire au droit, donc quant au soin que chacun, dans des cas déterminés et dans des actions déterminées, permises en soi, doit apporter pour ne causer de tort à aucun autre *(4, 65)* homme, l'Etat doit expressément promulguer des lois, bien évidemment des lois équitables et appropriées à la nature de la chose. Celui qui observe les précautions ordonnées dans la loi doit être absous. Le dommage qui survient malgré ses précautions doit être considéré comme un malheur envoyé par la nature, un malheur que supporte tout homme qui le subit ou, selon les circonstances, que l'autorité doit réparer, si [III, 268] elle en est responsable, soit à cause d'une insuffisance des lois, soit du fait d'une négligence des dispositions policières.

L'excuse selon laquelle celui qui a commis le délit n'a pas été, *par colère ou par ivresse*, en possession de sa raison, absout certes de l'accusation de mauvaise volonté délibérée ; mais, bien loin que, face à une législation rationnelle, elle doive atténuer la faute, elle l'aggrave, au cas, évidemment, où ce serait là un état habituel de l'accusé. Car une seule action illégitime peut n'être que l'exception dans une vie par ailleurs et régulièrement irréprochable. Mais celui qui dit : j'ai l'habitude de me mettre en colère ou de m'enivrer au point d'en perdre le sens, avoue que très régulièrement il se transforme en animal et donc qu'il est incapable de vivre dans une société d'êtres pourvus de raison. Il doit perdre sa liberté jusqu'à ce que l'on soit certain de son amélioration, ou alors il faut l'exclure sans pitié. Nos législations pardonnent beaucoup trop, surtout pour l'excuse de l'ivresse, et ainsi se font peu honneur à elles-mêmes. Si une nation ou une des classes présentes en elle ne pouvait donc aucunement se débarrasser de ce vice, la législation ne peut certes pas empêcher que tout individu qui le veut ne perde la raison dans sa demeure, avec ceux qui veulent lui tenir compagnie pour cela, pourvu simplement que tous y restent enfermés jusqu'à ce qu'ils aient repris possession de leur raison ; car dans ce cas l'Etat n'a nulle connaissance de leur situation. Mais celui qui pénètre ainsi dans le domaine public, c'est avec justice qu'on doit l'emprisonner.

En raison des conditions d'existence du sujet, la menace de la perte égale est inapplicable à ceux qui n'ont rien à perdre parce qu'ils ne possèdent rien d'autre que leur corps *(capite censi).* Qu'on n'aille pas à cet égard se plaindre et parler d'injustice, en disant : celui qui a de la fortune vole sans en avoir besoin et en cela ne met en péril que son bien, qu'il a peut-être en quantité superflue ; le pauvre, qui en a besoin au plus haut degré, vole et doit être puni plus sévèrement. Cette objection [III, 269] se fonderait sur la supposition entièrement fausse que l'Etat serait le juge moral des hommes et que la peine devrait être mise en équilibre avec leur indignité morale. Par cette loi, l'Etat veut seulement assurer la propriété. Mais la menace : « ce que tu prends à l'autre sera soustrait à ton bien propre », elle n'aura véritablement aucune influence sur celui qui n'a rien. Car il pensera : « Je voudrais bien voir qui prétendrait me prendre quelque chose ! » Car tel est effectivement ce que l'on entend dire dans des Etats qui n'ont pas pris garde à cette *(4, 66)* situation et qui, comme nul contrôle n'a été institué sur l'administration de la propriété, ni non plus un droit des pauvres, ne sont même pas autorisés à s'en soucier. Par conséquent il faut que l'Etat protège d'une autre manière ses citoyens contre ces gens. Si c'est nécessairement par exclusion qu'il faut procéder, ou s'il reste encore un moyen pour le pauvre d'y échapper, on le percevra plus bas.

III – Face à la volonté de se révolter immédiatement contre la loi et le pouvoir de la loi, il n'y a pas de contrepoids possible. Le mieux qui puisse et doive arriver, c'est que la loi affirme seulement son autorité, telle qu'elle a été établie ; mais elle ne peut accepter, pour l'opposer comme son contraire à ce que le criminel avait en vue, une double rigueur exercée contre tous, une double puissance procédant de la contribution de tous. Tous seraient alors punis pour le forfait d'un seul. Ici n'intervient donc pas la peine de la perte égale, en vertu de la nature de la chose, et l'on ne peut éviter de subir la peine de privation des droits.

Ce crime contre l'Etat est commis d'une double manière : ou bien il est commis *médiatement contre l'Etat, dans la personne de ses citoyens, dans la mesure où en eux c'est le contrat qui est atteint, dans lequel l'Etat lui-même, comme tel, est partie ; ou bien il est commis immédiatement contre l'Etat lui-même, par rébellion et haute trahison.*

Nous expliquons d'abord le premier cas. Est contenu dans le contrat social, d'une part, un contrat passé entre les individus et tous les individus, concernant la propriété, contrat que l'Etat comme tel (en tant que réunissant les individus dans un tout organisé) ne conclut pas, mais seulement garantit. S'y trouve contenu en outre un contrat passé entre les [III, 270] individus et l'Etat lui-même dans la signification indiquée : le contrat où l'Etat promet au citoyen, après accomplissement de ses devoirs civiques, de protéger sa *propriété absolue, son corps et sa vie,* et cela en général et dans tous les cas. L'Etat lui-même s'est entièrement et parfaitement exclu de cette propriété absolue et a renoncé à toute prétention à son égard ; envers elle, il a seulement des devoirs, et nullement des droits. Il est la *partie* du citoyen, et de toute atteinte portée à la propriété de celui-ci il prend pour lui et sur lui la responsabilité. Si donc un individu, par effraction violente (non par un simple vol domestique, lequel est un crime privé qui peut être pardonné, ou qui se voit appliquer, s'il est puni, la peine de la perte égale), ou en portant atteinte à la personne et à la vie d'un concitoyen, rompt ce contrat de l'Etat, il s'attaque de ce fait immédiatement (49) à l'Etat, dans la mesure où il brise le contrat conclu *par celui-ci* et, pour ce qui dépend de lui, rend l'Etat déloyal et traître à sa parole, dans la mesure enfin où il annule son contrat avec celui qui est atteint. Selon l'ordre des choses, l'Etat lui-même est la partie de celui qui est atteint, et celui-ci aurait, auprès de cette partie, même à porter plainte contre l'Etat, car il se posait en garant de l'impossibilité d'une telle agression. C'est dans cette posture que le criminel a mis l'Etat ; il a donc attaqué l'Etat lui-même, et le principe posé ci-dessus lui est applicable : il doit être déclaré *privé de droits.*

C'est *immédiatement* contre l'Etat que l'on commet un crime quand *(4, 67)* on se rend coupable de *rébellion* et de *haute trahison.* Il y a rébellion quand on cherche à se procurer une puissance contre le pouvoir de l'Etat, ou si on se la procure effectivement et si grâce à elle on s'oppose à lui. Il y a haute trahison si on se sert de la puissance accordée par l'Etat lui-même pour perturber ou anéantir les fins de l'Etat ; ou aussi quand on ne se sert pas de la puissance qu'il a confiée pour favoriser ses fins ; donc si l'on se sert de la confiance de la nation pour faire échec à ses intentions. Ne pas utiliser le pouvoir est pour la sécurité publique aussi dangereux que mal l'utiliser, et donc est aussi condamnable. Que tu te serves pour commettre des violences du pouvoir même qui t'est accordé, ou que tu [III, 271] permettes, en n'utilisant pas ce pouvoir, les violences commises par d'autres, c'est pour nous la même chose. Dans un cas comme dans l'autre, nous sommes opprimés. Une fois que quelqu'un a accepté le pouvoir, la nation compte sur l'exécution des fins pour lesquelles elle l'a accordé, et elle ne prend pas d'autres dispositions. Si le même individu avait simplement décliné tout de suite la charge, ce dont il avait le plein droit, la nation aurait dû en chercher un autre ; mais du fait qu'il l'a acceptée et que pourtant il ne l'exerce pas, il rend impossible, autant qu'il dépend de lui, son exercice par un autre.

Seules des personnes privées peuvent se rebeller ; seuls ceux qui participent au pouvoir public sont capables de haute trahison.

IV – Toutes les sortes de délits exposées jusqu'ici sont de nature à mériter une exclusion absolue de l'Etat, étant donné que la seule forme d'expiation que nous connaissions jusqu'à maintenant, celle de la perte égale, n'intervient pas. Reste toujours la question de savoir s'il ne pourrait pas y avoir encore un autre moyen d'expiation que la perte égale. Si c'était le cas, il y aurait lieu, pour les raisons ci-dessus, d'introduire ce moyen, là où il est applicable, à la place de l'exclusion absolue hors du contrat social.

Considérons tout d'abord le pauvre, qui détourne quelque chose par intérêt et n'a rien pour réparer le dommage, si ce qui a été détourné n'est plus disponible, et pour acquitter la peine : doit-on donc procéder effectivement à son égard à la peine de l'exclusion ? Il existe une issue, grâce à quoi il peut avoir sa part de la bienfaisance de la loi. Il a une propriété dans ses forces, et il doit *fournir en travail* aussi bien de quoi réparer que de quoi acquitter la peine, et cela, bien évidemment, tout de suite, car avant d'avoir fourni ce travail, il n'est pas citoyen — comme c'est le cas en effet pour toutes les peines, puisqu'en toute rigueur, quelle que soit l'exaction commise, le droit de citoyenneté est menacé d'être perdu. C'est seulement après accomplissement de la peine que le condamné redevient citoyen. En outre, ce travail doit nécessairement avoir lieu sous le contrôle de l'Etat. Il perd donc sa liberté jusqu'à ce qu'il ait accompli sa peine (la peine de *travaux forcés,* laquelle doit être bien distinguée de la peine de *prison* et de *pénitencier* [III, 272], dont *(4, 68)* il sera question plus bas). D'une part, de cette manière, il est satisfait à la loi de la perte égale ; d'autre part, la peine est de nature telle que, pourvu que la police soit organisée de manière à interdire au criminel l'espoir d'échapper à son arrestation, on peut bien compter que chacun, par la menace de cette peine, sera retenu de commettre le délit.

Une volonté *formellement* mauvaise ou un crime immédiat contre l'Etat rendent absolument impossible de tolérer plus longtemps dans la société le criminel, avec ses présentes dispositions d'esprit. Contre lui, la peine de l'exclusion est absolument nécessaire, et elle est déjà prononcée par la loi juridique aussi bien que par la fin de l'Etat.

Mais il n'est absolument pas nécessaire que le criminel *persiste* dans ces dispositions d'esprit. Il est donc très possible d'établir un second contrat sur la façon de subir l'exclusion, dont pour l'instant on doit sans aucun doute reconnaître la légitimité — contrat qui aurait pour contenu : tous promettent à tous de leur donner l'occasion de se rendre à nouveau capables de vivre en société, si présentement on trouve qu'ils en sont incapables, et — point contenu aussi dans ce contrat — de les accepter de nouveau parmi eux une fois qu'ils se seront améliorés. Un tel contrat est arbitraire et est une marque de bienfaisance, mais il vient à propos pour tous et le criminel reçoit donc ainsi, grâce à ce contrat, un *droit* à tenter de s'améliorer.

D'abord, la peine qui est imposée à la suite de ce contrat est une expiation de l'exclusion totale, donc un bienfait légal pour le criminel. Mais on peut renoncer à son droit ; et c'est *de chacun que dépend ce qu'il veut obtenir comme bienfait et ce qu'il ne veut pas obtenir :* en rejetant ce bienfait, il se dévoile comme un incorrigible scélérat, qui rejette toute discipline, et il faut l'expulser sans plus attendre. Qu'on n'aille pas croire que ce soit là ouvrir une voie permettant d'échapper à la punition et qu'en offrant la possibilité d'un tel choix on fasse échouer ce qui était la fin de la loi : détourner du crime [III, 273] par la crainte. Si l'Etat est organisé de façon rationnelle, et si les Etats voisins le sont aussi, l'exclusion de l'Etat est le destin le plus effrayant que puisse rencontrer un homme, comme cela apparaîtra plus nettement ci-dessous ; et on ne doit pas s'attendre à ce que quelqu'un fasse ce choix, ou que, tenté de commettre un crime, il se tranquillise à l'idée que, si son crime devait être découvert, c'est ce destin qu'il choisirait (c'est là une remarque à faire aussi pour la peine de la perte égale, à savoir que le coupable devrait s'y soumettre librement, car elle est également un bienfait légal. Mais dans ce cas, il n'y a vraiment aucune raison d'admettre que quelqu'un choisira la perte du tout, qui est immédiatement liée à l'exclusion, plutôt que la perte d'une partie).

En outre, dans ce contrat, il était question d'*amélioration.* En aucun *(4, 69)* cas, il ne s'agit d'une amélioration *morale* des dispositions intérieures. Car à cet égard nul autre n'est juge d'autrui. Mais il s'agit exclusivement d'amélioration *politique :* celle des mœurs et des maximes utilisées pour l'agir effectif. De même que la disposition morale est l'amour du devoir pour le devoir, de même à l'inverse la disposition politique est l'amour de soi-même pour soi-même, le souci porté à la sécurité de sa personne et de sa propriété ; et l'Etat ne peut admettre sans hésiter comme sa loi fondamentale que celle-ci : aime-toi toi-même par-dessous tout, et aime tes concitoyens pour toi-même. Cet amour pour soi-même qui passe par-dessus tout devient, dans la main de celui qui impose la loi pénale, le moyen même de forcer le citoyen à laisser hors d'atteinte le droit des autres, dans la mesure où chacun s'inflige à lui-même le mal qu'il fait à l'autre. C'est ce souci de sa propre sécurité qui poussait l'homme vers l'Etat, et celui qui renonce à ce souci n'a nulle raison d'y rester. C'est seulement ce souci qui fait que chacun donne à l'Etat la garantie exigée et sur la base de laquelle seulement l'Etat le conserve. Sur celui qui n'a pas cet amour, la loi perd toute efficacité. On s'en dégage de deux manières : ou bien parce que l'on s'élève au-dessus de lui par pure moralité et qu'on oublie son moi empirique dans la fin ultime de la raison comme totalité [III, 274], et la loi pénale n'a dès lors rien à déterminer, dans la mesure où la justice politique, comme devoir, s'effectue d'elle-même ; ou bien parce qu'on reste en retrait par rapport à cet amour et l'on ne prête aucune attention à son propre bien, cela par barbarie et retour à l'état sauvage. Alors la loi morale n'a pas de pouvoir déterminant, et un tel homme est absolument incapable de vivre parmi d'autres hommes. Devenir meilleur politiquement, c'est revenir au souci de sa propre sécurité.

Celui qui nuit pour le plaisir de nuire a manifesté, en plus de la méchanceté intérieure, dont l'Etat n'est pas juge, une sauvagerie de mœurs et une inhabituelle absence de souci pour soi-même. Pourvu qu'à la place de cette sauvagerie apparaissent douceur et bienveillance, pourvu que le coupable commence simplement à se soucier de sa propre sécurité, ce à quoi le pousseront sans doute la longueur de la peine et tous les éléments pénibles qui lui sont liés, il peut à nouveau être admis dans la société. C'est le même cas pour celui qui a attenté violemment aux biens ou à la personne d'autrui. Il est sauvage et indocile. Par rapport au premier, ce qui ici vient s'ajouter, c'est le désir effréné du bien d'autrui. Que simplement il apprenne à aimer et à apprécier son propre bien, et à orienter son esprit vers sa conservation : un bon maître de maison, soucieux du bon ordre des choses, n'est jamais un voleur ou un brigand ; seul celui qui est négligent le devient. Le rebelle peut souvent être un exalté dont la nature n'est pas mauvaise, mais qui simplement a été égaré. Qu'il corrige ses concepts, qu'il apprenne à connaître ce qu'il y a de bienfaisant dans la constitution civile en général et en particulier dans celle de son Etat, et alors il deviendra peut-être un des citoyens les plus excellents. C'est seulement celui qui est coupable *(4, 70)* de haute trahison qui a agi sans honneur ni loyauté ; il ne retrouvera jamais la confiance du peuple pour une fonction publique. Il est habitué à la puissance et au commandement et il n'acceptera pas facilement de se contenter d'une obscurité modeste et d'une petite activité privée. Il faudrait pour cela, en fait, pouvoir rabaisser d'autant ses dispositions d'esprit. Cela peut être difficile : qui, toutefois, voudrait soutenir que c'est absolument impossible ? (Denys devint maître d'Ecole à Corinthe) (50). En l'occurrence, la règle essentielle est de ne pas désespérer de l'amélioration des individus [III, 275], et de ne pas les en faire désespérer eux-mêmes ; de faire en sorte, aussi, qu'ils conservent encore une certaine satisfaction de leur état et l'espoir d'en obtenir un meilleur. Les deux points sont favorisés par le fait, entre autres, qu'ils ont eux-mêmes librement choisi cet état, à la place de l'exclusion, qu'ils se sont eux-mêmes donné la tâche de s'amender. Ils se feront confiance, puisque l'Etat leur fait bien confiance.

Cela dit, ces établissements de correction doivent eux aussi être organisés comme il faut. En premier lieu, il est nécessaire de les séparer effectivement de la société, selon l'esprit de la loi. Pour tout dommage occasionné par ces individus provisoirement exclus de la société, l'Etat a une lourde responsabilité. Donc ils ont, dans cette mesure, totalement perdu leur liberté. Mais pour s'amender, il faut être libre, et celui dont on doit juger l'amélioration, il lui faut également être libre. Il y a donc une maxime capitale : ces hommes, à l'intérieur de cette limitation nécessaire, doivent être libres et vivre entre eux en société. Pour eux, rien sans travail. Ce serait la plus grande faute de ces institutions si les besoins des prisonniers étaient satisfaits, qu'ils travaillent ou non, et si l'oisiveté allait y être punie par le traitement le plus dégradant, par des coups, et non par sa conséquence naturelle, la privation. En outre, tout produit de leur travail, après prélèvement de leur entretien, doit leur rester en propre. Ainsi il faut aussi leur supprimer leur propriété dans l'Etat, s'ils en ont une, et, en attendant, la mettre sous la tutelle de l'Etat, en le leur faisant savoir. L'amour de l'ordre, du travail, de la propriété doivent naître, et comment serait-ce possible si l'ordre et le travail ne leur servaient à rien et s'ils ne pouvaient acquérir aucune propriété ? Il faut qu'ils soient sous surveillance, et en même temps qu'ils n'y soient pas soumis. Aussi longtemps qu'ils n'agissent pas contre la loi, la surveillance ne doit pas être sensible ; dès qu'ils commettent un délit contre la loi, la punition du délit doit s'ensuivre sur-le-champ.

(On n'a qu'à se servir pour cela de régions isolées, d'îles et de côtes désertes, si l'Etat est maritime. Et n'y a-t-il pas aussi de telles îles sur de *(4, 71)* grands fleuves, à l'intérieur des terres ? L'Etat qui redouterait les frais ainsi créés ne mériterait aucune réponse. A quoi doivent servir les revenus de l'Etat si ce n'est pour de telles fins ? En outre, pourvu que ces établissements soient organisés comme il convient et que chaque personne s'occupe de ce qu'elle a appris à faire, les frais ne devraient pas être si élevés. Celui qui pouvait se nourrir alors qu'il vivait seul, le pourra certes encore beaucoup mieux là où une quantité d'hommes vivent ensemble ; et de plus il sera déduit encore quelque chose pour les frais de surveillance. Il est vrai que, si dans de tels établissements les détournements de fonds se multiplient, alors ils deviennent coûteux.)

La fin qui est celle de l'Etat et la condition pour laquelle il conserve encore les coupables, c'est l'*amendement*. Ils doivent donc aussi devenir effectivement meilleurs, ou alors le conditionné, la patience de l'Etat, disparaît. Il serait très opportun que le criminel, après avoir mesuré sa corruption, ait le droit de déterminer lui-même le temps pendant lequel il entendrait s'amender, sous réserve pourtant qu'il soit libre plus tard, éventuellement, de l'allonger dans une certaine mesure. Mais il faut à tous, selon les circonstances, imposer un terme péremptoire pour leur amendement. Il n'est pas question, comme on y a déjà insisté plus haut, d'amélioration morale, mais uniquement d'amélioration politique, et cela se décide ici non par des paroles, mais par des actes. Et à cet égard, grâce à l'organisation décrite, particulièrement si, en fonction de l'amélioration qui apparaît, la rigueur de la surveillance peu à peu s'atténue, afin que les véritables dispositions du détenu puissent se déployer librement, il ne peut donc pas y avoir de difficultés pour décider si l'amour de l'effort et de l'ordre a pris la place de la négligence et si la docilité d'esprit a remplacé la sauvagerie. Il est évident que ceux qui sont chargés de cette appréciation sont des gens compréhensifs et scrupuleux, et que l'on doit les rendre responsables de l'existence future de ces personnes.

Ceux qui se sont amendés réintègrent la société et sont pleinement rétablis dans leur situation antérieure. Ils [III, 277] sont, grâce à la peine et à l'amendement qui en résulte, complètement réconciliés avec la société. Pourvu que l'on considère ces institutions comme de véritables moyens de rendre les gens meilleurs et non pas simplement comme des moyens de les punir, et qu'on laisse réintégrer la société non pas ceux qui y ont été retenus seulement pour un temps et qui au fond sont rendus pires par un traitement inapproprié, mais uniquement ceux qui sont effectivement devenus meilleurs, il ne se trouverait plus dans l'opinion publique de méfiance contre ces personnes, mais bien plutôt de la confiance.

Ceux qui ne se sont pas amendés lorsque le terme péremptoire est atteint sont exclus de la société comme incorrigibles.

Cette institution doit en même temps être une peine et, comme *(4, 72)* telle, détourner du crime par la crainte. La perte de la liberté, le retrait hors de la société, la stricte surveillance, tout cela effraye assez celui qui maintenant est libre ; au reste, rien n'interdit de représenter à ceux qui sont dehors le sort des détenus comme encore plus dur qu'il ne l'est en réalité, et de leur mettre des signes distinctifs susceptibles d'effrayer les autres sans constituer en eux-mêmes une souffrance et sans abrutir les esprits : par exemple des vêtements spécifiques, une chaîne qui ne fasse pas souffrir et n'entrave pas trop les mouvements. Le détenu s'y accoutume, et chez celui qui est dehors, cela produit l'impression qu'il faut.

V – Le seul crime pour lequel il n'y a pas lieu de s'efforcer d'amender le criminel et contre lequel on doit sans plus attendre procéder à l'exclusion absolue, c'est le meurtre *intentionnel* et *prémé-*

dité (distinct de celui qui résulterait d'une autre violence). La raison en est la suivante : celui qui a commis un meurtre, il faut veiller à ce qu'il ne puisse plus tuer à nouveau. Mais l'Etat n'a pas le droit de forcer quelqu'un à mettre sa vie en danger. Il ne pourrait donc contraindre personne à se charger de la surveillance d'un meurtrier qui, en tout état de cause, pour pouvoir s'amender, devrait bénéficier d'une certaine liberté ; et il pourrait tout aussi peu [III, 278] contraindre les autres qui sont détenus pour s'amender à supporter parmi eux un meurtrier.

(J'ai dit : l'Etat n'a pas le droit de *forcer* quelqu'un à mettre sa vie en danger. Mais chacun a le droit de la mettre volontairement en danger. Si dès lors il se trouvait des sociétés et fondations de bienfaisance pour vouloir, au prix de tous les dangers, prendre sur elles d'oser, même avec un meurtrier, tenter de l'amender, il faudrait le leur permettre, sous réserve seulement que les lieux de détention des meurtriers puissent être suffisamment gardés pour que l'on soit assuré contre leur évasion.)

Cela dit, que doit-on faire de ceux qui sont exclus absolument de l'Etat, que ce soit sans avoir subi auparavant l'épreuve de l'amendement, parce que ce sont des meurtriers, ou parce qu'ils n'ont pas voulu se soumettre à cette épreuve, ou que ce soit après avoir échoué dans cette épreuve ? C'est de loin l'analyse la plus importante dans la théorie des peines. Nous espérons par là mettre un terme à une foule de confusions ; et nous ne nous bornerons pas à des affirmations, comme c'est l'usage, mais nous démontrerons.

a) La déclaration de privation de droits est la plus grave que l'Etat, comme tel, puisse prononcer contre un quelconque être pourvu de raison. Car l'Etat est Etat pour chaque individu, en vertu du contrat. Il ne peut rien faire de plus que de déclarer le contrat aboli. Les deux parties, l'Etat et l'individu, ne sont dès lors, puisque sans ce contrat il n'y a pour eux absolument aucune relation juridique, plus rien du tout *(4, 73)* l'un pour l'autre ; ils sont sans aucune relation, ils sont anéantis l'un pour l'autre. Au-delà, ce que l'Etat fait encore en cette matière, ce n'est pas du contrat qu'il en tient le droit, et, puisqu'en dehors du contrat il n'y a nul droit positif déterminé et déterminable, il n'en a absolument pas le droit.

b) Mais que résulte-t-il de la déclaration de privation de droits ? Le traitement totalement arbitraire du condamné — non qu'on ait pour cela un *droit,* mais du fait qu'il n'y a pas non plus de *droit qui aille contre ;* donc le condamné est déclaré être une [III, 279] chose, une tête de bétail. On ne peut pas dire : par rapport à l'animal, j'ai un droit, celui de tuer cet animal (ce n'est possible que par rapport aux autres citoyens de l'Etat) ; mais on peut tout aussi peu dire : je n'ai pas le droit. Il n'est pas du tout question ici de droit, mais de capacité physique. De la proposition simplement *négative :* il n'y a pas de raison qui aille contre, une grande distance sépare encore la proposition *positive :* il y a une raison qui va dans ce sens. Ainsi en va-t-il pour celui qui est exclu absolument de l'Etat. Aucune raison tirée du *droit (externe)* ne se peut alléguer pour laquelle le premier venu à qui cela passerait par la tête ne devrait pas se saisir de lui, le torturer arbitrairement et le tuer ; mais on ne peut pas non plus alléguer de raison pour agir ainsi.

c) Quelqu'un le fera-t-il, et si en tout cas quelqu'un le faisait, qu'en résulterait-il ? Pas une punition de l'Etat, car le condamné n'a nul droit ; mais le mépris de tous les hommes, le déshonneur. Celui qui torture un animal par plaisir, ou qui tue sans viser un profit, est méprisé, il est fui et abhorré comme un barbare inhumain, et cela à juste titre. Combien le serait plus encore celui qui commettrait cela envers un être qui cependant continue d'offrir une apparence humaine ! On se garde d'agir ainsi, non pas à cause d'un droit de l'autre, mais par respect envers soi-même et ses semblables (de l'aspect moral de cet acte, il n'est ici encore nullement question, mais exclusivement de ses conséquences sociales).

d) Qu'en est-il de l'Etat à cet égard ? D'abord, l'Etat, par rapport au condamné, n'est plus du tout l'Etat, il ne lui est plus rien. Ensuite, toutes les expiations se fondent sur un contrat mutuel. L'Etat, de son côté, a le droit d'imposer cette expiation ; celui qui a transgressé la loi a, du sien, le droit de demander qu'on ne le punisse pas plus sévèrement. Mais l'exclusion ne se fonde pas sur le contrat social ; au contraire, inversement, elle se fonde sur la nullité de ce contrat. Au-delà de cette exclusion, les deux parties ne sont plus rien l'une pour l'autre, et si l'Etat tue le criminel, il ne le fait pas *en tant qu'Etat, mais en tant que puissance physique plus forte,* en tant que simple force naturelle [III, 280]. L'Etat a les mêmes raisons que la personne privée de se garder de donner la mort : non pas à cause du droit de celui qui est privé de droit, et qui n'a aucun droit, mais par respect pour lui-même, pour ses citoyens et les autres Etats.

Pourtant il peut y avoir une raison susceptible de pousser l'Etat à *(4, 74)* tuer le meurtrier : c'est qu'il ne puisse se protéger contre lui que de cette façon. Etant donné qu'il n'y a absolument aucune raison qui s'y oppose, celle-ci est décisive à cet égard. Le meurtrier est dès lors un animal nuisible qu'on abat, un torrent dévastateur qu'on endigue, bref une force naturelle qui est repoussée par l'Etat à l'aide d'une force naturelle.

Sa mort n'est nullement une peine, mais seulement un moyen de préserver sa sécurité. Cela nous fournit toute la théorie de la peine de mort. L'Etat comme tel, comme juge, ne tue pas, il abolit simplement le contrat, et telle est son action publique. Si par la suite, en outre, il tue, cela ne procède pas du pouvoir judiciaire, mais de la police. Celui qui est jugé n'est plus rien pour la législation, il relève de la police. Cela ne résulte pas d'un droit positif, mais de la nécessité. Ce que seule la nécessité excuse n'est en rien glorieux ; il faut donc, comme tout ce qui est déshonorant et pourtant nécessaire, que cela se passe honteusement et secrètement. Que le malfaiteur soit étranglé ou décapité dans la prison ! Par la rupture du contrat (très pertinemment signifiée par le bâton que l'on brise) (51), il est déjà civiquement mort et il n'est plus rien pour le souvenir des citoyens. Ce qu'on résout de faire subir à l'homme physique ne concerne plus en rien le citoyen. Que personne ne puisse être tué avant l'abolition du contrat social, c'est au reste une évidence.

(Que peut dire la raison en faveur de la pompe qu'on déploie lors des exécutions ; ou pour justifier le fait qu'on pende le corps des gens qu'on exécute, qu'on les attache sur la roue, et autres supplices semblables, tout comme les sauvages suspendent autour d'eux les scalps de leurs ennemis abattus ?)

La mort du criminel est quelque chose de contingent, elle ne peut donc être aucunement notifiée dans la loi, alors que l'exclusion hors de l'Etat est notifiée. Il est dans la nature [III, 281] de la chose que la mort puisse très bien en résulter. C'est pourquoi il est nécessaire, pour l'accomplissement de la loi, que l'exclusion s'effectue publiquement ; mais elle seulement.

Aggraver la peine de mort par des tortures, c'est de la barbarie. L'Etat devient alors un ennemi sauvage, sadique, à la fureur vindicative, qui avant de le tuer tourmente encore son ennemi, juste pour qu'il se sente mourir *(ut mori se sentiat).*

(Il est parfois nécessaire de faire entendre raison par des expériences. Il y en a ici une qui est très connue. Dans la république romaine, on permettait de s'exiler à celui qui méritait de se voir ôter la vie (dans l'Etat) *(capitis damnato).* C'est seulement si de sa part un danger était à *(4, 75)* craindre, comme c'était le cas des conjurés de Catilina, que les Romains se permettaient de le tuer, toutefois pas en public, mais en prison. Ce n'est pas en raison de cette exécution comme telle, mais parce qu'en l'occurrence le procès des conjurés, contre la forme légale, avait été effectué au Sénat et n'avait pas été porté devant le tribunal du peuple, que le consul Cicéron fut envoyé en exil — et dans cette mesure à juste titre.)

e) Il y a encore un élément à considérer à propos de l'exécution du criminel, élément que nous ne pouvons laisser de côté ici, bien qu'il ne s'agisse pas proprement d'un point de vue juridique. En effet, il est absolument interdit par la loi morale, dans tous les cas, de tuer intentionnellement (et non pas éventuellement de *mettre en danger* la vie d'autrui pour une fin quelconque ordonnée par la raison). Tout homme doit être considéré comme un moyen de favoriser la fin de la raison. Nul ne peut renoncer à croire que l'autre, si corrompu soit-il présentement, puisse pourtant encore s'amender, sans par là même renoncer à sa propre fin qui lui est imposée comme nécessaire par la raison. La démonstration rigoureuse de cette affirmation sera produite là où on doit l'exiger, dans un système de morale. La personne privée n'a donc jamais le droit de tuer ; plutôt que de le faire, elle doit mettre en danger sa propre vie. Ce n'est pas le cas pour l'Etat, intervenant ici comme pouvoir de police, qui, comme tel, n'est nullement une personne morale, mais est une personne juridique. Le gouvernant a certes le droit et il peut dans certains [III, 282] cas être moralement obligé de mettre en danger sa propre personne, en tant qu'homme, mais non pas la vie des autres ou même celle de l'Etat, c'est-à-dire la vie, la sécurité et la situation juridique de tous les citoyens.

f) L'exécution des scélérats incorrigibles est donc toujours un mal, quoique ce soit un mal nécessaire, et c'est par conséquent une tâche pour l'Etat que de la rendre superflue. Cela dit, que doit-il faire des criminels condamnés, s'il ne doit pas les mettre à mort ? Un emprisonnement perpétuel est une charge pour l'Etat lui-même, et comment pourrait-il donc obliger les citoyens comme tels à en supporter les frais, qui ne sont employés pour aucune des fins qui pourraient être les leurs, puisqu'on n'a à espérer aucun amendement et aucune réintégration dans l'Etat ? Il ne reste que le bannissement perpétuel, et non pas la déportation ; celle-ci est un moyen de correction, et l'Etat conserve le contrôle des déportés. S'il est à craindre que le criminel ne revienne, qu'on le marque au fer rouge, aussi peu douloureusement que possible *(4, 76)* — car l'Etat ne doit pas avoir l'apparence d'un tortionnaire (apparence qu'il se donne aussi, par exemple, quand il associe au bannissement la fustigation) —, mais de façon indélébile. Cela non plus n'est pas une peine, mais un moyen de préserver la sécurité, et cela relève de la police.

Que doit-il advenir de celui qui est ainsi marqué et expulsé de l'Etat ? Cette question, c'est non pas le citoyen, mais l'homme qui la pose. Qu'il aille dans un désert, qu'il vive parmi les animaux : c'est arrivé par hasard à des hommes qui n'étaient pas des criminels, et tout individu qui, dans la constitution exposée ici, reçoit la marque du fer est incorrigible.

— *Remarque.* Contre cette théorie des peines en général, et en particulier contre celle de la peine de mort, on a proposé un droit pénal absolu* d'après lequel la peine judiciaire doit être considérée non comme un moyen, mais comme constituant elle-même une fin, et doit se fonder [III, 283] sur un insondable impératif catégorique. Etant donné que dans cette théorie, à cause de cette prétendue insondabilité, on peut se dispenser de prouver ses affirmations, on a beau jeu d'accuser de sensiblerie et d'une humanité *affectée* ceux qui pensent autrement, et en un mot de les nommer sophistes et chicaneurs — cela en complète contradiction avec l'égalité *(des raisons)* et la liberté (d'énoncer ses opinions *en les appuyant sur des raisons*) que l'on célèbre et qu'à juste titre on exige dans le domaine de la philosophie. Le seul côté remarquable de ce système par lequel on puisse le saisir me semble être celui-ci : « On n'a jamais entendu dire, soutient-on, qu'un condamné à mort pour meurtre se soit plaint que sa condamnation fût *(4, 77)* excessive et injuste ; chacun lui rirait au nez s'il en parlait de la sorte » (53). Si on laisse de côté simplement le fait de rire au nez, c'est tellement vrai que, si un individu chargé d'un crime de sang était lui-même assassiné par un pouvoir tout à fait injuste et ignorant tout de sa culpabilité, le coupable lui-même, s'il conservait en cela le souvenir de son forfait, et tout homme qui en aurait connaissance devrait juger qu'en l'occurrence il ne lui arrive absolument rien d'injuste. Il est parfaitement vrai que nous sommes forcés de juger que, dans un ordre moral du monde, soumis à un juge omniscient, il n'arrive, selon les lois morales, aucune injustice à celui qui est traité selon *la* loi qu'il a lui-même mise en place ; et ce jugement qui s'impose aux hommes se fonde sur un impératif catégorique. Il n'y a donc pas matière à litige pour ce qui est de savoir si c'est une injustice envers le meurtrier que de devoir lui aussi perdre la vie de façon violente. Il s'agissait de répondre à la question suivante, toute différente : d'où pourrait venir à un quelconque mortel le droit à ce gouvernement moral du monde, le droit

* Le cher M. Jacob lui aussi a, il y a déjà plusieurs années, approuvé à l'avance dans sa doctrine philosophique du droit le grand homme, néanmoins non infaillible, auquel je fais référence ci-dessus. Il voit fort bien et sait sans doute lui-même mieux que personne combien de difficultés [III, 283] cette théorie aura à affronter, mais il ne peut pourtant lui retirer sa faveur et espère qu'avec le temps elle deviendra plus vraie encore. C'est maintenant, précisément, que ce temps est venu (52).

d'imposer par la force son droit au criminel ? Et cette question exclusivement juridique [III, 284], c'est elle que Beccaria avait en tête, lui à qui sans nul doute ce jugement moral n'était pas inconnu (54). Celui qui attribue ce droit au souverain terrestre est assurément forcé, comme cela se passe dans le même système, de présenter comme *insondable* le titre de ce souverain à exercer son pouvoir et de dériver ce pouvoir de Dieu, de le tenir pour le représentant visible de Dieu et de considérer tout gouvernement comme une théocratie (55). Car dans la théocratie *(4, 78)* juridique était parfaitement à sa place la formule : qui verse le sang, son sang doit à son tour être versé, œil pour œil, dent pour dent. Simplement, ces prémisses devraient d'abord avoir été démontrées.

De telles affirmations, cela dit, ne s'intègrent d'ailleurs absolument pas dans un système juridique où c'est au peuple qu'est attribué le pouvoir législatif et où le législateur ne peut être en même temps le gouvernant ; on doit donc croire que ces fragments appartiennent à un travail très ancien et que, par un simple hasard, ils sont venus se perdre par ici.

VI – Celui qui par méchanceté atteint l'autre, alors qu'il était innocent, dans son honneur, perd lui-même le sien, ce qui est dans la nature des choses, car il se rend incapable d'obtenir la confiance des autres. Comme l'Etat doit en outre une réparation à celui qui, innocent, a été agressé, il rend le fait publiquement connu et laisse, comme de juste, libre cours à l'opinion publique.

Carcans et piloris sont des moyens d'accentuer l'attention du public et de lui rendre sensible la honte. Ils doivent être aussi peu douloureux que possible, et ils sont par eux-mêmes des peines et ne doivent pas être associés à d'autres peines, à moins qu'en vertu de la nature des choses le déshonneur ne succède au crime. Celui qui doit s'amender ne perd pas son honneur ; celui qu'il faut exclure ne se soucie pas de l'honneur, car il sort de l'Etat. C'est seulement quand la nature du crime l'implique qu'il faut ajouter la peine du déshonneur, par exemple pour un vol domestique.

VII – Il faut toujours fournir une réparation du dommage. Celui *(4, 79)* qui a subi le dommage se tourne immédiatement vers l'Etat, qui dans [III, 285] le contrat social constituait pour lui un garant contre tous les dommages ; l'Etat se tourne vers le criminel, aussi longtemps que celui-ci possède encore quelque chose. Il est parfaitement clair que la victime n'a pas à supporter les frais de l'enquête. Pourquoi acquitte-t-elle donc régulièrement ses impôts ? C'est vers le criminel que l'Etat peut se retourner. A l'exclusion absolue est au reste associée la confiscation de tous les biens.

Celui qui a subi un dommage dans son corps et quant à sa santé doit être très bien soigné aux frais de l'Etat. C'est le moindre, mais le seul dédommagement que l'on puisse lui offrir pour la perte irréparable qu'il a subie.

VIII – Il y a en général, comme nous l'avons vu, deux espèces différentes de peines : celles qui se fondent sur un contrat et celles qui se fondent sur l'absolue nullité du contrat. Il est suffisamment clair que le citoyen est obligé de se soumettre aux premières sans contrainte, étant donné que, d'un autre point de vue, elles sont aussi ses droits ; il est clair aussi qu'il peut, de façon parfaitement conséquente, être forcé à cette soumission volontaire, puisque des peines bien plus rudes sont possibles et qu'il met en outre toujours en jeu, comme gage de sa soumission, toute la propriété dont il n'a pas encore mérité la perte. Il doit se présenter volontairement lors de l'enquête et il peut être puni s'il ne le fait pas. Il n'existe donc absolument aucune raison de s'emparer de sa personne.

En revanche, le coupable ne peut fournir aucun gage si son action est de nature soit à mériter l'exclusion absolue hors de la société, soit l'exclusion momentanée dans une maison de correction ; car, dans le premier cas, il a perdu catégoriquement tous ses droits, dans le second, il les a perdus problématiquement (au cas où il ne s'amenderait pas). Ici il faut donc que l'Etat s'empare de la personne du coupable. Le droit de contrainte de l'Etat commence à la propriété relative ; il va, si celle-ci n'est pas suffisante pour lui donner satisfaction, jusqu'à la propriété absolue et pénètre jusque dans la maison si le coupable ne s'acquitte pas de bon gré de ce qu'il doit, et enfin, si celle-ci aussi est perdue, il se tourne vers la personne.

TROISIÈME SECTION DE LA DOCTRINE DU DROIT POLITIQUE

Sur la constitution

(4, 80) § 21

1 / [III, 286] *Proposition régulatrice :* la science qui a affaire à un Etat particulier, déterminé par des caractéristiques contingentes (empiriques), et considère quelle est la façon la plus conséquente d'y réaliser la loi juridique, se nomme *politique.* Toutes les questions qui en relèvent n'ont rien à faire avec notre science, la doctrine du droit, qui est purement *a priori,* et elles doivent en être scrupuleusement écartées.

De cette espèce sont toutes les questions que l'on peut se poser sur la détermination particulière de la seule et unique constitution conforme au droit. En voici la raison : le concept de constitution que nous avons exposé achève la résolution du problème de la raison pure : comment la réalisation du concept de droit dans le monde sensible est-elle possible ? Avec ce concept la science est donc close. Ainsi, la constitution est déterminée *a priori.* Si maintenant elle doit être davantage déterminée, cela ne pourrait s'effectuer que grâce à des données empiriques. Indiquons une par une les questions possibles, et démontrons que leur solution se fonde sur la situation contingente des peuples.

a) Le premier point qui fut établi dans la doctrine de la constitution, c'était la proposition : le pouvoir de l'Etat doit nécessairement être transféré et il ne peut nullement rester dans les mains de la communauté. A cet égard surgit tout d'abord la question de savoir si c'est à un seul homme ou à plusieurs qu'il doit être transféré (la question sur la *forma regiminis,* comme la nomme Kant dans son écrit *(4, 81) Pour la paix perpétuelle*), si l'Etat, eu égard aux personnes qui détiennent le pouvoir, doit être une monocratie ou une aristocratie (56). Car la démocratie, ainsi entendue, est inadmissible.

Les deux formes de gouvernement sont légitimes ; entre elles [III, 287], choisir est donc une affaire de prudence. Aussi vais-je indiquer brièvement ce sur quoi se fonde la décision : de plusieurs individus qui modifient réciproquement leurs opinions, on peut attendre plus de sagesse, mais aussi, par là même, plus de lenteur ; de plus, étant donné que chacun pourrait bien déplacer la responsabilité vers d'autres et en général se sentir couvert par la pluralité des responsables, l'éphorat n'agira pas très puissamment sur eux. Un président de gouvernement à vie peut bien se tromper plus facilement, mais dans ses mains le pouvoir est plus efficace ; et la responsabilité, qui repose exclusivement sur sa tête, agira plus fortement sur lui. Le gouvernement a donc, dans le dernier cas, plus de force et de vie. La décision pourrait par conséquent se présenter ainsi : là où le gouvernement a besoin d'une plus grande force, en partie à cause du peuple qui n'est pas encore accoutumé à une légalité rigoureuse et de l'état d'esprit de la nation en général, en partie à cause de l'absence de droit et de loi dans la relation aux autres peuples, il faut préférer la monocratie ; mais là où la constitution conforme au droit a déjà agi et a produit la situation dépeinte plus haut, à savoir que la loi agit par son simple poids intérieur, il faut préférer la constitution républicaine. Que ce soit un seul homme ou un corps tout entier qui constitue le gouvernement suprême, il est aisé de voir que tous les fonctionnaires qui lui sont subordonnés doivent être nommés par ce gouvernement suprême, et également que c'est uniquement à ses ordres et à son jugement qu'ils sont soumis. Car seule l'autorité suprême est responsable devant la nation, et elle l'est uniquement quant à sa capacité de faire régner le droit et la justice dans l'Etat. Mais elle ne peut assumer cette responsabilité si elle n'assure pas sans limitations le choix des personnes grâce auxquelles elle administre la justice et si celles-ci ne lui sont entièrement soumises.

b) Une deuxième question consiste à savoir si le mieux est que le peuple nomme en personne ses représentants médiats (dans la démocratie présentée ci-dessus, Ire Partie, p. 176, comme légitime) ou qu'il les fasse nommer par les représentants eux-mêmes, ou qu'il introduise une *(4, 82)* succession héréditaire. Pour ce qui est des éphores, la question a déjà, en général et pour tous les cas, été tranchée plus haut [III, 288] à partir de principes juridiques absolus. Elle ne subsiste donc qu'en ce qui concerne les administrateurs du pouvoir exécutif. Et là, en effet, la réponse à la question dépend de faits empiriques, en particulier du degré de civilisation manifesté par le peuple, qu'il ne peut atteindre que grâce à une législation antérieure sage et juste. Un peuple qui doit choisir lui-même ses gouvernants doit déjà être très cultivé : car il faut que le choix, en vertu des principes ci-dessus, soit *unanime* pour pouvoir avoir de la valeur pour tous. Toutefois, c'est seulement une unanimité *relative* qui est exigée ; il est donc toujours à craindre qu'une partie de la minorité soit exclue ou qu'elle obtienne un gouvernant qui aille contre sa volonté. Or, toutes les occasions d'engendrer des divisions et des factions parmi les citoyens, la constitution doit les supprimer. Aussi longtemps que le peuple n'a donc pas encore ce haut degré de civilisation, le mieux est que le droit de choisir s'exprime toujours, lui aussi, une fois pour toutes, ce qui néanmoins ne peut s'effectuer que par une absolue unanimité, et par là une forme stable sera instituée à jamais pour la succession des gouvernants. En république, les gouvernants peuvent bien se compléter eux-mêmes par élection ; si l'éphorat est suffisamment efficace, ils s'attacheront au plus haut point à procéder à cette élection avec le plus grand soin. En monocratie, on ne se représente pas bien qui devrait choisir l'unique gouvernant, si ce n'est le peuple qui, comme on l'a dit, ne doit pas choisir. Il ne pourrait donc absolument pas être choisi, mais c'est par la naissance qu'il faudrait le déterminer. En outre, la succession héréditaire a encore d'autres avantages qui rendent son introduction avisée, à savoir par exemple que le prince est entièrement coupé du peuple, qu'il naît et meurt sans entretenir de relations privées avec lui.

c) La question pourrait se poser de la condition du contrat de transfert qui doit être conclu avec les administrateurs du pouvoir exécutif, la question de leurs droits personnels, de leurs libertés, de leurs revenus et des sources qui doivent être assignées à ces derniers. Mais c'est là un jugement exclusivement empirique. D'où doivent être tirées les ressources affectées à la fin publique, dont relève certes l'entretien des personnes qui ont entre leurs mains le pouvoir de l'Etat [III, 289] autrement dit : quel est le *principe des finances*, cela a déjà été indiqué plus haut et appliqué aux cas qui se présentaient. Chacun doit apporter une contribution en proportion de son besoin de protection ; la puissance protectrice doit être adaptée à ce besoin ; et l'on obtient ainsi une évaluation précise des impôts qui doivent être prélevés sur les citoyens : ces impôts sont variables, étant donné que le besoin de protection est sans nul doute variable. Le gouvernant ne peut être arrêté *(4, 83)* aussi longtemps qu'il détient le pouvoir suprême entre ses mains, mais il pourrait très bien être appelé à rendre des comptes devant un tribunal populaire sur la façon dont il a administré ce pouvoir (*a*), au cas où l'éphore l'accuserait ; car c'est un point essentiel du droit public que les sujets n'acquittent d'impôts que pour les besoins de l'Etat et non pour d'autres fins arbitraires.

d) On peut poser des questions sur l'*organisation judiciaire.* On a démontré que le pouvoir exécutif constitue en même temps le tribunal suprême et sans appel. Il est clair, à partir de ce que l'on a dit ci-dessus, qu'il nommera des juges subalternes pour énoncer le droit en son nom, desquels on puisse faire appel au pouvoir suprême et qui soient responsables devant lui. Il ne resterait donc que la question de la *forme* de l'enquête judiciaire, c'est-à-dire du *procès.*

Les preuves judiciaires sont produites comme toutes les preuves, et le procès a donc pour source principale la logique et le bon sens. Quand la preuve positive incombe à l'une des parties et quand elle en est dispensée par la preuve négative, à savoir que rien ne peut lui être

(*a*) *SW :* cette protection.

démontré, cela a été noté au moment où c'était nécessaire, à propos de la matière des questions juridiques elles-mêmes. La règle est que le plaignant doive apporter la preuve positive, même l'Etat quand il est le plaignant, car en tant que tel il n'est pas juge, mais partie. Mais pour ce qui est de savoir si une preuve suffisante a été produite, c'est lui qui juge.

C'est uniquement sur la preuve par *prestation de serment* qu'il y a matière à réflexion. Soit cette prestation n'est tenue que [III, 290] que pour une assurance solennelle, et les formalités extérieures qui y sont liées ont pour seul but d'éviter toute légèreté d'esprit et d'amener les hommes à faire attention et à réfléchir à l'importance d'une telle assurance — en sorte que l'on suppose donc que l'individu capable de proclamer publiquement quelque chose de faux prononcera tout aussi bien un faux serment. Soit on suppose que le serment est quelque chose de plus encore qu'une assurance solennelle et que la même personne qui n'hésiterait nullement à assurer publiquement quelque chose de faux aurait quelque scrupule à prononcer un faux serment. Dans le premier cas, on peut se demander comment donc l'autre partie, si le procès concerne une affaire civile, ou la communauté tout entière, si c'est une faire publique, peuvent être juridiquement obligées de faire confiance à l'assurance ainsi donnée et d'en faire dépendre la sentence du juge, alors qu'en fait l'Etat lui-même se fonde sur la méfiance universelle. Dans le deuxième cas, en plus de cette difficulté, il en intervient encore une plus grave : que pourrait-on donc véritablement supposer qui puisse être capable de détourner celui qui n'hésite aucunement à proclamer publiquement quelque chose de faux de le renforcer par un serment ? *(4, 84)* Alors qu'il ne redoute pas de se rendre coupable d'un simple défaut de véracité, il doit croire que prendre Dieu à témoin est un moyen surnaturel, incompréhensible et magique de s'attirer le châtiment divin si l'on prête un faux serment. C'est là sans nul doute la vraie nature de la superstition, dans sa contradiction totale avec la religion morale. L'Etat devrait dans ce cas compter sur la persistance de l'immoralité et favoriser celle-ci de toutes ses forces, étant donné qu'il en a fait dépendre sa sécurité — ce qui est insensé. Par conséquent le serment ne se peut représenter que comme une assurance solennelle et il ne peut intervenir que là où, dans une affaire privée, l'une des parties accepte volontairement de faire dépendre les choses de cette assurance donnée par l'autre. *Volenti non fit injuria* (57). Dans une affaire publique, le serment ne peut jamais être employé ; car le gouvernant ne peut [III, 291] en rien compromettre le droit de la communauté. Si simplement la législation prend assez soin de ne rien laisser se régler sans une sanction publique quand cela en réclame une, si la police est suffisamment vigilante, si le juge n'a pas seulement en tête ses formules, mais s'il a aussi du bon sens, il n'y aura jamais besoin de serment.

e) En outre, on pourrait s'interroger sur la façon de rassembler le peuple pour l'élection des éphores ou même, après la proclamation de l'interdit, pour juger les administrateurs du pouvoir exécutif. En ce qui concerne le premier point, on doit percevoir tout de suite que les éphores se trouvant en fonction (leur nombre est une question relevant de la politique et est déterminé par l'ampleur de la population, par le degré de civilisation et le degré d'ordre qui règne habituellement, un degré plus élevé rendant suffisant un nombre moindre d'éphores) doivent annoncer l'élection, la surveiller, comptabiliser les voix et en dégager le résultat — évidemment, comme cela a déjà été dit plus haut, sans orienter le vote, parce que les nouveaux éphores sont leurs futurs juges, et sans qu'il leur soit permis de postuler pour l'éphorat. Pour comptabiliser les voix au tribunal populaire, étant donné que les éphores sont eux-mêmes partie, il faut que des personnes particulières soient élues par le peuple lui-même et en son sein afin d'accomplir cet acte (des *syndics*).

2 / Ainsi, il ne nous reste, pour mener à bien une pure doctrine du droit, pas d'autre recherche à effectuer encore que celle qui porte sur la *police,* — sur son essence, ses devoirs et ses limites.

En premier lieu, qu'est-ce que la police ? La question équivaut à demander d'en déduire le concept. L'Etat en tant que tel se tient avec les sujets en tant que tels dans une situation de contrat mutuel, en vertu duquel il y a des deux côtés des droits et des devoirs. Dans les cas où le sujet peut se plaindre, et où il se plaindra, l'intermédiaire entre les deux a été découvert. Mais nous avons indiqué une foule de choses sur *(4, 85)* lesquelles on ne se plaint pas, tandis que l'Etat, de par sa fonction, doit veiller sur elles. Il doit donc, pour ces cas, y avoir un intermédiaire particulier entre le pouvoir exécutif [III, 292] et les sujets, et c'est précisément la *police*. Ce n'est que par elle que devient possible l'influence mutuelle, l'action réciproque persistante entre les deux. Elle est donc un des besoins absolument nécessaires de tout Etat, et la doctrine qui en traite en général appartient à un pur droit naturel.

L'Etat se trouve dans une double relation avec ses sujets : d'une part, il a envers eux des devoirs, ceux qui relèvent de la protection conforme au contrat ; d'autre part, des droits, ceux de les obliger à remplir leurs devoirs de citoyens et à obéir aux lois. Les cas dans lesquels droits ou devoirs entrent en jeu, c'est la police qui les fournit : elle est médiatrice dans les deux relations. De même que la sentence rendue par le juge fait référence à la loi positive par rapport au citoyen, de même la police se réfère à cette loi par rapport à l'autorité. Elle fournit le cas où la loi va s'appliquer.

Evoquons tout d'abord le *devoir de protection* que l'Etat doit exercer par l'intermédiaire de la police. On pourrait croire, pour ce qui touche à la protection, que chaque citoyen va de lui-même informer l'Etat et exiger la protection conforme au contrat. Mais souvent un dommage déjà accompli est irréparable, et la fin de l'Etat, c'est davantage d'empêcher les préjudices causés par ses citoyens, que de les punir une fois qu'ils ont eu lieu. Les *institutions de protection et de sécurité* sont la première branche de la police.

Chaque citoyen doit, sur tout le territoire de l'Etat, tantôt en vertu de son droit de cultiver les champs, de chercher des produits, de pratiquer le commerce et l'échange des marchandises, tantôt, s'il ne fait rien de tout cela, en vertu de son droit de jouir à sa guise de son bien absolu — chaque homme doit avoir le droit d'aller et venir librement et en sécurité contre tout incident malheureux. Plus nombreux sont les hommes à se rassembler en un lieu, plus les dispositifs de sécurité contre les attentats à craindre doivent avoir d'efficacité. D'où la nécessité de gardes et de patrouilles armées, même sur les grandes routes, si elles ne sont pas sûres. Il n'incombe nullement à ces serviteurs subalternes de l'Etat de prononcer des jugements, mais bien d'arrêter les suspects. Eux-mêmes doivent être [III, 293] tenus pour responsables, avec une lourde peine, pour tout dommage qui se produit à l'intérieur du district dont la garde leur est confiée.

De la protection de cette sécurité de la vie et des biens fait partie la surveillance de la police sur la *construction des routes.* Le citoyen a le droit d'exiger de bonnes routes, car l'Etat lui a garanti l'accomplissement le plus rapide et le plus facile de ses activités ou, même s'il voyageait simplement pour son plaisir, la jouissance pour lui la plus *(4, 86)* agréable de sa propriété légitimement acquise. Il faut pour cela signaler les endroits qui ne sont pas sûrs par des panneaux donnant des avertissements et des moyens de ce genre. Si, n'ayant pas été averti, quelqu'un venait à subir un dommage, il devrait exiger réparation de l'Etat, car celui-ci lui a garanti sa sécurité *dans toutes les actions qui ne sont pas interdites par la loi.* Celui qui ne fait pas attention à l'avertissement supporte le dommage, cependant sans être en outre punissable, vu que chacun est le propre maître de son corps. Il convient de mettre en place des médecins éprouvés et qui ont reçu l'approbation de l'Etat (le mieux est que cette approbation procède des Facultés de médecine, dans la mesure où ce sont les juges les plus compétents, et il faut les considérer, pour cet acte, comme un collège directeur, de même que les corporations dans l'examen de leurs compagnons) ; est nécessaire aussi la surveillance des pharmacies. Il faut interdire le bousillage et la charlatanerie *à celui qui voudrait les pratiquer,* mais non pas *à celui qui voudrait s'en servir,* s'il doit se trouver des gens pour cela dans un pays où ces pratiques sont interdites ; car chacun est maître de sa vie.

En ce qui concerne la propriété absolue, la police doit l'assurer contre une effraction violente (grâce à des patrouilles nocturnes). Il lui appartient d'exercer une surveillance sur les dangers d'incendie, de prendre des dispositions pour donner rapidement l'alarme et pour éteindre le feu, de surveiller les travaux hydrauliques, de protéger contre les inondations, etc. Tout cela est un devoir absolu de l'Etat en vertu du contrat social, et il ne s'agit pas seulement d'institutions bienfaisantes.

Cela, pour commencer, du point de vue de ce que l'Etat *lui-même* doit faire. Maintenant, il a en outre, en conséquence de son devoir de protection, le droit de donner aux citoyens certaines lois qui [III, 294] visent à garantir les concitoyens contre les dommages qu'ils pourraient subir, à alléger la surveillance et à découvrir les coupables. Elles se nomment *lois de police* et se différencient des lois civiles proprement dites en ceci que ces dernières interdisent le *dommage effectif*, alors que les premières tendent à éviter la *possibilité* d'un dommage. La loi civile interdit les actions qui en elles et pour elles-mêmes portent préjudice aux droits des autres : vol, brigandage, agression contre la personne et sa vie, etc., et chacun trouve assurément justifiés de tels interdits. La loi de police interdit des actions qui en et pour elles-mêmes ne portent tort à personne et paraissent totalement indifférentes, mais qui facilitent les atteintes portées à autrui et rendent plus difficile la protection d'autrui par l'Etat ou la découverte des coupables. Des personnes dépourvues d'instruction trouvent habituellement injustes de tels interdits par la non-observation desquels nul n'est lésé et mettent en doute le droit qu'a l'Etat de les prononcer (c'est ainsi, à considérer la chose nettement, que beaucoup se représentent la *liberté académique* comme un *affranchissement par rapport à toutes les lois de police,* alors que pourtant il est bien clair qu'une police devrait s'exercer sur les académies) (58). Mais le *(4, 87)* droit et le devoir de donner de telles lois procèdent à l'évidence du pouvoir de police de l'Etat. Pour éclairer la question par un exemple : que quelqu'un surgisse en étant armé, cela ne porte sans nul doute aucune atteinte aux droits de personne ; car que peut bien faire à l'autre ce que je porte sur moi ? Mais il devient ainsi beaucoup plus facile de l'atteindre, et c'est pourquoi, à mon sens, l'Etat aurait pleinement le droit d'interdire le port de toutes les armes et même leur possession à la maison, pourvu qu'il puisse être assuré qu'aucun de ces citoyens ne viendra à se trouver dans le cas de légitime défense (ainsi était-il interdit sous la république romaine de paraître en armes dans la ville, et le général qui attendait l'honneur du triomphe devait rester devant la ville, *ad urbem,* jusqu'au jour de son entrée solennelle, ou alors, s'il voulait tout de même y entrer avant, il lui fallait déposer les armes et renoncer à l'honneur attendu). En tout cas, il est parfaitement sûr que l'Etat a [III, 295] le droit d'interdire la possession de certaines armes, par exemple des carabines à air comprimé. Celles-ci ne peuvent jamais être nécessaires pour se défendre. Celui qui a raison, pourquoi devrait-il redouter le bruit du coup de feu ? Ce genre d'armes est absolument un instrument d'assassinat. Certes il n'en résulte aucunement que celui qui en posséderait une l'utiliserait effectivement pour commettre un assassinat. C'est interdit par la *loi civile*. Mais l'assassinat est ainsi rendu plus facile, et on n'a pas pour une autre fin le besoin précis de cet instrument ; c'est pourquoi il n'y a jamais lieu d'en posséder un et c'est interdit par la *loi de police*. Que l'on n'ait pas le droit à certaines heures de la nuit d'être dans la rue sans lumière, ce serait une *loi de police*, et le but en serait que l'on puisse facilement reconnaître n'importe qui. On ne porte atteinte à personne du fait qu'on est dans la rue sans lumière, mais dans l'obscurité ce serait aisément possible, et c'est justement cette possibilité qui doit être exclue. Celui qui transgresse une loi de police doit s'attribuer à lui-même tous les désagréments qui peuvent en résulter pour lui, et en outre il est punissable.

La principale maxime de toute police bien organisée est nécessairement la suivante : *tout citoyen doit, partout où c'est nécessaire, pouvoir être reconnu aussitôt comme étant telle ou telle personne déterminée ;* personne ne doit pouvoir rester inconnu des fonctionnaires de police. Cela ne peut être atteint que de la façon suivante : chacun doit toujours avoir sur soi un passeport, délivré par l'autorité la plus proche, dans lequel sa personne soit décrite avec précision, et cela sans différencier les conditions. Etant donné que, pour décrire une personne, les mots introduisent toujours des équivoques, il serait bien que, pour des personnes importantes, donc capables aussi d'en acquitter le coût, se trouve dans le passeport, à la place de la description, un portrait ressemblant. Nul homme ne serait admis quelque part sans que l'on *(4, 88)* connaisse avec précision, grâce à ce passeport, le lieu de son dernier séjour et que lui-même on l'identifie. Quant aux effets pouvant résulter d'un tel passeport, nous en trouverons plus bas un remarquable exemple. Toutefois, pour ne pas même gêner l'innocent plaisir pouvant naître de l'anonymat [III, 296], il devrait être interdit aux fonctionnaires de police, sous peine de sanction, de jamais exiger la présentation de ce passeport par simple malignité ou par curiosité, mais seulement quand la légitimation de la personne est nécessaire, nécessité dont il faut qu'ils soient obligés de rendre compte auprès de l'instance dont ils relèvent.

Ce qui se passe dans la maison, l'Etat ne le sait pas ; mais ce qui se passe dans la rue, dans laquelle on doit pourtant bien passer pour arriver à la maison, est soumis à sa surveillance. Les citoyens ne peuvent donc pas se réunir dans une maison sans que la police le sache et sans qu'elle ait le pouvoir aussi bien que le droit (puisque effectivement la rue lui est soumise) d'empêcher la réunion si celle-ci suscite ses soupçons. Si des hommes se rassemblent en une foule assez nombreuse pour mettre en danger la sécurité publique — toute société le peut si elle est assez forte pour avoir la capacité d'opposer une résistance à la force armée de l'endroit —, la police doit exiger qu'on lui rende compte de ce que ces gens veulent faire ensemble et se charger de surveiller s'ils font effectivement ce qui a été indiqué. Le droit domestique disparaît alors ; ou bien, si le possesseur de la maison ne veut pas abandonner de droit, qu'on se rassemble dans un édifice public. C'est exactement ainsi que cela se passe pour les concentrations de peuple dans les rues, sur les marchés, etc. : la police a le droit de les empêcher ou de les maintenir sous sa surveillance. L'Etat doit à cet égard énoncer la loi en vertu de laquelle, selon les circonstances, il ne doit pas se rassembler plus qu'un nombre déterminé de personnes sans que leur rassemblement et l'intention qui y préside aient été indiqués à la police afin que celle-ci puisse prendre ses dispositions en conséquence.

Du point de vue de l'assurance fournie à la propriété absolue, il y a encore deux questions à résoudre, c'est-à-dire : comment doit-on empêcher la falsification des traites et la falsification de l'argent ? Je m'engage d'autant plus volontiers dans ces questions qu'à ce propos je montrerai en même temps à l'aide de quelques exemples comment, pour une bonne police, même ce que l'on tient pour impossible est tout à fait aisé.

[III, 297] Evoquons d'abord les traites. Je parle des lettres de change véritables, dont tout homme qui les a entre ses mains recueille la valeur, non pas de simples assignations où un bénéficiaire précis est nommé. Sur les grandes places commerciales, en particulier dans les foires, une traite change bien souvent de propriétaire plusieurs fois dans la même journée. Les personnes par les mains desquelles elle est passée ne se *(4, 89)* connaissent peut-être pas. Or un marchand ne prend certes pas facilement une traite sans connaître la maison de ceux qui la tirent et la main qui la souscrit. Mais des écritures se peuvent imiter, et, pour le dire vite, de fausses traites sont effectivement émises et acceptées : la tromperie à cet égard doit donc être bel et bien possible. Or il finit bien par apparaître en fait au grand jour que la traite est fausse, quand elle revient à celui qui est censé l'avoir tirée. Mais alors comment faire pour découvrir celui qui l'a assignée faussement et mettre la main sur lui afin de lui réclamer la perte subie ? Dans l'organisation de la police que l'on a décrite ici, cela ne présente pas la moindre difficulté.

Les noms de ceux entre les mains desquels la traite est passée sont notés en plus, au verso de celle-ci. Mais, dans les dispositions habituelles, quelqu'un peut très bien se donner un faux nom. Si l'on s'informe à son sujet, on ne peut le découvrir nulle part. Selon notre projet, tout homme qui change une traite, s'il n'est pas de façon précise connu personnellement par celui qui l'accepte, devrait prouver grâce à son passeport qu'il est telle personne déterminée, où il est possible de le trouver, etc. Celui qui accepte la traite a le devoir de se faire présenter le passeport et de l'identifier d'après celui-ci. Au nom du changeur est simplement ajouté au verso de la traite : *avec le passeport de telle et telle autorité.* Ce sont deux mots de plus à écrire et une ou deux minutes de plus sont nécessaires pour considérer le passeport et la personne, et pour le reste la chose est aussi simple qu'auparavant. Où donc doit-on retrouver cette personne, au cas où la traite est fausse et l'enquête reconduite jusqu'à elle ? Dans notre [III, 298] organisation de la police, il n'est par ailleurs permis à personne de partir d'un lieu (on peut être arrêté à la porte de la ville) sans définir l'endroit où il pense d'abord aller, ce qui est noté dans le registre du lieu et dans son passeport. Il n'est admis nulle part ailleurs que dans l'endroit noté sur le passeport. Lorsqu'il quitte cet endroit, il est à nouveau soumis aux mêmes règles et on continue donc de suivre sa trace. Mais s'il s'agit d'un étranger ou s'il voyage à l'étranger ? Les Etats policés, particulièrement dans la mesure où ils pratiquent le commerce, doivent s'accorder sur cette organisation, de façon que l'on puisse poursuivre le fraudeur dans tous les pays. Le passeport d'un Etat qui n'est pas entré dans cette organisation n'est pas reconnu, ses citoyens sont donc exclus du droit de présenter une traite. Cela forcera les Etats pratiquant le commerce à accepter cette organisation. Mais, pourrait-on dire, on peut parfaitement faire de faux passeports, et par là tout le résultat de ces dispositions serait détruit. Nous répondons : cette falsification doit elle-même être rendue *(4, 90)* impossible, et à cette fin il existerait en fait, sans aucun doute, des moyens suffisants, par exemple un papier ou un parchemin exclusivement réservé aux passeports, comme cela se passait pour les assignats français, lequel papier serait seulement entre les mains de l'autorité suprême, fabriqué sous son contrôle et distribué aux autorités subalternes, qui doivent rendre compte de ce qu'elles ont utilisé. Mais ne peut-on pas, en fait, imiter ce papier lui-même ? C'est ainsi, effectivement, que les assignats français cités en exemple, malgré cette précaution, ont été imités. Bien sûr, et cela parce que l'on satisfaisait par là un grand intérêt, l'appât du gain aussi bien que l'hostilité politique ; et parce que le papier imité une seule fois pouvait être utilisé cent fois. Ici c'est *un seul* faux passeport qu'on doit faire, et c'est pour cela qu'on devrait prendre des dispositions entraînant autant de difficultés et rassembler tant d'artifices ? A cet égard, l'intérêt le plus grand ne pourrait être que d'émettre une fausse traite considérable. Mais, en laissant de côté les dangers qui y sont liés, la chose [III, 299] paierait-elle vraiment les frais engagés et les efforts dépensés ?

Pour ce qui est du second point, la falsification de la monnaie, l'Etat garantit la valeur de l'argent ; celui qui accepte pour vraie une pièce d'argent, la prend avec l'encouragement de l'Etat dont l'estampille se trouve dessus ; l'Etat doit donc répondre devant chaque citoyen de l'authenticité de l'argent, et pour qui, *sans que ce soit de sa faute,* a été trompé par de l'argent faux, l'Etat devrait de plein droit réparer le dommage subi et changer l'argent faux contre du vrai.

Mais à quelles conditions quelqu'un a-t-il été trompé *sans que ce soit de sa faute ?* A quelles conditions doit-on croire qu'il ne pouvait pas distinguer la fausse monnaie ? Il appartient à l'éducation du citoyen de connaître l'argent, et on doit estimer qu'il n'était pas aisé de reconnaître de la fausse monnaie quand plusieurs personnes s'y sont laissées tromper.

C'est donc l'intérêt immédiat de l'Etat et une branche de son contrôle policier que d'empêcher la falsification de la monnaie et de découvrir les faux monnayeurs. Comment cela doit-il se passer ? Non pas par enquête, comme pour les traites, car absolument personne ne peut dire de qui il a reçu telle ou telle pièce de monnaie Si toutefois il s'agit de sommes considérables, il peut éventuellement le savoir et dans ce cas il faut mener une enquête. Mais en général la police doit prévenir l'acte en exerçant une surveillance sur les matériaux qui pourraient être utilisés pour confectionner de la fausse monnaie (à cet égard elle doit se faire informer par les chimistes), en organisant les choses de façon que ces matériaux, tout comme les poisons, ne soient pas fournis sans le nom de celui qui les désire (bien entendu, *en l'identifiant par son passeport*) et sans l'indication de leur emploi. L'Etat peut d'autant *(4, 91)* mieux être attentif sur ce point que, comme on l'a montré plus haut, il a les mines en sa possession. Qu'il se réserve le monopole des métaux, des métalloïdes et des autres matériaux de ce genre, et qu'il ne les fournisse même pas aux petits commerçants sans qu'ils indiquent à qui [III, 300] et pour quel usage est destiné ce qu'ils viennent d'obtenir (59).

Le pouvoir exécutif, en dehors des devoirs de protection mentionnés, a aussi le droit de veiller à l'accomplissement des lois, aussi bien des lois civiles que des lois de police. Il lui faut répondre de chaque délit commis sur la surface de l'Etat et découvrir le criminel. Mais il est tout de suite clair que, pour ainsi surveiller l'exécution des lois, il n'a absolument pas besoin d'institutions particulières et que c'est aussi à l'aide des institutions de protection que l'on a décrites qu'il s'occupe de ce dernier point. Si le cas se présente de quelqu'un qui *se comporte injustement* et transgresse la loi, cela signifie qu'en même temps se présente le cas où quelqu'un doit être *protégé*.

Que chaque individu qui est tenté de commettre un délit contre la loi prévoie avec une parfaite certitude qu'il sera découvert et qu'il sera puni d'une façon qu'il connaît bien, c'est là la condition exclusive pour l'efficacité de la législation et de toute l'organisation de l'Etat. Si le criminel peut, avec un haut degré de vraisemblance, se promettre le secret et l'impunité, qu'est-ce qui alors doit le détourner de commettre son crime ? Ne continuons-nous pas dès lors, malgré les lois les plus sages qu'il nous soit possible d'avoir, à vivre dans l'état de nature antérieur où chacun fait ce qui est en son pouvoir et où nous demeurons toujours dépendants de la bonne volonté des autres ? De plus, c'est dans ces conditions une évidente injustice que de punir selon toute la rigueur de la loi le peu d'individus qui sont pris sur le fait. Puisqu'ils voyaient tout autour d'eux l'impunité, n'étaient-ils pas fondés à prévoir qu'eux aussi en bénéficieraient ? Pouvaient-ils être détournés du crime par une loi que nécessairement ils devaient tenir pour dépourvue de valeur ? La plaisanterie qui, émanant de tous côtés de la bouche du vulgaire, vise nos institutions, à savoir qu'on n'y est pas puni pour le délit, mais parce qu'on s'est laissé prendre, est pertinente et juste. Exiger de la servante de la législation, la police, qu'elle découvre tout coupable sans exception, c'est absolument indispensable.

[III, 301] En ce qui concerne la possibilité de satisfaire cette exigence, je me suis souvent trouvé face au doute de mes auditeurs, et je ne peux espérer que cette exigence sera reçue autrement par mes lecteurs. Si l'affirmation de cette impossibilité était fondée, je conclurais sans hésiter : dans ce cas, c'est aussi l'Etat en général et tout droit parmi les hommes qui sont impossibles. Tous les prétendus Etats ne sont rien d'autre et ne seront jamais autre chose qu'une oppression des *(4, 92)* plus faibles par les plus forts sous le prétexte du droit, pour les utiliser au gré de la fantaisie — oppression à laquelle doit nécessairement être associée la permission de se dédommager pour leur part sur ceux qui sont encore plus faibles qu'eux, aussi largement qu'ils le peuvent ; et le droit public n'est rien d'autre que la doctrine qui établit jusqu'où le plus fort peut aller dans l'injustice sans porter tort à son intérêt — ainsi que le décrit ironiquement Montesquieu. Mais en fait cette allégation d'inapplicabilité se fonde-t-elle sur quelque chose, et en tout cas d'où peut-elle bien procéder ? Elle procède de ce que l'on ne tient pas ferme au concept d'Etat ici mis en place, qu'on ne le considère pas comme le concept d'un tout organisé au sein duquel seulement les parties qui le composent peuvent subsister et hors duquel, dans un autre tout, elles ne peuvent absolument pas subsister ; elle procède de ce qu'en posant isolément les parties on fait que l'imagination y substitue toujours à nouveau l'image de nos Etats ordinaires. Ce n'est pas étonnant si, dès lors, une telle partie ne va s'intégrer nulle part. Dans les Etats ordinaires, l'exigence de découvrir l'auteur de toute action illégale serait assurément inapplicable ; ou alors, si elle pouvait être appliquée, si par exemple un Etat existant voulait se servir de quelques-uns des moyens de police indiqués ici, ce serait une injustice que le peuple ne supporterait pas longtemps et par laquelle l'Etat se préparerait simplement son effondrement. Car, là où règnent, venant de haut, désordre et injustice, le gouvernement ne peut subsister que dans la mesure où il permet également à ce qui est en dessous de lui une bonne part de désordre, pourvu que ce désordre ne l'atteigne pas lui-même.

[III, 302] La source de tout mal dans nos Etats de nécessité, c'est purement et simplement le *désordre*, et l'impossibilité de mettre de l'ordre. Que la découverte d'un coupable y comporte dans ces conditions, bien souvent, de grandes et insurmontables difficultés, cela provient exclusivement du fait que sont si nombreux les hommes dont l'Etat ne se préoccupe pas et qui n'ont pas de condition déterminée dans cet Etat. Dans un Etat participant de la constitution exposée ici, chacun a sa condition déterminée, la police sait suffisamment où se trouve chaque citoyen à chaque heure du jour et ce qu'il fait. Chacun doit travailler et chacun a, s'il travaille, de quoi vivre : il n'y a pas de *chevaliers d'industrie* (60), car sur toute la surface de l'Etat ils ne sont nulle part accueillis sous un toit. Chacun peut sur le champ, à l'aide du passeport que l'on a décrit, être identifié. Le crime, dans un tel Etat, est quelque chose d'extrêmement inhabituel ; un certain mouvement inhabituel le précède : dans un Etat où tout est en ordre, où tout est tiré *(4, 93)* au cordeau, la police remarque ces mouvements inhabituels et aussitôt devient attentive ; et ainsi, pour ma part, je ne vois pas comment il serait possible qu'un délit et son auteur puissent ne pas être découverts.

A cet égard, il faut encore remarquer que, dans le fonctionnement ici décrit de la police, on n'a besoin d'aucun espion, d'aucune personne chargée d'épier en secret. Cultiver le secret est de toute façon mesquin, bas et immoral. Chacun doit oser faire sous les yeux de tout le monde ce qu'en général il ose faire. *A qui* l'Etat donnerait-il donc ces charges déshonorantes ? Doit-il lui-même stimuler l'absence d'honneur et l'immoralité, et les ériger en devoir ? Alors, si l'Etat autorise une seule fois, pour quelques hommes, le secret, qui peut lui garantir que ceux-ci ne se serviront pas eux-mêmes de leur dissimulation pour commettre un délit ?

Pourquoi donc veut-on observer les citoyens en secret ? Afin qu'ils ne se tiennent pas pour observés. Et pourquoi ne le doivent-ils donc pas ? Pour qu'ils dévoilent sans prévention leurs pensées sur le gouvernement et leurs projets à son endroit, et se trahissent eux-mêmes [III, 303] ? Ou pour qu'ils révèlent ce qu'ils savent par ailleurs à propos d'actions illégales qui se trament en secret ? La première chose n'est nécessaire que là où le gouvernement et les sujets vivent en guerre incessante, où ces derniers sont injustement opprimés et s'efforcent, selon le droit de la guerre, d'obtenir à nouveau leur liberté. La seconde n'est nécessaire que là où la police dans sa totalité n'est pas assez vigilante pour que nulle part quelque chose ne puisse être tenu secret face à elle. Ces deux nécessités n'ont pas lieu d'être dans l'Etat décrit ici. Le lieutenant de police parisien qui avait voulu donner un uniforme à ses espions fut tourné en dérision par un peuple corrompu et sauva sa vie grâce à cette initiative irréfléchie. A mon sens, il faisait preuve d'un esprit sain et non corrompu. Dans l'Etat décrit ici, les fonctionnaires de police peuvent avoir un uniforme. Ils sont tout autant les témoins honorables de l'innocence et les accusateurs qui dénoncent le crime. Comment ce qui est irréprochable pourrait-il craindre et haïr le regard qui surveille ?

PREMIÈRE ANNEXE AU DROIT NATUREL

Esquisse du droit familial

Première section

DÉDUCTION DU MARIAGE

Remarque
(4, 95) [III, 304] De même que, plus haut, il fallait d'abord déduire la nécessité de l'existence commune d'une pluralité d'êtres raisonnables et leur relation à un monde sensible pour avoir un objet en vue d'appliquer le concept de droit, de même nous devons ici faire connaître, d'abord, la nature du mariage, et cela, bien évidemment, grâce à une déduction, pour pouvoir lui appliquer avec discernement le concept de droit. Autant il ne suffit pas du concept de droit pour faire apparaître des êtres sensibles pourvus de raison et un monde sensible qui leur soit offert, autant ce concept ne suffit pas non plus pour que le mariage s'inscrive dans la réalité. Le mariage n'est absolument pas une simple association

juridique, comme c'est le cas de l'Etat ; il est une association naturelle et morale.

La déduction qui suit n'est donc pas juridique ; mais elle est nécessaire dans une doctrine du droit pour obtenir une vision claire des propositions juridiques que nous aurons à mettre en place par la suite.

§ 1

[III, 305] La nature a fait reposer ce qu'elle se donne pour fin, la perpétuation de l'espèce humaine, sur une tendance naturelle inscrite dans deux sexes particuliers, qui semble n'exister que pour elle-même et ne rechercher que sa propre satisfaction. Elle est elle-même une fin de notre nature, même si elle est seulement un moyen pour la nature en *(4, 96)* général. Alors que les hommes ne visent qu'à satisfaire cette tendance, c'est la fin de la nature qui, sans autre intervention de l'homme, est réalisée par les conséquences naturelles de cette satisfaction.

Après coup, l'homme peut certes apprendre par l'expérience et par abstraction que c'est là la fin de la nature et, par élévation de sa moralité, se proposer cette fin lors de la satisfaction de cette tendance. Mais avant l'expérience et dans l'état qui lui est naturel, il n'a pas cette fin, mais sa fin dernière est la simple satisfaction de la tendance ; et il devait en être ainsi pour que la fin de la nature fût réalisée de façon certaine.

La raison pour laquelle la nature devait séparer deux sexes différents par la réunion desquels seulement la perpétuation de l'espèce fût possible, je vais l'indiquer ici simplement de façon brève, étant donné que cette recherche ne s'inscrit pas vraiment là.

La formation d'un être de son espèce est le degré ultime auquel peut s'élever la force formatrice dans la nature organique, et cette force agit nécessairement sans interruption si les conditions de son activité sont données. Si donc elles étaient toujours données, il se produirait dans la nature un continuel passage à d'autres formes, mais jamais une persistance de la même forme, un éternel devenir, et jamais un être ; et comme il n'existerait rien qui soit susceptible d'ainsi passer, un passage ne serait même jamais possible non plus — ce qui est une idée impensable et contradictoire en elle-même (c'est le même état de choses que je nommais plus haut, p. 220, le conflit de l'être et du non-être). Ainsi, aucune nature ne serait possible.

Si la nature devait être possible, il fallut que l'espèce eût encore une [III, 306] autre existence organique, en plus de celle qu'elle possède en tant qu'espèce, mais que cependant elle existât aussi comme espèce pour pouvoir se perpétuer. Cela n'était possible que par le partage de la force formatrice de l'espèce, pour ainsi dire en deux moitiés absolument complémentaires et ne formant que dans leur réunion un tout pouvant se perpétuer. Dans ce partage, cette force forme seulement l'individu. Les individus, par leur union, et dans la mesure où ils peuvent s'unir, sont, et uniquement ainsi, l'espèce, et c'est ainsi seulement qu'ils la forment ; car *être* et *former*, dans la nature organique, c'est tout un. L'individu *subsiste* exclusivement en tant que tendance à former l'espèce. C'est ainsi seulement que la force put rester en repos et interrompre son activité, et c'est seulement avec ce repos qu'une forme advint dans la nature organique ; et c'est ainsi seulement qu'elle devint nature ; c'est pourquoi cette loi de la séparation des deux sexes formateurs s'étend nécessairement à travers toute la nature organique.

(4, 97) § 2

La détermination particulière de cette disposition naturelle est que, lors de la satisfaction de la tendance, autrement dit : à l'occasion de ce qui favorise la fin de la nature, pour ce qui concerne proprement l'acte de procréation, un des sexes se comporte uniquement de façon active et l'autre uniquement de façon passive.

(De cette dernière détermination aussi, la raison se peut indiquer. Le système de toutes les conditions requises pour engendrer un corps de la même espèce devait être réuni de manière complète quelque part et, une fois mis en mouvement, se développer selon ses propres lois. Le sexe dans lequel il se trouve, c'est, dans toute la nature, le sexe *féminin*. Seul le premier principe moteur pouvait en être séparé, et il fallait qu'il le fût pour qu'il y eût une forme persistante. Le sexe dans lequel il se produit, indépendamment de la matière à former, c'est, dans toute la nature, le sexe *masculin*.)

§ 3

La caractéristique de la raison, c'est l'absolue spontanéité [III, 307] : la simple passivité pour la passivité contredit la raison et la supprime totalement. Il n'est donc absolument pas contraire à la raison que le sexe masculin se propose comme fin la satisfaction de son instinct sexuel, dans la mesure où il peut être satisfait par l'activité ; mais il est absolument contraire à la raison que le sexe féminin se propose pour fin la satisfaction du sien, parce qu'alors il se donnerait pour fin une simple passivité. Donc le sexe féminin, ou bien n'est pas raisonnable, du fait de sa disposition, ce qui contredit l'hypothèse en vertu de laquelle les femmes doivent être des êtres humains ; ou bien cette disposition, par suite de sa nature spécifique, ne peut se développer, ce qui est contradictoire, puisqu'on admet ainsi dans la nature une disposition qui n'est pas admise dans la nature ; ou bien enfin le sexe féminin ne peut jamais se donner pour fin la satisfaction de son instinct sexuel. Une telle fin et la rationalité se suppriment tout à fait l'une l'autre.

Mais, cela dit, l'instinct sexuel du sexe féminin, sa manifestation et sa satisfaction appartiennent pourtant au plan de la nature. Il est nécessaire, par conséquent, que cet instinct apparaisse chez la femme *(4, 98)* sous une autre forme et que, pour pouvoir subsister à côté de la rationalité, lui-même apparaisse comme une tendance à l'activité, et plus précisément comme une tendance naturelle caractéristique à une activité qui n'appartienne qu'à ce sexe.

Etant donné que c'est sur cette proposition que repose intégralement la théorie qui va suivre, je vais m'efforcer de la tirer au clair comme il convient et de prévenir les interprétations erronées qu'on en pourrait concevoir.

1) Il est ici question de la *nature* et d'une *tendance naturelle*, c'est-à-dire de quelque chose que la femme, pourvu que les deux conditions, raison et instinct sexuel, en soient présentes, sans aucune *intervention de sa liberté* et en s'abandonnant entièrement à elle-même, trouvera en elle comme quelque chose de donné, d'originaire et d'inexplicable à partir d'une quelconque de ses actions libres antérieures. En disant cela, on ne nie nullement pour la femme la possibilité soit de déchoir au-dessous de sa nature, soit de s'élever par liberté au-dessus d'elle — laquelle élévation toutefois ne vaut pas beaucoup mieux [III, 308] qu'une déchéance. La femme *déchoit au-dessous de sa nature* si elle s'abaisse jusqu'à perdre la raison. C'est dans ce cas que l'instinct sexuel peut parvenir à la conscience sous sa véritable forme et devenir une fin réfléchie de l'agir. Les femmes *s'élèveraient au-dessus de leur nature* si la satisfaction de l'instinct sexuel n'était une fin ni sous sa forme brute, ni sous la forme qu'il prend dans une âme féminine bien ordonnée, mais était conçu simplement comme un moyen en vue d'une autre fin qu'elles se proposeraient par liberté. S'il doit s'agir d'une fin qui ne soit pas entièrement répréhensible (comme par exemple d'avoir le titre de dame et la perspective du pain assuré, auquel cas la personnalité est transformée en simple moyen d'une jouissance), cette fin ne pourrait être que la fin de la nature elle-même : avoir des enfants — laquelle fin certaines femmes mettent également en avant. Mais puisqu'elles auraient pu atteindre cette fin avec n'importe quel homme et que par conséquent, dans son principe, il n'y a absolument aucune raison pour qu'elles choisissent *précisément celui-ci*, il leur faut admettre comme constituant après tout l'hypothèse la plus acceptable, qu'elles n'ont pris celui-ci que parce qu'il était le premier qu'elles pouvaient vraiment avoir, ce qui ne témoigne pourtant pas, de leur part, d'un grand respect pour leur propre personne. Toutefois, même si l'on fait abstraction de cette circonstance un tant soit peu délicate, on pourrait peut-être parvenir à admettre que cette fin puisse fonder la décision de vivre avec un homme ; mais pour ce qui est de savoir si c'est en tant que fin clairement conçue qu'elle conduit au but, et si les enfants sont effectivement accueillis d'après ce que l'on a conçu, celui qui connaît les hommes en pourrait légitimement douter. Qu'on pardonne de dire les choses aussi nettement à qui fait l'effort de montrer dans leur nudité les dangereux sophismes par lesquels on cherche à excuser et à éterniser dans le monde le renoncement à sa véritable destination.

Pour indiquer toute l'affaire de façon imagée : le sexe féminin se *(4, 99)* situe, en vertu des dispositions de la nature, à un plus grand degré de profondeur que le sexe masculin ; il est l'objet d'une force que déploie celui-ci, et il était nécessaire qu'il en fût ainsi pour les réunir. Mais, cela dit, tous deux, en tant qu'êtres moraux, doivent êtres égaux. Cela n'était possible qu'en ajoutant au sexe de la femme un degré tout à fait [III, 309] nouveau, faisant complètement défaut au sexe masculin. Ce degré est la forme sous laquelle l'instinct sexuel lui apparaît, alors que chez l'homme il apparaît sous sa forme véritable.

2) L'homme peut, sans renoncer à sa dignité, s'avouer l'instinct sexuel et en rechercher la satisfaction — je veux dire : originellement. Celui qui, dans le lien avec la femme aimée, pourrait encore ne se donner comme fin que cette satisfaction, serait un homme inculte — ce dont les raisons apparaîtront plus loin. La femme ne peut pas s'avouer cet instinct. L'homme peut faire sa cour ; la femme ne le peut pas. Ce serait pour elle le plus extrême abaissement de soi, si elle le faisait. Une réponse négative rencontrée par l'homme n'a pas d'autre signification que celle-ci : je ne veux pas me soumettre à toi — et cela se peut supporter. Une réponse négative rencontrée par la femme signifierait : je ne veux pas accepter la soumission que tu as déjà effectuée — ce qui, sans nul doute, est insupportable. Un raisonnement à partir du concept de droit n'apporte rien ici, et si certaines femmes pensent qu'elles devraient avoir le même droit de rechercher le mariage que les hommes, on peut leur demander qui donc leur conteste ce droit et pourquoi elles ne s'en servent pas. C'est exactement comme si l'on cherchait si l'homme n'a pas, autant que l'oiseau, le droit de voler. Mieux vaut laisser de côté la question du droit jusqu'à ce que quelqu'un vole effectivement.

C'est sur cette unique différence que se fonde tout ce qui distingue en outre les deux sexes. De cette loi de la nature féminine procède la pudeur de la femme, pudeur qui n'appartient pas sur le même mode au sexe masculin. Des hommes incultes se vantent même de pratiquer la débauche, alors que, dans la plus effroyable immoralité où le sexe féminin a plus d'une fois sombré et par quoi il a de beaucoup dépassé la corruption des hommes, on n'a jamais entendu dire que les femmes se soient ainsi vantées ; même la prostituée préfère avouer qu'elle pratique son honteux métier par appât du gain que par plaisir.

§ 4

[III, 310] La femme ne peut pas s'avouer qu'elle s'abandonne au *(4, 100)* plaisir sexuel — et, puisque chez un être doué de raison quelque chose n'existe que dans la mesure où il en est conscient, la femme ne peut en général pas s'abandonner au plaisir sexuel pour satisfaire sa propre tendance ; et, puisqu'elle doit cependant s'abandonner, étant donné qu'il s'agit d'une tendance instinctive, cette tendance ne peut être autre que celle de satisfaire l'homme. En agissant ainsi, elle devient moyen pour la fin d'un autre, parce qu'elle ne pouvait être sa propre fin sans renoncer à sa fin dernière, la dignité de la raison. Elle affirme sa dignité, tout en devenant un moyen, dans la mesure où c'est en toute liberté qu'elle se fait moyen, en vertu d'une noble tendance de sa nature, celle de l'*amour*.

L'*amour* est donc la forme sous laquelle l'instinct sexuel se manifeste chez la femme. Or c'est de l'amour, lorsqu'on se sacrifie pour un autre, en vertu non pas de ce que l'on a conçu, mais d'une tendance de sa nature. On ne devrait jamais nommer amour le simple instinct sexuel ; c'est là un grossier abus de langage, qui semble ne viser qu'à faire oublier tout ce qu'il y a de noble dans l'humaine nature. En général, à mon avis, seul devrait être nommé amour ce qui vient d'être décrit. Chez l'homme, *à l'origine* il n'y a pas amour, mais instinct sexuel ; en général, chez lui, l'amour n'est pas une tendance originaire, mais une tendance *communiquée, dérivée, développée* uniquement à travers l'union avec une femme aimante, et il a chez lui une tout autre forme, comme nous le verrons ci-dessous. C'est seulement pour la femme que l'amour, la plus noble de toutes les tendances naturelles, est inné ; c'est seulement par la femme qu'il vient parmi les hommes, tout comme c'est le cas aussi d'autres tendances sociales dont nous traiterons ci-dessous. C'est chez la femme que l'instinct sexuel acquiert une forme morale, parce que dans sa forme naturelle il aurait entièrement supprimé sa moralité. L'amour est le point où se réunissent de la façon la plus intime la nature et la raison ; il est le seul élément où la nature vient s'insérer dans la raison ; il est donc l'élément le plus parfait de tout ce qui est naturel [III, 311]. La loi morale exige que l'on s'oublie au profit de l'autre ; l'amour se donne lui-même pour l'autre.

Pour tout résumer : chez la femme non corrompue ne s'exprime ni n'habite aucun instinct sexuel, mais uniquement de l'amour, et cet amour est la tendance naturelle de la femme à satisfaire un homme. Au reste, c'est une tendance qui réclame avec insistance d'être satisfaite ; mais cette satisfaction qui la caractérise n'est pas la satisfaction sensible de la femme, mais c'est celle de l'homme ; pour la femme, c'est seulement une satisfaction du cœur. Son besoin n'est que d'aimer et d'être aimée. C'est uniquement ainsi que la tendance à s'abandonner *(4, 101)* acquiert le caractère de la liberté et de l'activité qu'il lui fallait avoir pour pouvoir subsister à côté de la raison. Il n'y a sans doute pas d'homme qui ne ressente l'absurdité de renverser les choses et d'attribuer à l'homme une tendance semblable à satisfaire un besoin de la femme — besoin qu'il ne peut supposer en elle, et dont il ne peut se penser comme l'instrument sans se faire honte jusqu'au plus profond de son âme.

C'est pourquoi, dans l'union sexuelle, la femme n'est pas non plus en n'importe quel sens un moyen pour la fin de l'homme ; elle est un moyen pour sa fin à elle, qui est de satisfaire son propre cœur, et c'est seulement dans la mesure où il est question de satisfaction des sens qu'elle est moyen pour la fin de l'homme.

Feindre de voir une illusion dans cette mentalité de la femme et dire : en réalité, c'est pourtant bien, en définitive, l'instinct sexuel qui la pousse, mais simplement de façon subreptice, ce serait une aberration dogmatique. La femme ne voit pas au-delà et la nature ne va pas au-delà de l'amour : donc c'est seulement dans cette mesure qu'elle *est*. Qu'un homme qui n'a pas l'innocence féminine, ni ne doit l'avoir, et qui peut tout s'avouer, analyse cette tendance, cela ne concerne pas la femme ; *pour elle*, cette tendance est simple, car la femme n'est pas un homme. Si elle était un homme, on aurait raison, mais dans ce cas elle ne serait pas non plus *elle*, et tout serait différent. Ou bien veut-on mettre à jour la tendance fondamentale de la nature féminine en tant que *chose en soi ?*

§ 5

[III, 312] En se faisant moyen pour la satisfaction de l'homme, la femme donne sa personnalité ; elle ne récupère celle-ci et toute sa dignité que dans la mesure où elle l'a fait par amour pour cet unique individu.

Mais si ce sentiment devait jamais prendre fin et si la femme devait un jour cesser de voir dans l'homme qu'elle satisfait celui qui, plus que tous ceux de son sexe, est digne d'être aimé, si même elle pouvait simplement s'en représenter la possibilité, elle deviendrait du fait de cette pensée méprisable à ses propres yeux. S'il est possible que pour elle il ne soit pas le plus digne d'amour de son sexe, alors, puisque c'est pourtant, dans la totalité du sexe masculin, à lui seul qu'elle se donne, on n'en pourrait accepter d'autre explication que celle qui la dirait subrepticement poussée par la nature à ne chercher pour ainsi dire que sa satisfaction, et cela avec le premier venu — ce qui sans nul doute serait une représentation lui retirant tout honneur. Donc, pour autant qu'elle se donne en conservant sa dignité, elle suppose nécessairement *(4, 102)* que son sentiment présent ne connaîtra jamais de fin, mais qu'il sera aussi éternel qu'elle-même. Celle qui se donne un jour se donne pour toujours.

§ 6

Celle qui donne sa personnalité tout en affirmant sa dignité humaine donne nécessairement à l'être aimé tout ce qu'elle a. Si ce don n'était pas illimité et si, en l'effectuant, elle conservait par-devers elle le moindre objet, elle manifesterait ainsi que ce qu'elle conserve a pour elle une plus grande valeur que sa propre personne, ce qui sans nul doute constituerait un profond avilissement de sa personne. Sa dignité propre repose sur le fait qu'elle appartient tout entière à l'homme qu'elle aime, tant qu'elle vit et existe, et qu'elle s'est perdue sans réserve pour lui et en lui. Le moindre qui en résulte, c'est qu'elle lui abandonne son bien et tous ses droits, et qu'elle va demeurer chez lui. C'est seulement unie à lui, c'est seulement sous ses yeux et dans ses occupations qu'elle a encore vie et activité [III, 313]. Elle a cessé de mener la vie d'un individu ; sa vie est devenue une partie de sa vie (c'est excellemment indiqué par le fait qu'elle prend le nom de son mari).

§ 7

La situation de l'homme est la suivante. Lui qui peut s'avouer tout ce qui est en l'homme trouve donc en soi-même toute la plénitude de l'humanité, embrasse du regard tout ce qui est, comme la femme ne peut pour sa part jamais le faire. Il voit un être originairement libre se soumettre inconditionnellement à lui par liberté et avec une confiance illimitée ; il voit qu'elle fait dépendre entièrement de lui non seulement tout son destin extérieur, mais aussi le repos intérieur de son âme et son caractère moral, non pas cependant tel qu'il est, mais en tout cas tel que pour sa part elle le croit être : car effectivement la croyance de la femme en soi-même, en son innocence et en sa vertu dépend du fait qu'elle ne doit jamais cesser de respecter et d'aimer son mari plus que tous les autres êtres de son sexe.

De même que la disposition morale, dans la nature de la femme, se manifeste par l'amour, de même la disposition morale se manifeste dans la nature de l'homme par la *grandeur d'âme.* Il veut d'abord être le maître ; mais à l'égard de qui s'abandonne à lui avec confiance, il se dépouille de toute sa puissance. Etre fort en face de qui est soumis, c'est seulement le fait d'un homme non viril, qui n'a aucune force à opposer à ce qui lui résiste.

En conséquence de cette naturelle grandeur d'âme, l'homme est tout *(4, 103)* d'abord forcé, dans la relation qui l'unit à son épouse, d'être digne de respect, dans la mesure où toute la paix de celle-ci dépend du fait qu'elle puisse le respecter par-dessus tout. Rien ne tue plus irréparablement l'amour de la femme que l'abaissement et le déshonneur de l'homme. C'est ainsi qu'en général l'autre sexe pardonne tout au nôtre, sauf la lâcheté et la faiblesse du caractère. La raison n'en est aucunement le dessein égoïste que la femme aurait de bénéficier de notre protection ; c'est exclusivement [III, 314] le sentiment qu'il est impossible de se soumettre, comme le requiert sa destination, à un tel homme.

La paix de la femme dépend du fait qu'elle soit soumise entièrement à son époux et qu'elle n'ait pas d'autre volonté que la sienne. Il en résulte que, étant donné qu'il le sait, il ne peut rien négliger pour le lui faciliter aussi largement que possible, sans abdiquer sa nature propre et sa dignité, la grandeur d'âme masculine. Or, cela ne peut se produire s'il se laisse dominer par son épouse, car la fierté de son amour consiste en ce qu'elle lui soit soumise, apparaisse comme telle, et qu'elle ne sache elle-même rien d'autre, sinon qu'elle l'est. Des hommes qui se soumettent à la domination de leur femme se rendent par là même méprisables à ses yeux et lui retirent tout bonheur conjugal. La seule façon de produire la situation décrite, c'est qu'il guette ses désirs pour la faire accomplir, comme constituant sa volonté à lui, ce que, abandonnée à elle-même, elle aimerait le mieux faire. Il ne s'agit assurément pas ici de simplement satisfaire ses caprices et ses fantaisies, uniquement pour qu'ils soient satisfaits ; il s'agit d'une fin beaucoup plus élevée, à savoir : lui rendre plus facile d'aimer toujours son époux par-dessus tout et de préserver à ses propres yeux son innocence. Il ne peut manquer de se produire que l'épouse, dont le cœur n'est pas satisfait par une obéissance qui ne lui coûte nul sacrifice, cherche à son tour à guetter elle aussi les désirs de son mari et à les accomplir au prix de sacrifices. Plus grand est le sacrifice, plus parfaite est la satisfaction de son cœur. C'est de là que procède la *tendresse* conjugale (tendresse des sensations et de la relation entretenue). De chaque côté, on veut abdiquer sa personnalité afin que seule celle de l'autre règne ; c'est uniquement dans le contentement de l'autre que chacun trouve le sien ; l'échange des cœurs et des volontés s'accomplit pleinement. C'est seulement dans l'union avec une femme aimante que le cœur masculin s'ouvre à l'amour, à un amour qui se donne sans arrière-pensée et se perd dans son objet ; c'est seulement dans l'union conjugale que la femme apprend la grandeur [III, 315] d'âme, le sacrifice effectué avec conscience et par concepts — et ainsi l'union devient plus profonde à chaque jour de leur mariage.

— Corollaires

1) Dans l'union des deux sexes, donc dans la réalisation de l'homme *(4, 104) entier* comme produit achevé de la nature, mais aussi dans cette union seule, se trouve contenue une impulsion externe à la vertu. Par la tendance naturelle à la générosité, l'homme est forcé d'être noble et honorable, parce que le destin d'un être libre, qui s'est donné à lui en pleine confiance, en dépend. La femme est forcée, par la pudeur qui lui est innée, d'observer tous ses devoirs. Elle ne peut à aucun égard renoncer à une exigence de la raison sans en venir à soupçonner par-devers elle que très vraisemblablement elle y a aussi renoncé pour l'essentiel et que — pensée qui est pour elle la plus insupportable — elle n'aime pas son mari, mais se sert seulement de lui comme d'un moyen de satisfaire son instinct sexuel. L'homme en qui réside encore de la grandeur d'âme, la femme en qui réside encore de la pudeur sont capables de n'importe quel ennoblissement ; au contraire, ils sont sur le chemin qui conduit directement à tous les vices si l'un devient méprisable et l'autre impudique, comme l'atteste également, sans exception, l'expérience.

2) C'est aussi en ce point qu'est résolu le problème de savoir comment l'on peut conduire l'espèce humaine de la nature à la vertu. Je réponds : exclusivement en rétablissant dans son essence la relation naturelle entre les deux sexes. Il n'y a pas d'éducation morale de l'humanité, sauf en partant de là.

§ 8

Une relation telle que celle que l'on a décrite se nomme *un mariage.* Le mariage est une *union parfaite,* reposant sur l'instinct sexuel, entre deux personnes de sexe différent, union qui est à elle-même sa propre fin.

Elle *repose* sur l'instinct sexuel chez les deux sexes, cela pour le philosophe qui mène sa recherche ; mais il [III, 316] n'est pas nécessaire que l'une quelconque des deux personnes qui veulent conclure un mariage se l'avoue. La femme ne le peut jamais, elle ne peut s'avouer que l'amour. De même, la durée du mariage n'est aucunement conditionnée par la satisfaction de cet instinct ; cette fin peut disparaître totalement, et cependant la relation conjugale peut continuer dans toute son intimité.

Les philosophes se sont estimés dans l'obligation de donner une fin *(4, 105)* au mariage et ont donné à cette question des réponses très différentes. En fait, le mariage n'a aucune fin en dehors de lui-même ; il est sa propre fin. La relation conjugale est le type d'existence le plus approprié, exigé par la nature, pour les êtres humains adultes des deux sexes. C'est dans cette relation uniquement que se développent toutes les dispositions de l'être humain ; en dehors de lui, bien des côtés de l'humanité, et justement les plus remarquables, demeurent incultes. Si l'existence de l'homme en général doit être, tant soit peu, rapportée à une fin sensible, la forme de cette existence est nécessairement le mariage.

Le mariage est un lien entre *deux* personnes : *un* homme et *une* femme. La femme, qui s'est entièrement donnée à un seul homme, ne peut se donner à un second, car sa dignité propre dépend du fait qu'elle appartienne entièrement à ce seul homme. L'homme, qui doit se guider sur la volonté et les plus légers désirs d'une seule femme pour lui apporter le bonheur, ne peut se guider d'après les désirs de plusieurs, qui ne sont pas elles-mêmes d'accord entre elles. La polygamie suppose chez les hommes l'opinion que les femmes ne sont pas des êtres pourvus de raison, comme les hommes, mais simplement des instruments, sans volonté ni droits, au service de l'homme. C'est bien là, effectivement, la doctrine de la législation religieuse qui permet la pluralité des femmes, dans le droit musulman. Cette religion a, certes sans être clairement consciente des principes, tiré unilatéralement les conséquences de la détermination de la nature féminine, destinée à se comporter passivement. La polyandrie est totalement contre nature, et pour cette raison elle est extrêmement rare. Si elle n'était pas de la bestialité sauvage et pouvait supposer quelque chose [III, 317], il lui faudrait supposer qu'il n'existe aucune raison ni dignité de la raison.

Le lien conjugal est, de par sa nature, indissoluble et éternel, et il est nécessairement conclu comme éternel. La femme ne peut supposer qu'elle cessera jamais d'aimer son mari plus que tout autre homme, sans renoncer à sa dignité de femme ; l'homme ne peut supposer qu'il cessera d'aimer son épouse plus que toute autre femme, sans renoncer à sa grandeur d'âme masculine. Ils se donnent l'un à l'autre pour toujours, parce qu'ils se donnent l'un à l'autre entièrement.

§ 9

Le mariage n'est donc pas un usage que l'on a imaginé et ce n'est pas une institution arbitraire, mais c'est une relation nécessairement et parfaitement déterminée par la nature et la raison à travers leur réunion. Il est parfaitement déterminé, dis-je, c'est-à-dire que seul un mariage comme celui qu'on a décrit est autorisé par la nature et la *(4, 106)* raison, et absolument nul autre lien entre les deux sexes pour la satisfaction de l'instinct sexuel.

Pour instituer ou déterminer le mariage, la loi juridique n'a nullement à entrer en jeu, mais ce qui doit intervenir, c'est la législation bien plus élevée de la nature et de la raison, qui seule à travers ses produits crée un espace pour la loi juridique. Considérer le mariage simplement comme une association juridique, cela conduit à des représentations inconvenantes et immorales. C'est peut-être ainsi qu'on fut conduit à l'erreur selon laquelle le mariage est sans doute une coexistence d'êtres libres, comme tout ce qui est déterminé par le concept de droit. Mais il serait grave que cette coexistence ne puisse être fondée et ordonnée par rien de plus élevé que la loi de contrainte. Il faut d'abord qu'un mariage existe avant qu'il puisse être question d'un droit conjugal, tout comme il faut d'abord que des hommes existent avant qu'il puisse être question du droit en général. Quant à savoir d'où vient le mariage, le concept de droit se pose aussi peu cette question que celle de savoir d'où viennent les hommes. C'est seulement quand le mariage est déduit, comme cela vient de s'accomplir, qu'alors seulement il est temps de demander dans quelle mesure le [III, 318] concept de droit est applicable à ce lien, quelles contestations juridiques peuvent intervenir à son sujet et comment elles peuvent être résolues ; autrement dit, puisque nous enseignons un droit naturel réel, quels droits et quels devoirs possède l'administrateur visible du droit, *l'Etat*, dans les affaires conjugales en particulier et à propos de la relation réciproque des deux sexes en général. Nous en venons maintenant à cette analyse.

Deuxième section

LE DROIT MATRIMONIAL

(4, 107) § 10

L'ensemble de tous les droits est la personnalité, et c'est le premier et le plus élevé des devoirs de l'Etat que de la protéger chez ses citoyens. Mais, cela dit, la femme perd sa personnalité et toute sa dignité lorsqu'elle est forcée de se soumettre sans amour au plaisir sexuel d'un homme. Donc c'est un devoir absolu de l'Etat que de protéger ses citoyennes contre cette contrainte — devoir qui se fonde non pas du tout sur un contrat arbitraire particulier, mais sur la nature des choses, et qui est contenu immédiatement dans le contrat social, devoir qui est aussi sacré et inviolable que celui de protéger la vie des citoyens (ce qui est en jeu ici, c'est la vie morale intime des citoyennes).

§ 11

Cette contrainte pouvait être infligée à une citoyenne de façon immédiate, et il s'agit alors du *viol.* Il ne peut y avoir absolument aucune question pour savoir si le viol est un crime. On agresse ainsi la femme dans [III, 319] sa personnalité, donc dans l'ensemble de ses droits, de la plus brutale des manières.

L'Etat a le droit et le devoir de protéger ses citoyennes contre cette violence, d'une part grâce à la surveillance exercée par la police, d'autre part en menaçant d'infliger des punitions pour ce crime. Celui-ci témoigne tout d'abord d'une brutalité qui rend inapte à la vie sociale en général. La force de la passion n'excuse pas, mais aggrave bien plutôt le crime. Celui qui n'a pas la maîtrise de soi-même est un animal enragé ; la société ne peut le dompter par aucun moyen, elle ne peut donc pas le tolérer dans son sein. Le viol témoigne ensuite d'un mépris et d'un oubli sans limites de tout droit de l'homme. Dans certaines législations, il est puni de mort ; et si jamais une législation se tient pour légitimée à introduire la peine de mort, c'est de façon tout à fait conséquente qu'elle procède en l'appliquant aussi à ce crime. Conformément à mon *(4, 108)* système, je serais d'accord pour la maison de correction, dans la mesure où, bien que ce forfait soit équivalent au meurtre du point de vue du mépris des droits de l'homme, il n'est cependant pas impossible à des hommes de coexister avec de tels criminels.

Pour ce qui touche à la réparation, chacun perçoit qu'il n'en est aucune de possible. Comment pourrait être restituée à la malheureuse femme la conscience de se donner intacte à l'homme qu'un jour elle va aimer ? Cependant, il faut qu'il y ait, pour autant que c'est possible, une réparation, et, comme le criminel ne peut rien donner à celle qu'il a outragée et que celle-ci ne pourrait recevoir de lui rien d'autre que son bien, je serais d'accord pour le transfert de l'intégralité de son bien à celle qu'il a déflorée.

La femme non mariée se trouve, comme nous le verrons plus bas, soumise au pouvoir de ses parents, la femme mariée à celui de son mari. C'est aux parents ou au mari de porter plainte. Dans le premier cas, si jamais les parents ne voulaient pas porter plainte, elle aurait la possibilité de la déposer elle-même ; mais pas dans le second cas, parce qu'à ses parents elle est soumise seulement de façon conditionnelle, alors qu'à son mari elle l'est de façon tout à fait inconditionnelle.

§ 12

Cette contrainte pourrait être infligée à la citoyenne *de façon médiate*, par une violence morale venant de ses parents et de sa famille, lorsque, par de mauvais traitements ou par la persuasion, ils la décident à se marier sans véritable inclination de sa part. Pour ce qui est de savoir si l'on ne devrait pas interdire et punir les mauvais traitements infligés dans ce but, il ne peut se trouver aucun doute ; en ce qui concerne la persuasion, dans nul autre cas possible elle ne constitue un crime, mais ici elle en est manifestement un. Dans les autres cas, on dit : pourquoi t'es-tu laissé persuader ? Ici la question n'a pas lieu d'être : la fille, ignorante et innocente, ne connaît pas l'amour, ne connaît nullement le lien qui lui est proposé ; par conséquent, à proprement parler, elle est abusée et utilisée comme un moyen pour réaliser la fin qui est celle de ses parents ou de sa famille.

Cette sorte de contrainte est la plus dommageable et elle est largement plus outrageante que la violence physique dénoncée tout d'abord, bien que ce ne soit pas dans sa forme, mais à travers ce qui en résulte. Dans la première sorte de contrainte, la femme redevient pourtant, par la suite, libre ; dans la seconde, elle est en règle générale abusée pour toute sa vie sur la plus noble et la plus douce sensation, celle de l'amour, et sur sa vraie dignité de femme, sur la totalité de son caractère ; elle est abaissée pleinement et pour toujours au rang d'instrument.

Nulle question ne peut donc se poser pour savoir si l'Etat n'aurait pas le droit et le devoir de protéger ses jeunes citoyennes contre cette *(4, 109)* contrainte, à l'aide de lois rigoureuses et d'une surveillance sévère. La seule question qui se pose est la suivante : la fille non mariée se trouve, comme nous l'avons vu ci-dessous, soumise au pouvoir de ses parents ; ceux-ci sont sa première instance et ses tuteurs devant les tribunaux ; il faudrait donc qu'ils portent plainte contre la contrainte qui lui a été infligée : or il serait absurde qu'ils doivent s'accuser eux-mêmes, car s'ils voulaient que la contrainte subie par leur fille fût empêchée par le pouvoir de l'Etat, ils se garderaient assurément d'eux-mêmes de l'exercer.

Cela dit, nous verrons également que la fille se dégage [III, 321] du pouvoir de ses parents lorsqu'elle se marie. Ici, il est, pour le moins, question de mariage ; la fille est considérée comme à marier par ses parents eux-mêmes, qui veulent la contraindre au mariage ; la loi, de manière pleinement conforme à la saine raison, pourrait donc prescrire que lui proposer de se marier devrait avoir, du côté de ses parents, les conséquences juridiques de l'émancipation et que la fille, dans ce cas, devrait nécessairement veiller elle-même sur ses droits. Le jugement définitif de l'Etat en cette affaire, donc la prescription de la loi, ne pourrait être autre que ceci : à des parents qui se servent à ce point de leur pouvoir pour opprimer durant toute une vie les droits de l'homme chez leur enfant, il faut que leur fille soit retirée, avec le bien qui lui revient, pour être placée sous la garde directe de l'Etat, jusqu'à ce qu'elle se marie. Etant donné que, en dépit de cette prescription, on pourrait toujours craindre qu'il ne soit pas facile à une jeune fille inexpérimentée, accoutumée à obéir aveuglément à ses parents, de porter plainte, mais que pourtant tout repose ici sur le fait que cette contrainte au mariage n'a pas lieu d'être, l'autorité pourrait être obligée, dans de telles affaires, d'agir sans plainte préalable, d'office.

§ 13

Avec le sexe masculin, les choses se passent tout autrement. D'abord, l'homme ne peut pas, à proprement parler, être contraint de consommer le mariage, parce que cela va contre la nature de la chose. Si on le persuade de se marier, cela a très peu d'importance, car chez lui l'amour proprement dit, de toute façon, ne précède pas le mariage, mais est au contraire seulement produit par lui. Mais que la femme soit contrainte de l'épouser, il ne peut le tolérer, s'il comprend où est vraiment son intérêt. Cela va à l'encontre de ses droits en tant qu'être humain, car on lui enlève ainsi la perspective d'un mariage heureux, *(4, 110)* qu'il est en droit d'exiger. L'amour viendra bien ensuite, disent beaucoup de parents. Chez l'homme, c'est sans nul doute ce que l'on peut attendre, s'il reçoit une épouse digne, mais chez la femme, c'est très incertain, et il est effrayant de [III, 322] sacrifier et d'abaisser toute une vie d'homme pour ce qui n'est ainsi qu'une simple possibilité.

Le résultat de ce qui a été dit, c'est que le mariage doit être conclu avec une absolue liberté, et que l'Etat, en vertu de son devoir de protection envers les personnes particulières, et notamment envers le sexe féminin, a le devoir et le droit de veiller sur cette liberté des biens conjugaux.

§ 14

De cette haute surveillance exercée par l'Etat sur la liberté des mariages, il s'ensuit qu'il doit reconnaître et légaliser tous les mariages qui sont conclus entre ses citoyens et ses citoyennes.

Chaque mariage doit donc avoir une validité juridique, c'est-à-dire que le droit humain de la femme ne doit pas être lésé ; elle doit s'être donnée par liberté de sa volonté, par amour, et non pas en y étant contrainte. Il faut que chaque citoyen soit tenu de le prouver devant l'Etat ; dans le cas contraire, ce dernier aurait le droit de le soupçonner de violence et de faire une enquête à son sujet. Mais il ne peut apporter cette preuve de la manière qui convient qu'en faisant déclarer par sa femme, devant un tribunal, son libre consentement, lors de la *célébration du mariage*. Le « oui » de la fiancée ne signifie *stricto sensu* rien d'autre que le fait de ne pas subir de contrainte. Tout le reste de ce à quoi le mariage oblige se comprend immédiatement, à partir de ceci qu'ils concluent *un mariage*. Ce que peut bien signifier le « oui » de l'homme, apparaîtra plus loin. Qu'il ne soit pas contraint de se marier, cela ressort du fait que c'est lui qui conduit la femme à la cérémonie. Que le mariage, comme il se fonde sur la moralité et ne subsiste absolument que par elle, soit conclu sous les yeux de ceux qui doivent être les éducateurs du peuple à la moralité, c'est-à-dire les ecclésiastiques, c'est très logique ; mais dans la mesure où la célébration du mariage a une valeur juridique, l'ecclésiastique est un fonctionnaire de l'Etat. C'est ainsi qu'en réalité les consistoires se considèrent donc aussi en ces matières comme des *tribunaux spirituels*, et qu'en l'occurrence ils ont tout à fait raison.

On ne peut concevoir d'où l'État, et ici [III, 323] en particulier le clergé qui dans ce domaine se comporte lui-même en législateur, devrait avoir le droit d'interdire le mariage pour certains degrés de parenté. S'il se trouve dans la nature une aversion envers une union de ce genre, il n'y a nul besoin de leur loi ; mais s'il n'y a nulle aversion naturelle contre une telle union, ce n'est pas sur elle qu'ils peuvent faire reposer *(4, 111)* leur loi. On peut comprendre comment une nation pourrait croire que sa divinité serait exaspérée, entre autres motifs, par de tels mariages ; et s'il en est ainsi, l'Etat n'a pas le droit d'*ordonner* de tels mariages (de même qu'en général il n'a pas le droit d'ordonner un mariage entre deux personnes déterminées), étant donné qu'il ne lui est pas permis d'obliger les citoyens contre leur conscience, quand bien même elle se tromperait. Mais il a tout aussi peu le droit d'*interdire* ces mariages ; celui qui croit à cette exaspération de la divinité, s'en abstiendra de toute façon ; celui qui n'y croit pas ou qui veut braver le danger, sera déjà puni par la divinité, si la croyance de la nation est vraie. En tout cas, qu'on s'en remette aux dieux pour se venger eux-mêmes des offenses qui leur sont faites. Il ne reste aux prêtres qu'à loyalement avertir et exhorter la nation, et, en simples *interprètes de la loi,* à indiquer à ceux qui veulent les croire les degrés interdits et les peines divines qui s'y appliquent.

On ne peut se représenter aucune raison d'obliger par la croyance des autres ceux qui n'y croient pas ou qui veulent braver le danger à leurs risques et périls, si ce n'est que la punition de leur péché frappe en même temps les autres qui sont innocents. Mais c'est là une superstition mauvaise et corrompue, que l'Etat ne peut prendre en compte dans sa législation et par laquelle il ne peut pas non plus limiter les droits naturels des autres.

Mais, indépendamment de tout motif religieux, ne pourrait-il y en avoir de politiques pour considérer certains mariages comme défendus ? C'est Montesquieu, me semble-t-il, qui dit les meilleures choses sur ce point (*De l'esprit des lois,* liv. 26, chap. 14). Cela a toujours été la destination naturelle des pères, que de veiller sur l'innocence de leurs enfants pour les doter d'un corps aussi intact que possible [III, 324] *(4, 112)* et d'une âme aussi peu corrompue que possible. Sans cesse préoccupés de ce souci, ils devaient eux-mêmes être personnellement bien loin de faire quoi que ce soit qui puisse les corrompre. Pour la même raison, ils devaient aussi enraciner chez leur fils et leur fille une répugnance à s'unir entre eux. C'est aussi la source d'où procède l'interdiction du mariage pour les cousins germains. Car aux premiers temps du monde tous les enfants restaient dans la maison paternelle et les enfants de deux frères se considéraient eux-mêmes entre eux comme frères et sœurs.

A cet égard, deux remarques. D'abord, ce maintien de la pureté à l'intérieur de la famille était le souci propre des pères de famille, mais nullement l'affaire de la législation civile, comme s'il était ainsi porté effectivement atteinte aux droits d'une autre famille, ou de la législation policière, comme si cette atteinte était ainsi simplement facilitée ; et les gens plus cultivés, dans la nation, pouvaient *rappeler* les autres, qui d'eux-mêmes n'en seraient peut-être pas venus à cette prudence, à la nécessité d'en faire preuve, les *instruire* à cet égard, mais ils ne pouvaient nullement, en tant qu'Etat, énoncer *une loi* à ce sujet. Ensuite, là où le fondement s'effondre, le fondé s'effondre aussi. Ce fondement est ici la coexistence de certains parents. Pour ce qui touche au mariage entre parents et enfants et entre frères et sœurs, ce fondement ne peut en général jamais disparaître. Pour ce qui touche au mariage des cousins germains, ou de l'oncle avec sa nièce, du beau-frère et de la belle-sœur, etc., ce qui en constituait la raison d'être a rarement lieu dans la situation présente des hommes.

Passer la nuit ensemble, c'est proprement consommer le mariage ; c'est en cela que la femme soumet pour la première fois toute sa personnalité à l'homme et lui montre son amour, dont procède toute la relation entre époux que nous avons décrite. Quand cela a eu lieu, alors on peut considérer qu'il y a mariage — proposition que nous déterminerons plus nettement ci-dessous et dont nous tirerons les conséquences ; quand cela n'a pas eu lieu, alors tout autre lieu peut exister, mais pas un véritable mariage. C'est ainsi que des *fiançailles*, qu'elles soient publiques ou privées, ne constituent [III, 325] pas un mariage ; et leur rupture n'est aucunement à considérer comme un divorce. Le droit de réclamer un dédommagement peut toutefois ainsi se trouver fondé. La partie innocente doit, autant qu'il est possible, être restituée dans son état antérieur. Même la *célébration du mariage*, si, comme c'est conforme à la moralité, elle en précède la consommation, ne constitue pas le mariage, mais simplement elle reconnaît juridiquement par avance le mariage qui doit être conclu plus tard.

(4, 113) § 15

L'homme et la femme sont unis de la façon la plus intime. Leur lien est un lien des cœurs et des volontés. Il n'y a donc nullement à supposer qu'entre eux puisse surgir un litige. L'Etat n'a par conséquent aucune loi à énoncer sur la relation réciproque entre les deux époux, parce que leur relation, dans sa totalité, n'est pas du tout une relation juridique, mais est une relation naturelle et morale des cœurs. Ils ne forment tous deux qu'une seule âme et par définition ils se séparent aussi peu l'un de l'autre et ils se traduisent l'un l'autre devant le tribunal aussi peu qu'un même individu s'intentera à lui-même un procès devant le tribunal.

Dès que surgit un litige, la séparation est déjà intervenue et le divorce juridique, dont on traitera ci-dessous, peut s'ensuivre.

§ 16

Dans le concept du mariage est comprise la soumission illimitée de la femme à la volonté du mari, pour une raison non pas juridique, mais morale. Il lui faut se soumettre pour son propre honneur. La femme ne s'appartient pas à elle-même, elle appartient à son mari. Dans la mesure où l'Etat reconnaît le mariage, c'est-à-dire précisément cette relation bien connue de lui et qui ne se fonde pas sur lui, mais sur quelque chose de supérieur à lui, il renonce à considérer désormais la femme comme une personne juridique. Le mari prend entièrement sa place ; elle est, du fait de son mariage, totalement anéantie pour l'Etat, cela en vertu de sa propre volonté qui est nécessaire pour cela [III, 326] et que l'Etat a garanti. Le mari se porte garant d'elle auprès de l'Etat ; il devient son tuteur légitime ; c'est lui qui, à tous égards, vit la vie publique de sa femme, et elle conserve exclusivement une vie privée.

La garantie que l'homme donne pour sa femme se comprend d'elle-même, car elle résulte de la nature de leur lien ; nous en verrons les limites plus loin. Pourtant il peut ne pas être inutile qu'il en fasse encore la déclaration en particulier et qu'il se porte expressément garant pour cette femme. On peut considérer le « oui » de l'homme lors de la célébration du mariage comme l'assurance de cette garantie, et c'est seulement à cette condition qu'il acquiert un sens.

(4, 114) § 17

Dans le concept du mariage est compris le fait que la femme qui abandonne sa personnalité transmet également à son mari la propriété de tous ses biens et des droits qui lui reviennent en exclusivité dans l'Etat. En reconnaissant un mariage, l'Etat reconnaît et garantit en même temps au mari la propriété des biens de sa femme, non pas *vis-à-vis de la femme*, car avec elle, par hypothèse, nulle contestation juridique n'est possible, mais *vis-à-vis de tous les autres citoyens*. Le mari devient, eu égard à l'Etat, le seul propriétaire des biens qui étaient déjà les siens auparavant et de ceux que sa femme lui apporte. L'acquisition est illimitée, étant donné que c'est lui qui demeure l'unique personne juridique.

Soit la propriété de la femme est déjà déclarée auparavant, connue de l'Etat et reconnue par lui : elle est alors simplement transférée au mari ; soit elle naît seulement maintenant à partir du bien de ses parents : dans ce cas, c'est simplement alors que les époux en font la déclaration et que l'Etat garantit la propriété de ces objets en général. De la propriété absolue, argent et valeurs, l'Etat, d'après la démonstration effectuée plus haut, n'a pas à prendre quelque connaissance que ce soit : toutefois, à cause d'un futur divorce qui est malgré tout possible, et pour la répartition qui doit se produire alors (dont on traitera ci-dessous), il est nécessaire que l'Etat sache la valeur [III, 327] de ce qui est apporté, ou que du moins soient prises des dispositions telles qu'il pourra le savoir en temps voulu, si c'est nécessaire. Un document peut simplement être déposé à ce sujet dans la famille de l'épouse, ou un document cacheté peut l'être dans les tribunaux.

De même sont compris dans le concept du mariage l'habitation commune, le travail commun, bref la vie commune. Pour l'Etat, les deux époux apparaissent comme ne formant qu'une seule personne ; ce que l'un d'eux fait, dans la propriété commune, représente toujours la même chose que si l'autre l'avait fait en même temps. Mais, de tous les actes juridiques publics, seul l'homme se préoccupe.

§ 18

Il n'est besoin d'aucune loi de l'Etat pour ordonner la relation qu'entretiennent les époux ; il y a tout aussi peu besoin des lois pour ordonner leur relation avec les autres citoyens. Ce que je pense des lois sur le divorce, en tant qu'elles se présentent et s'expriment comme des lois sur une propriété, et qu'elles doivent préserver de toute atteinte la *(4, 115)* propriété de la femme vis-à-vis du mari et celle du mari vis-à-vis de la femme, je l'expliquerai plus bas. L'Etat considère les époux comme une seule personne juridique, dont le mari est le représentant extérieur, et il considère leur bien comme un seul bien : chaque citoyen particulier est donc obligé de les considérer de la même façon. Lors des litiges, c'est vers l'homme que chacun doit se tourner ; nul ne peut avoir à régler une affaire directement avec la femme. Tout ce qui en résulte, c'est l'obligation pour les époux de faire connaître leur mariage parmi ceux auxquels ils ont affaire en priorité — ce qui est nécessaire aussi du point de vue moral afin d'éviter le scandale qui s'ensuivrait d'une union illégale ou tenue pour illégale, et c'est par l'intermédiaire du clergé que cela s'effectue donc de la manière qui convient le mieux.

§ 19

Originairement, c'est-à-dire selon les simples dispositions de la nature, l'homme vise assurément la satisfaction de l'instinct sexuel [III, 328]. Mais s'il apprend, avant le mariage, par la réflexion et l'instruction, et par les relations qu'il entretient effectivement avec des personnes honorables du sexe féminin (en particulier avec sa mère), que l'amour réside dans la femme et qu'elle ne doit s'abandonner que par amour, chez lui le simple instinct naturel s'ennoblit aussi. Lui aussi ne veut plus seulement jouir, mais il veut être aimé. Une fois qu'il sait que la femme se rend méprisable si elle se donne sans amour et que son plaisir est un plaisir dégradant, il ne veut pas se laisser utiliser comme moyen de cette basse sensualité. Il lui faut nécessairement se mépriser lui-même s'il est forcé de se considérer comme le simple instrument de la satisfaction d'une tendance vile. C'est à partir de ces principes qu'il faut apprécier l'effet qu'a sur l'homme l'infidélité de la femme.

La femme qui se donne à un autre homme se donne à lui — *premier cas* — en raison d'un amour tout à fait véritable. Mais alors, comme la nature de son amour ne tolère absolument pas le partage, elle a cessé d'aimer son époux, et toute sa relation avec lui est donc anéantie. En outre, quand bien même elle invoque l'amour pour s'excuser, elle s'est dégradée, car sa première union avec son mari doit désormais, si elle est encore capable de moralité, lui apparaître comme vile et bestiale, pour les raisons indiquées plus haut. Si elle laisse subsister encore l'apparence de ses relations antérieures avec son mari, elle se déshonore ainsi une *(4, 116)* nouvelle fois au plus haut degré. En tout cas elle utilise sa personnalité comme un moyen pour une fin inférieure et ainsi elle fait de son mari lui-même un moyen. Ou bien — *deuxième cas* c'est par plaisir sensuel qu'elle s'est abandonnée à l'homme étranger : il faut alors considérer que là encore elle n'aime plus son mari, mais qu'elle se sert de lui exclusivement pour satisfaire son instinct ; et cela est absolument au-dessous de sa dignité.

L'infidélité de la femme anéantit donc, dans tous les cas, la relation conjugale dans son intégralité ; et l'homme ne peut conserver la [III, 329] femme adultère, sans s'abaisser lui-même (cela s'est exprimé dans le sentiment général de toutes les nations tant soit peu civilisées. Partout, l'homme qui tolère les dévergondages de sa femme est méprisé, et on l'a gratifié d'un sobriquet particulier. Cela vient du fait qu'un tel homme pèche contre l'honneur, qu'il se montre d'un esprit vil et bas).

La colère de l'homme se caractérise par le mépris de la femme infidèle. Si ce n'est pas le cas, si elle se caractérise par exemple par l'envie et la jalousie, l'homme se rend lui-même méprisable.

§ 20

Ou bien l'adultère dont l'homme se rend coupable montre une mentalité vile, si la femme avec laquelle il se commet se donne à lui non par amour, mais pour une autre fin ; il veut alors simplement jouir. *Ou bien* il représente la plus grande injustice envers cette femme, si elle se donne à lui par amour. Il s'engage ainsi à tous les devoirs du mariage, à une grandeur d'âme sans limites, à une sollicitude sans limites pour la satisfaire, tous engagements que cependant il ne peut remplir.

Or, il est certes vil en soi que l'homme vise uniquement la satisfaction de son instinct, mais ce n'est pas directement mortel pour le caractère, comme chez la femme ; cela dit, d'une part, sa femme peut très bien être ainsi conduite à l'idée qu'il ne la traite pas elle-même d'une autre manière et que tout ce qu'elle tenait pour de la tendresse généreuse, n'est rien que le simple instinct sexuel, idée par laquelle elle se sentirait inévitablement très dégradée. D'autre part, une femme aimante ressentira toujours très douloureusement le fait que ce sacrifice qu'elle-même fait pour son mari, une autre femme qu'elle le fasse (de là vient que la colère de la femme contient toujours une dimension de jalousie et de haine contre la rivale). Il est donc très aisément possible *(4, 117)* que dès lors le cœur de la femme se détourne de l'homme, mais il est tout à fait sûr que pour elle leur relation [III, 330] en deviendra amère ; et cela va à l'encontre de la grandeur d'âme dont l'homme est redevable.

Donc l'adultère de l'homme n'anéantit pas nécessairement la relation conjugale, alors que celui de la femme l'anéantit nécessairement — mais il est néanmoins possible qu'il l'anéantisse, et alors la femme est dégradée à ses propres yeux. En matière de culpabilité, il ne le cède en rien à celui de la femme ; on pourrait dire qu'elle est même plus grande ici, parce que la grandeur d'âme en est atteinte, ce par quoi se trahit une âme aux sentiments bas. La femme peut pardonner, et la femme qui est digne et noble le fera certainement. Mais il est pénible pour l'homme, et plus pénible encore pour la femme, qu'elle ait quelque chose à pardonner. Le premier perd le courage et la force d'être le chef de famille ; et la seconde se sent accablée de ne pas pouvoir respecter celui auquel elle s'est donnée. La relation entre les deux s'en trouve presque renversée. La femme devient celle qui fait preuve de grandeur d'âme, et l'homme ne peut logiquement être que celui qui est soumis.

Cela se manifeste aussi dans le jugement commun. Une femme qui connaît et supporte les désordres de son mari n'est pas méprisée ; au contraire, plus elle se comporte de façon douce et sage, plus elle est estimée. On suppose donc qu'elle ne doit pas chercher un recours juridique. D'où procède cette opinion profondément inscrite dans l'âme humaine ? S'agit-il de quelque chose qui vient de notre législation, et qui n'existe que chez nous, les hommes ? En fait, elle est également présente chez les femmes qui se plaignent de cette législation. Elle se fonde aussi sur les distinctions fondamentales que l'on a indiquées entre les deux sexes.

§ 21

Pour pouvoir juger profondément des conséquences civiles de l'adultère et du divorce qui éventuellement en résulte, il nous faut avant tout analyser la situation de l'Etat et de la législation par rapport à la satisfaction de l'instinct sexuel en dehors du mariage.

C'est le devoir de l'Etat que de protéger l'*honneur* du sexe féminin, c'est-à-dire, d'après ce que l'on a vu plus haut, de veiller qu'il ne soit pas contraint [III, 331] de se donner à un homme en l'absence d'amour ; car cet honneur qui est le sien propre est une partie, et même la plus noble partie de sa personnalité. Mais chacun a aussi le droit — car il n'y a aucune raison juridique *externe* qui aille contre — de sacrifier sa personnalité. De même que chacun dispose d'un droit externe illimité — et non pas interne et moral — sur sa propre vie, et que l'Etat ne peut *(4, 118)* faire aucune loi contre le suicide, de même la femme, en particulier, a un droit externe illimité sur son honneur. Il est laissé à sa liberté, extérieurement, de s'abaisser au rang de l'animal, tout comme il doit être extérieurement laissé à la liberté de l'homme de penser de façon vile et commune.

Si la femme veut se donner par simple volupté ou pour d'autres fins, et s'il se trouve un homme qui renonce à l'amour, l'Etat n'a aucun droit de l'interdire.

L'Etat ne peut donc en toute rigueur — ce qu'il a à envisager pourtant à cet égard, on le verra plus loin — faire des lois contre la prostitution et l'adultère, et il ne peut y appliquer de peines (ce sont là aussi, en réalité, les dispositions initiales des Etats chrétiens. Les fautes de cette sorte sont punies non pas tant comme des transgressions d'une loi civile, que plutôt comme des transgressions d'une loi morale, et cela par la société qui se charge de la contrainte morale, c'est-à-dire l'Eglise. La peine suprême pour de telles fautes était toujours une pénitence infligée par l'Eglise. Nous n'avons pas à analyser ici la légitimité de cette façon de procéder, car nous traitons de l'Etat, et non de l'Eglise. Par exemple, les revenus que la chambre pontificale tire des femmes légères sont d'une grande conséquence dans l'inconséquence. C'est proprement l'Eglise qui doit donner son consentement à ce mode d'existence, faute de quoi il ne serait pas permis de le pratiquer ; et l'argent qui est versé est la pénitence payée d'avance pour les péchés que, dans ces conditions seulement, elles veulent commettre).

§ 22

Dans un premier cas, au sein d'une relation dont la fin dernière est la satisfaction de l'instinct sexuel et qui se [III, 332] fonde sur l'intérêt égoïste, il intervient de la durée et de la publicité. Cela se nomme alors le *concubinage*, les choses obtenant ici un caractère public, du moins pour une police attentive, du fait de la cohabitation.

L'Etat ne peut, pour la raison qui vient d'être indiquée, interdire le concubinage. Il doit seulement se convaincre tout d'abord que nulle violence n'est infligée à la femme, mais qu'elle a conclu volontairement ce contrat, assurément honteux. La femme doit le déclarer ; simplement, comme la chose est indigne, elle ne doit pas le faire avec solennité et apparat, et bien sûr pas devant les éducateurs moraux, mais devant certains employés de police, lesquels sont de toute façon voués à s'occuper d'affaires peu honorables.

L'Etat doit savoir en outre que ce lien, quoiqu'il ait l'apparence *(4, 119)* extérieure d'un mariage, n'en est pas un. Il n'a pas les conséquences juridiques du mariage, l'homme ne devient pas garant et tuteur légal de la femme. Le lien peut être rompu dès que cela plaît à l'un des deux, sans aucune formalité. L'Etat ne l'a pas garanti. Il garantit tout aussi peu les conditions du contrat ; et la femme n'en acquiert aucune exigence qui soit valable en droit à l'égard de l'homme, cela pour la raison suivante : c'est seulement grâce à une occupation attestée et reconnue par l'Etat que l'on acquiert la possibilité d'avoir des exigences juridiquement valables ; or, l'Etat ne peut assurément interdire l'activité qui est pratiquée ici, parce que cela se trouve en dehors de ses droits, mais il ne peut pas non plus l'attester, parce qu'elle est immorale. Si donc l'homme ne veut pas tenir sa parole, il met certes ainsi un comble à sa bassesse et, comme il faut l'espérer, au mépris qu'il s'attire, mais la femme ne peut déposer plainte contre lui et elle est éconduite devant les tribunaux.

§ 23

Ou bien — deuxième cas — à la satisfaction de l'instinct sexuel en dehors du mariage ne vient pas s'associer la vie en commun.

D'abord, on peut être dans le cas où la femme se soumet [III, 333] à la volonté de l'homme sans qu'il la paie ou lui promette de la payer — que le paiement consiste en quoi que ce soit, argent, valeur ou même service rendu —, ou sans qu'il soit d'une quelconque manière expressément déclaré que sa soumission ne s'effectue pas par amour : on doit alors admettre qu'elle est effectuée par amour. Qu'elle ne provienne pas de l'appât du gain, c'est évident ; et qu'elle provienne de la volupté, c'est ce que l'on ne doit jamais supposer sans preuve, parce que c'est contraire à la nature de la femme. Il faudrait avoir prouvé expressément qu'elle est bien connue pour se donner à chacun. Mais la soumission par amour fonde le mariage. Entre ces deux personnes que nous supposons, un mariage s'est donc effectivement accompli, même sans promesse explicite de mariage. S'il s'y présente une telle promesse, alors les choses vont de soi.

Il ne manque encore que la reconnaissance publique de ce mariage, sa *célébration*. De celle-ci, l'Etat est absolument redevable à la femme ; car il est redevable vis-à-vis d'elle de protéger son honneur, entendu comme droit à sa personnalité. Elle-même n'a, selon notre hypothèse, rien abdiqué de son honneur ; donc l'Etat ne peut pas non plus en abdiquer quoi que ce soit. L'homme peut être tenu par la contrainte de *(4, 120)* consentir à la célébration du mariage. Il n'est pas contraint au mariage, car celui-ci est déjà effectivement conclu, mais simplement à déclarer publiquement son mariage. S'il y a en lui une aversion insurmontable, ou s'il y a d'autres raisons qui rendent difficile la poursuite du mariage, par exemple une complète inégalité dans les conditions, le mariage peut être cassé après la célébration, et cette rupture s'accomplit selon les lois du divorce en général, dont nous allons parler tout de suite après. La femme et l'enfant portent son nom, et la femme doit être pleinement considérée comme une divorcée.

(De la véritable inégalité dans les conditions, il s'ensuit une inégalité d'éducation, une totale différence de tout le cercle des idées, une inadaptation aux sociétés dans lesquelles seulement l'autre partie peut vivre, et de ce fait un mariage, une parfaite union des cœurs et des âmes en une unité, une [III, 334] véritable égalité des deux époux sont rendus absolument impossibles : la relation devient nécessairement un concubinage qui n'a pour fin, d'un côté, que la satisfaction de l'intérêt égoïste et, de l'autre, celle de l'instinct sexuel. Quelque chose de tel, l'Etat ne peut jamais se le donner pour un mariage durable, ni le reconnaître comme tel. Mais il n'y a par nature que deux conditions différentes : une qui forme simplement son corps pour du travail mécanique, et une qui forme avant tout son esprit. Entre ces deux conditions il y a une véritable mésalliance, et excepté entre elles il n'y en a aucune.)

Ou alors on est dans le cas suivant : il peut être prouvé à la femme violée qu'elle a, avant ou après, fait cela avec d'autres hommes, ou qu'elle s'est donnée pour un certain prix. Dans le dernier cas, il doit être clair qu'elle a expressément établi ce prix pour sa personnalité et que c'est seulement dans l'espoir de celui-ci qu'elle s'est donnée, ou après l'avoir déjà obtenu. Si elle a seulement en d'autres occasions reçu des cadeaux de ses amoureux, cela ne prouve rien contre sa vertu. Si cette preuve peut être fournie à la femme, elle est une personne sans honneur et elle ne reçoit aucune protection de la part de l'autorité : car celle-ci ne peut protéger un honneur qui n'existe pas du tout, et auquel sa détentrice elle-même a renoncé.

Des femmes qui se livrent à la prostitution *(quae quaestum corpore exercent),* qui en font leur unique métier, l'Etat ne peut les tolérer à l'intérieur de ses frontières ; il faut les interdire de séjour, et cela sans porter préjudice à leur liberté, que nous avons déduite, de faire ce qu'elles veulent de leur corps. La raison en est très simple : l'Etat doit savoir de quoi chaque personne vit, et il doit lui accorder le droit d'exercer son métier. La personne qui ne peut donner cette indication n'a pas le droit de citoyenneté. Or si une femme indiquait à l'Etat que *(4, 121)* tel est son moyen de subsistance, il aurait le droit de la tenir pour folle. *Propriam turpitudinem confitenti non creditur* est une règle de droit juste. C'est donc tout comme si elle n'avait pas indiqué de métier, et *à* [III, 335] *cet égard,* si elle ne s'en assure pas un autre, elle doit être expulsée hors des frontières. Dans un Etat constitué comme il convient, un tel cas ne peut pas, logiquement, se présenter, étant donné que chacun a son avenir assuré d'une manière raisonnable. Si ces femmes ont en outre, à côté du premier, un autre métier et si celui-ci n'est pas leur condition fixe, l'Etat ignore leurs mœurs. La question de la violence n'a pas lieu de se poser, puisque ces mœurs n'obtiennent en fait aucune publicité, à la différence de ce qui arrive pour le concubinage en raison de la cohabitation régulière. L'Etat ne sait rien de ces dérèglements et il n'a en rien garanti aux hommes la jouissance de ces plaisirs déshonorants, comme il a par exemple garanti à ses citoyens de pouvoir voyager tranquillement et confortablement sur les routes. La surveillance de la santé de ces prostituées n'est donc nullement une branche de la police, et j'avoue que je la tiens pour indigne d'un Etat juste. Qui veut la débauche peut bien supporter aussi les conséquences naturelles de sa vie débauchée. L'Etat garantit tout aussi peu, comme cela va de soi, les contrats qui sont conclus en ces matières. Une prostituée ne peut en de telles affaires déposer de plainte.

§ 24

Appliquons ces principes à l'adultère. L'Etat ne peut pas davantage énoncer de lois contre lui, ni établir de peines, que contre une quelconque satisfaction extraconjugale de l'instinct sexuel. De qui les droits devraient-ils donc être lésés par ce crime ? Ceux de l'homme, peut-être, avec la femme duquel, ou de la femme avec l'époux de qui il y a eu adultère ? La fidélité conjugale est-elle donc l'objet d'un droit de contrainte ? C'est ainsi sans doute qu'elle est envisagée dans de telles lois. Mais elle se fonde en fait sur le lien des cœurs. C'est là un lien libre, qui ne se peut obtenir par la contrainte ; et si cela cesse, contraindre à la *fidélité extérieure*, ce pour quoi il ne pourrait y avoir de contrainte que physique, est juridiquement impossible et contraire au droit.

§ 25

[III, 336] Si la relation qui devrait exister entre des époux et qui *(4, 122)* définit l'essence du mariage, amour illimité du côté de la femme, grandeur d'âme illimitée du côté de l'homme, est anéantie, le mariage qui les unit est de ce fait aboli. Donc, *des époux se séparent d'eux-mêmes, par un acte de leur libre volonté, tout comme ils se sont unis par un acte de leur libre volonté.* Si le fondement de leur relation est supprimé, le mariage ne dure pas plus longtemps, même si pourtant ils restent ensemble, mais leur vie commune ne se peut plus tenir que pour du concubinage : leur union n'est plus elle-même une fin, mais il y a une fin en dehors d'elle, la plupart du temps celle de l'avantage momentané. Or on ne peut exiger d'aucun homme quelque chose de vil, comme l'est le concubinage ; donc l'Etat ne peut pas non plus exiger de ceux dont les cœurs se sont séparés qu'ils vivent plus longtemps ensemble.

Il se dégagerait de tout cela que l'Etat n'aurait absolument rien à faire lors de la séparation des époux, si ce n'est prescrire de lui déclarer aussi la séparation qui est intervenue, à lui qui a reconnu l'union. Les conséquences juridiques du mariage disparaissent nécessairement après sa dissolution, et c'est pour cela que l'Etat doit en être informé afin que, sur cette base, il puisse prendre ses dispositions.

§ 26

Or le fait est que la plupart de nos Etats prétendent avoir à en connaître juridiquement dans les affaires de divorce. Ont-ils en cela tout à fait tort ? Ou alors, s'ils n'ont pas totalement tort, sur quoi se fonde leur droit ?

Sur ceci : le cas peut se présenter d'époux devant se séparer qui réclament le secours de l'Etat lors de leur séparation ; et alors l'Etat doit juger s'il a ou non à apporter ce secours. Le résultat de cette constatation serait le suivant : *tout jugement juridique porté par l'Etat dans les affaires de divorce n'est rien d'autre qu'un jugement sur le secours que lui-même a à fournir en cette circonstance.* Nous allons explorer ce point de façon détaillée.

§ 27

[III, 337] Ou bien les deux parties sont d'accord pour se séparer l'une de l'autre et elles sont aussi d'accord pour la répartition des biens, auquel cas il n'y a pas de litige ; dans ce cas, elles n'ont absolument rien de plus à faire qu'à déclarer leur séparation à l'Etat. L'affaire est déjà *(4, 123)* réglée entre elles, l'objet sur lequel elles s'entendent est un objet qui relève de leur liberté naturelle, et l'Etat, en toute rigueur, n'a pas même à poser de questions sur les raisons de leur séparation.

Si chez nous on se pose de telles questions, ce n'est pas l'Etat proprement dit qui le fait, mais c'est l'Eglise qui agit ainsi en tant que société morale. En l'occurrence elle a donc tout à fait raison ; car le mariage est une union morale et il peut donc être important pour les époux qui se séparent de se justifier en effet devant le représentant de la société morale, l'Eglise, au sein de laquelle ils veulent en tout cas, espérons-le, demeurer ; il peut être important aussi pour eux de recevoir le conseil, à cet égard, de leurs éducateurs et directeurs de conscience. Il sera aussi tout à fait opportun que ces derniers leur fassent des remontrances. Simplement, à ce propos, il faut bien remarquer le point suivant : les ecclésiastiques ne disposent d'aucun droit de contrainte, ni pour faire avouer les raisons qui ont motivé la séparation, ni pour faire suivre leurs conseils. Si deux époux disent : « nous entendons en prendre la responsabilité », ou : « vos raisons ne nous ébranlent pas », il faut en rester là.

Résultat : le consentement des deux parties rompt juridiquement le mariage sans qu'il soit besoin d'une enquête plus approfondie.

§ 28

Si l'une des deux parties ne consent pas à la séparation, alors l'annonce qui est faite à l'Etat n'est pas une simple déclaration, mais c'est en même temps un appel à sa protection, et c'est dans ce cas que l'Etat a à en connaître juridiquement.

Que pourrait exiger de l'Etat la partie qui réclame la séparation ? Si l'homme plaide pour obtenir la séparation contre la volonté de sa femme, le sens de sa demande est celui-ci : l'Etat doit chasser la femme de sa maison. Si la femme plaide contre [III, 338] la volonté de l'homme, alors, puisque l'homme ne peut être expulsé (étant donné que c'est à lui, comme représentant de la famille, qu'appartient la maison), mais que la femme pourrait parfaitement aller elle-même là où elle veut, le sens de sa demande, dis-je, est celui-ci : l'Etat doit forcer l'homme à lui procurer un autre logis.

Selon quelles lois l'Etat doit-il en l'occurrence se déterminer ?

(4, 124) § 29

Soit le cas où l'homme plaide pour la séparation civile en raison de l'adultère commis par sa femme. D'après ce qu'on a vu ci-dessus, il est contraire à l'honneur de l'homme de vivre plus longtemps avec une telle femme ; et leur relation ne peut plus continuer à être appelée mariage, mais elle devient du concubinage. Mais l'Etat ne peut forcer aucun homme à faire quelque chose qui aille contre son honneur et son sentiment moral. C'est donc, dans ce cas, le devoir de protection de l'Etat, que de délivrer l'homme de sa femme. Pour quelles raisons la femme pourrait-elle donc exiger de vivre plus longtemps auprès de son mari ? L'amour n'est pas ce que l'on doit présumer chez elle, donc c'est pour d'autres fins. Mais l'homme ne peut se laisser traiter en instrument de ses fins à elle. Que, sans dépôt d'une plainte par l'homme, l'Etat n'ait pas le droit d'enquêter sur l'adultère et de faire divorcer le mari contre sa volonté, cela résulte déjà de ce que l'on a vu plus haut, puisque l'adultère n'est nullement un objet relevant de la législation civile.

Même l'Eglise ne tire aucun honneur du fait de s'adresser au mari de l'infidèle et de l'exhorter au pardon. Car elle ne peut rien conseiller qui soit déshonorant et immoral, comme le serait manifestement dans ce cas la poursuite de la vie commune.

Soit le cas où l'homme plaide pour le divorce en raison du manque d'amour dont témoigne en général sa femme. Ou bien celle-ci reconnaît le manque d'amour. L'Etat doit alors délivrer l'homme de sa femme ; car seul l'amour est le fondement d'un mariage conforme au droit, et là où il n'y a pas d'amour [III, 339], l'union est un simple concubinage. Pour quelle raison la femme pourrait-elle toutefois exiger de vivre plus longtemps avec un homme que, de son propre aveu, elle n'aime pas ? Il ne pourrait s'agir que de fins extérieures dont l'homme ne peut se laisser faire l'instrument. Ou bien la femme ne reconnaît pas son manque d'amour. Alors l'Etat ne peut procéder directement, mais il lui faut placer ce mariage sous une stricte surveillance jusqu'à ce que les époux se mettent d'accord ou jusqu'à ce que devienne claire et démontrable une raison valable de séparation. Le droit de surveillance que par ailleurs il n'a sur aucun mariage, l'Etat l'acquiert du fait qu'il a été pris pour juge d'une situation qui n'est pas claire ni ne peut lui devenir claire sans cette surveillance (quelque chose qui auparavant était simplement soumis à sa protection médiate lui est devenu soumis de manière immédiate en raison de la plainte).

Le refus, du côté de la femme, de ce que l'on a nommé, d'une façon *(4, 125)* très vile, le « devoir conjugal », prouve le manque d'amour et c'est, dans cette mesure, un motif légitime de séparation. L'amour ressort de cette soumission de la femme et cette soumission reste l'expression persistante de cet amour. *Dans la mesure où*, ai-je dit, ce refus prouve le manque d'amour : car si une maladie ou un autre motif physique d'empêchement peut être allégué, alors il ne prouve pas le manque d'amour. Dans ce cas, la plainte de l'homme serait vile au-delà de tout ce que l'on peut concevoir. Mais si toutefois il avait d'aussi viles pensées ? Alors l'Etat ne pourrait certes se mettre au service de sa mentalité vulgaire (*a*), mais un tel homme est indigne d'une femme honnête et il est à souhaiter que celle-ci, particulièrement grâce aux observations dont les prêtres lui feraient part, ait la capacité de consentir à la séparation, cela contre une réparation : ainsi l'on obtiendrait le consentement des deux parties et c'est simplement une déclaration auprès de l'Etat qui serait nécessaire, si bien que la question ne se poserait plus de savoir ce que celui-ci devrait faire en la matière.

Si la femme s'expose à une enquête criminelle où l'Etat s'empare de sa personne et de sa vie, elle est [III, 340] *ipso facto* séparée du mari : c'est l'Etat lui-même qui la lui enlève. Sinon, l'homme est son tuteur en justice. Dans une affaire criminelle, donc exclusivement personnelle, il ne peut pas l'être. Elle acquiert son autonomie et ainsi elle est séparée de lui. Si on la trouve innocente, elle revient sous la domination du mari. Si, une fois la peine administrée, le mari veut la reprendre, il a le droit de le faire ; mais personne ne peut l'y forcer, car par elle il a été déshonoré.

§ 30

Soit le cas où c'est la femme qui plaide pour le divorce, à cause de l'adultère commis par le mari. D'après ce que l'on a vu ci-dessus, il est assurément possible, et cela n'apporte à la femme nul déshonneur, mais au contraire beaucoup d'honneur, de pardonner à son mari. Il est donc avisé de lui faire part d'observations à ce sujet, et même sans doute de l'inciter à la patience pour quelque temps (c'est la séparation de corps et de biens). Mais si elle persiste dans son désir, il faut lui permettre la séparation ; car elle seule connaît son cœur et peut décider si, du fait de l'infidélité de son mari, son amour pour lui est totalement éteint. Or, quand il est éteint, forcer malgré cela la femme à se soumettre à son mari, ce serait contraire au premier devoir de l'Etat envers le sexe féminin.

(*a*) *SW :* au service de sa mentalité cachée.

En général, l'Etat est toujours obligé, sur les instances de la femme *(4, 126)* et quelle que soit sa plainte, de prononcer la séparation, après des observations préalables, si du moins elle persiste dans sa demande. Le sexe féminin doit à cet égard être favorisé. La raison en est la suivante : en demandant le divorce, elle ne peut peut-être rien prouver contre son mari ; mais, pour ce qui la concerne elle-même, elle prouve la carence de son amour, et sans amour elle ne doit pas être forcée de se soumettre. Cela dit, précisément parce que parfois elle ne connaît pas bien son propre cœur, et qu'elle est plus amoureuse qu'elle ne le croit, il convient de lui faire des observations et de différer pour un certain temps la séparation (*a*).

La plainte de la femme concernant le refus du devoir conjugal [III, 341] est une plainte déshonorante pour son sexe, un péché contre la nature, et l'on ne peut sans doute nommer autrement que barbarie le fait que l'Etat — et même, au nom de celui-ci, l'Eglise — reçoive une telle plainte. L'expérience le confirme aussi, les femmes en ont honte et elles ne s'en servent la plupart du temps que comme d'un prétexte. Que l'Etat leur permette pourtant, simplement, d'avouer leur répulsion.

Une enquête criminelle à laquelle le mari est soumis ne provoque pas nécessairement la séparation. La relation est ici tout à fait différente. L'homme doit certes toujours comparaître devant le tribunal en son nom et en celui de sa femme. Pourtant une telle enquête constitue pour la femme un motif très valable de demander le divorce, car elle ne peut respecter un criminel. Mais si elle veut rester auprès de lui, et même supporter avec lui son destin et l'alléger autant que les lois le lui permettent, elle en est tout à fait libre.

Un abandon prémédité — c'est-à-dire un abandon qui survient sans que l'époux l'ait su et en connaisse les raisons — a pour effet, en tant que motif de la demande de divorce, d'entraîner la séparation sans plus ; car la partie qui a abandonné l'autre doit être considérée comme s'étant séparée elle-même ; or celui qui est abandonné demande le divorce : il y a donc ici consentement des deux parties.

(*a*) *SW :* de procéder à un essai de séparation pour un certain temps.

§ 31

Comment procéder lors d'un divorce en ce qui concerne les biens ?

Comme mes principes à cet égard s'écartent de ceux qui sont en usage, je prie mes lecteurs de bien examiner les fondements de la décision.

En même temps que sa personnalité, la femme soumet tous ses biens à son mari, et ce dernier ne peut lui manifester de la reconnaissance *(4, 127)* pour son amour qu'en lui soumettant donc également, de même que sa personne et sa liberté, tout son bien, cependant avec cette différence qu'il conserve la domination extérieure sur l'ensemble. De la réunion des cœurs résulte nécessairement la réunion des biens, sous la [III, 342] domination souveraine du mari. Les deux biens se fondent en un seul.

Désormais ce lien est rompu ; mais si le fondement disparaît, le fondé disparaît aussi. Au premier abord, il faudrait que chaque partie soit restaurée dans sa condition antérieure, qu'elle récupère ce qu'elle avait donné à l'ensemble qu'ils avaient mis en commun.

Mais — observation qui modifie beaucoup ce résultat — les deux époux ont pendant un certain temps administré, utilisé, augmenté, amoindri ce bien, et cela, à ce que l'on présume, d'une volonté unique et en général comme s'ils formaient un seul sujet. L'effet de cette administration en commun ne peut être supprimé, il est nécessairement commun aux deux et il reste commun aux deux. On ne peut pas après coup évaluer les choses, de façon que l'une des parties dise à l'autre : tu as eu besoin de telle ou telle attention dont je n'avais pas besoin ; j'ai acquis ceci ou cela que tu n'as pas acquis. Car si l'un et l'autre simplement vivaient dans un véritable mariage, le besoin de chaque partie était en même temps un besoin de l'autre et le gain de l'une en même temps le gain de l'autre ; tous deux n'étaient, à ce que l'on peut légitimement présumer, qu'une seule personne. Aussi peu l'on tient des comptes, l'on commerce et l'on est en procès avec soi-même, aussi peu des époux le peuvent. Désormais, cette relation est certes rompue et, dès cet instant, il en va autrement ; mais jusque-là il en était ainsi et l'effet de cette relation ne se peut réduire à néant.

Mais, cela dit, la condition extérieure de cet effet est le bien qu'on a apporté, non seulement en espèces, mais aussi en droits et privilèges (pour les conditions intérieures, le courage, le soin témoignés par chaque partie, on ne peut précisément pas les évaluer après coup). C'est en proportion de ce qui a été apporté que tout le bien existant au moment de la séparation devrait, en tant qu'effet, être partagé. Ce que chaque partie a apporté, il faut que cela puisse être prouvé en justice, en vertu d'une remarque effectuée plus haut. Soit par exemple un cas où la femme aurait apporté un tiers de tout le bien avec lequel le mariage avait commencé et l'homme les deux tiers : on enquête sur l'état de l'ensemble des biens lors de la séparation [III, 343], et on le partage dans la même proportion, de façon que la femme divorcée en reçoive un tiers et que l'homme conserve les deux tiers. Eventuellement, la femme ne récupère pas ce qu'elle avait apporté : là-dessus, elle cède sa part de *(4, 128)* perte, si le tout s'est amoindri ; elle obtient sa part de gain, si le tout s'est accru. Les choses se passent tout à fait comme pour une coopérative. D'autres dispositions de la législation peuvent à cet égard avoir sans doute leurs raisons d'être politiques, mais elle ne sont pas justes.

Comment il faut procéder dans un divorce du point de vue de la répartition des enfants entre parents séparés, on ne pourra l'apercevoir que plus bas, lors de l'analyse de la relation entre parents et enfants.

Troisième section

CONSÉQUENCES POUR LA SITUATION JURIDIQUE RESPECTIVE DES DEUX SEXES EN GÉNÉRAL AU SEIN DE L'ÉTAT

§ 32

La femme a-t-elle dans l'Etat les mêmes droits que l'homme ? Cette question pourrait déjà paraître ridicule en tant que question. Si le fondement unique de toute capacité juridique est la raison et la liberté, comment pourrait-il se trouver une différence de droits entre deux sexes qui possèdent tous les deux la même raison et la même liberté ?

Mais, cela dit, il semble pourtant qu'il en a généralement été autrement, depuis qu'il y a des hommes, et que le sexe féminin a toujours été placé, dans l'exercice de ses droits, après le sexe masculin. Un tel accord universel doit avoir une raison profonde ; et si la recherche de cette raison a jamais été un besoin urgent, c'est bien de nos jours.

A supposer que le sexe féminin, du point de vue de ses [III, 344] droits, soit effectivement négligé par rapport au sexe masculin, il ne suffirait nullement d'indiquer comme raison de cette négligence les forces spirituelles et corporelles moindres de la femme. Sur le premier point en particulier, les femmes et leurs défenseurs répondraient : d'abord, on ne nous donne pas la formation qui conviendrait, et le sexe masculin nous écarte intentionnellement des sources de la culture ; ensuite, votre allégation n'est même pas strictement exacte, car, face à la *(4, 129)* plupart des hommes qui sont la gloire de leur sexe, nous vous opposerions très aisément des femmes qui, à condition d'être justement appréciées, ne leur céderaient en rien ; enfin, de cette inégalité, même si elle était fondée, ne résulterait jamais une inégalité aussi tranchée des droits, étant donné que même parmi les hommes on perçoit assurément une très grande différence des forces spirituelles et corporelles sans que l'on veuille pour autant autoriser une conséquence aussi accablante pour leur relation juridique réciproque.

Il s'agirait donc avant toutes choses d'examiner simplement si les femmes sont bien effectivement aussi négligées que le prétendent certaines d'entre elles et plus encore certains de ceux qui les défendent sans avoir été appelés à le faire.

§ 33

Savoir si en soi ne reviennent pas au sexe féminin tous les droits de l'homme et du citoyen autant qu'ils reviennent au sexe masculin, c'est une question que seul pourrait soulever celui qui douterait que les femmes soient elles aussi pleinement des êtres humains. Nous n'avons aucun doute à cet égard, comme cela ressort des propositions énoncées plus haut. Mais pour ce qui est de savoir si et dans quelle mesure le sexe féminin *peut aussi simplement vouloir* exercer tous ses droits, la question pourrait assurément se poser. Nous allons parcourir une à une, pour répondre à cette question, les conditions qui peuvent être celles de la femme.

§ 34

En règle générale — il sera question des exceptions plus loin — [III, 345], la femme peut — premier cas — être encore *jeune fille* et elle se trouve alors sous la domination paternelle, exactement comme le jeune homme non marié. Ici, les deux sexes sont parfaitement égaux. Ce qui les libère tous deux, c'est leur mariage, en vue duquel ils sont tous deux également libres ; ou alors, si l'un d'eux a l'avantage, ce devrait être la fille : elle ne peut absolument pas être forcée au mariage, pas même par des observations qu'on lui ferait et des conseils qu'on lui donnerait, toutes choses qu'il serait même préférable de faire quand il s'agit d'un fils, pour les raisons indiquées plus haut.

Ou bien — deuxième cas — la femme est *mariée* et alors sa dignité propre dépend de ce qu'elle soit et paraisse totalement soumise à son mari. Notons-le bien (cela procède en fait de toute ma théorie et a été *(4, 130)* souligné expressément plusieurs fois, mais il n'est peut-être pas superflu d'y insister de façon répétée) : la femme n'est pas soumise sur un mode tel que l'homme aurait sur elle un *droit de contrainte,* elle est soumise de par son propre souhait d'être soumise, souhait qui est nécessairement durable et qui conditionne sa moralité. Elle pourrait parfaitement reprendre sa liberté si elle le *voulait ;* mais précisément tout est là : elle ne peut pas raisonnablement le *vouloir.* Elle doit, une fois que son union est universellement connue, vouloir apparaître à tous ceux qui la connaissent comme totalement soumise à l'homme, comme s'étant entièrement fondue en lui.

Donc, par suite de sa volonté propre et nécessaire, l'homme est l'administrateur de tous ses droits ; elle veut que ces droits ne soient affirmés et exercés que dans la mesure où *lui* le veut. Il est son représentant naturel dans l'Etat et dans toute la société. Telle est sa situation par rapport à la société, sa situation *publique.* Exercer ses droits directement par elle-même, c'est une idée qui ne peut nullement lui venir à l'esprit.

En ce qui concerne la situation *domestique* et *interne, la tendresse de son mari lui rend nécessairement tout et même plus que ce qu'elle a perdu.* Le mari ne renoncera pas aux droits de sa femme, car ils sont ses droits propres ; il se porterait ainsi tort à lui-même et se déshonorerait, lui et sa femme, devant la société. La femme a aussi des droits en ce qui concerne les [III, 346] affaires publiques, car elle est citoyenne. Je tiens pour relevant de la responsabilité de l'homme le fait que, dans les Etats où le citoyen a voix aux affaires publiques, il ne donne pas cette voix sans s'être entretenu à ce sujet avec son épouse et sans avoir modifié son opinion à la suite de cette conversation avec elle. Il n'apportera donc devant le peuple que le résultat de leur volonté commune. En général un père de famille qui s'occupe en même temps des droits de sa femme et de ses enfants doit avoir une plus grande influence et une voix plus décisive dans la communauté que celui qui représente uniquement ses droits individuels. Comment organiser cela, c'est une recherche qui appartient à la politique.

Les femmes exercent donc effectivement leur droit de vote dans les affaires publiques ; simplement, elles ne le font pas immédiatement, par elles-mêmes, parce qu'elles ne peuvent avoir cette volonté sans renoncer à leur dignité féminine, mais par l'intermédiaire de l'influence légitime, et fondée dans la nature du lien conjugal, qu'elles ont sur leur mari.

(C'est ce que prouve aussi l'histoire de tous les grands bouleversements politiques. Ou bien ils sont venus des femmes, ou bien ils furent infléchis et considérablement modifiés par elles.)

Remarque : si l'on doit admettre cela sans objection, que réclament *(4, 131)* donc, à proprement parler, les femmes et leurs défenseurs ? Qu'est-ce donc qui est censé leur être enlevé et que maintenant elles revendiquent ? Les choses elles-mêmes ? Elles sont parfaitement en leur possession. Ce ne peut être que l'apparence extérieure dont elles éprouvent le désir. Elles ne veulent pas seulement agir, mais on doit savoir aussi qu'elles ont agi. Elles ne veulent pas seulement qu'advienne ce qu'elles souhaitent, mais on doit savoir aussi que c'est *elles, précisément elles* qui l'ont mené à bien. Elles cherchent la célébrité dans le cours de leur vie et, après leur mort, dans l'histoire.

Si tel est leur but, et si cela seul peut l'être, elles doivent être déboutées sans hésitation de leur plainte ; car elles ne peuvent élever une telle plainte sans [III, 347] avoir renoncé entièrement à leur dignité de femmes. Aussi ne se trouve-t-il qu'une très faible minorité, parmi celles qui se plaignent ainsi, pour se plaindre sérieusement. Seuls quelques cerveaux dérangés parmi les hommes, qui pour la plupart n'ont eux-mêmes estimé aucune femme digne d'être la compagne de leur vie et qui, en guise de réparation, voudraient voir le sexe féminin tout entier éternisé en bloc dans l'histoire, les ont convaincues de proférer d'aussi étonnantes paroles au fil desquelles elles ne peuvent rien penser sans se déshonorer. Même l'homme qui érige la célébrité en but principal ou même seulement en but accessoire de son action, perd le mérite de celle-ci, et il perd aussi, tôt ou tard, mais inéluctablement, la célébrité qui s'y associe. Les femmes devraient savoir gré à leur situation de ce qu'un tel soupçon ne puisse nullement naître à leur encontre. Mais, ce qui est plus important, elles sacrifient par là l'aimable pudeur de leur sexe, à laquelle rien ne peut être plus opposé que de se donner en spectacle. La soif de célébrité et la vanité sont méprisables pour l'homme, mais pour la femme elles sont fatales : elles détruisent cette pudeur et cet amour dévoué pour leur mari sur lesquels repose toute leur dignité. C'est seulement de son mari et de ses enfants qu'une femme raisonnable et vertueuse peut être fière, et non pas d'elle-même, car elle s'oublie en eux. A cela s'ajoute que les femmes qui jalousent sérieusement la célébrité des hommes se trouvent prisonnières d'une illusion très facile à découvrir quant à l'objet véritable de leurs vœux. La femme veut nécessairement l'amour d'un homme, quel qu'il soit, et pour éveiller cet amour, elle veut attirer sur elle l'attention du sexe masculin. C'est là une disposition de la nature et, chez la femme qui n'est pas mariée, ce n'est aucunement blâmable. Cela dit, ces femmes comptent ajouter encore des armes aux attraits de leur propre sexe, auxquels elles ne font pas assez confiance, en utilisant ce qui attire l'attention des hommes sur les hommes, et elles ne cherchent dans la *(4, 132)* célébrité qu'un nouveau moyen de charmer le cœur des hommes. Si ce sont des femmes mariées, la fin est aussi méprisable que le moyen est absurde.

§ 35

[III, 348] Si l'homme ne pouvait ou ne voulait pas paraître à l'assemblée du peuple, rien n'empêche que sa femme se présente à sa place et qu'elle expose l'avis commun, toujours cependant comme étant *la voix de son mari* (elle ne pourrait l'exposer comme étant le sien propre sans se séparer ainsi de son mari). Car si le fondement disparaît, le fondé disparaît aussi. Or la femme ne pouvait énoncer son avis parce que l'homme donnait l'avis commun. S'il ne le donne pas, elle peut personnellement le donner.

Cela nous donne en même temps les principes requis pour juger le cas de la veuve, de la femme divorcée et de celle qui ne s'est pas mariée sans être pour autant sous la domination paternelle.

Toutes ces femmes ne sont soumises à nul homme : il n'y a donc absolument aucune raison pour qu'elles ne doivent pas exercer par elles-mêmes tous les droits civiques, exactement comme les hommes. Elles ont le droit de vote, en république, le droit de comparaître en personne devant un tribunal et de mener leur affaire. Si elles veulent par pudeur naturelle et timidité se choisir un porte-parole, il faut le leur permettre, et la façon dont elles s'arrangent avec lui dépend d'elles. Si elles ne veulent pas se choisir un porte-parole, il n'y a nulle raison juridique de les y contraindre.

§ 36

Chacun, dans l'Etat, doit posséder une propriété et l'administrer lui-même comme il l'entend, donc aussi la femme célibataire. Cette propriété n'a pas besoin de consister spécifiquement en une propriété absolue, en argent ou espèces ; elle peut aussi consister en droits civiques et en privilèges. Il n'y a donc pas de raison pour que la femme ne doive pas en avoir aussi. La femme peut posséder des champs et pratiquer l'agriculture (le manque de forces physiques n'est pas une objection contre cette possibilité. L'expérience atteste que les femmes, sans nul doute, peuvent elles aussi [III, 349] labourer, semer, etc. Chez *(4, 133)* les anciens Germains, elles pratiquaient toutes seules l'agriculture. Et ce que la femme ne peut faire elle-même, elle peut parfaitement le faire faire par ses serviteurs, comme effectivement cela aussi se produit). Elle peut collecter d'autres produits. Elle pourrait aussi pratiquer un art ou un métier, pourvu qu'il soit adapté à ses forces. Elle peut pratiquer un commerce, comme cela va de soi. (De fait, tout cela se produit effectivement dans nos Etats, en particulier chez les veuves qui poursuivent le métier de leur mari. Il n'y a pas de raison pour que cela ne puisse arriver aussi pour les femmes restées célibataires.)

§ 37

Seuls des emplois publics ne peuvent être exercés par les femmes, pour les raisons simples que voici : le fonctionnaire est totalement et continuellement responsable devant l'Etat, conformément à la démonstration qui a été conduite plus haut ; soit il est responsable devant le peuple, s'il est lui-même l'autorité suprême, soit, s'il est nommé par elle et si elle lui a transféré une partie de son pouvoir, devant l'autorité. Il lui faut donc être totalement libre et dépendre toujours de sa propre décision, faute de quoi une telle responsabilité serait contradictoire et injuste. Or la femme n'est libre et ne dépend d'elle-même qu'aussi longtemps qu'elle n'est pas mariée. La promesse de ne jamais se marier serait donc la condition exclusive sous laquelle l'Etat pourrait confier un emploi à une femme. Mais une telle promesse, aucune femme ne peut raisonnablement la donner, et l'Etat ne peut pas non plus raisonnablement l'accepter de sa part. Car elle est destinée à aimer et l'amour vient de lui-même et ne dépend pas de sa libre volonté. Mais si elle aime, cela devient son devoir que de se marier, et l'Etat n'a pas le droit d'empêcher l'accomplissement de ce devoir. Or si une employée de l'Etat se marie, il n'y a que deux cas qui soient possibles. Ou bien elle ne se soumet pas à son mari en ce qui concerne sa fonction, mais au contraire elle reste dans ce registre totalement libre : cela irait [III, 350] à l'encontre de sa dignité de femme. Elle ne pourrait dès lors pas dire qu'elle s'est entièrement donnée à son mari. En outre, où passent alors avec précision les frontières entre ce qui relève de sa fonction et ce qui n'en relève pas ? Que pourrait-il donc y avoir qui dans une certaine mesure n'exerce pas une influence sur cette fonction ? Ou bien alors elle se soumet aussi à son mari en ce qui concerne sa fonction, comme la nature et la moralité l'exigent d'elle. Dans ce cas, c'est lui qui deviendrait l'employé, et lui seul serait responsable. C'est l'emploi qu'il *(4, 134)* aurait épousé, tout comme il a épousé les autres biens de sa femme et ses droits. Mais cela, l'Etat ne peut pas l'accepter, si du moins ses emplois sont effectivement des emplois, des métiers, et non de simples sinécures qu'on ne recherche que pour le plaisir. Il doit connaître et mettre à l'épreuve l'habileté et le caractère de la personne à laquelle il confie un emploi et il ne peut se laisser imposer de force quelqu'un qui n'a été choisi que par l'amour.

§ 38

Que les femmes ne soient pas destinées aux emplois publics, cela a une autre conséquence que les défenseurs des femmes mettent en avant comme un nouveau grief contre nos institutions politiques. Car, très naturellement, elles ne sont pas éduquées en vue d'exercer ces emplois qu'elles ne doivent jamais exercer, elles ne sont pas envoyées dans les écoles et dans les universités ; et alors elles vont donc affirmer que l'on néglige leur esprit, que par sournoiserie et jalousie on les maintient dans l'ignorance et on les tient éloignées des sources des lumières. Nous souhaitons éclairer cette objection jusqu'en son fond.

Le savant de profession n'étudie pas exclusivement pour lui ; *en tant que* savant, du point de vue de la forme, il n'étudie nullement pour lui, mais pour d'autres. Soit il devient un serviteur de l'Eglise, ou un fonctionnaire de l'Etat, ou un médecin, et ainsi il a à faire en sorte de mettre en pratique immédiatement ce qu'il a appris, ce pour quoi il apprend en outre la forme sous laquelle il doit le mettre en pratique, et il l'apprend de telle façon que cette forme en fasse partie. Soit il devient un professeur des futurs savants, dans les écoles ou les universités ; dans ce cas, son but est de communiquer un jour ce qu'il a appris et de [III, 351] l'accroître par ses propres découvertes, afin que la culture ne stagne pas. Il doit donc savoir *comment* on a effectué ces découvertes, comment cela se développe à partir de l'âme humaine. C'est là précisément ce dont les femmes ne peuvent ressentir le besoin, puisqu'elles ne doivent devenir ni l'une ni l'autre de ces deux figures du savant. Ce qui est requis, dans la culture de l'esprit, pour qu'en soit fait l'usage qui est propre aux êtres humains, c'est simplement les résultats, et ceux-ci, les femmes les acquièrent dans la société : dans chaque condition sociale est déposé le résultat de toute la culture de cette condition. Ce qui fait qu'elles nous jalousent, c'est l'élément extérieur qui est inessentiel, l'élément formel, l'enveloppe : leur situation et notre présence auprès d'elles leur épargnent l'effort de se frayer d'abord un passage à travers tout cela et leur donnent immédiatement l'essentiel. De la forme, elles ne pourraient au reste rien faire : elles ne sont pas accoutumées à la considérer comme *moyen* et elles ne peuvent s'y accoutumer, parce que cela, on ne l'apprend que par l'usage ; elles la considèrent donc comme *fin* en soi, comme quelque chose qui en soi est *(4, 135)* magnifique et parfait. De là procède le fait que des femmes véritablement savantes — je ne parle pas de celles qui simplement raisonnent selon le bon sens, car celles-ci sont extrêmement dignes de respect — deviennent la plupart du temps des pédantes.

Pour n'être en aucune façon mal compris, je vais discuter ce point plus longuement. On ne peut soutenir que la femme soit *inférieure* à l'homme pour ce qui est des talents de l'esprit ; mais on peut affirmer que l'esprit de l'une et de l'autre a par nature un caractère tout à fait différent. L'homme rapporte tout ce qui est en lui et pour lui à de clairs concepts et il ne le trouve que par raisonnement, s'il doit être vraiment convaincu et si son savoir n'est pas purement et simplement un savoir historique. La femme a un sentiment naturel qui lui permet de distinguer le vrai, le convenable, le bien ; non que cela lui soit donné par le simple sentiment, ce qui est impossible, mais dans la mesure où, si elle le reçoit de l'extérieur, elle peut aisément juger par le simple sentiment, sans une vision claire des fondements de son jugement, si c'est vrai et bon, ou non. On peut dire que l'homme doit d'abord se rendre capable de raisonner ; en revanche, la femme est déjà [III, 352] raisonnable par nature. En partant du trait fondamental, indiqué ci-dessus, qui distingue la femme de l'homme, ce dernier point est facile à déduire. La tendance fondamentale de la femme se mêle dès l'origine à la raison, parce que, sans cette liaison, elle anéantirait la raison : elle devient une tendance rationnelle ; c'est pourquoi tout son système de sentiments est pourvu de raison et comme calculé en vue de la raison. Au contraire l'homme doit d'abord, par l'effort et l'activité, soumettre toutes ses tendances à la raison.

La femme est donc, déjà par sa féminité, avant tout pratique, mais nullement spéculative. Pénétrer à l'intérieur des choses qui sont au-delà des limites de son sentiment, elle ne le peut, ni ne le doit (par là s'éclaire un phénomène bien connu : nous avons eu des femmes qui, dans les disciplines relevant de la mémoire, par exemple dans les langues, même en mathématiques, dans la mesure où on peut les apprendre, se distinguèrent par l'ampleur de leur savoir, des femmes qui dans les domaines où l'on invente, dans la poésie tendre, dans le roman, même dans la narration historique, furent célèbres ; mais des femmes philosophes ou de femmes ayant inventé de nouvelles théories mathématiques, nous n'en avons jamais eu).

Encore quelques mots sur le désir des femmes de pratiquer la littérature, lequel désir se répand parmi elles toujours davantage.

Il n'est possible de se représenter que deux fins pour la littérature : ou bien soumettre à l'examen des savants de nouvelles découvertes dans les sciences ; ou bien répandre plus largement ce qui est déjà connu et entendu, grâce à un mode d'exposition plus populaire. Les femmes ne *(4, 136)* peuvent faire de découvertes, pour les raisons indiquées ci-dessus. Des écrits populaires pour les femmes, des écrits sur l'éducation féminine, des éthiques pour le sexe féminin comme tel, c'est cela que les femmes peuvent le plus opportunément écrire : d'une part, parce qu'elles connaissent leur sexe mieux qu'aucun homme ne le connaîtra jamais, étant donné qu'elles appartiennent elles-mêmes à ce sexe (bien évidemment, à condition qu'elles aient en même temps assez de force pour s'élever en partie au-dessus de lui) ; d'autre part, parce que ce sont elles qui, *en règle générale,* trouvent le plus facilement accès auprès de ce sexe. Même l'homme cultivé peut [III, 353] grâce à leurs écrits accroître très largement sa connaissance du caractère féminin. Il est évident que la femme qui écrit doit aussi écrire en tant que femme et qu'elle doit vouloir apparaître dans ses écrits comme une femme, et non comme un homme mal déguisé. J'ai supposé, comme on voit, que la femme écrit uniquement pour être utile et apporter une aide à un besoin naturel de son sexe, qu'elle écrit pour son sexe, mais nullement pour le nôtre, par soif de célébrité et par vanité. Outre que, dans le dernier cas, ses productions auront peu de valeur littéraire, un grand préjudice serait ainsi porté à la valeur morale de la femme qui écrirait. Sa littérature ne sera dès lors pour elle rien de plus qu'un instrument de la coquetterie. Si elle est mariée, elle acquiert par la célébrité littéraire une autonomie, en toute indépendance par rapport à son mari, qui affaiblit nécessairement la relation conjugale et menace de la rompre. Ou bien, si on la critique, elle ressent la critique comme un outrage infligé à son sexe, et ses jours, ainsi que ceux de son innocent mari, en reçoivent une marque d'amertume.

Quatrième section

SUR LA RELATION JURIDIQUE RÉCIPROQUE ENTRE PARENTS ET ENFANTS

§ 39

La relation originaire entre parents et enfants n'est pas exclusivement déterminée par le simple concept de droit, mais par la nature et la moralité, exactement comme celle qui relie les époux. Par conséquent il *(4, 137)* nous faut, dans la présente recherche tout comme dans la précédente, partir des principes qui ici se situent au-dessus du concept de droit, pour [III, 354] procurer d'abord à celui-ci un objet d'application. Car il se peut fort bien que dans cette relation fondée par la nature et la moralité il y ait d'autres déterminations devant être ordonnées par le concept de droit.

Ceux qui veulent considérer toute cette relation comme une relation exclusivement juridique, sont forcés par leur hypothèse à des affirmations aventureuses, par exemple à soutenir que les enfants, par suite de l'acte d'engendrement, en tant qu'il constitue une fabrication *(per formationem)*, seraient la *propriété* du père, etc.

§ 40

L'embryon se forme dans le corps de la mère, comme une partie qui lui appartient. La santé personnelle et la conservation de la mère pendant la grossesse sont liées à la conservation de l'embryon, et cela (c'est le point décisif) sur un mode tel qu'*il n'en est pas seulement ainsi*, comme chez l'animal dépourvu de raison, mais que la mère *a connaissance* de ce lien nécessaire entre la conservation de l'embryon et sa propre conservation. Ce n'est pas seulement avec une nécessité mécanique qu'elle fait naître l'embryon à partir d'elle-même et qu'elle le forme dans son corps, mais c'est aussi à sa conscience que vient s'imposer le souci réfléchi et délibéré de garantir sa conservation.

L'enfant, d'après une loi indubitablement universelle de la nature, ne naît pas sans douleur. L'instant où il apparaît, c'est l'instant où la mère est délivrée d'une douleur et par conséquent c'est pour elle nécessairement un instant de joie. Elle est enchaînée par la joie à l'existence de l'enfant.

Même après la naissance de l'enfant, le lien organique entre lui et sa mère n'est pas encore rompu. C'est encore dans la mère que continue d'être préparée la nourriture dont elle éprouve le même besoin de la donner à l'enfant que celui-ci peut éprouver de la recevoir.

(Appartiennent à un seul corps organique les parties parmi lesquelles l'une a une tendance à aider à la satisfaction d'un besoin de l'autre, besoin auquel cette autre partie ne peut donner par elle-même satisfaction, alors que l'autre a une tendance à apaiser un besoin [III, 355] de la première que celle-ci est aussi peu capable d'apaiser par elle-même ; et cette relation, je l'appelle le lien organique des parties. Dans la mesure où la nature ne prépare nulle part ailleurs que dans le corps de la mère la nourriture qui convient le mieux au nouveau-né et qu'elle n'a pas disposé d'autre canal pour l'évacuation du lait hors de la mère que la *(4, 138)* bouche de l'enfant, il subsiste entre eux un lien organique, quand bien même ils constituent dès lors pour le reste des corps se suffisant à eux-mêmes. Il me semble valoir la peine d'examiner si et dans quelle mesure cette loi de la nature, selon laquelle la plante qui se manifeste déjà comme autonome ne se sépare pourtant pas aussitôt *(per saltum)* du corps maternel, s'applique aussi dans le règne végétal.)

§ 41

La loi naturelle que nous venons d'indiquer, envisagée dans la plante ou dans l'animal, poussera simplement ceux-ci à agir pour continuer à former à certains égards un corps extérieur à eux. La tendance, en eux, commande avec nécessité ; d'elle, et en lui succédant immédiatement, provient l'activité visée. Dans l'intelligence, en revanche, intervient entre la tendance naturelle et l'action un troisième terme : la conscience. L'intelligence prend conscience de la tendance naturelle comme d'une sensation. Cette sensation est le produit nécessaire de la tendance naturelle et elle s'ensuit immédiatement ; ou — dit plus nettement encore — elle est la tendance naturelle elle-même dans l'intelligence. Mais l'action n'en résulte pas nécessairement et pas immédiatement : elle est en fait conditionnée par une intervention de la liberté.

La tendance naturelle était de prendre en charge un corps étranger comme si c'était le sien propre. Comment, dans l'espèce humaine, cette tendance naturelle va-t-elle s'exprimer chez la mère ? Bien évidemment *à travers la sensation du besoin d'un autre éprouvée tout comme si c'était son propre besoin qu'elle éprouvait.* Or une telle sensation se nomme *sympathie.* La sympathie est donc la forme sous laquelle l'instinct naturel de la mère vis-à-vis de son enfant apparaît dans l'espèce humaine.

Cette sympathie vise la même chose que visait déjà l'instinct naturel : la conservation physique de l'enfant.

[III, 356] La mère, si elle s'abandonne à la nature, est poussée par la sympathie inscrite dans sa nature à prendre soin de la conservation de l'enfant.

Il y a donc là un mécanisme de la nature et de la raison, à travers leur union, dont résulte nécessairement cette conservation de l'enfant — où il est bien évident que, puisque la raison y participe aussi, il peut être fait obstacle à cette tendance si l'homme s'abaisse au point d'aller contre la nature. Mais au niveau de ce qui est naturel on ne peut lui faire obstacle.

De droit, il n'est pas encore du tout question ici. On peut tout aussi peu dire que l'enfant aurait un droit d'exiger de la mère cette conservation physique, qu'on peut dire que la branche aurait un droit *(4, 139)* de se développer sur l'arbre ; et on peut tout aussi peu dire que la mère aurait le devoir, soumis à contrainte, de conserver la vie de l'enfant, qu'on peut dire que l'arbre aurait le devoir, soumis à contrainte, de porter la branche. C'est une loi de la nature, pourtant liée à la raison. Chez l'animal, c'est une simple loi de la nature.

(Ceci encore pour expliciter les choses : c'est tout aussi peu, originairement, un devoir moral, entendre : en tant que devoir *particulier* d'assurer la subsistance précisément de *cet enfant*. Mais c'est après coup, une fois que la mère ressent cette tendance, que cela devient certes pour elle un devoir moral que d'assurer l'entretien de cet enfant et de lui donner des forces. Ce qu'éventuellement l'Etat pourrait et devrait faire pour élever la conservation de l'enfant, par des lois positives, au rang, pour la mère, d'un devoir soumis à contrainte, nous en parlerons plus loin.)

§ 42

Il y a, dans la nature humaine en général et donc aussi dans l'homme, une tendance à prendre en charge l'être faible et en détresse, même avec passion. Cette tendance universelle s'exprimera donc aussi, sans nul doute, dans le *père* à l'égard de son enfant ; mais, justement parce que c'est une tendance universelle qui se fonde sur la vision de la détresse comme telle, elle s'exprime à l'égard de chaque enfant et il n'y a là aucune raison pour le père d'avoir une prédilection pour *son* enfant. Or une telle prédilection devrait être visible. Etant donné que la relation est exclusivement une relation physique, cet amour ne saurait [III, 357] avoir d'autre fondement que physique. Or un tel fondement ne se trouve nullement, car il n'y a entre le père et son enfant aucun lien physique ; donc il faut estimer que de façon immédiate le père n'a aucun amour particulier pour son enfant. De l'unique relation naturelle, l'acte de procréation, rien ne peut résulter, car cet acte n'accède pas à la conscience comme tel, comme procréation de cet individu déterminé.

L'amour particulier du père pour son enfant procède *originairement* — quelles sources il s'en peut trouver dans l'*opinion* façonnée par nos institutions, ce n'est pas ici la question —, il procède originairement, donc, de sa tendresse pour la mère. Cette tendresse transforme tous les souhaits et tous les buts de la mère en les siens propres, donc aussi celui de prendre soin de la conservation de l'enfant. Comme c'est là l'affaire naturelle et nécessaire de la mère, elle devient aussi par transfert celle du père ; car ils ne forment tous deux qu'un seul sujet et leur volonté n'est qu'une.

Ici non plus il ne peut être aucunement question d'un droit naturel *(4, 140)* de contrainte exercé par la mère sur le père pour qu'il nourrisse l'enfant. Les fondements sur lesquels on pourrait se croire capable d'asseoir un tel droit de contrainte ne sont pas suffisants. La mère, pourrait-on penser, peut dire au père : tu es la cause du fait que j'ai un enfant ; aussi, enlève-moi la charge de son entretien. A quoi le père est en droit de répondre : ni moi, ni toi n'avons eu ce projet ; c'est à toi que la nature a donné l'enfant, pas à moi ; supporte ce qui en constitue pour toi les conséquences, tout comme il me faudrait à moi aussi supporter les conséquences, si quelque chose en résultait pour moi.

Il en irait autrement si d'aventure un contrat avait été conclu entre eux à propos de l'entretien de l'enfant. Mais, même dans ce cas, il faudrait que l'Etat ait garanti ce contrat : dans le cas contraire, une fois encore, il ne fonderait pas un droit de contrainte possédant une valeur pour le tribunal extérieur, mais simplement un devoir moral interne, lequel, dans notre cas, n'a pas besoin d'être fondé par un contrat particulier, étant donné que de toute façon [III, 358] il est compris dans le mariage des parents. Ce que l'Etat pourrait et devrait assurément faire à cet égard, on le verra plus loin.

§ 43

Les parents vivent ensemble, et l'enfant, en tant que recommandé à la prévoyance de l'un et de l'autre par la nature, doit également vivre avec eux : dans le cas contraire, ils ne pourraient assurément se charger du soin de pourvoir à sa subsistance.

C'est une tendance naturelle en l'homme que de supposer hors de lui la raison, pour autant que cela a simplement quelque vraisemblance, et de traiter des objets, par exemple des animaux, comme s'ils en étaient pourvus. Les parents traiteront également ainsi leur enfant et de cette manière raison et liberté vont donc peu à peu se manifester chez lui. Etre libre, d'après le concept nécessaire de l'homme, fait partie du bonheur : les parents veulent le bonheur de leur enfant ; ils lui laisseront donc sa liberté. Mais maints usages de cette liberté seraient nuisibles pour sa conservation, laquelle est également leur fin. Ils réuniront donc les deux fins, et limiteront la liberté de l'enfant de façon que son usage ne mette pas en danger sa conservation. Mais c'est là le premier concept de l'éducation. Les parents *éduqueront* donc leur enfant : cela résulte de leur amour pour lui et du souci de sa conservation.

On ne peut pas dire que l'enfant ait un droit de contrainte à *(4, 141)* l'éducation et que les parents y soient obligés par un devoir soumis à contrainte. Ce que l'Etat pourrait faire à cet égard, on le verra.

§ 44

C'est un devoir universel pour chaque homme moralement bon que d'étendre la moralité et d'en favoriser le développement partout hors de lui. Mais tout être libre, donc aussi l'enfant, est capable de moralité. Cela étant, il vit, pour d'autres raisons, nécessairement avec ses parents. Si les parents sont eux-mêmes [III, 359] moraux, ils utiliseront tous les moyens possibles pour développer la moralité en leur enfant, et tel est le concept de l'*éducation supérieure*.

(Nous n'enseignons pas ici la morale ; donc nous n'avons pas à dire : ils *doivent* le faire, mais seulement : ils le *feront*. Nous n'établissons ici des dispositions naturelles et morales qu'en tant que *faits*, pour obtenir d'abord une matière en vue de l'application du concept de droit.)

Relèvent de cette éducation les deux points suivants : premièrement, que les forces de l'enfant soient développées et cultivées afin de pouvoir être utilisées pour toutes sortes de fins ; deuxièmement, que son jugement soit orienté vers la moralité. Pour atteindre le premier but, la liberté de l'enfant doit être une fois encore limitée ; il faut empêcher tout usage de cette liberté qui soit en contradiction avec la première fin, la conservation et la santé, et avec la seconde, la culture des forces ; il faut que tout usage de cette liberté soit favorisé quand sa pratique va dans le sens du dessein des parents : donc que le premier soit interdit, que le deuxième soit ordonné. C'est uniquement pour le deuxième but que la liberté ne peut être limitée, car seul ce qui procède d'une libre décision est moral. La moralité se développe à partir de l'homme lui-même et ne se peut produire par la contrainte ou par des dispositions artificielles.

On ne peut pas dire que l'enfant a un droit de contrainte en ce qui concerne l'éducation, ou que les parents ont à cet égard un devoir soumis à contrainte. Tout aussi peu est-il possible de dire que les parents ont *par rapport à leur enfant* — ce qu'il peut bien en être par rapport à d'autres, on l'évoquera en son temps — un *droit* à l'éduquer, et que l'enfant a le devoir de se laisser éduquer par eux ; car, dans la mesure où il est soumis à éducation, l'enfant n'est absolument pas libre : donc il n'est absolument pas le sujet possible d'un droit ou d'un devoir ; au contraire, en tant que tel, il n'est purement et simplement que l'objet de l'action de ses parents : il est et devient ce que ses parents en font.

(4, 142) § 45

Seuls les parents voient globalement la fin de l'éducation, et non pas [III, 360] les enfants, précisément parce qu'ils doivent d'abord être éduqués. Quels sont les moyens nécessaires pour atteindre cette fin, seuls les parents peuvent donc en juger, mais non pas l'enfant. Ils sont leur propre juge dans leur affaire par rapport à l'enfant ; ils sont souverains et l'enfant, dans la mesure où ils l'éduquent, leur est inconditionnellement soumis. Qu'ils se servent de cette soumission exclusivement pour éduquer l'enfant le mieux possible en toute bonne foi, c'est pour eux uniquement affaire de conscience, et cela relève de leur propre tribunal intérieur.

§ 46

La possibilité de l'Etat repose sur la continuité assez régulière de sa population ; car protection, impôts, force sont calculés en fonction de cette population. Dès lors si celle-ci s'amoindrissait sans cesse sous l'effet de la mortalité, ce calcul ne serait pas juste : il en naîtrait du désordre et finalement, quand il ne resterait plus qu'un petit nombre de gens, l'Etat disparaîtrait tout à fait. Mais cette continuité régulière dépend du fait que de nouveaux citoyens prennent la place des morts.

Chaque citoyen promet, dans le contrat social, de favoriser de toutes ses forces les conditions de possibilité de l'Etat : donc aussi celle qui vient d'être indiquée. Or cette dernière, la meilleure façon dont il peut la favoriser, c'est d'éduquer les enfants de façon qu'ils soient habiles et aptes à toutes sortes de fins rationnelles. L'Etat a le droit de faire de cette éducation des enfants une condition du contrat social, et c'est ainsi que l'éducation devient un devoir *externe*, soumis à contrainte, non pas immédiatement envers l'enfant, mais envers l'Etat. C'est lui qui, dans le contrat social, obtient le droit d'exiger cette éducation.

Je parlais ici de l'éducation *des enfants en général*, car c'est ainsi qu'est atteinte la fin de l'Etat. Mais, cela dit, il ne peut être abandonné à l'arbitre des citoyens de décider quel enfant précis ils veulent justement éduquer, car de cette collision des arbitres il s'ensuivrait des controverses juridiques insolubles, mais il faut définir à cet égard [III, 361] quels enfants précis chacun doit éduquer. Le plus logique est ici que l'Etat suive la disposition de la nature et de la raison, disposition contre laquelle il n'a au reste rien le droit de prescrire, et qu'il impose aux parents d'éduquer *leurs propres enfants*.

(4, 143) § 47

Si les enfants sont nés d'un mariage conforme au droit et à la raison, reconnu par l'Etat, cela ne fait aucune difficulté. S'ils sont conçus en dehors du mariage, soit dans une liaison à laquelle ne manquerait, pour être un mariage, que la reconnaissance de l'Etat (mariage qui donc, selon les principes ci-dessus, doit être conclu par l'Etat, mais est cassé aussitôt après) (62), soit dans une relation de concubinage, le soin de l'enfant demeure à celle que la nature en a chargée immédiatement, à la mère. Car les parents séparés ne peuvent l'éduquer en commun. Mais étant donné que le père, par suite de son devoir de citoyen, est également obligé de contribuer à l'entretien, il doit être tenu d'acquitter sa contribution en argent et en valeurs. Le père paie une pension alimentaire et la mère prend à sa charge les soins personnels.

§ 48

Le meurtre d'un enfant par la mère est sans aucun doute un crime monstrueux et contre nature, car il ne suppose rien de moins que, chez la mère, le fait de réduire au silence tous les sentiments naturels ; mais il n'est pas une atteinte au droit externe de l'enfant. L'enfant n'a pas de droits externes vis-à-vis de sa mère. Une atteinte portée à la loi de l'Etat selon laquelle on doit élever les enfants, voilà ce qu'est ce meurtre, et c'est comme tel qu'il est punissable. Le crime manifeste une brutalité et une sauvagerie contre nature et il est donc au nombre de ceux où l'Etat doit organiser un essai d'amendement. Le meurtre d'un enfant doit être puni de la maison de correction, jusqu'à ce qu'un amendement en résulte.

(Dans certaines républiques de l'Antiquité qui avaient à redouter l'accroissement excessif [III, 362] de leurs citoyens proprement dits, en particulier de la classe privilégiée, l'exposition des enfants était permise, de préférence les chétifs, donc le meurtre indirect des enfants. *Ordonner* cette exposition, aucun Etat n'en a le droit, car il ne peut ordonner rien d'immoral, nul péché contre la nature. Même la simple permission donnée expressément par une loi est toujours immorale, et l'Etat se déshonore ainsi, lui et ses citoyens. Contre l'autorisation donnée par le biais du silence de la loi, on ne peut en revanche absolument rien dire qui se déduise de raisons juridiques, car l'Etat n'a positivement nul souci de la moralité de ses citoyens ; mais les nouveau-*(4, 144)* nés n'ont de droits externes que du fait que l'Etat garantit leur vie et il n'en est redevable que dans la mesure où la possibilité de sa propre conservation en dépend.)

§ 49

Pour ce qui est de savoir si les enfants sont maintenus en vie, nourris et vêtus, et s'ils vivent parmi des hommes, l'Etat a sur ces points, comme cela concerne la condition exclusive de leur formation à l'humanité et à la citoyenneté, le droit d'exercer un contrôle, en conséquence de la condition du contrat social qui a été indiquée. Que ce droit ne s'étende pas aux moyens choisis pour l'éducation, nous le verrons bientôt.

§ 50

L'Etat fait aux parents un devoir d'éduquer leurs enfants. Il leur garantit donc nécessairement les conditions de possibilité de cette éducation. Elles comprennent tout d'abord le fait que personne d'autre ne puisse s'emparer de leurs enfants pour les éduquer. Donc *l'Etat garantit nécessairement aux parents, vis-à-vis des autres citoyens, le droit exclusif de conserver pour eux leurs enfants.* Si une contestation devait naître à cet égard, les lois devraient trancher à l'avantage des vrais parents.

Pour l'éducation, il est besoin d'un plan poursuivi avec continuité, de maximes uniformes d'après lesquelles traiter les enfants [III, 363]. Ce plan serait perturbé si un étranger voulait s'immiscer dans l'éducation et avoir une influence sur les enfants. Il y aurait matière à déposer une plainte au sujet d'une telle immixtion, et l'Etat devrait toujours trancher à l'avantage des vrais parents.

§ 51

A supposer que les parents aient des conceptions morales, l'éducation des enfants est pour eux affaire de conscience. Ils veulent les éduquer moralement aussi bien qu'ils le peuvent jamais ; mais chacun tient nécessairement ses propres maximes pour les meilleures et les plus justes, vu que sinon ce serait de sa part un manque de conscience que de les conserver. Mais l'Etat ne peut faire aucune incursion dans les affaires qui relèvent de la conscience. Lui-même ne peut donc s'immiscer non plus dans l'éducation.

Il a le droit de créer des établissements publics d'éducation ; mais il *(4, 145)* doit dépendre des parents de décider s'ils veulent ou non les utiliser. L'Etat n'a aucun droit de les contraindre à cet emploi.

§ 52

Des maximes de l'éducation, ni l'Etat n'est juge, ni un quelconque autre citoyen, ni l'enfant, puisque ce dernier est en effet l'objet de l'éducation ; donc les parents sont à cet égard leurs propres juges. Entre les parents et les enfants qui sont en cours d'éducation, il ne peut y avoir de procès. Les parents sont en cette affaire l'instance ultime et ils sont souverains. L'Etat ne peut sur cette relation donner de lois, pas davantage que sur la relation entre homme et femme.

§ 53

La souveraineté des parents sur leurs enfants se fonde donc exclusivement sur le devoir qu'ont les parents d'éduquer leurs enfants. Ce devoir d'éducation est institué par la nature et garanti par l'Etat. Tenir les enfants pour une propriété des parents et considérer les droits de ces derniers [III, 364] sur les premiers comme des droits de propriété, c'est une opinion dépourvue de fondement.

§ 54

L'Etat, d'après ce que l'on a vu ci-dessus, a le droit de contrôler si, d'une manière générale, l'enfant est éduqué ; il a donc le droit d'interdire toute façon de procéder qui manifestement supprime l'éducation, et c'est pourquoi il ne peut aucunement admettre que l'enfant soit traité comme une propriété, par exemple que le fils soit vendu.

§ 55

Seul celui qui est libre peut être responsable devant les tribunaux. *(4, 146)* Les enfants ne sont pas libres, puisqu'ils sont placés sous la domination de leurs parents. Le père est donc — étant donné qu'en même temps il est aussi le représentant de la mère — leur tuteur devant les tribunaux. Ils n'ont pas de droits qu'il aurait à défendre, car ils ne sont pas encore immédiatement citoyens ; mais s'il se trouvait qu'ils aient occasionné des dommages, il est responsable pour eux.

La victime se tourne vers le père, et cela à bon droit ; car les enfants se trouvent sous sa surveillance et le père aurait dû empêcher les dommages. S'il ne les a pas empêchés, il doit réparer les dégâts. Les enfants ne peuvent être soumis à aucune peine publique ; car ils ne sont pas du tout soumis aux lois de contrainte extérieures de l'Etat. Ils sont soumis exclusivement aux lois de contrainte des parents. Ceux-ci les punissent selon ce qui leur semble bon, et non l'Etat, dont ils ne sont encore nullement les citoyens.

§ 56

La seule raison de la souveraineté des parents sur leurs enfants, c'est le besoin d'éducation. Si le fondement disparaît, le fondé disparaît aussi. Dès que l'éducation est achevée, l'enfant est libre.

Mais, pour ce qui est de savoir si elle est achevée, seuls les parents, en règle générale, peuvent en décider, parce que ce sont eux qui se sont à eux-mêmes donné [III, 365] le but d'une telle éducation et qui seuls savent s'il est atteint. Donc, ou bien ils jugent eux-mêmes que l'enfant est éduqué, ils le laissent alors libre de leur plein gré et selon leur propre estimation. De fait, ils doivent de toute façon laisser à l'enfant toujours plus de liberté parallèlement au développement de son intelligence, cela non pas en vertu d'un droit de l'enfant, mais d'une règle importante de l'éducation. Si alors ils défont le dernier lien par lequel ils le retenaient encore jusque-là, les enfants sont totalement libres.

Ou bien, deuxième cas : la chose même établit clairement que le but de l'éducation est atteint. Le but universel de celle-ci, c'est de rendre utilisables nos forces pour favoriser la poursuite de fins rationnelles, et le juge externe de cette aptitude de nos forces, juge que les parents doivent respecter, c'est l'Etat. Or l'Etat ne peut certes pas affranchir immédiatement les enfants, parce que cela constituerait alors une incursion dans le domaine de l'éducation, mais il peut le faire médiatement, en confiant au fils un emploi public ou un autre droit civique, par exemple la maîtrise dans un métier, laquelle est accordée par la corporation, mandatée comme telle par lui. Il prononce alors le jugement d'aptitude. Un fonctionnaire libère les enfants de la puissance paternelle.

Enfin, troisième cas, l'éducation peut être suspendue, et en même *(4, 147)* temps la soumission des enfants, parce que, selon la nature des choses, elle n'est plus possible. C'est ce qui arrive en raison du mariage. La fille est soumise sans limites à la volonté de son mari et elle ne peut donc rester soumise à une autre volonté, à celle de ses parents. L'homme doit prendre soin avec une tendresse sans limites du bonheur de son épouse ; il ne peut, à travers les soins qu'il déploie, se laisser perturber par une volonté étrangère, celle de ses parents.

Mais, précisément parce qu'à cause du mariage l'éducation cesse, mais qu'il appartient aux seuls parents de juger quand elle peut cesser, les parents ont le droit de refuser durant un certain temps cette permission à leurs enfants, autrement dit : de différer leur mariage.

[III, 366] Quant à leur interdire le mariage en général, ils n'en ont pas le droit ; et ils ont tout aussi peu le droit de choisir à leur place, pour les raisons que l'on a déjà indiquées plus haut.

§ 57

Entre l'homme et la femme, il y a communauté de propriété. Les enfants n'ont aucun accès à cette communauté et ils n'ont absolument pas de propriété. D'où doivent-ils donc en acquérir une ? Les parents leur doivent nourriture et vêtement, selon leur propre évaluation, parce que sinon le but de l'éducation ne serait pas atteint. Ce devoir, comme on l'a déjà rappelé plus haut, est un devoir des parents, soumis à contrainte, vis-à-vis de l'Etat (et non pas vis-à-vis des enfants), et celui-ci a à cet égard le droit d'exercer son contrôle.

Mais les enfants travaillent, dit-on, et par là ils obtiennent une propriété. Cette affirmation n'est soutenable qu'à partir de l'hypothèse inexacte et réfutée plus haut que l'activité formatrice fonderait le droit de propriété. Le travail de leurs enfants a pour fin l'exercice de leurs forces en vue de l'éducation, et l'éventuel produit de ce travail, les parents l'intègrent à bon droit dans leur propriété. L'enfant ne peut en effet absolument rien faire sans la volonté des parents ; il ne peut pas non plus acquérir une propriété sans leur volonté. Ou alors le droit de propriété doit-il se fonder sur un contrat conclu avec les parents ? Seul peut passer un contrat celui qui est libre ; mais les enfants n'ont nulle liberté qui ait quelque consistance par rapport à leurs parents. Ils ne peuvent donc se détacher d'eux et avoir une volonté propre de manière à constituer face à eux une partie.

(4, 148) § 58

Chaque citoyen autonome doit avoir un bien propre et pouvoir indiquer à l'Etat de quoi il vit. Donc l'Etat peut à bon droit réclamer aux parents, lorsqu'ils laissent un enfant sortir de leurs mains, qu'ils lui donnent un certain bien, autrement dit, selon un terme très significatif, qu'ils l'*établissent*. Mais quand à savoir combien ils doivent lui donner, il ne peut rien prescrire à cet égard [III, 367], cela dépendant plutôt de leur libre appréciation personnelle.

Au moment du mariage, les parents respectifs des futurs époux doivent s'accorder entre eux sur ce point, pour savoir si les deux époux doivent recevoir quelque chose, ou seulement l'un des deux, et combien. L'Etat n'a nullement à demander d'où provient le bien. Il a seulement à demander si la nouvelle famille, qu'il ne connaît que comme famille, peut subsister.

§ 59

Il est entièrement soumis à l'arbitre des parents de vouloir établir un enfant plus richement qu'un autre. Une telle préférence peut certes ne pas être équitable, mais elle ne va pas à l'encontre du droit externe. Sur la base de quel fondement juridique l'enfant désavantagé pourrait-il se plaindre ? Tout ce qu'il possède, il le possède en effet exclusivement grâce à la libre bonté de ses parents.

§ 60

Avec la mort des parents disparaît totalement leur droit sur le monde sensible, donc leur droit de propriété. Savoir si doit être institué pour les enfants l'héritage *ab intestat* à parts égales, ou si doit être accordé aux parents le fait de faire un testament, jusqu'à quel point ils peuvent dans ce cas disposer librement de leurs biens au profit d'étrangers, jusqu'où doivent s'étendre les légitimations, jusqu'où doit s'étendre le droit de déshériter — tout cela relève exclusivement de la législation positive de l'Etat, laquelle tranche sur de tels objets d'après des raisons politiques. Il n'y a pas de raisons décisives *a priori* sur ces questions.

§ 61

La réponse à la question de savoir comment, au cas où les parents se *(4, 149)* séparent, les enfants doivent être répartis entre eux, nous l'avons laissée de côté jusqu'ici, parce qu'il n'était pas possible d'y répondre sans avoir éclairé jusqu'en son fond la relation entre parents et enfants.

D'abord, étant donné que les parents exercent une souveraineté sans limites sur les enfants [III, 368], il faut laisser à l'entière liberté de ceux qui se séparent le soin de trouver entre eux une issue à l'amiable. L'Etat n'a rien à dire en la matière, pourvu que l'éducation des enfants soit assurée. S'ils peuvent s'accorder à l'amiable, à quelque condition que ce soit, il n'y a nulle controverse juridique et l'Etat n'a rien à décider.

Dès lors, c'est seulement si les deux parents ne peuvent s'entendre à l'amiable que le jugement de l'Etat entre en jeu.

Il ne se peut concevoir à cet égard que deux raisons de conflit entre les parents : soit le conflit vient du fait qu'aucun des deux parents ne peut prendre à sa charge le soin des enfants, mais que chacun veut, autant que possible, le rejeter sur l'autre partie ; soit le conflit naît de ce que chacun veut garder pour soi les enfants et en laisser aussi peu que possible suivre l'autre partie.

Dans le premier cas, telle doit être la décision : le devoir de prendre soin des enfants n'est, selon ce qu'on a montré plus haut, un devoir immédiat que pour la mère, et pour le père ce n'est qu'un devoir médiat, déduit de son amour pour la mère. Puisque cet amour, par conséquent aussi le fondement naturel de la tendresse paternelle, disparaît ici, les enfants doivent être remis aux soins et aux attentions personnelles de la mère ; mais le père doit, sous le contrôle et sous la garantie de l'Etat, pourvoir aux frais de leur entretien, et à cet égard il convient d'établir les choses avec précision en fonction des ressources des parents.

Dans le second cas, la décision devrait se présenter ainsi : pour ce qui est des enfants, la fin juridiquement fondée de l'Etat est que leur soit donnée la meilleure éducation possible. Or, en règle générale (et c'est seulement d'après cette règle qu'on peut donner des lois universelles), la mère est pour les filles l'éducatrice la plus appropriée, le père l'est pour ses fils. Les filles doivent donc être confiées à la première, les fils au second.

Que, pour l'enfant adultérin, ce soit non pas l'époux, mais le vrai père qui ait à s'acquitter des frais d'entretien, c'est l'évidence.

DEUXIÈME ANNEXE AU DROIT NATUREL

Esquisse du droit des gens et du droit cosmopolitique

(4, 151) I – Sur le droit des gens

§ 1

[iii, 369] Chaque individu, d'après ce que l'on a vu plus haut, a le droit de forcer l'individu qu'il rencontre à entrer avec lui dans un Etat ou à s'éloigner de sa sphère d'activité. Si l'un des deux appartient déjà à un Etat et l'autre non, le premier contraint le second à s'associer à son Etat. Si aucun des deux n'appartient déjà à un Etat, ils se réunissent du moins pour donner naissance à un Etat. Il en résulte la proposition suivante : celui qui n'appartient à aucun Etat peut être légitimement contraint par le premier Etat qui le rencontre à se soumettre à lui ou à s'éloigner de son voisinage.

En conséquence de cette proposition, tous les hommes qui séjournent à la surface de la terre seraient peu à peu réunis dans un Etat unique.

§ 2

Mais il se pourrait tout autant que des groupements d'hommes isolés dans des endroits différents et ne sachant rien les uns des autres se réunissent en Etats. A tel endroit de la terre, ce besoin serait éprouvé et on y donnerait satisfaction ; à tel autre endroit, le même besoin serait éprouvé et satisfait, sans que les premiers sachent rien des seconds, ni les seconds des [III, 370] premiers. De cette manière naîtraient sur terre plusieurs Etats.

C'est une preuve que l'Etat n'est pas une invention arbitraire, mais est ordonné par la nature et la raison, si, dans tous les lieux où des hommes coexistent pendant un certain temps et se civilisent quelque peu, ils instituent un Etat sans savoir que chez d'autres qui vivent en *(4, 152)* dehors de leur horizon la même chose se produit ou s'est produite.

Puisque la surface de la terre est divisée par des mers, des fleuves, des montagnes et qu'ainsi les hommes sont séparés, cela aussi rendait nécessaire la naissance de différents Etats.

§ 3

Les hommes, dans ces différents Etats, ne savent rien les uns des autres, ils n'entretiennent donc aucune relation juridique *stricto sensu*, étant donné que, d'après ce que l'on a vu plus haut, la possibilité de toute relation juridique est conditionnée par une effective influence réciproque accompagnée de conscience.

§ 4

Deux citoyens provenant de ces Etats différents qui se sont formés indépendamment l'un de l'autre se rencontrent. Chacun exigera de l'autre la garantie qu'il est en sécurité près de lui, cela en vertu de son plein droit, ainsi qu'il a été démontré, laquelle garantie consisterait à ce qu'il se soumette en même temps que lui à son souverain. « Soumets-toi à mon souverain », tel est ce que chacun d'eux a le même droit d'exiger ; car chacun se situe dans une légalité. Aucun n'a donc de droit, car leurs droits se suppriment réciproquement.

Mais, cela dit, il reste néanmoins qu'ils doivent se fournir réciproquement une garantie. Or, puisque cela ne pouvait se produire sur le mode indiqué, comment cela peut-il s'effectuer ? Ils doivent se soumettre tous deux à un juge commun ; mais chacun a déjà son juge particulier. Il faut que leurs juges eux-mêmes se réunissent et, dans les affaires qui les concernent tous les deux, qu'ils deviennent leur unique juge commun [III, 371] ; c'est-à-dire que leurs deux Etats doivent prendre l'engagement réciproque de punir et de réparer l'injustice survenue à un citoyen de l'autre Etat à cause d'un de leurs concitoyens, comme si elle avait été perpétrée contre un de leurs propres citoyens.

— *Corollaires*

1) Toute relation entre les Etats se fonde sur la relation juridique *(4, 153)* entre leurs citoyens. L'Etat en soi n'est rien d'autre qu'un concept abstrait ; c'est seulement les citoyens en tant que tels qui sont des personnes réelles. En outre, cette relation se fonde très précisément sur l'obligation juridique que l'on a indiquée et qui contraint leurs citoyens à se fournir réciproquement une garantie s'ils se rencontrent dans le monde sensible. C'est ainsi, tout d'abord, que seuls entrent en relations les uns avec les autres les Etats qui ont des *frontières* communes. Comment des Etats séparés dans l'espace peuvent cependant entrer en relations, nous le verrons plus loin.

2) Cette relation entre les Etats consiste en ce qu'ils se garantissent réciproquement la sécurité de leurs citoyens, comme s'il s'agissait de leurs propres concitoyens. La formule du contrat est la suivante : je m'institue responsable pour tous les dommages que mes concitoyens pourraient infliger aux tiens, à la condition que tu sois également responsable de tous les dommages que tes citoyens pourraient infliger aux miens.

3) Un tel contrat doit être conclu de façon explicite et il ne se trouve pas déjà contenu dans le contrat social ; et il faut que la conclusion en soit annoncée aux citoyens par la législation. Aux conditions du contrat social, le citoyen satisfait déjà dans la simple mesure où il ne porte pas atteinte aux droits de ses concitoyens ; en cela, il n'est pas tenu compte des étrangers. C'est uniquement à la suite de ce contrat qu'il devient une loi de respecter aussi les droits des Etats qui se trouvent en relations contractuelles avec son Etat et que toute atteinte portée à ces droits devient désormais un crime punissable.

§ 5

[III, 372] Dans le contrat ici décrit entre les Etats est aussi contenue nécessairement la *reconnaissance réciproque*, et elle est présupposée pour la possibilité même de ce contrat. Les deux Etats acceptent chacun réciproquement de considérer comme une garantie valable la façon dont l'autre répond de ses citoyens, et ils ne prennent contre ceux-ci aucune autre mesure de sécurité ; chacun suppose donc que l'autre a une constitution légale et qu'il peut se porter garant de ses citoyens.

Chaque Etat a donc le droit de juger de la légalité d'un autre Etat avec les citoyens duquel les siens établissent des liens. Cependant, notons-le bien, le droit de porter un tel jugement ne dépasse pas la question de savoir si l'Etat voisin est capable d'entretenir une relation extérieure légale. La constitution intérieure ne concerne pas le moins du monde un autre Etat, et il n'a pas le droit d'en juger.

C'est en cela que consiste l'*indépendance* réciproque des Etats.

(4, 154) § 6

Chaque peuple, dès lors qu'il ne vit pas à l'état de nature mais qu'il a une autorité, quelle qu'elle soit, a un droit de contrainte pour être reconnu par les Etats voisins. La preuve en ressort de ce que l'on a vu ci-dessus et y est déjà produite de façon immédiate. L'Etat ne peut forcer les citoyens d'un autre Etat à se soumettre à lui, car l'Etat voisin aurait alors le même droit, ce qui est contradictoire. Pourtant il doit se faire donner par lui une garantie pour la sécurité de ses citoyens et lui donner cette garantie ; mais cela n'est possible qu'à condition qu'ils se reconnaissent. Ne pas reconnaître un Etat, cela signifie faire passer ses citoyens pour ne se trouvant pas du tout dans une constitution juridique ; mais ce qui en résulte, c'est le droit de les mettre sous son joug. Refuser la reconnaissance donne donc un droit valable à la guerre.

[III, 373] Les Etats sont nécessairement indépendants les uns des autres et autonomes.

§ 7

Un peuple qui n'a à sa tête aucune autorité et ne constitue donc pas un Etat, l'Etat voisin a le droit ou bien de se le soumettre lui-même, ou bien de le forcer à se donner une constitution, ou bien de l'expulser de son voisinage. La raison en est que celui qui ne peut pas fournir à l'autre de garantie pour la sécurité de ses droits, ne jouit lui-même d'aucune garantie. Un tel peuple serait donc totalement dépourvu de droits.

(Qu'on ne craigne pas que de cette proposition les puissances avides de conquêtes puissent tirer quelque profit. Il n'est guère facile qu'existe un peuple comme celui que nous avons décrit, et la proposition est énoncée plus pour rendre complète l'argumentation que pour trouver une application. Tout peuple, dès lors qu'il a simplement un chef de guerre, a sans nul doute une autorité. Les républicains français battirent coup sur coup les puissances coalisées, alors que celles-ci doutaient qu'ils aient même un gouvernement et se demandaient avec qui au juste elles devaient bien conclure la paix. Pourtant s'étaient-elles renseignées à la meilleure source à laquelle elles pouvaient avoir accès, auprès de ceux qui les avaient battues, pour savoir qui donc les commandait véritablement sur le champ de bataille ? Peut-être ceux qui avaient donné l'ordre de les battre auraient-ils pu aussi donner l'ordre de les laisser en paix. Finalement, ce n'est qu'après avoir subi assez de défaites qu'elles se sont tout de même, fort heureusement, avisées de cette solution et qu'elles ont découvert que les Français devaient bel et bien avoir malgré tout un gouvernement.)

(4, 155) § 8

Les Etats voisins se garantissent réciproquement les droits de propriété de leurs citoyens. Il faut donc nécessairement qu'entre eux quelque chose soit établi au sujet des limites de ces droits. La *détermination* de ces limites est déjà intervenue lors du contrat que chaque Etat a conclu avec ses propres [III, 374] citoyens et n'a pas besoin de n'intervenir que maintenant. Le citoyen de l'Etat A frontalier avec l'Etat B a déclaré à son Etat jusqu'où il entendait être propriétaire, et l'Etat le lui a accordé ; de même, dans l'Etat B, le citoyen immédiatement frontalier de l'Etat A a fait cette déclaration à son Etat. Ces contrats sont maintenant garantis aussi par les Etats voisins comme tels, au nom de leurs citoyens et devant eux. Ce qui initialement ne liait que les véritables concitoyens, lie aussi, désormais, les citoyens des Etats voisins. Les controverses qui à la rigueur pourraient surgir à ce propos sont tranchées comme, dans le domaine du droit naturel, des individus les tranchent, en s'entendant à l'amiable, parce qu'il n'y a pas de raisons juridiques *a priori* pour qu'un objet doivent appartenir à celui-ci plutôt qu'à celui-là. La première condition de la relation légale entre les Etats est donc la délimitation des frontières. Celle-ci doit être établie de façon tout à fait précise et dépourvue d'ambiguïté, faute de quoi à l'avenir surgiraient des querelles de frontière. Cela ne comporte pas seulement les frontières du sol, mais aussi la délimitation de certains droits, par exemple les droits de pêche, de chasse, de navigation, etc. Les limites imposées aux citoyens deviennent pour les Etats les limites de l'Etat.

§ 9

Deux Etats sont, dans ce contrat, parfaitement égaux entre eux. Ce que l'un fait pour épargner des dommages aux citoyens de l'autre, l'autre doit le faire aussi vis-à-vis des citoyens du premier ; les lois que l'un donne à cet égard, l'autre doit les donner aussi. Mais à témoigner d'une plus grande sollicitude que l'autre ne témoigne envers lui, nul n'est obligé. Il est donc très possible que dans un Etat les droits des concitoyens soient davantage protégés que ceux des étrangers, parce que peut-être l'autre Etat ne voulait pas de son côté consentir à une protection plus scrupuleuse ; il est même possible que la propriété

(4, 156) des étrangers d'*un* Etat voisin soit davantage protégée que celle des étrangers d'*un autre* [III, 375], parce que le premier témoigne aussi pour sa part d'une plus grande sollicitude. L'ensemble de ces relations se fondent uniquement sur des accords de gré à gré.

§ 10

Par ce contrat, les Etats concernés obtiennent le droit d'exercer un contrôle réciproque pour déterminer si, dans chacun d'eux, on procède conformément à ce contrat et on met en pratique les lois qui sont faites en conséquence du contrat. La raison s'en laisse facilement apercevoir. Le contrat n'oblige que dans la mesure où les deux parties s'y tiennent ; donc l'une et l'autre doivent savoir si l'on s'y tient du côté de l'autre pour pouvoir ainsi apprécier leurs propres obligations.

Ce contrôle ne peut intervenir qu'à l'intérieur même de l'Etat qui est observé. Pour l'exercer, les Etats doivent donc s'envoyer réciproquement des chargés de mission. Il se peut d'ailleurs que, pour conclure le contrat décrit ici ou quelque autre contrat particulier, des chargés de mission soient envoyés d'un Etat dans l'autre ; mais ce à quoi ils sont destinés est d'une part provisoire, d'autre part contingent (de telles missions se nomment des ambassades). Le caractère propre et originaire d'un chargé de mission permanent, résidant dans cet Etat (résident, *chargé d'affaires*) (64), consiste à maintenir un contrôle pour déterminer si l'Etat dans lequel il est envoyé satisfait à ses obligations envers l'Etat qui l'a envoyé, à rappeler aussi, éventuellement, le premier à son devoir et à exiger des agissements conformes au contrat. Mais, dans les affaires intérieures et nationales de l'Etat auquel on l'a envoyé, il n'a aucun droit de s'immiscer, étant donné que l'Etat qui l'accrédite n'en a lui-même pas le droit.

§ 11

Puisque le chargé d'affaires pratique à un certain égard un contrôle sur l'Etat auquel on l'a envoyé, il ne peut en dépendre ; dans le cas contraire, il devrait effectivement obéir et, du fait de cette obéissance qui lui serait imposée, le but de sa mission pourrait être trahi. Il se trouve, aussi longtemps qu'il [III, 376] se tient dans les limites de sa *(4, 157)* mission, uniquement soumis à l'autorité dont il procède, et seule celle-ci a à le juger. Pour l'Etat auquel il est envoyé, il est donc sacré et inviolable ; il représente son propre Etat indépendant (la libération à l'égard de toutes charges doit être accordée de plein droit au chargé d'affaires : les impôts sont une contribution à la puissance protectrice de l'Etat ; mais il n'est pas citoyen de cet Etat. Qu'un chargé d'affaires élargisse cette liberté au-delà de sa propre personne et qu'il s'en serve pour faire de la contrebande, c'est là si indigne et si bas que l'on ne peut logiquement en supposer la possibilité dans les contrats que les Etats concluent les uns avec les autres).

Si le chargé d'affaires outrepasse les limites de sa mission, soit en cherchant à se procurer une influence sur les affaires intérieures, soit en engendrant des désordres par des délits, certes l'Etat auquel il est envoyé n'est pas son juge, car il ne s'est jamais soumis à ses lois, mais il acquiert le droit de le renvoyer et de réclamer réparation à l'Etat qui l'a adressé.

§ 12

Pourvu que le contrat entre les deux Etats soit clair et fermement déterminé (étant donné qu'il ne peut jamais comporter une grande quantité d'objets, il est très facile de le déterminer de façon précise, et un manque de détermination dévoilerait déjà une mauvaise volonté qui cherche là un prétexte pour des guerres futures), il n'est pas facile, ou même il n'est pas du tout possible que se produise une injustice commise par erreur, et en fait on peut dans ce cas conclure en toute vraisemblance à de la mauvaise volonté. Pourtant, que les choses se passent comme elles le veulent : la violation du contrat donne un droit à la guerre, au même titre que le refus de la reconnaissance. Dans les deux cas, l'Etat auquel on doit faire la guerre montre qu'une relation légale n'est pas possible avec lui, et que lui-même n'a donc absolument pas de droits.

§ 13

[III, 377] Le droit de guerre est, comme tout droit de contrainte — nous l'avons vu plus haut (p. 113 de la Ire Partie) —, infini. Celui *(4, 158)* contre lequel on engage la guerre n'a pas de droits, parce qu'il ne veut pas reconnaître les droits de l'Etat qui lui fait la guerre. Plus tard, éventuellement, il demande la paix et s'offre dès lors à respecter le droit. Mais comment celui qui lui fait la guerre doit-il se convaincre qu'il est sérieux et qu'il ne veut pas simplement se ménager une meilleure occasion de l'opprimer ? Quelle garantie peut-il lui donner ? Donc la fin naturelle de la guerre est toujours l'*anéantissement de l'Etat que l'on combat,* c'est-à-dire la soumission de ses citoyens. Il peut se produire que parfois une paix soit conclue (en fait, c'est seulement un armistice), parce qu'un des deux Etats ou bien les deux sont présentement affaiblis ; mais la méfiance réciproque subsiste et, de la même façon pour chacun d'eux, le but demeure de soumettre l'autre à son joug.

§ 14

C'est seulement la force armée des Etats belligérants qui fait la guerre ; ce n'est pas le citoyen désarmé, et ce n'est pas non plus contre lui que la guerre est faite. La partie de territoire que les troupes de l'Etat ne parviennent plus à couvrir devient une acquisition du conquérant, puisque la fin de la guerre est effectivement la soumission de l'Etat avec lequel on est en guerre ; et ce conquérant peut assurément, sans agir de façon complètement inopportune et irrationnelle, donc aussi sans agir à l'encontre du droit (de la guerre), éviter de piller ses nouveaux citoyens et de dévaster ce qui constitue proprement sa possession. Dès qu'il a repoussé les gens en armes qui défendent le pays, ceux qui sont désarmés forment ses sujets. Mais la partie du territoire que les troupes de l'Etat vaincu couvrent encore n'est pas soumise à l'ennemi. La première, il ne peut, en raison de ses propres fins, la dévaster ; dévaster la seconde lui est physiquement impossible. La manière habituelle de faire la guerre est en effet irrationnelle et barbare. Le conquérant saccage les provinces conquises pour en tirer à la hâte le plus de bénéfice possible et pour en restituer à l'ennemi aussi peu que possible [III, 378]. Il ne compte donc pas les conserver. Dans ce cas, pourquoi véritablement fait-il alors la guerre ?

De même, le soldat désarmé n'est plus ennemi, mais sujet. Qu'il devienne chez nous prisonnier de guerre pour être échangé, c'est une disposition arbitraire de notre politique récente qui, très vite, songe déjà à entrer de nouveau en pourparlers avec l'ennemi et n'a en général, dans les guerres qu'elle mène, nul but solide et se suffisant à lui-même.

Le but d'une campagne militaire n'est pas du tout de tuer, mais c'est *(4, 159)* simplement de chasser et de désarmer ceux qui par les armes protègent le citoyen et son pays. Dans le corps à corps, où l'on se bat d'homme à homme, quelqu'un tue son adversaire pour ne pas être tué par lui, cela en vertu de *son propre droit de conservation*, mais non pas en vertu d'*un droit octroyé par l'Etat* de donner la mort, droit que l'Etat n'a pas et que par conséquent il ne peut pas non plus octroyer. C'est de cette manière aussi que l'on peut considérer la manière moderne de faire la guerre avec des canons et autres armes à feu. Le but n'en est pas de tuer avec des balles, mais seulement de repousser l'ennemi des endroits où tombent les balles. Si cependant l'ennemi va dans ces lieux, c'est sa faute s'il est atteint par une balle qui ne le visait pas directement (la raison voudrait que l'on avertisse d'abord l'ennemi que l'on va tirer sur un poste s'il ne l'abandonne pas de son plein gré, tout à fait comme l'on invite d'abord des forteresses à se rendre avant de leur tirer dessus). La seule chose qui, dans notre moderne art de la guerre, soit absolument contraire au droit, c'est les *tireurs d'élite* qui guettent dans un fourré et tirent sur les hommes, de sang-froid et en toute sécurité, comme sur une cible. Pour eux, le but est de tuer (leur première utilisation contre des nations policées — par la maison d'Autriche contre la Prusse — souleva même, effectivement, l'indignation générale de l'Europe. Maintenant nous y sommes accoutumés et nous imitons cet usage ; et ce n'est guère à notre honneur).

§ 15

[III, 379] L'Etat lésé a, comme nous l'avons vu, le plein droit de faire la guerre à l'Etat injuste jusqu'à ce qu'il l'ait exterminé comme Etat subsistant pour soi et qu'il se soit associé ses sujets ; et donc la guerre serait un moyen sûr et tout à fait légitime d'assurer la légalité des relations entre les Etats, pourvu que l'on puisse trouver un moyen grâce auquel celui dont la cause est juste soit toujours le vainqueur. Mais, étant donné que, parmi les Etats aussi, la force de chacun n'est pas proportionnée au droit, il se pourrait que par la guerre ce soit, autant ou même davantage encore que le droit, l'injustice qui soit favorisée.

Cela dit, la guerre reste malgré tout l'unique moyen de contraindre un Etat : il faudrait donc seulement veiller à disposer les choses de façon que la juste cause y triomphe toujours et soit la plus puissante. La puissance naît de la masse ; il faudrait donc que plusieurs Etats *s'associent* pour maintenir entre eux l'existence d'une relation juridique *(4, 160)* et pour donner l'assaut à l'Etat injuste en coalisant toute leur puissance. Qu'il en naisse une puissance toujours victorieuse, il n'est pas facile d'en douter ; mais il y a une question majeure : comment peut-on arriver à faire en sorte que cette alliance entre les Etats se prononce toujours dans le sens de ce qui est juste ?

J'explicite tout d'abord l'idée indiquée.

§ 16

Plusieurs Etats s'allient et se garantissent entre eux, et même garantissent à tout Etat qui ne fait pas partie de l'alliance, l'indépendance et l'inviolabilité du contrat que l'on vient de décrire. La formule de cette confédération serait celle-ci : nous promettons tous d'exterminer, par la réunion de nos puissances, l'Etat — qu'il fasse ou non partie de la confédération — qui ne reconnaîtra pas l'indépendance de l'un de nous ou rompra le contrat existant entre l'un de nous et lui.

[III, 380] La formule de cette *confédération*, dis-je : car ce que nous avons décrit serait une *confédération de peuples*, et nullement un *Etat multinational.* La différence repose sur ceci : l'individu peut être contraint d'entrer dans l'Etat, parce que, sinon, il est tout à fait impossible d'entretenir avec lui une relation juridique. En revanche, aucun Etat ne peut être contraint d'entrer dans cette confédération, parce que, même hors d'elle, il peut se trouver dans le cadre d'une relation juridique. Il s'y installe avec les Etats voisins à partir du moment où il les reconnaît et conclut avec eux le contrat que l'on a décrit plus haut : aucun Etat ne dispose d'un droit de contraindre un autre Etat à lui apporter une *protection positive.* C'est donc une alliance volontaire, et qui ne doit nullement être fondée par la contrainte ; et une telle alliance, on la nomme une confédération.

§ 17

Si l'indépendance d'un Etat est reconnue ou non, cela se démontre aussitôt au fait que l'autre Etat s'est ou non engagé avec lui dans le contrat décrit plus haut (§ 8 sqq.) : s'il l'a fait, il l'a reconnu ; s'il se refuse à le faire, il ne veut pas le reconnaître. Sur cette situation, la confédération, dans le jugement qu'elle prononce, ne peut donc se tromper. Mais porter, en toute conscience et volontairement, un jugement injuste, elle ne le peut sans que tout le monde perçoive qu'il est injuste ; et, en tout cas, on devrait pouvoir compter de sa part, *(4, 161)* espérons-le, sur quelque honte. La réponse à la question de savoir si le contrat est rempli ou non dépend, pour une part, de l'authenticité du fait allégué comme preuve, et, pour une autre part, des termes du contrat. En ce qui, tout d'abord, concerne le premier point, tous les Etats doivent, en vertu déjà du droit civil, procéder publiquement : il doit pouvoir être déterminé si quelque chose s'est ou non produit. L'Etat qui est tenu pour responsable d'une négligence doit produire la preuve positive qu'a eu lieu ce qui était exigé, que par exemple un criminel est puni, qu'un dommage est réparé, etc. ; et ainsi on devrait bien pouvoir tirer quelque chose au clair. Si un Etat ne voulait pas comparaître devant le tribunal de la confédération, il abandonnerait déjà ainsi sa cause et il y aurait lieu [III, 381] d'agir contre lui. Il se pourrait qu'un Etat n'appartenant pas à la confédération dise : « Que m'importe ce tribunal ? Il n'est pas mon juge. » A quoi il faudrait lui répondre : pourtant, en vertu du contrat, il est tout de même bien responsable devant sa partie. Si donc celle-ci substitue à elle le tribunal de la confédération, elle en a sans aucun doute le droit le plus complet.

Pour ce qui touche à la compréhension du contrat, la confédération, justement parce que c'est d'après lui qu'elle doit juger, acquiert le droit d'en contrôler la clarté et la déterminité. Tous les contrats avec les Etats confédérés sont en effet conclus sous sa garantie. Elle ne peut tolérer qu'y figure quelque chose d'indéterminé, parce que c'est d'après ces contrats qu'elle doit dire le droit entre les parties en conflit. C'est en cela qu'on s'assure d'ailleurs aussi de sa propre rectitude. La confédération ne peut juger injustement sans que tous le voient. Songeons en outre que ces différents Etats, divisés dans leurs intérêts privés, ne peuvent avoir nul intérêt commun à agir injustement. Un jugement injuste fournit un exemple contre eux-mêmes. C'est en fonction des principes d'après lesquels ils jugent les autres, qu'ils seront eux-mêmes jugés.

§ 18

La confédération doit aussi pouvoir exécuter ses jugements. Cela s'accomplit, comme c'est clair à partir de ce qui précède, par l'intermédiaire d'une guerre d'anéantissement entreprise contre l'Etat condamné au tribunal fédéral. La confédération doit donc être armée. La question pourrait se poser de savoir si doit être instituée une armée permanente spécifiquement fédérale, ou si ne doit être rassemblée qu'une armée d'exécution au cas où il y a effectivement la guerre, à l'aide de contributions des Etats confédérés. Puisque le cas de la guerre, *(4, 162)* espérons-le, n'interviendra que rarement et que plus tard il ne se produira jamais, je serais favorable à la seconde solution : car à quoi bon une armée fédérale permanente qui, par hypothèse, devrait la plupart du temps être oisive ?

§ 19

[III, 382] Mais, dira-t-on, l'absolue impossibilité d'une sentence injuste prononcée par la confédération n'a cependant pas encore été démontrée. C'est là quelque chose d'aussi peu démontrable que n'est démontrable dans le droit politique l'absolue impossibilité d'une sentence injuste prononcée par le peuple assemblé. Aussi longtemps que la raison pure n'apparaît pas sur terre en personne et n'assume pas la charge de juge, il doit toujours y avoir un juge suprême qui, parce qu'il est tout de même fini, peut se tromper ou faire preuve d'une volonté mauvaise ; le problème est seulement de trouver celui dont il y a le moins à redouter cette attitude ; et, pour la relation civile, c'est la nation, pour la relation entre les Etats, c'est la confédération que l'on a décrite.

§ 20

A mesure que cette confédération s'élargit et peu à peu englobe la terre entière, advient la *paix perpétuelle :* c'est l'unique relation entre les Etats qui soit conforme au droit, dans la mesure où la guerre, si elle est menée par des Etats qui sont juges de leur propre cause, peut aussi bien faire triompher l'injustice que le droit ; ou alors, même si elle est placée sous la conduite d'une confédération juste, elle n'est pourtant que le moyen utilisé en vue d'une fin dernière, le maintien de la paix, mais nullement la fin dernière elle-même.

II – Du droit cosmopolitique

§ 21

Tout citoyen a le droit de se livrer à ses activités sur tout le territoire de l'Etat. Ce droit est une partie des droits civils qui lui sont garantis par le contrat social. Le chargé d'affaires de l'Etat étranger, en vertu du contrat [III, 383] conclu entre les deux Etats, a le droit de venir dans le pays auquel il est destiné, d'y voyager et de se rendre partout où *(4, 163)* sa charge l'appelle. Il a le droit d'atteindre ce qui constitue ses fins, d'exercer un contrôle sur ce qui est accompli en vertu du contrat ; il a donc aussi le droit de disposer des moyens nécessaires. Il montre aux frontières sa procuration et c'est alors un devoir, pour l'Etat auquel il est envoyé, que de le laisser entrer. Lui opposer une fin de non-recevoir en tant que chargé d'affaires en général — s'il ne se trouve pas d'éventuelles raisons particulières de mécontentement à l'égard de sa personne et si l'Etat qui le refoule ne déclare pas qu'il accepterait volontiers une autre personne —, cela fonderait un droit à la guerre. Des personnes privées venant d'un Etat reconnu et amical se rendent dans un autre, soit pour leurs affaires, soit même simplement pour le plaisir. Dans ce cas, c'est d'après les contrats existants que l'on juge. Si les deux Etats se sont garantis la sécurité de leurs citoyens respectifs, même s'ils viennent sur le territoire de l'autre Etat, le citoyen est en sécurité, en vertu de ce contrat. Toutefois il prouve qu'il est un citoyen de cet Etat déterminé en montrant son passeport à la frontière.

Mais si un étranger qui n'est ni envoyé par un Etat confédéré, ni autorisé par un contrat conclu avec un tel Etat, pénètre sur le territoire de l'Etat, qu'est-ce qui alors est de droit ? C'est là l'unique question juridique qui demeure et à laquelle doit répondre le droit cosmopolitique.

§ 22

Tous les droits positifs, les droits à *quelque chose*, se fondent sur un contrat. Or, cet arrivant étranger n'a en sa faveur absolument aucun contrat avec l'Etat qu'il visite : ni un contrat qu'il ait conclu personnellement, ni un contrat auquel il pourrait se référer et que son Etat aurait conclu pour lui ; car, par hypothèse, ou bien il n'est d'aucun Etat, ou bien l'Etat qu'il visite ne connaît pas son Etat et n'est engagé avec lui dans aucun contrat. Est-il donc dans ce cas dépourvu de droits ou a-t-il tout de même des droits ? Lesquels et sur quelle base ? [III, 384] Il dispose du droit humain originaire, qui précède tous les contrats juridiques et seul les rend possibles : *le droit de présupposer pour tous les hommes qu'ils peuvent entrer avec lui par des contrats dans une relation juridique.* Cela seul constitue le véritable droit de l'homme, qui revient à l'homme en tant qu'homme : la possibilité d'acquérir des droits. Cette possibilité, mais aussi elle seulement, doit être reconnue à tout homme qui ne s'est pas expressément exposé à la perdre à cause de ses actes. Ce point devient peut-être plus clair par opposition. Car celui *(4, 164)* avec lequel l'Etat abolit le contrat social, il perd tous les droits positifs obtenus grâce à ce contrat ; mais ce n'est pas seulement ces droits qu'il perd : en fait, il perd aussi le droit d'acquérir des droits dans cette société, parce qu'il a déjà montré qu'il était absolument impossible de s'engager avec lui dans une relation juridique. Le nouvel arrivant a aussi peu de droits positifs que lui, mais il a le droit d'exiger qu'on admette la possibilité de s'engager avec lui dans une relation juridique.

C'est de ce droit que résulte son droit à entrer sur le territoire de l'Etat étranger ; car qui a droit à la fin, a aussi droit aux moyens ; or il ne peut tenter de s'engager dans une relation juridique avec cet Etat sans venir à lui sur son territoire et sans lui offrir de contracter des liens.

C'est dans ce droit de circuler librement sur le territoire et de s'offrir pour contracter des liens juridiques que consiste le droit de simple *citoyen du monde.*

§ 23

Le fondement juridique sur lequel s'appuie l'arrivant étranger pour entrer sur le territoire d'un Etat, c'était son droit de tenter et de demander d'avoir des relations avec les citoyens de cet Etat. Ainsi, l'Etat qu'il visite a tout d'abord le droit de demander à l'étranger ce qu'il veut et de le contraindre à donner des explications. S'il ne s'explique pas, le fondement de son droit disparaît et il doit être refoulé hors des frontières. De même, si certes il s'explique, mais si sa demande n'est pas acceptée, le fondement de son droit est [III, 385] là aussi supprimé et il est à bon droit expulsé au-delà de la frontière. Néanmoins cela doit se passer sans dommage pour sa conservation. Car il lui reste la possibilité de contracter des liens avec un autre Etat, après son échec avec celui-ci. C'est là son plein droit, et on ne peut le lui enlever.

§ 24

Si sa demande est acceptée, il se trouve dès lors *immédiatement* (à titre personnel, sans que de son côté vienne s'interposer un Etat) engagé dans un contrat avec cet Etat, et les droits respectifs des deux parties sont déterminés par ce contrat. D'abord, du simple fait qu'il s'est engagé dans un contrat, il a reconnu l'Etat comme un sujet juridique, *(4, 165)* donc aussi, en même temps, les droits de propriété de chacun de ses citoyens. Cela, il n'a pas besoin de le promettre expressément : c'est la conséquence immédiate de l'acte de conclure le contrat. Aux autres lois de l'Etat, il n'est soumis que dans la mesure où il s'est soumis à celles-ci (*a*).

Au demeurant, cet Etat devient nécessairement son juge ; car, puisque nul autre Etat n'est ici intervenu en sa faveur, comme c'est le cas pour les chargés d'affaires, il n'y a pas d'autre juge dans les questions qui le concernent. Aussi lourde que puisse lui sembler cette situation, il doit pourtant s'y soumettre, car elle est inévitable.

(*a*) *SW* (conjecture) : à celui-ci (= au contrat).

Notes du traducteur

(1) Fichte fait allusion (cf. *GA*, I, 3, 313, n. 1) à son collègue, professeur ordinaire à Iéna, Karl Christian Erhard Schmid, auteur d'un article publié par Friedrich Immanuel Niethammer dans le *Philosophisches Journal einer Gesellschaft deutscher Gelehrten*, III, 2, p. 95-132 (cahier daté de 1795, mais sorti en fait au mois de février 1796) : « Bruchstücke aus einer Schrift über die Philosophie und ihre Principien » (Fragments d'un écrit sur la philosophie et ses principes). Que le *Fondement du droit naturel* s'ouvre sur cette allusion polémique, cela n'est compréhensible que si l'on rappelle qu'avant même la venue de Fichte à Iéna, Schmid avait publié en 1795 un *Grundriss des Naturrechts (Esquisse du droit naturel)* dont la préface se terminait sur l'évocation de ces « exaltés réformateurs du monde », poussés par leur « imagination créatrice » à « transgresser largement les lois de l'entendement », qui, disait l'auteur, ne pourraient que rejeter son ouvrage, puisqu'aussi bien nul enthousiasme ne s'y manifestait pour « leurs plans fantaisistes et contraires au droit en vue de produire la libération et le bonheur des peuples » (*GA*, I, 3, p. 212-213). C'est bien évidemment Fichte qui était visé, tant en raison de sa réputation déjà bien établie de *Weltverbesserer*, de « réformateur du monde » (l'expression est utilisée par W. von Humboldt dans une lettre à Schiller du 18 août 1795, citée *in* X. Léon, *Fichte et son temps*, I, p. 359, n. 3, et la correspondance de Gœthe avec C. G. Voigt, t. I, Weimar, 1949, lettre 92, évoque la réputation qu'avait alors Fichte de proclamer dans son enseignement que « dans dix ou vingt ans il n'y aurait plus ni rois ni princes ») qu'à travers la mention de l'« imagination créatrice », concept « popularisé » par l'emploi qu'en avait fait en 1794 la *Grundlage der Wissenschaftslehre*. Fichte, qui avait déjà jugé utile, pour démentir de telles légendes, de publier, au mot près, le texte de quelques-unes de ses *Conférences sur la destination du savant*, crut bon de répondre aux insinuations de Schmid en

faisant paraître une brève mise au point dans l'*Intelligenzblatt der Allgemeine Literaturzeitung* du 14 novembre 1795. Cette réponse, désignée communément par ses premiers mots : « Je me vois forcé... » (« Ich sehe mich genötigt... », *GA*, I, 3, p. 213-214), se borne à signaler que Schmid n'a assurément rien compris à l'imagination créatrice et à la *Doctrine de la Science* et qu'en tout cas on serait bien en peine de trouver chez lui, Fichte, ces prétendus « plans pour produire la libération et le bonheur des peuples ». Schmid poursuivit la polémique en plaidant non coupable, dans le même journal en date du 12 décembre, où il prétend en effet, non sans mauvaise foi, n'avoir jamais songé à Fichte et avoir utilisé l'expression d' « imagination créatrice » non pas au sens de la *Doctrine de la Science*, mais au sens « empirique » de cette « génialité » dont se réclame la *Schwärmerei* en général. Fichte n'avait pourtant pas eu tort, sans doute, de se croire visé, puisque Schmid, dans ses *Bruchstücke* de février 1796, revint à la charge, ouvertement cette fois, en menant un assaut en règle contre la *Doctrine de la Science* : se faisant le premier adversaire public de cette philosophie nouvelle dont, dans le même temps, le tout jeune Schelling s'était fait le premier disciple (*Du Moi comme principe de la philosophie*, 1795), Schmid entendait partir lui aussi du Moi, « seul point de vue de toute philosophie », pour souligner d'autant mieux les insuffisances manifestées, à partir d'un tel point de départ, dans la *Doctrine de la Science* (pour l'analyse de l'article de Schmid, cf. X. Léon, *op. cit.*, I, p. 400-401 : le Moi = Moi y devenait notamment un « fait », un « donné » parmi d'autres, à côté de la faculté de connaître et de la volonté, et en face des objets, tous ces éléments étant pensables par eux-mêmes et indépendamment de leurs relations). La déformation de la *Doctrine de la Science* était si radicale que Fichte résolut cette fois de répondre de façon détaillée et dans l'intention de clore définitivement le débat avec celui qui, entre-temps, était devenu son collègue à Iéna. Le *Philosophisches Journal* devait donc publier à Pâques 1796 sa « Vergleichung des Vom Hrn Prof. Schmid aufgestellten Systems mit dem der Wissenschaftslehre » (Comparaison du système édifié par M. le Professeur Schmid avec celui de la Doctrine de la Science) (*GA*, I, 3, p. 235-271). Réponse bien malencontreuse, sinon sur le fond (Fichte rappelait que, loin de partir du « donné », de l'« expérience », son ouvrage de 1794 aboutissait à cette « expérience », en en fondant la possibilité), du moins dans la forme ou le ton, dont la dureté choqua beaucoup de lecteurs, y compris Reinhold (lettre à Fichte du 14 février 1795), et engagea ainsi la carrière philosophique de Fichte sur une voie où, jusqu'au tragique, les polémiques injustes et les mises au point vaines ne devaient plus que se succéder : il est vrai que la « Comparaison » concluait à l'incapacité définitive de Schmid à « s'arracher au donné » et, en conséquence,

déclarait « absolument inexistant » tout ce que celui-ci pourrait désormais dire ou écrire — Schmid lui-même, comme philosophe, étant déclaré « non existant ». Celui-ci eut beau jeu de rappeler à Fichte son existence en répliquant (dans le *Reichs-Anzeiger* du 23 juin 1796) que nul homme ne possédait le droit de déclarer l'inexistence d'un autre, et que les contemporains jugeraient.
C'est donc à cet âpre débat, strictement simultané de la rédaction de son *Droit naturel,* que Fichte fait ici allusion en évoquant cette interprétation de la *Doctrine de la Science* qui croit y trouver une conception dogmatique du Moi posé comme un substrat existant en soi : Schmid reprochait en effet à Fichte d'avoir oublié les limites de l'expérience possible et de la conscience, donc de n'être pas parti simplement de l'identité du Moi comme fait de conscience (ce qu'effectivement le Moi = Moi des *Principes* de 1794 n'est pas) et donc de s'être engagé dans la direction d'une « philosophie transcendante » prétendant penser « l'objet en soi et ses effets, ou le sujet en soi et ses actions » (texte cité in *GA,* I, 3, p. 236, n. 4). La réplique de Fichte, dans sa « Comparaison », résume avec netteté la position des *Principes* (et c'est un écho de cette réplique que l'on perçoit ici) : pour ne pas partir simplement du « donné », la *Doctrine de la Science* ne se donne pas pour autant, dogmatiquement, le Moi comme sujet en soi, puisqu'il s'agit bien plus tôt, par un acte de la réflexion, d'apercevoir que nul ne peut dire « je » sans être conscient de l'acte par lequel il le dit, donc sans se poser lui-même comme objet (d'une telle conscience) : « Le Moi est ce qui ne peut être sujet sans, dans le même acte indivis, être objet, et ne peut être objet sans, dans le même acte indivis, être sujet. » C'est de cette identité, ainsi entendue, du sujet (Moi sujet) et de l'objet (Moi objet), identité qui définit l'égoïté (et qui constitue la *Tathandlung*), et non d'un Moi-substrat dogmatiquement posé, que doit partir toute la philosophie pour tenter de clarifier ce lien entre le sujet et l'objet, « originairement liés dans l'égoïté », donc pour résoudre le problème de la représentation (« quel est le fondement de notre affirmation selon laquelle quelque chose hors de nous correspond à nos représentations ? ») (*GA,* I, 3, p. 253-254). Sur ce refus d'un Moi-substrat, Fichte revient *infra,* dans le *Droit naturel,* p. 39.

(2) Fichte songe évidemment à la dénonciation kantienne, dans la *Dialectique transcendantale* de la *Critique de la Raison pure,* du paralogisme de la substantialité. On comprendra cette insistance sur la question du Moi-substrat si l'on songe qu'il s'agit là d'une de ces « erreurs sur le sujet » dont Fichte a entrepris de déconstruire l'illusion au début des *Principes de la doctrine de la Science :* cf. sur ce point la magistrale interprétation d'A. Philonenko, *La liberté humaine dans la philosophie de Fichte,* Vrin,

1966 (2ᵉ éd., 1980), notamment le chapitre VIII (« L'illusion transcendantale ») ; sur le paralogisme de la substantialité, cf. p. 137 sqq.

(3) *Exaltation de l'esprit :* on propose de rendre ainsi l' « intraduisible » *Schwärmerei.* Sur la signification de ce terme et les difficultés de sa traduction, cf. A. Philonenko, *Introduction* de sa traduction de Kant, *Qu'est-ce que s'orienter dans la pensée ?,* Vrin, p. 38-39 (A. Philonenko s'était rallié à la traduction par : « enthousiasme », dont malheureusement la dimension « légèrement péjorative » nous paraît s'être trop perdue pour rendre ce délire de la raison que constitue pour Kant et Fichte la *Schwärmerei*).

(4) *Arbitre* traduit *Willkür.* Même si l'emploi du terme d'*arbitre* est en ce sens inusuel en français, il faut rappeler que traduire *Willkür* par libre arbitre, chez Kant ou chez Fichte, expose à de graves contresens : cf. *Critique de la Raison pratique,* liv. I, chap. 1, où *Willkür* (traduit par libre arbitre aussi bien chez Gibelin, éd. Vrin, que chez Picavet, éd. PUF) désigne pourtant clairement la volonté en tant qu'elle est *déterminable* par des principes déterminants qui peuvent être rationnels *ou non ;* l'*arbitre (Willkür),* c'est ainsi le déterminable de la volonté, et l'arbitre est libre (il est déterminé librement : *libre arbitre, freie Willkür*) quand ses principes déterminants sont rationnels, là où, quand la volonté n'est déterminée que par des impulsions sensibles, c'est-à-dire *pathologiquement,* l'arbitre est nommé *arbitrium brutum* (cf. A. Philonenko, *L'œuvre de Kant,* Vrin, t. II, 1972, p. 142). On se reportera aussi, chez Kant, à l'*Introduction à la métaphysique des mœurs,* placée en tête de sa *Doctrine du Droit,* trad. A. Philonenko, Vrin, 1971, p. 87-88. Dans le contexte du *Droit naturel* de Fichte, traduire *Willkür* par *libre arbitre* équivaudrait à commettre un contresens sur l'ensemble de l'ouvrage, puisque aussi bien seul l'arbitre déterminé par la loi morale est libre (la volonté bonne) : or tout l'effort de Fichte, dans le *Droit naturel,* est précisément pour tenter de construire un système juridique ne reposant aucunement, comme on le verra, sur la volonté bonne (moralité). Dans le même registre lexical, *arbitraire* traduit *willkürlich,* au sens où est *arbitraire* ce qui est institué par un arbitre, c'est-à-dire par une décision, quelles que puissent en être les déterminants (sur cet emploi fichtéen de *willkürlich,* cf. notre traduction du texte de 1795 *Sur la faculté linguistique et l'origine du langage, in* Fichte, *Essais philosophiques choisis,* Vrin, 1984, n. 2).

(5) Il s'agit de la recension effectuée par le célèbre kantien Jakob Sigismund Beck, in *Annalen der Philosophie und des philosophischen Geistes,* les 6, 9 et 11 février 1795, à propos de l'écrit *Sur le concept de la Doctrine de la*

Science (*Über den Begriff der Wissenschaftslehre,* trad. par L. Ferry et A. Renaut, *in* Fichte, *Essais philosophiques choisis*) et des *Principes* de 1794. Dans une note de *Über den Begriff,* Fichte demandait : « Une question aux mathématiciens ! — Le concept de droit n'est-il pas déjà renfermé dans celui de ligne ? Y a-t-il d'autres lignes que les lignes droites ? Et la prétendue ligne courbe est-elle autre chose qu'une enfilade de points infiniment nombreux et infiniment proches ? (...) Et il apparaît clairement par là *que* et *pourquoi* la tâche qui vise à mesurer le cercle par une ligne droite est infinie et ne pourrait être remplie que par une approche complète de l'absolu » (*GA,* I, 2, p. 135, n.). Beck, dans son compte rendu, ironisait : « L'incommensurabilité du cercle au diamètre est pour M. Fichte une tâche infinie ! Et cette incommensurabilité, qu'est-ce qui doit la rendre claire ? Le fait que le cercle n'est pas une courbe, mais une ligne droite ! Perdre son temps à dire un mot là-dessus est indigne du respect que le réc. a pour le public. *Ansas philosophiae non habes.* » Là encore, le ton donne une idée de la vigueur polémique opposée par les kantiens aux premiers textes de Fichte.

(6) Nouvel indice que le débat avec Schmid, qui a accompagné la rédaction du *Droit naturel,* est très présent à l'esprit de Fichte : dans son *Grundriss des Naturrechts* (1795), Schmid formulait ainsi la loi pratique : « Que l'usage de ta liberté s'accorde avec lui-même » (§ 97). Le raisonnement était le suivant : la loi de la raison pratique, ne devant avoir égard à nul contenu empirique et donc ne pouvant être que formelle, se caractérise nécessairement par la « rationalité de sa forme » (§ 94) ; or, si la raison est « la faculté de la plus haute unité de nos représentations », le *rationnel* signifie *l'unité du divers,* c'est-à-dire l'accord *(Übereinstimmung)* au sein d'une diversité (§ 95) ; comme « l'usage possible de la liberté est divers », la « loi pratique » auquel il faut soumettre cet usage ne peut consister qu'à prescrire de rendre cet usage *rationnel,* donc d'*accorder* entre elles les différentes possibilités d'un usage de la liberté (§ 96).

(7) Johann Benjamin Erhard (ou Ehrhardt), 1766-1827, médecin et philosophe, avait publié en 1795, dans le *Philosophisches Journal,* une « Apologie du Diable » (Apologie des Teufels) : cf. sur ce texte la parfaite analyse de L. Ferry dans son article « Sur la distinction du droit et de l'éthique dans la première philosophie de Fichte », in *Archives de Philosophie du Droit,* t. 26, 1981, p. 287-301 (sur Erhard, cf. p. 292-295). L'*Apologie* ne consistait nullement, bien sûr, à défendre le diable « contre l'accusation de méchanceté » (*Phil. Journal,* I, 2, p. 105), mais à établir que le diable, autrement dit : la notion de méchanceté suprême, « constitue une Idée et non une simple chimère » (p. 106), et qu'il est donc possible de construire

de façon conséquente les maximes qui correspondent à un « idéal de méchanceté » (cf. p. 123-124 : singularité, égoïsme, uni-liberté, soit : les trois moments de la mentalité méchante, se combinent pour engendrer un « projet » pouvant s'énoncer sous la forme d'une loi : « Je veux agir de telle sorte que mon Moi soit le seul but possible de mes actions et apparaisse comme le seul être libre » — loi à partir de laquelle Erhard montrait comment l'on pouvait esquisser un système des maximes mauvaises : « Ne sois pas sincère, mais fais semblant de l'être, ... ne reconnais pas la propriété, mais affirme bien qu'elle est sainte, inviolable, et approprie-toi tout, etc. »). Au-delà de ce qu'un tel exercice pouvait avoir de plaisant, il posait le problème des rapports entre raison théorique et raison pratique : la dernière maxime du « système de la méchanceté » énonçait en effet : « Sois pleinement conséquent et ne regrette jamais rien » — la conséquence, « exigence générale de la raison » (p. 135) comme raison théorique *semblant* ainsi pouvoir se trouver respectée indépendamment de toute détermination de l'arbitre par la loi morale. Nous laissons ici de côté la solution apportée par Erhard à ce paradoxe (cf. sur ce point l'article cité de L. Ferry), mais c'est en tout cas à s'y confronter que Fichte invite l'auteur de l'*Esquisse du droit naturel.*

(8) Outre à l' « Apologie du diable » (dont la portée, quant à la distinction entre droit et morale, est analysée par L. Ferry, *op. cit.*), Fichte songe à deux autres essais d'Erhard parus eux aussi dans le *Journal* de Niethammer en 1795 : *Sur le droit du peuple à une révolution (Über das Recht des Volks zu einer Revolution),* et *Contributions à la théorie de la législation (Beiträge zur Theorie der Gesetzgebung)* (Niethammer a aussi publié, toujours en 1795, une recension d'Erhard aux *Contributions sur la Révolution française*) ; Fichte peut songer, enfin, à un essai paru lui aussi en 1795, dans *Les Heures (Die Horen) :* « L'Idée de justice envisagé comme principe d'une législation » (Die Idee der Gerechtigkeit als Princip einer Gesetzgebung). Quant à l'importance globale d'Erhard dans la genèse du *Droit naturel,* cf. le jugement de G. A. Walz : « C'est avant tout Erhard qui, en soulignant la positivité du droit et son autonomie face à la morale, a manifestement influencé la conception de Fichte » (*Die Staatsidee des Rationalismus und der Romantik und die Staatsphilosophie Fichtes,* Berlin, 1928, p. 466). Sur cette influence, cf. aussi X. Léon, *op. cit.*, I, p. 484-485.

(9) L'article de S. Maimon, paru lui aussi en 1795 dans le *Phil Journal,* s'intitule : « Sur les premiers fondements du droit naturel » (Über die ersten Gründe des Naturrechts). Pour une analyse de ce texte, cf. X. Léon, *ibid.*, p. 479-484. Sur l'influence de Maimon, cf. la note 1 de

notre traduction, en collaboration avec L. Ferry, de l'écrit *Sur le concept de la Doctrine de la Science, in* Fichte, *Essais philosophiques choisis.*

(10) Kant publie son projet *Pour la paix perpétuelle* en 1795. On sait que Fichte, l'ayant lu à Osmannstädt dès l'été 1795, alors qu'il achevait la rédaction de son *Droit naturel,* en fit la récension pour le *Journal* de Niethammer, où elle parut au début de 1796 : pour ce texte, cf. *GA,* I, 3, p. 217-228 (*SW,* VIII, p. 427-436), et, en traduction, cf. le volume que nous avons présenté et traduit, en collaboration avec L. Ferry : Fichte, *Machiavel et autres écrits philosophiques et politiques de 1806-1807,* Payot, coll. « Critique de la politique », où nous avons publié ce texte de 1796 en annexe pour faire apparaître l'évolution des idées de Fichte, en dix ans, sur les questions de politique internationale.

(11) A propos de Rousseau, Fichte songe au texte de 1761, *Extrait du projet de paix perpétuelle de M. l'abbé de Saint-Pierre,* où le « citoyen de Genève » se situait par rapport aux thèses de Bernardin.

(12) Le texte dont Fichte donne la référence se trouve à la p. 87 de l'édition (bilingue) publiée en 1958 aux PUF : Kant, *Vers la paix perpétuelle,* trad. par J. Darbellay.

(13) *Ibid.*, p. 89-90.

(14) *Ibid.*, p. 90-91 (pour le rapprochement relatif au thème contractualiste) ; p. 94-97 (pour la critique de démocratie directe et la défense du régime représentatif). Ces différents rapprochements sont analysés et discutés dans l'excellente introduction d'A. Philonenko à sa traduction de la *Doctrine du Droit* de Kant, Vrin, 1971.

(15) *Volonté générale* traduit *gemeinsamer Wille,* par opposition à *allgemeiner Wille, volonté de tous :* cf. *infra,* p. 268, où ces équivalents sont explicitement établis par Fichte, qui cite en français la terminologie rousseauiste.

(16) On reconnaît là, bien évidemment, la question de la représentation telle que Kant l'avait formulée dans la lettre à Marcus Herz du 21 février 1772 : « Quel est le fondement sur lequel repose la relation de ce que l'on nomme en nous représentation à l'objet ? » (trad. par A. Philonenko, *in* Kant, *Dissertation de 1770, Lettre à Marcus Herz,* Vrin, p. 132 ; cf. aussi la trad. de J. Rivelaygue et son annotation, *in* Kant, *Œuvres philosophiques,* Gallimard, Bibliothèque de la Pléiade, éd. dirigée par F. Alquié,

t. I, p. 691). Fichte a repris littéralement la question kantienne dans son écrit contre Schmid (*Vergleichung*, in *GA*, I, 3, p. 252) : « Quel est le fondement de notre affirmation selon laquelle quelque chose correspond hors de nous à nos représentations ? » Ce problème, ajoute-t-il, est celui de toute philosophie, et c'est lui que prend en considération la *Doctrine de la Science*. De fait, cf. *Principes de la Doctrine de la Science*, trad. par A. Philonenko, *in* Fichte, *Œuvres choisies de philosophie première*, Vrin, p. 61-62, où « l'explication de la représentation » est présentée comme équivalente à « la philosophie spéculative tout entière ».

(17) *Fait-action :* nous traduisons ainsi *Tathandlung*. Croix des traducteurs de Fichte, la traduction de la *Tathandlung* nous paraît en effet gagner à s'inspirer du mouvement même du § 1 des *Principes de la Doctrine de la Science*, où, par une démarche régressive, Fichte remonte d'un quelconque fait de conscience *(Tatsache)* à cette autoposition du Moi sans quoi il n'y a nul fait de conscience, mais qui n'est plus elle-même un *fait* au sens de *quelque chose* qui pourrait être « objet de la conscience empirique » *(Tatsache)*, mais *ce qui fait* que (donc un *acte*) nous pouvons être conscients de quelque chose : non un *fait* au sens d'une *chose*, au sens d'un *donné* (d'où l'opposition à la réinterprétation par Schmid du Moi = Moi comme un donné empirique), mais un *fait* au sens de *ce qui fait* qu'il y a pour nous du donné, *Tat-handlung, fait-action*, et non pas *Tat-sache, fait-chose*.

(18) Sur le temps comme produit du « flottement » *(Schweben)* de l'imagination, cf. A. Philonenko, *La liberté humaine*, p. 283 sqq.

(19) Le *David Hume* de Jacobi *(David Hume über den Glauben oder Idealismus und Realismus, ein Gespräch)* est paru en 1787, à Breslau. Les textes sur le temps auxquels Fichte fait allusion sont cités in *GA*, 3, p. 339, n. 2 ; le lecteur français peut se reporter à la traduction publiée par L. Guillermit dans son ouvrage : *Le réalisme de F. H. Jacobi, Dialogue sur l'idéalisme et le réalisme, traduction et notes*, Publications de l'Université de Provence, 1982, notamment p. 315 sqq.

(20) Il faut souligner, dans cette première explicitation que Fichte fournit de la déduction de l'intersubjectivité qu'il vient d'effectuer, le refus allusif de toute démarche prétendant établir *empiriquement* l'existence hors de moi d'autres êtres humains : que ce ne puisse être étayé sur l'expérience, Fichte l'a en effet établi dans la deuxième des *Conférences sur la destination du savant* (cf. trad. J.-L. Vieillard-Baron, Vrin, 1969, p. 45 sqq.), en des termes qui visent directement un texte célèbre de Kant (*Critique de la faculté de juger*, § 64 : « vestigium hominis video, là où je rencontre dans

l'expérience des effets de finalité) ; Fichte répond que « la rigueur de la recherche philosophique » impose de considérer une telle réponse au problème de l'existence d'autrui comme « légère et insuffisante », dans la mesure où « l'expérience apprend seulement que la *représentation* d'êtres raisonnables en dehors de nous est contenue dans notre conscience empirique », mais ne nous permet pas de savoir si quelque chose correspond à cette représentation *« en dehors de nous » :* car « ce qui a le caractère de la finalité peut avoir un auteur raisonnable », mais il est de la finalité, dans le domaine organique, qui relève de la nature, et donc l'expérience de la finalité ne nous permet pas encore de « conclure avec certitude à une cause raisonnable de cette expérience ». C'est bien pourquoi il a fallu ici déduire l'intersubjectivité à partir de la subjectivité elle-même, c'est-à-dire à partir du concept d'homme, autrement dit : *a priori.*

(21) Sur la proximité qu'entretient ici Fichte avec Rousseau (le thème de la *perfectibilité*) et avec Kant (« L'homme est la seule créature qui doive être éduquée »), cf. l'Introduction d'A. Philonenko à sa traduction de Kant, *Réflexions sur l'éducation,* Vrin, notamment p. 26 sqq.

(22) *Genèse,* I et II.

(23) Ce passage sans apparence a en fait une grande portée : il permet une première disjonction entre droit et morale, puisque le simple souci de la logique y apparaît comme suffisant pour donner sa force à l'obligation juridique ; c'est dire qu'il faudra supposer *méthodiquement* que les hommes sont méchants pour qu'il soit nécessaire de conférer au droit, par d'autres moyens, un surcroît de puissance.

(24) Deuxième affirmation de la séparation *possible* entre droit et morale : le concept de droit est déduit comme condition de la conscience de soi, et non à partir de la loi morale.

(25) Allusion à la *Sittenlehre.* La remarque est d'importance : Fichte souligne que sa doctrine du droit est, en quelque sorte, *abstraite,* puisqu'elle laisse de côté toutes les dispositions morales éventuelles de l'homme ; en conséquence, il ne faut jamais négliger ce fait que toute la construction du *Droit naturel* repose sur cette abstraction méthodique, donc s'effectue dans des conditions qui pourraient se trouver facilitées si d'aventure l'on pouvait par ailleurs escompter quelque chose de la moralité humaine. C'est là, sans doute, un point capital pour juger de la portée de l'ouvrage, et déterminer le statut de ses éventuelles apories. *Droit naturel* et *Système de l'éthique* ne sont en réalité pas séparables, si ce n'est méthodiquement.

(26) La proposition que l'on peut se représenter est bien sûr la suivante : le sujet *est* cette sphère.

(27) Les éditeurs de la *GA* signalent en note que, dans une lettre à Johann Smidt du 1er janvier 1798, Fichte estime s'être exprimé ici de façon malheureuse, susceptible d'induire en erreur ; proposant de considérer que le sens externe (ou organe inférieur), posé d'abord comme distinct du sens interne (ou organe supérieur), est *aussi* l'organe supérieur se faisant tel *(der äussere Sinn ist werdender höherer),* il corrige cette phrase du *Droit naturel :* « ... il lui faut retenir le mouvement de l'organe *supérieur* et, par son intermédiaire, l'organe inférieur. »

(28) Dans la même lettre à Smidt, Fichte propose de remplacer *organe* par *sens (Sinn).*

(29) Mouvement libre *déterminé (bestimmte freie Bewegung) : déterminé* est à comprendre par opposition à la façon dont, chez l'homme, l'articulation est capable de « tous les mouvements qui, *à l'infini,* se peuvent penser ».

(30) On rappelle que *arbitraire,* qui traduit *willkürlich,* signifie : procédant de l'arbitre.

(31) Sur cette conception pour ainsi dire *existentialiste* de l'homme, qui, parce qu'il est *libre,* existe avant de posséder une essence (il a non pas une essence, mais une *destination,* à laquelle il lui faut donc être formé par l'*éducation*), cf., là encore, A. Philonenko, *Introduction* à Kant, *Réflexions sur l'éducation,* Vrin, p. 25.

(32) Passage extrêmement important : au-delà de la question de savoir à qui ou à quoi appliquer l'impératif catégorique, il s'agit surtout de déterminer comment reconnaître *dans le monde sensible* la présence d'un être raisonnable, donc de la liberté. La *Critique de la Raison pure,* en démontrant, dans la deuxième analogie de l'expérience, la validité absolue du principe de causalité comme jugement déterminant constitutif de l'expérience, et même en faisant du monde sensible, dans la solution de la troisième antinomie, un domaine intégralement soumis au déterminisme (puisque la liberté n'y est posée comme *possible* qu'au plan, nouménal, du monde intelligible), semblait rendre impossible, au niveau des phénomènes, de distinguer une action libre d'une action déterminée ; dès lors comment discerner les phénomènes qui, me signalant un être raisonnable, vont exiger de moi l'application de l'impératif catégorique ? Fichte écrit à Reinhold, dans une lettre du 29 septembre 1795 qui annonce ce passage

du *Droit naturel* (lettre citée par A. Philonenko, *La liberté humaine,* p. 52-53) : « Où se trouve la limite des êtres raisonnables ? En effet les objets de mes actions ne sont jamais que des phénomènes dans le monde sensible ; quels seront parmi les phénomènes ceux auxquels j'appliquerai le concept d'être raisonnable et ceux auxquels je ne l'appliquerai pas ? Tu le sais fort bien toi-même ! devrait répondre Kant. Mais si cette réponse est très juste, elle est toutefois rien moins que philosophique. Je monte sur un cheval sans lui demander la permission et sans vouloir à mon tour lui servir de monture ; mais pourquoi ai-je plus de scrupules envers le loueur de chevaux ? » Si l'exemple est plaisant, la question, ajoute Fichte, est cependant « très sérieuse », car comment, si l'on s'en tient aux perspectives ouvertes par la *Critique de la Raison pure,* « savoir si, appuyé sur l'opinion générale, je ne monte pas ni ne chevauche sur un cheval aussi injustement que le seigneur russe qui, lui aussi appuyé sur l'opinion générale, chasse, vend et, par plaisanterie, fouette ses serfs » ? La question que Kant n'a donc pas résolue, et que pose le *Droit naturel,* c'est celle de savoir si l'on peut distinguer, dans le monde sensible, sans sortir du monde phénoménal (c'est-à-dire sans recourir à une solution du type de celle qu'utilisait Kant à propos de la troisième antinomie), le mécanisme (en droit universel) et des « effets » de liberté, et si une telle distinction, à supposer qu'elle soit possible, est légitime sans sortir des cadres d'une philosophie de la finitude. Les risques philosophiques de l'entreprise sont clairs ; cf. sur ce point A. Philonenko, *La liberté humaine,* p. 52 : exigeant que « la liberté se présente dans le monde sensible », Fichte se serait trouvé « contraint de franchir les limites de la phénoménologie kantienne », à tel point que ce serait là « le grand défaut de sa philosophie, ... partiellement responsable du développement onto-théologique de la *Doctrine de la Science* après 1801 » (*Etudes kantiennes,* Vrin, p. 115). Le lecteur est donc invité à juger si la solution proposée par Fichte dans les pages qui précèdent reste ou non compatible avec les exigences d'une philosophie de la finitude. Il n'en demeure pas moins que, quelles qu'en puissent être les conséquences philosophiques, la question posée paraît difficilement éludable : si l'on ne peut distinguer entre mécanisme et liberté *au sein même des phénomènes,* toute vision morale du monde et de l'histoire est dépourvue de sens.

(33) Le passage est évidemment dirigé contre Hobbes. Sur le refus de la conception hobbienne de l'état de nature, cf. aussi l'essai « Sur la faculté linguistique et l'origine du langage » (Von der Sprachfähigkeit und dem Ursprung der Sprache, 1795, traduit par nous *in* Fichte, *Essais philosophiques choisis,* Vrin, 1984), *GA,* I, 2, p. 100-101.

(34) *Vers la paix perpétuelle,* trad. citée, p. 86-87.

(35) La méthode synthétique est définie au § 3 des *Principes de la Doctrine de la Science*. Nous ne pouvons ici que renvoyer au commentaire parfait d'A. Philonenko, *La liberté humaine*, p. 166 sqq.

(36) Sur l'interprétation fichtéenne de la volonté générale de Rousseau, qu'à juste titre il conçoit plus comme une intégrale que comme une somme, cf. A. Philonenko, *Théorie et Praxis dans la pensée morale et politique de Kant et de Fichte en 1793*, Vrin, 1968, chap. XIX. La distinction qu'établit Rousseau entre volonté générale et volonté de tous se trouve dans le *Contrat social*, II, 3.

(37) Fichte songe sans doute au chapitre XVI du *Tractatus theologico-politicus*, où on lit en effet (Gallimard, Bibl. de la Pléiade, p. 824-825) : « La nature, considérée en elle-même, jouit d'un droit souverain sur tout ce qui est en son pouvoir. C'est-à-dire que le droit de la nature s'étend jusqu'aux bornes de sa puissance (...). Mais la puissance globale de la nature entière n'étant rien de plus que la puissance conjuguée de tous les types naturels, il s'ensuit que chaque type naturel a un droit souverain sur tout ce qui est en son pouvoir ; autrement dit, le droit de chacun s'étend jusqu'aux bornes de la puissance limitée dont il dispose. » La critique de la notion spinoziste du droit a l'intérêt, notamment, de souligner les conditions de possibilité théoriques d'une véritable pensée du droit : toute philosophie ne peut être philosophie du droit.

(38) La formule, traditionnelle en droit romain (cf. la note de Barbeyrac à la p. 411 de sa traduction du *Jus naturae et gentium* de Pufendorf, éd. de 1712, t. I, liv. III, chap. VII, § 11, où il traduit : « Le premier en date a le meilleur droit »), est également mentionnée par Kant dans la *Doctrine du Droit*, trad. A. Philonenko, Vrin, p. 134.

(39) Là aussi, Fichte reprend des formules usuelles en droit romain et véhiculées par toute la tradition jusnaturaliste : sur le droit du premier occupant, voir par exemple Pufendorf, trad. Barbeyrac, *op. cit.*, I, p. 490, 494, 496, 522 (dans une note de cette page, Barbeyrac cite *Dig.*, XLI, Tit. I, Leg. III : « Quod enim nullius est, id ratione naturali occupanti conceditur » ; il cite aussi Grotius, liv. II, chap. 3, § 1). De même, Kant, *Doctrine du Droit*, trad. citée, p. 139. Voir sur ce point l'introduction d'A. Philonenko à sa traduction de la *Doctrine du Droit*, p. 42-43.

(40) On attendrait — par parallélisme avec la fin de l'alinéa précédent et aussi en raison de la question posée — qu'il soit question, cette fois, de

l'*agresseur,* et non de l'*agressé.* En fait le raisonnement est largement implicite : dans ce cas, l'agresseur devrait certes faire confiance à l'agressé et à sa modération, mais une telle modération n'aurait lieu d'être que dans la mesure où l'*agressé* lui aussi pourrait d'abord faire confiance à son agresseur — ce qui est impossible.

(41) Soit : l'existence d'une très nette majorité.

(42) Passage important pour situer politiquement le système du *Droit naturel,* la plupart des commentateurs estimant évident qu'à travers cette opposition à l'aliénation totale préconisée par le *Contrat social* (cf. I, 6), les conceptions fichtéennes restent, en 1796, marquées par l'individualisme des *Beiträge* de 1793 et sont encore compatibles avec le libéralisme (au sens politique du terme).

(43) Quelque peu énigmatique, cette réserve est explicitée *infra* sur l'exemple de l'agriculteur : celui-ci reçoit le droit exclusif de cultiver tel champ, donc de se consacrer à l'exploiter, mais uniquement du point de vue de la production agricole.

(44) Germe clair des thèses que défendra en 1800 *L'Etat commercial fermé* — ce qui pose le problème délicat de l'articulation entre les deux œuvres : s'agit-il seulement d'une troisième annexe au *Droit naturel* (comme semble le suggérer la présentation de l'ouvrage de 1800 : « Un essai philosophique comme annexe à la Doctrine du Droit et comme échantillon d'une Politique qu'on se propose de livrer ultérieurement », trad. D. Schulthess, Lausanne, 1980, p. 59), auquel cas l'accentuation, repérée par la plupart des commentateurs, des thèses de 1796 dans un sens plus autoritaire procéderait seulement des exigences internes à la transition entre droit et politique ? Ou n'y a-t-il entre les deux œuvres qu'une articulation lâche, voire une solution de continuité, auquel cas l'autoritarisme étatique de 1800 laisse intacte le système de 1796 ?

(45) *Logis, logement :* on a voulu rendre ainsi *Haus, Gehäuse,* dont la parenté étymologique permet à Fichte de rapporter la maison *(Haus)* à un terme générique *(Gehäuse)* qui, au sens le plus usuel, désigne une boîte ; le français *logement* peut lui aussi désigner aussi bien la chambre qu'une caisse ou un coffre, au sens où l'on y loge tel ou tel objet.

(46) Fichte reprend ici un très ancien problème (cf. déjà Cicéron, *De Officiis,* III, 89-90, in *Les Stoïciens,* Gallimard, Bibl. de la Pléiade, p. 616 : « Si dans un naufrage un insensé a attrapé une planche, un sage la lui arrachera-

t-il, s'il le peut ? — Non, dit-il, ce serait injuste. — Et le propriétaire du navire ? Il la lui enlèvera, puisqu'elle est son bien. — Pas du tout, pas plus qu'il ne voudrait, en haute mer, jeter un passager hors du navire, parce que le navire est à lui (...). — Et s'il y a une seule planche et, sur elle, deux passagers, sages l'un et l'autre, se la prendront-ils l'un à l'autre, ou l'un la cédera-t-il à l'autre ? — Il la cédera à celui dont la vie importe le plus à lui-même ou à la république. — Et s'il y a entre eux égalité ? — Ils ne se querelleront point ; mais comme dans les jeux de hasard, le vaincu cédera la place à l'autre. »). Cet exemple est devenu classique dans la tradition jusnaturaliste pour évoquer la question du droit de nécessité : cf. par exemple Pufendorf, *Jus naturae et gentium*, trad. citée, II, chap. VI (« Du droit et des privilèges de la nécessité »), 3, p. 283 : « Si, dans un naufrage, je me suis saisi d'une planche qui ne saurait tenir deux personnes, et qu'un autre veuille s'y mettre avec moi, rien n'empêche que je ne le chasse de toutes mes forces, pour ne pas me perdre avec lui sans nécessité » (de même, Grotius, II, 2, 6). Fichte va donc récuser cette notion d'un *droit de nécessité,* dans la mesure où la question du droit porte sur les conditions de possibilité de la *coexistence* d'êtres libres, alors qu'ici la coexistence est impossible *ex hypothesi.* Dans la *Doctrine du Droit,* Kant adopte une position identique sur la base d'une argumentation différente : cf. trad. citée, p. 109-110. On peut signaler au passage que Hegel réintroduit la notion de *Notrecht* au § 127 de ses *Principes de la philosophie du droit.*

(47) En français dans le texte.

(48) En français dans le texte.

(49) *Immédiatement :* à première vue, le terme peut surprendre, puisque Fichte, après avoir distingué entre crime médiat et crime immédiat contre l'Etat, consacre son analyse tout d'abord au « premier cas », donc au crime *médiat.* Cependant, l'analyse a précisément consisté à montrer que même ce crime médiat (parce que ne s'attaquant pas directement à l'Etat, mais à l'un de ses citoyens) est en fait un crime immédiat contre l'Etat, dans la mesure où il rompt le contrat social conclu *directement* avec l'Etat.

(50) Denys le Jeune, né en 395, régna à Syracuse à partir de 367. En 344, vaincu par Timoléon, il fut envoyé à Corinthe, où il dut subvenir à ses besoins en donnant des leçons.

(51) L'expression *den Stab brechen* signifie précisément, en allemand, prononcer l'arrêt de mort.

(52) Fichte évoque (cf. *GA*, I, 4, 76, n. 8) Ludwig Heinrich Jakob, auteur en 1795 d'une *Doctrine philosophique du droit ou droit naturel (Philosophische Rechtslehre oder Naturrecht).* Mais c'est surtout Kant qui, bien évidemment, est visé : la *Doctrine du Droit,* en cette même année 1797 où paraît la Deuxième Partie du *Droit naturel* de Fichte, justifie, comme on sait, la peine de mort, contre les thèses soutenues par le marquis de Beccaria (*Dei delitti e delle pene,* 1764) ; sur la réfutation kantienne de Beccaria, cf. A. Philonenko, *Introduction* à sa trad. de la *Doctrine du Droit,* p. 69 sqq. (et le texte de Kant, *ibid.*, p. 216, 220). Fichte, qui a donc lu la *Doctrine du Droit* avant de publier la Deuxième Partie de son *Droit naturel* (comme Kant, sembla-t-il, avait lu la *Première Partie,* en 1796, avant de publier sa propre doctrine du droit), va prendre la défense de Beccaria. Sur les racines de cette opposition, cf. A. Philonenko, *ibid.*, p. 70 : pour Fichte, la peine doit servir à améliorer le coupable, et en ce sens la peine de mort est absurde ; pour Kant, une telle conception de la peine (en général) comme moyen pour améliorer le coupable fait de la peine un impératif pragmatique, qui transforme donc l'homme lui-même en moyen, ce qui est pire que la mort.

(53) Fichte cite expressément la *Doctrine du Droit* de Kant, trad. citée, p. 217.

(54) Beccaria, *Dei delitti e dele pene,* Livorno, 1764, p. 61-62.

(55) Allusion à la p. 201 (trad. citée) de la *Doctrine du Droit :* « L'origine du pouvoir suprême est pour le peuple, qui y est soumis, insondable du point de vue pratique, c'est-à-dire que le sujet ne doit pas discuter activement de cette origine comme d'un droit contestable *(jus controversum)* relativement à l'obéissance qu'il lui doit (...). Une loi qui est si sacrée (inviolable) qu'au point de vue pratique la mettre en doute, donc en suspendre l'effet un moment, est déjà un crime, ne peut être représentée comme ayant sa source chez les hommes, mais chez quelque législateur suprême et infaillible, et telle est la signification de cette assertion : « Toute autorité vient de Dieu », qui n'exprime pas un fondement historique de la constitution civile, mais une Idée comme principe pratique de la raison : on doit obéir au pouvoir législatif actuellement existant, quelle qu'en puisse être l'origine. »

(56) Fichte fait allusion à la fin du « Premier article définitif en vue de la paix perpétuelle », trad. citée, p. 95. Comme le signalent les éditeurs de la *GA*, Fichte commet d'ailleurs une confusion : la question qu'il pose correspond à celle qui, dans la terminologie du projet *Pour la paix perpétuelle*, porte sur « la forme de la souveraineté » *(Beherrschung, forma imperii)*, et

non à celle qui porte sur la « forme du gouvernement » *(Regierung, forma regiminis)*; cette dernière consiste en fait à demander si le pouvoir est républicain (séparation de l'exécutif et du législatif) ou despotique (exécution par le chef de l'Etat des lois qu'il a lui-même promulguées).

(57) Formule elle aussi traditionnelle dans l'Ecole du Droit naturel : cf. par exemple Pufendorf, *loc. cit.*, I, p. 131 (Barbeyrac renvoie en note à Hobbes, *De Cive*, chap. 3, § 7). De même, Kant, *Doctrine du Droit*, trad. citée, p. 196. Une des premières formulations de cette idée selon laquelle on ne fait point de tort à celui qui consent semble devoir être trouvée chez Aristote, *Ethique à Nicomaque*, V, 10.

(58) Fichte reviendra à plusieurs reprises sur cette critique, qu'il accentuera, de la liberté académique (ou de certaines de ses représentations) : cf. notamment la sixième des *Conférences sur l'essence du savant* (1805, *SW*, VI, p. 400 sqq.), le *Plan déductif* de 1807 (cf. notre traduction in *Philosophies de l'Université*, Payot), et le discours de rectorat de 1811 « Sur l'unique destruction possible de la liberté académique » (*SW*, VI, p. 449 sqq.).

(59) Toutes ces pages, depuis l'analyse des dispositifs concernant le passeport, sont citées par Hegel dans l'*Ecrit sur la différence entre les systèmes philosophiques de Fichte et de Schelling* (*Premières publications*, trad. par M. Méry, Ophrys, p. 132-133) pour démontrer que, dans l'Etat fichtéen, la formule célèbre : *Fiat justitia, pereat mundus !*, signifie en fait : « Le Droit doit arriver, dussent à cause de lui la confiance, la joie, l'amour et toutes les puissances d'une identité authentiquement éthique être extirpées de fond en comble. »

(60) En français dans le texte.

(61) Montesquieu écrit en effet : « Il a toujours été naturel aux pères de veiller sur la pudeur de leurs enfants. Chargés du soin de les établir, ils ont dû leur conserver et le corps le plus parfait, et l'âme la moins corrompue, tout ce qui peut mieux inspirer des désirs et tout ce qui est le plus propre à donner de la tendresse. Des pères, toujours occupés à conserver les mœurs de leurs enfants, ont dû avoir un éloignement naturel pour tout ce qui pourrait les corrompre. »

(62) Cf. *supra* p. 342.

(63) En français dans le texte.

Glossaire

Nous faisons figurer dans ce glossaire les termes les plus courants du vocabulaire juridique de Fichte, ainsi que les quelques éléments de sa terminologie proprement philosophique qui interviennent ici et qui exigeaient parfois une décision de traduction. Le mot allemand indiqué en premier est celui que traduit le plus souvent le mot français figurant dans ce glossaire ; on a signalé entre parenthèses, le cas échéant, le ou les synonymes utilisés par Fichte.

Abolition, *Aufhebung*.
Actif, *tätig*.
Action, *Handlung*.
Action causale, *Wirkung*.
Action réciproque, *Wechselwirkung*.
Activité, *Tätigkeit*.
Affaire, *Angelegenheit*.
Aliéner, *veräussern*.
Aliénable, *veräusserlich*.
Amendement, *Besserung*.
Amour-propre, *Eigenliebe*.
Appel, *Aufforderung*.
Appréhender, *auffassen*.
Approprier, *eigen*.
Arbitre, *Willkür*.
Assujettir, *binden*.
Assujettissement, *Gebundenheit*.
Atteinte, *Verletzung*.
Autonomie, *Selbstständigkeit*.
Autorité, *Obrigkeit*.

Bien (capital), *Vermögen*.
But final, *Endzweck*.

Communication, *Mitteilung*.
Concubinage, *Konkubinat*.
Confédération, *Bund (Völkerbund)*.
Conscience morale, *Gewissen*.
Consentement, *Einwilligung*.
Conservation de soi, *Selbsterhaltung*.
Constitution, *Verfassung (Konstitution)*.
Contraindre, *zwingen*.
Contrainte, *Zwang*.
Contrat, *Vertrag*.
Contrat d'expiation, *Abbüssungsvertrag*.
Contrat de propriété, *Eigentumsvertrag*.
Contrat de protection, *Schutzvertrag*.
Contrat social, *Bürgervertrag (Staatsbürgervertrag)*.
Contrôle, *Aufsicht*.
Convention, *Verabredung*.

Déclaration, *Erklärung*.
Décret, *Verordnung*.
Démocratie, *Demokratie*.
Destination, *Bestimmung*.
Détermination, *Bestimmung*.

Déterminité, *Bestimmtheit.*
Devoir, *Pflicht.*
Divorce, *Ehebruch (Scheidung).*
Dommage, *Schaden.*
Doctrine du droit, *Rechtslehre.*
Droit, *Recht.*
Droit civique, *Bürgerrecht.*
Droit conjugal, *Eherecht.*
Droit cosmopolitique, *Weltbürgerrecht.*
Droit de contrainte, *Zwangsrecht.*
Droit de nécessité, *Notrecht.*
Droit de propriété, *Eigentumsrecht.*
Droit des gens, *Völkerrecht.*
Droit de vote, *Wahlrecht.*
Droit familial, *Familienrecht.*
Droit naturel, *Naturrecht.*
Droit originaire, *Urrecht.*
Droit politique, *Staatsrecht.*
Droits de l'homme, *Menschenrechte.*

Education, *Erziehung.*
Egoïté, *Ichheit.*
Egoïsme, *Eigennutz (Egoismus).*
Enquête, *Untersuchung.*
Ephorat, *Ephorat.*
Etablissement, *Anstalt.*
Etablissement d'éducation, *Erziehungsanstalt.*
Etat (condition), *Stand.*
Etat (politique), *Staat.*
Ethique, *Sittenlehre.*
Exaltation de l'esprit, *Schwärmerei.*
Exercer (un droit), *ausüben.*
Exigence, *Forderung.*
Expulsion, *Ausschuessung.*

Faculté formatrice, *Bildungsvermögen.*
Fait-action, *Tathandlung.*
Fait (de la conscience), *Tatsache (des Bewusstseins).*
Faute, *Schuld.*
Fin, *Zweck.*
Fin dernière, *letzter Zweck.*
Finalité, *Zweckmässigkeit.*
Flottement, *Schweben.*
Fonctionnaire, *Staatsbeamter.*
Force, *Kraft.*
Formation, *Bildung (Ausbildung).*
Former, *Bilden.*

Gouvernant, *Regent.*
Gouvernement, *Regierung.*

Haute trahison, *Hochverratung.*
Heritage, *Erbe (Erbschaft).*
Héritage *ab intestat, Intestaterbschaft.*

Imagination, *Einbildungskraft.*
Impôt, *Abgabe.*
Inaliénable, *unveräusserlich.*
Influence, *Einwirkung.*
Inspiration, *Anmutung.*
Institution, *Anstalt.*
Institution de protection, *Schutzanstalt.*
Institution policière, *Polizeianstalt.*
Interdiction de séjour, *Landesverweisung.*
Intelligent, *verständig.*
Intuition, *Anschauung.*
Inviolable, *unverletzlich (unverbrüchlich).*

Juge, *Richter.*
Jugement, *Urteil (Richterspruch).*
Juridiction, *Rechtsurteil.*
Juriste, *Rechtsgelehrte.*
Justice, *Gerechtigkeit.*

Légalité, *Legalität.*
Législateur, *Gesetzgeber.*
Législation, *Gesetzgebung.*
Législation civile, *Zivilgesetzgebung.*
Législation criminelle, *peinliche Gesetzgebung (Kriminalgesetzgebung).*
Légitime, *rechtmässig.*
Loi, *Gesetz.*
Loi civile, *Zivilgetz.*
Loi morale, *Sittengesetz.*
Loi naturelle, *Naturgesetz.*
Loi pénale, *Strafgesetz.*

Maison de correction, *Besserungshaus (Zuchthaus).*
Mariage, *Ehe.*
Meurtre, *Mord (Meuchelmord).*
Mobile, *Triebfeder.*

Nation, *Nation.*

Obligation, *Verbindlichkeit.*

Peine, *Strafe.*
Peine de mort, *Todesstrafe.*
Penchant, *Neigung.*
Philosophie du droit, *Rechtsphilosophie.*
Plaignant, *Kläger (Ankläger).*
Plainte, *Klage (Anklage).*
Politique, *Politik.*
Porter atteinte, *verletzen.*
Possession, *Besitz.*
Pouvoir, *Gewalt.*
Pouvoir exécutif, *exekutive Gewalt.*
Pouvoir législatif, *legislative Gewalt.*
Pouvoir public, *Staatsgewalt (öffentliche Gewalt).*
Pouvoir suprême, *Obergewalt.*
Présentation, *Darstellung.*
Procès, *Rechtsstreit.*
Propriétaire, *Eigenthümer.*
Propriété, *Eigenthum.*
Prudence, *Klugheit.*

Raison de détermination, *Bestimmungsgrund.*
Rationnel, *vernünftig.*
Reconnaître, *anerkennen.*
Relation juridique, *Rechtsverhältnis.*
Réparation, *Ersatz (Schadenersatz).*
Représentant, *Repräsentant.*
Représentation (sens philos.), *Vorstellung.*
Représentation (sens polit.), *Repräsentation.*
République, *Republik.*
Responsabilité, *Verantwortlichkeit.*

Scélérat, *Bösewicht.*
Schème, *Schema.*
Science du droit, *Rechtswissenschaft.*
Sécurité, *Sicherheit.*
Soumission, *Unterwerfung.*
Spontanéité, *Selbsttätigkeit.*
Suicide, *Selbstmord.*
Surveillance, *Aufsicht.*

Tendance, *Trieb.*
Tendance formatrice, *Bildungstrieb.*
Transférer, *übertragen.*
Transfert, *Übertragung.*
Tribunal, *Gericht.*

Volonté, *Wille.*
Volonté bonne, *guter Wille.*
Volonté de tous, *allgemeiner Wille.*
Volonté générale (vol. de la communauté), *gemeinsamer Wille.*
Volonté mauvaise, *böser Wille.*
Volonté privée, *privater Wille (Privatwille).*

Table des matières

COLLECTION « QUADRIGE »

AFTALION F.	L'Économie de la Révolution française
ALAIN	Propos sur les Beaux-Arts
ALAIN	Propos sur l'éducation *suivis de* Pédagogie enfantine
ALAIN	Stendhal *et autres textes*
ALQUIÉ F.	Le Désir d'éternité
ALTHUSSER L.	Montesquieu, la politique et l'histoire
ALTHUSSER L. et coll.	Lire le Capital
ANDREAS-SALOMÉ	Ma vie
ARON R.	La Sociologie allemande contemporaine
ASSOUN P.-L.	Introduction à la métapsychologie freudienne
ASSOUN P.-L.	Freud, la philosophie et les philosophes
ASSOUN P.-L.	Freud et Nietzsche
ASSOUN P.-L.	Freud et Wittgenstein
ATTALI J.	Analyse économique de la vie politique
ATTALI J. et GUILLAUME M.	L'Anti-économique
AUBENQUE P.	Le Problème de l'être chez Aristote
AUBENQUE P.	La Prudence chez Aristote
AYMARD A. et AUBOYER J.	L'Orient et la Grèce antique
AYMARD A. et AUBOYER J.	Rome et son Empire
BACHELARD G.	La Philosophie du non
BACHELARD G.	La Poétique de l'espace
BACHELARD G.	La Poétique de la rêverie
BACHELARD G.	Le Nouvel Esprit scientifique
BACHELARD G.	La Flamme d'une chandelle
BACHELARD G.	Le Rationalisme appliqué
BACHELARD G.	La Dialectique de la durée
BACHELARD G.	Le Matérialisme rationnel
BALANDIER G.	Sens et puissance
BALANDIER G.	Sociologie actuelle de l'Afrique noire
BALANDIER G.	Anthropologie politique
BARON S. W.	Histoire d'Israël, T. I
BARON S. W.	Histoire d'Israël, T. II
BARRET-KRIEGEL B.	Les Droits de l'homme et le droit naturel
BASTIDE R.	Les Problèmes de la vie mystique
BASTIDE R.	Sociologie et psychanalyse
BEAUFRET J.	Parménide : Le Poème
BELLEMIN-NOËL J.	Vers l'inconscient du texte
BENOIST J.-M.	Marx est mort
BENOIST J.-M.	Tyrannie du logos
BENOIST L.	Histoire de la peinture
BERGSON H.	Essai sur les données immédiates de la conscience
BERGSON H.	L'Énergie spirituelle
BERGSON H.	L'Évolution créatrice
BERGSON H.	Le Rire
BERGSON H.	Les Deux Sources de la morale et de la religion
BERGSON H.	Matière et mémoire
BERGSON H.	La Pensée et le mouvant
BERGSON H.	Durée et simultanéité
BERNARD C.	Principes de médecine expérimentale
BLANCHÉ R.	L'Axiomatique
BLOCH J.-R.	Destin du siècle
BLONDEL M.	L'Action (1893)

BOILEAU-NARCEJAC	Le Roman policier
BORNE E.	Le Problème du mal
BOUDON R.	Effets pervers et ordre social
BOUDON R.	La Place du désordre
BOUDOT P.	Nietzsche en miettes
BOUGLÉ C.	Essais sur le régime des castes
BOUHDIBA A.	La Sexualité en Islam
BOUTANG P.	Ontologie du secret
BRAUDEL F. et LABROUSSE E.	Histoire économique et sociale de la France
	T. I : 1450-1660
	T. II : 1660-1789
	T. III : 1789-années 1880
	T. IV.1-2 : Années 1880-1950
	T. IV. 3 : Années 1950-1980
BRÉHIER E.	Histoire de la philosophie, T. I
BRÉHIER E.	Histoire de la philosophie, T. II
BRÉHIER E.	Histoire de la philosophie, T. III
BUBER M.	Moïse
CANGUILHEM G.	Le Normal et le pathologique
CARBONNIER J.	Sociologie juridique
CHAILLEY J.	Histoire musicale du Moyen Age
CHARNAY J.-P.	La Vie musulmane en Algérie
COHEN-TANUGI L.	Le Droit sans l'État
COLAS D.	Le léninisme
CORTOT A.	La Musique française de piano
CORVISIER A.	Histoire militaire de la France
	T. I : Des origines à 1715
	T. II : De 1715 à 1871
	T. III : De 1871 à 1940
	T. IV : De 1940 à nos jours
CROUZET M.	L'Époque contemporaine
CROZET R.	L'Art roman
DANDREY	Poétique de La Fontaine, I : La fabrique des fables
DAUMAS M.	Histoire générale des techniques
	T. 1 : Des origines au XVIe siècle
	T. 2 : Les Premières Étapes du machinisme
	T. 3 : L'Expansion du machinisme
	T. 4 : Énergie et matériaux
	T. 5 : Transformation - Communication - Facteur humain
DELEUZE G.	La Philosophie critique de Kant
DELEUZE G.	Proust et les signes
DELEUZE G.	Nietzsche et la philosophie
DELEUZE G.	Le Bergsonisme
DERRIDA J.	La Voix et le phénomène
DESCARTES R.	Méditations métaphysiques
DEUTSCH H.	La Psychologie des femmes, T. I
DEUTSCH H.	La Psychologie des femmes, T. II
DROZ J.	Histoire générale du socialisme
	T. 1 : Des origines à 1875
	T. 2 : De 1875 à 1918
	T. 3 : De 1918 à 1945
	T. 4 : De 1945 à nos jours
DUHAMEL O.	La Gauche et la Ve République
DUMÉZIL G.	Du mythe au roman
DUPÂQUIER J.	Histoire de la population française
	1 : Des origines à la Renaissance
	2 : De la Renaissance à 1789
	3 : De 1789 à 1914
	4 : De 1914 à nos jours
DURAND G.	L'Imagination symbolique

DURKHEIM É.	Les Règles de la méthode sociologique
DURKHEIM É.	Le Suicide
DURKHEIM É.	Les Formes élémentaires de la vie religieuse
DURKHEIM É.	Éducation et sociologie
DURKHEIM É.	De la division du travail social
DURKHEIM É.	L'Évolution pédagogique en France
DURKHEIM É.	Leçons de sociologie
DURKHEIM É.	Le Socialisme
DURKHEIM É.	L'Éducation morale
DURKHEIM É.	Sociologie et philosophie
FEBVRE L.	Martin Luther, un destin
FERRY L.	Philosophie politique
	1 : Le Droit
	2 : Le Système des philosophies de l'histoire
FERRY L. et RENAUT A.	3 : Des droits de l'homme à l'idée républicaine
FESTUGIÈRE A.-J.	Épicure et ses dieux
FOCILLON H.	L'Art des sculpteurs romans
FOCILLON H.	La Vie des formes
FOUCAULT M.	Maladie mentale et psychologie
FOUCAULT M.	Naissance de la clinique
FOULQUIÉ P.	Dictionnaire de la langue pédagogique
FREUD S.	L'Homme aux loups
FREUD S.	La Première Théorie des névroses
FREUD S.	Le Président Schreber
FREUD S.	L'Avenir d'une illusion
FREUD S.	Inhibition, symptôme et angoisse
FREUD S.	Le Malaise dans la culture
GANDHI	Autobiographie
GINOUVÈS R.	L'Art grec
GODECHOT J.	La Contre-Révolution, 1789-1804
GORCEIX B.	La Bible des Rose-Croix
GROUSSET R.	Les Croisades
GUITTON J.	Justification du temps
GUSDORF G.	La parole
HAMON Ph.	Texte et idéologie
HAMSUN K.	Faim
HAROUEL J.-L.	Culture et contre-cultures
HAYEK F. A.	La Route de la servitude
HAYEK F. A.	Droit, législation et liberté
	1 : Règles et ordre
	2 : Le Mirage de la justice sociale
	3 : L'Ordre politique d'un peuple libre
HEERS J.	Le Clan familial au Moyen Age
HEIDEGGER M.	Qu'appelle-t-on penser ?
HIRSCHMAN A. O.	Les passions et les intérêts
HYPPOLITE J.	Figures de la pensée philosophique, T. I et II
JACCARD R.	La Tentation nihiliste
JANKÉLÉVITCH V.	Philosophie première
JANKÉLÉVITCH V.	Henri Bergson
JOHNSTON W.	L'Esprit viennois
JURANVILLE A.	Lacan et la philosophie
KANT É.	Critique de la raison pratique
KANT É.	Critique de la raison pure
KANT É.	Qu'est-ce qu'un livre ?
KAUTSKY K.	Le Bolchevisme dans l'impasse
KRIEGEL B.	L'Histoire à l'âge classique
	T. I : Jean Mabillon
	T. II : La Défaite de l'érudition
	T. III : Les Académies de l'histoire
	T. IV : La République incertaine

LACOSTE Y.	Géographie du sous-développement
LAGACHE D.	La Jalousie amoureuse
LAGACHE D.	L'Unité de la psychologie
LALANDE A.	Vocabulaire technique et critique de la philosophie, en 2 vol.
LAMARCK J.-B. DE	Système analytique des connaissances positives de l'homme
LAPLANCHE J.	Hölderlin et la question du père
LAPLANCHE J.	Nouveaux fondements pour la psychanalyse
LAPLANCHE J.	Problématiques
	I : L'angoisse
	II : Castration. Symbolisations
	III : La sublimation
	IV : L'inconscient et le ça
	V : Le baquet. Transcendance du transfert
LAPLANCHE J. et PONTALIS J.-B.	Vocabulaire de la psychanalyse
LE BON G.	Psychologie des foules
LECOURT D.	Lyssenko. Histoire réelle d'une « science prolétarienne »
LECOURT D.	L'Amérique entre la Bible et Darwin
LEFEBVRE H.	Le Matérialisme dialectique
LÉONARD E. G.	Histoire générale du protestantisme
	T. I : La Réformation
	T. II : L'Établissement
	T. III : Déclin et renouveau
LEROI-GOURHAN A.	Les Religions de la préhistoire
LEROI-GOURHAN A.	Dictionnaire de la préhistoire
LEVINAS E.	Le Temps et l'autre
LÉVI-STRAUSS C.	L'Identité *(Séminaire)*
LÉVY-BRUHL L.	L'Ame primitive
LÉVY-BRUHL L.	Carnets
LOCKE J.	Lettre sur la tolérance
LOVY R.-J.	Luther
MAÏMONIDE M.	Le Livre de la connaissance
MAISTRE J. DE	Écrits sur la Révolution
MARÇAIS G.	L'Art musulman
MARION J.-L.	Dieu sans l'être
MARION J.-L.	Sur la théologie blanche de Descartes
MARX K.	Le Capital, livre I
MAUSS M.	Sociologie et anthropologie
MEILLASSOUX C.	Anthropologie de l'esclavage
MÉLÈZE-MODRZEJEWSKI J.	Les juifs d'Égypte de Ramsès II à Hadrien
MERLEAU-PONTY M.	La Structure du comportement
MEYER M.	Science et métaphysique chez Kant
MICHALET C.-A.	Le capitalisme mondial
MILL J.	L'utilitarisme. Essai sur Bentham
MINKOWSKI E.	Le Temps vécu
MONTAIGNE	Les Essais, livre I
MONTAIGNE	Les Essais, livre II
MONTAIGNE	Les Essais, livre III
MORENO J.-L.	Psychothérapie de groupe et psychodrame
MOSCOVICI S.	Psychologie des minorités actives
MOUNIN G.	Dictionnaire de la linguistique
MOUSNIER R.	Les XVIe et XVIIe siècles
MOUSNIER R. et LABROUSSE E.	Le XVIIIe siècle
NÉRAUDAU J.-P.	Dictionnaire de l'histoire de l'art
NISBET R. A.	La Tradition sociologique
PARISET F. G.	L'Art classique
PERROY E.	Le Moyen Age
PIAGET J.	Sagesse et illusions de la philosophie
PIÉRON H.	Vocabulaire de la psychologie

PIRENNE H.	Mahomet et Charlemagne
POULANTZAS N.	L'État, le pouvoir, le socialisme
PRIGENT M.	Le Héros et l'État dans la tragédie de Pierre Corneille
RAYNAUD F.	Max Weber et les dilemmes de la raison moderne
ROBIN	Platon
RODIS-LEWIS G.	La Morale de Descartes
ROMILLY J. DE	La Tragédie grecque
ROSSET C.	Schopenhauer, philosophe de l'absurde
ROSSET C.	L'Esthétique de Schopenhauer
ROSSET C.	L'Anti-Nature
ROSSET C.	La Philosophie tragique
ROSSET C.	Logique du pire
SARTRE J.-P.	L'Imagination
SAUVY A.	L'Opinion publique
SCHNERB R.	Le XIXᵉ siècle
SCHOPENHAUER A.	Aphorismes sur la sagesse dans la vie
SCHOPENHAUER A.	De la volonté dans la nature
SEIGNOBOS C.	Histoire sincère de la nation française
SENGHOR L. Sedar	Anthologie de la nouvelle poésie nègre et malgache
SFEZ L.	La Politique symbolique
SIEYÈS E.	Qu'est-ce que le Tiers État ?
SIMMEL G.	Les Pauvres
SIRINELLI J.-F.	Génération intellectuelle, Khâgneux et Normaliens
SOBOUL A.	La Révolution française
STERN H.	L'Art byzantin
SUZUKI, FROMM, DE MARTINO	Bouddhisme Zen et psychanalyse
TADIÉ J.-Y.	Le Roman d'aventures
TATON R.	La Science antique et médiévale
TATON R.	La Science moderne. De 1450 à 1800
TATON R.	La Science contemporaine. Le XIXᵉ siècle
TATON R.	La Science contemporaine. Le XXᵉ siècle, années 1900-1960
TAZIEFF H.	Les Volcans et la dérive des continents
TORT P.	Darwin et le darwinisme
VAN TIEGHEM P.	Dictionnaire des littératures, vol. 1 : A-C
VAN TIEGHEM P.	Dictionnaire des littératures, vol. 2 : D-J
VAN TIEGHEM P.	Dictionnaire des littératures, vol. 3 : K-Q
VAN TIEGHEM P.	Dictionnaire des littératures, vol. 4 : R-Z
VAN TIEGHEM P.	Les Grandes Doctrines littéraires en France
VAX L.	La Séduction de l'étrange
VERNANT J.-P.	Les Origines de la pensée grecque
WALLON H.	Les Origines du caractère chez l'enfant
WALLON H.	L'Enfant turbulent
WALLON H.	Les Origines de la pensée chez l'enfant
ZAZZO R.	Les Jumeaux, le couple et la personne
ZORGBIBE C.	La Méditerranée sans les Grands
ZWEIG S.	Montaigne

Imprimé en France
Imprimerie des Presses Universitaires de France
73, avenue Ronsard, 41100 Vendôme
Décembre 1998 — N° 45 681